講談社選書メチエ

797

快読　ニーチェ『ツァラトゥストラはこう言った』

森　一郎

MÉTIER

まえおき――「神は死んだ」から始まる物語

本書は、フリードリヒ・ニーチェの主著『ツァラトゥストラはこう言った』に挑もうとする皆さんのための案内書です。テクストは、講談社学術文庫の一冊として二〇二三年六月に出した拙訳『ツァラトゥストラはこう言った』を用います。テクストから引用する場合、この訳書の頁付けを記しました（強調は、断りないかぎり原書に由来します）。

自分で訳したものが一番と胸を張りたいところですが、「訳者あとがき」に記したように、ニーチェのこの最高傑作には多くの訳書があります。そのいずれかが手元にあって、これから読もうとする人、あるいは以前に読んだけれどもさっぱり分からなかった人にも、本書は役に立つはずです。本書を読む前にテクストを通読しておく必要はありません。基本的には、『ツァラトゥストラはこう言った』を章ごと、または部ごとにざっと読んだあとで、あるいは読む前に、本書を繙《ひもと》いてもらうという順番を想定しています。もちろん本書を先に読破してもらっても構いません。本書だけ読んでテクストは読まずにすますやり方だってありうるでしょう。独立した本ですから、どう読むかは読者の自由です。

ただ、私個人としては、皆さんがこの哲学史上の古典にして世界文学の傑作を読まないまま生きるよりは、読み味わって愉しく人生を送ってほしいと心底願って本書を書きました。少なくとも私にとって、『ツァラトゥストラはこう言った』にめぐり合えたことは一生の喜悦です。喜びは共有することでいっそう高まります。

人類の書籍文化は膨大な古典を蔵していますが、なかでも難解で知られるのが哲学書です。あまりに難解すぎて近寄りがたい哲学書が多い中、最も親しみやすいと思われるものの一つが、ほかでもない、『ツァラトゥストラはこう言った』なのです。

このテクストは、「ツァラトゥストラ（Zarathustra）」と呼ばれる——著者の分身とおぼしき——謎の主人公が、自分の考えを人びとに語り、また自分自身と対話するという設定の物語です。物語ですから、論文調の哲学書とは比べものにならない読みやすさをそなえています。副題「誰にも向いていて誰にも向かない本」の前半は、相当程度真実です。

しかし、副題の後半も相当程度当たっています。一見取っ付きやすそうでそのじつ分からないところだらけです。分かる人にしか分からなくていい、といった著者の突き放した書きぶりが目立ちます。たいていの読者は最初、読めそうで読めないもどかしさに面食らいます。惑《まど》う読者を導いてくれる案内係が必要となるゆえんです。

その一方で、じっくり読んでみると、ニーチェはじつは涙ぐましいほど懇切丁寧に物語を書いていることが分かってきます。人を煙に巻くテクストに隠された、驚くほど旺盛なサービス精神を感じられるようになれば、しめたものです。副題が示唆している双面性に慣れるための手引きになればと思い、章ごとに解説を加えたのが本書です。訳者解説が長くなり、気がつくと一冊になった——と考えてもらっても構いません。

全巻の最初にイントロダクション、つまり「ツァラトゥストラの序説」が置かれています。そのなかで主人公は、ぼそりと「神は死んだ」と語ります。言葉の魔術師ニーチェの残した数多くの名言の中でも、最も有名な一句です。

現代人の多くは、ニーチェの著作を一頁も読んだことがなくても、「神は死んだ」という言葉だけは知っています。もはや現代人の常識と化した感すらあります。では、その「神は死んだ」とは、いったい何を意味するのでしょうか。

こう聞かれて、たいていの人は通り一遍の答え方をします。「キリスト教の神が死んだ、つまりキリスト教はもうおしまいだ、ということだ」。これに付け加えて、「他の宗教も似たり寄ったりで、みな終わっている」と、続ける人もいるでしょう。いずれにしろ、「神の死」とは、宗教の終焉を意味する、と解されています。

かりにそうだとすれば、ニーチェの思想の最重要部分はキリスト教批判、もしくはせいぜい宗教批判にある、ということになります。しかし、宗教だけが問題なのでしょうか。宗教批判ということなら、ニーチェよりも前に、フォイエルバッハやマルクス、その他の唯物論者が盛んに唱えました。無神論ということでいえば、デモクリトスをはじめとする古代原子論者が、とっくに先取りしていました。啓蒙時代に輩出した自由思想家とは、無神論者という意味でした。「神は存在しない」と主張するだけでは、新しくも何ともないのです。それとは違った意味内容を「神は死んだ」という言葉に見出すのでなければ、ニーチェを無神論者の亜流もしくは末流だと見なすほかありません。

では何を意味するか。すぐに答えは出せませんが、少なくとも、ここで分かることがあります。「神は死んだ」という、非常に有名で誰でも分かったつもりになっている言葉も、じつはわれわれにはさっぱり分かっていないということです。副題と同じですね。そしてもう一つ、この言葉の意味するところを明らかにするためには、ニーチェがそれについて記しているテクストを読んで考えてみるのが一番の近道だ、ということです。

「神は死んだ」という言葉で幕を開け、終始それをめぐって紡ぎ出される物語は、この言葉が何を意味するかを理解するうえで絶好のテクストなのです。

ただし正確に言うと、「神は死んだ」という言葉をニーチェが最初に公然と記したのは、『ツァラトゥストラはこう言った』の一つ前の著作、『愉しい学問』(拙訳、講談社学術文庫、二〇一七年)においてです。なので、この姉妹編も随時参照していきます(引用するさいの頁付けは拙訳書のものです)。

ともあれ、ニーチェは「神は死んだ」という認識を研ぎ澄ますために、ツァラトゥストラの物語を書きました。この書を最初から最後まで読み解くことが、神の死とは何を意味するかを究明するにあたって最良の手がかりとなるのです。

快読 ニーチェ『ツァラトゥストラはこう言った』◉目次

Ⅱ　第二部を読む――力への意志説とペシミズム

Ⅳ 第四部を読む——同情問題と子どもたち

＊本書は、ニーチェが『ツァラトゥストラはこう言った』で展開した大胆な哲学的思考を解説したものであり、引用箇所を中心に、今日では差別的とされる表現が出てくる。著者としてはできるだけ配慮したつもりだが、不十分なところが残っているかもしれない。読者の寛大なご理解を賜わりたいと思う。

Ⅰ 第一部を読む——超人思想と徳

1　「ツァラトゥストラの序説」

『ツァラトゥストラはこう言った』の前口上あれこれ

『ツァラトゥストラはこう言った（*Also sprach Zarathustra*）』という本についての前口上めいた説明を続けながら、「ツァラトゥストラの序説」に少しずつ入っていきます。

ニーチェは、この主著の第一部を一八八三年に出版しました。前年の八二年、やはり重要な『愉しい学問（*Die fröhliche Wissenschaft*）』の初版を出しています。両書が姉妹編のように密接な関係にあることは、『愉しい学問』初版の最後を飾る342番――大小の断片から成る本なので断片番号で表わします――が、『ツァラトゥストラはこう言った』の「序説」第1節とほぼ同じ文章であることからも明らかです。ただし『愉しい学問』342番には、ラテン語の妙な見出しが付いています――Incipit tragoedia つまり「悲劇が始まる」と。

これをそのまま受け取ると、著者は次作を宣伝して、それが「悲劇」だと予告していることになります。しかし速断は慎みましょう。ニーチェは『ツァラトゥストラはこう言った』を一八八五年に第四部まで書き上げたあと、八七年に『愉しい学問』の増補第二版を出し、そのとき付けた「序文」第1節の締めくくりに、こう記しているからです。

「悲劇が始まる（Incipit *tragoedia*）」――怪しげでありながら怪しげでなく慎重でありかつ軽率なこの本の終わりには、そう記されている。用心したまえ。とびきり意地悪で悪質な何かしらが、そこに告知されている。パロディーが始まる（incipit *parodia*）、たしかにその通り……。（『愉しい学問』一一頁。強調は原文、以下同様）

著者が茶目っ気たっぷりであるのは一目瞭然です。厳粛めかしたことを言いつつ、それをあっさり笑い飛ばそうとする屈折した精神が躍如としています。読者をはぐらかし、弄《もてあそ》んでいるかのようです。『ツァラトゥストラはこう言った』を一個の「パロディー」として読め、と言っているようですが、それにしても、いったい何のパロディーなのか。そういう疑問がすぐ湧いてきます。これにはさまざまな答え方が可能です。

一つの有力な答えがあります。新約聖書の「福音書」がタネ本だという説です。イエスという男の言行を記録したキリスト教の聖典を、パロディーにしておちょくっている、というわけです。たしかにそういう面は濃厚にあります。しかしもう一つ、それに匹敵する答えがあります。ソクラテスという哲学者を主人公にしたプラトンの対話篇をダシにしている、とする説です。こちらはややマイナーな解釈かもしれませんが、私としては、聖書のパロディー説に優るとも劣らぬ重要性をもつと考えています。

ヘブライズムとヘレニズムというヨーロッパ文化の二大源泉を本歌取りしようとする野心が、じつは「ツァラトゥストラの序説」第1節にさっそく洩らされています。「私は惜しみなくあげたいし、頒《わ》かち与えたい。人間たちのあいだで賢者がもう一度愚かさを愉しみ、貧者がもう一度豊かさを愉しむようになるまで」（『ツァラトゥストラはこう言った』一八頁。以下、本訳書から引用する場合、頁付けのみ記します）。

ソクラテスの「無知の知」と、イエスの「貧しい者は幸いだ」の教えが、ともにリバイバルを迎えているかのようです。両人を核心とする古代ギリシア哲学とキリスト教思想に等しく反逆しつつ、どちらも批判的に継承したのが、ヨーロッパ精神の鬼っ子ニーチェでした。その試みの結晶こそ『ツァラトゥストラはこう言った』にほかなりません。

著者の天邪鬼《あまのじゃく》ぶりは、すでにふれた副題にも表われています。「誰にも向いていて誰にも向かない本（Ein Buch für Alle und Keinen）」（英：A Book for All and None）。万人向けの分かりやすい本に見えて、真意は誰にも摑めない謎の書。よくよく注意せよ。読んですぐ分かったつもりになるな。——そんな余計なお世話の前口上を本の副題にするふてぶてしい著者には、こう言い返してやりましょう——誰にも向かないというのなら、そう、きっとあなた自身にも向いていないのでしょうね、と。

真意はよく分からないが著者だけは知っているはずだ、とは一概には言えないからこそ、誰にも自分の解釈を試みる権利があるのです。副題を逆から読めば、そういう含蓄が楽しめます。この本は「誰にも向かない」からこそ「誰にも向いている」本なのです。

姉妹編をつなぐ中心思想——「永遠回帰」と「神の死」

『ツァラトゥストラはこう言った』の前口上にまつわる話を、もう少しします。

『愉しい学問』と『ツァラトゥストラはこう言った』には、切っても切れないほど深い結びつきがあります。今述べたように、前著の最後の文章が、次著の最初の文章になっている、という形式上の連なりだけではありません。『愉しい学問』初版の最後から一つ前の文章が、『ツァラトゥストラはこう言った』で全編にわたって繰り広げられる中心思想の前口上、いや最良の定式化となっているのです。その中心思想とは、「万物は同じことをえんえんと繰り返すのみだ」とする「永遠回帰」説です。

ニーチェのこの名高い形而上学説を会得するには、それを中心テーマとしている『ツァラトゥストラはこう言った』を一冊読み通さなくてはなりません。第二部以降、とりわけ第三部が重要です。第四部も負けず劣らず重要です。順番にあせらずじっくり読んでいくほかないのですが、第一部の「序説」には、読みどころがさっそく出てきます。

今述べた通り、永遠回帰思想の最重要の定式と目されるのは、『愉しい学問』初版の最後から二番目の341番です。「最重量級の重み」と題されたこの一頁にも満たない文章に記された寓話を発展させて、『ツァラトゥストラはこう言った』は書かれたかのようです。この断片と双璧をなす、ニーチェが残した文章の中で最も有名なテクストが、『愉しい学問』のど真ん中に載っています。125番「狂人」です。ニーチェの言葉「神は死んだ」を理解するためには、二頁ほどのこの断片を読み解くことが不可欠です。一人の狂人が、人びとの集まる市場にふらっとやって来て、「俺たちが神を殺したのだ」と叫び、うわ言のような神がかり的スピーチをする、というド派手なお話です。

『愉しい学問』で「神の死」は、このように唐突な形で宣言され、謎のまま終始します。続く『ツァラトゥストラはこう言った』ではどうかと言えば、永遠回帰思想と並んで、やはり「神は死んだ」

が中心テーマになります。主人公ツァラトゥストラは、かの狂人に代わって神の死の宣告者の役割を引き受けたかのようです。じっさい、ツァラトゥストラは「序説」第3節で、市場にやって来て民衆に演説するなかで、「神は死んだ」と宣言します（二三頁）。しかしその前にもう一つ、重要な伏線があります。「序説」第2節に出てくる、ツァラトゥストラと「森の聖者」との対話です。

ツァラトゥストラは、ある朝、起きて太陽を拝むと、山中の洞窟をねぐらとして過ごした一〇年間の思索三昧の生活を切り上げて、悟りを開いたブッダよろしく、人間界へ降りていきます（ゾロアスター教の教祖から名前を借りているわりには、どこか大乗仏教的な雰囲気が漂っています）。下山の途中、最初に出会って会話する相手が、森の聖者です。全体にちぐはぐなやりとりが続き、二人が別れたあと、ツァラトゥストラはこうぼそっと呟きます。「いったいこれは、どうしたことだろう。この年老いた聖者は、森の中に住んでいて、まだ何も聞いていないのだ。神は死んだということを」（二一頁）。

ここに見られるのは、いわゆる世代間ギャップです。

森の聖者は白髪の老人で、世間から隠遁して人里離れた森の中に庵《いおり》を結び、神を讃える敬虔な日々を静かに送っています。ツァラトゥストラもその意味では同じ「世捨て人」です。一〇年前、彼もおそらく人の世に愛想を尽かして山に引きこもりました。三〇歳で遁世して一〇年経っているので今は四〇歳、壮年または中年ということになります。

一世代ほど離れた二人の間には、時代認識に大きな差があります。年配の聖者にとっては、神を讃える「観想的生（vita contemplativa）」こそが魂の平安を意味します。対するに、年下のツァラトゥストラは――世の中から隔絶して一〇年暮らしたわりにはなぜか――時代の動きがよく分かっています。だから、森の聖者があまりに時代遅れであることに驚くのです。そしてその時代認識を表わす言葉が、「神は死んだ」なのです。

「神は死んだ」という命題は「神は存在しない」という命題とは違う、と前に言いました。どう違うのでしょうか。「神は存在しない」が、時代に関わりのない不変の事態を主張しているのに対して、「神は死んだ」は、まさに時代認識を言い表わす命題です。それまで長らく神は生きていたが、今や時代は大きく変わり、神はもはや生きていない、つまり死んだのだ、と。ある時代の終焉を表わすのが、「神の死」なのです。

一つの時代の終わりは、別の時代の始まりでもあるはずです。神が死んだ――狂人の言い分では「俺たち〔人間〕が殺した」――からには、これからは人間の時代だ、という考え方が出てきてもおかしくありません。目の上のタンコブのような神様がいなくなり、その支配と呪縛からようやく解放された今、われわれ人間が主役となってこの世を謳歌してよいのだ、さあ、人間中心主義の時代の到来だ、と。

森の聖者と別れたツァラトゥストラが、町の市場で民衆に向かって開口一番説くのは、しかし、人間中心主義ではありません。むしろ、人間中心主義を克服すべし、とする思想です。つまりそれが、第一部の主要テーマである「超人」思想なのです。曰《いわ》く、「私は君たちに、超人を教えよう。人間とは、克服されるべきものなのだ」(二二頁)。

もちろん「超人」思想は、人間「否定」の思想ではありません。「超人」とはむしろ、現に存在している人間に輪をかけて人間的なもの、真に人間的なものを具現すべき「新人類」のことです。ここには、一九世紀に台頭してきた進化思想という背景があります。猿から人間へ、人間から超人へ、という上昇発展の考え方です。

超人について

このように、ツァラトゥストラが「超人」思想を語る背景には「神の死」という時代認識がありす。神が死んだ以上、人間が主役となるべきだと考えるのは早とちりで、むしろ、人間の段階は乗り越えて、人間を超えた存在、「超人」を目標とするのでなければならない、と。この唐突な出だしを、どう理解したらよいのか。最初から難関が立ちはだかります。ヒントは、それに続くツァラトゥストラのセリフにあります。

これまでの存在はみな、みずからを超えるものを創り出してきた。君たちは、この大いなる上げ潮に逆らう引き潮になろうとするのか。人間を克服するよりは、むしろ動物に逆戻りするほうがいいというのか。

人間からすれば、猿とは何だろう。笑いの種か、痛ましい恥辱の的だ。超人からすれば、人間とは、まさにそれと同じになるはずなのだ。笑いの種か、痛ましい恥辱の的に。

君たちは、虫けらから人間への道をたどってきた。だが、君たちの多くはまだ虫けらのままだ。かつて君たちは猿だった。今でも人間は、そこいらの猿よりも、よほど猿だ。

君たちの中の最も賢い者でも、せいぜい、植物と幽霊の支離滅裂な合いの子でしかない。私は君たちに、幽霊や植物になれと命じるだろうか。

いや、私は君たちに、超人を教えよう。(二二頁)

ツァラトゥストラは「猿→人間→超人」進化説を採っているようです。「幽霊」はちょっと微妙ですが、「植物」や「虫けら」も生物進化の発展段階に位置づけられています。ツァラトゥストラは、大昔の聖人か仙人のように見えて、じつに近代科学の洗礼を受けているらしいのです。

ダーウィン(一八〇九—八二年)が『種の起源』を出版して進化論を提唱したのは一八五九年。同年に出たマルクス(一八一八—八三年)の『経済学批判』では、唯物史観の発展段階説が打ち出されます。その手前には、弁証法的な世界史発展説を唱えたヘーゲル(一七七〇—一八三一年)がいます。フランスでは、コント(一七九八—一八五七年)の実証主義が、神学的、形而上学的、実証的という発展段階説を打ち出します。スペンサー(一八二〇—一九〇三年)の社会進化論も一九世紀末に流行しました。

ニーチェ(一八四四—一九〇〇年)が、同時代に台頭した進化思想を意識して超人思想を思いついたのは明らかです。歴史は進歩するという発想そのものが、一七世紀以来の近代科学によって人類史が塗り替えられ新時代を迎えたことが歴然となった一九世紀に発明された思想です。ニーチェは、ヘブライズムとヘレニズムを二大支柱とするヨーロッパ精神の鬼っ子であっただけでなく、近代科学のめざましい進展を受け止めて、ツァラトゥストラに人類の進化形を語らせたのです。

ニーチェの超人思想はその後、急速に普及しました。リヒャルト・シュトラウスの交響詩『ツァラトゥストラかく語りき』は、ニーチェ存命中の一八九六年に作られています。アーサー・C・クラーク原案、スタンリー・キューブリック監督の映画『二〇〇一年宇宙の旅』（一九六八年）は、シュトラウスの曲を用いて、猿から人間へ、そして超人へというツァラトゥストラ風進化説を、二〇世紀の人類宇宙進出の動向に合わせて壮大に描きました。

日本でも、一九世紀末以来、ニーチェの超人思想は人気を誇っています。高山樗牛を嚆矢《こうし》とし、漱石、芥川、太宰ら日本近代文学者が軒並み影響を受け、その後も「ウルトラマン」や「超何とか人」を生み、「チョー」という言葉の流行を経て現在に至っています。

となると、超人思想は「近代的《モダン》」の典型に見えます。「現代思想」の論客がニーチェを範に仰いでいるのも確かです。しかし実際のところはどうなのでしょうか。

二〇世紀の思想家たちは「近代以後」を追究しました。彼らの「近代の超克」論に霊感を与えてきたのがニーチェの超人思想です。「ポストモダン」という発想そのものが、発展進歩という近代的観念の内部にあるのですが、その親分と目されてきたのがニーチェなのです。しかしニーチェ自身には、近代という枠に収まり切らないものがあります。

では、ニーチェとは何者なのか――これが問題です。

先に引用した「序説」第3節の続きで、「超人とは、大地の意味である」（二三頁）と宣言されます。地球人が宇宙人に進化を遂げるという二〇世紀的イメージとは裏腹に、ツァラトゥストラは人びとに、「大地にあくまで忠実であれ」と檄《げき》を飛ばします。「地上を超えた希望を君たちに語る者たちのことを信じるな」(同頁)とも戒《いまし》めています。

「地上を超えた希望」とは何を指すのか。「大地」との対比では、「天空」つまり「天国」や「ご在天の父なる神様」となるでしょう。この世・現世を超えたあの世・来世を語る者のことなど信じるな、というわけです。なぜなら――「神は死んだ」からです。この文脈でツァラトゥストラは、まさにこの殺し文句を吐いています。

とすれば、話としてはわりと簡単なように見えます。近代科学の発展は神を葬り去り、宗教を終焉させた。今や、大地と、大地に生きる「いのち」を尊重する時代になったのだと、そうツァラトゥストラは語っているように思われるからです。

現世を肯定する近代思想家ニーチェ。――しかし話はそう単純ではありません。

ツァラトゥストラは、大地や肉体を軽視し魂を偏愛してきた精神主義をこき下ろします。もちろんそこには、あの世における魂の救済を説いてきたキリスト教をはじめとする宗教的言説への揶揄《やゆ》があります。しかしそれだけではありません。そこで「大いなる軽蔑」の的とされるのは、伝統的価値として通用してきた「幸福」、「理性」、「徳」、「正義」、「同情」であり、そうした価値観を根底において支えていたのは、「地上を超えた希望」を語ってきた古代以来の哲学です。この世を超越した「超 - 自然的(meta-physisch)」なものに最高価値を置く哲学を「形而上学(Metaphysik)」と呼ぶとすれば、ツァラトゥストラが標的にしているのは、まさにその形而上学的伝統における哲学なのです。

ニーチェは、神の死という歴史的動向を見据えつつ、一方では、そこに名乗りを上げようとしている人間中心主義に早々と警告を発し、他方では、伝統的価値を支えてきた形而上学に無効宣言を下そうとしているかのようなのです。

最後の人間について

「かのようなのです」と私は言いました。「ニーチェは形而上学に無効宣言を下した」と断言することは控えておきます。茶目っ気たっぷりのニーチェのことですから、どこまで本気なのか、それとも、思わせぶりで言っているだけなのか、分かりません。じっさい、「超人（Übermensch）」（英：overman）という言葉からして、まさに人を食った表現です。ひょっとすると超人思想自体、ニーチェの悪い冗談なのかもしれません。

西洋形而上学の伝統の原点に位置するのは、古代ギリシアの哲学者プラトンの「イデア」説です。目に見えるこの世の背後には、目に見えない別の世界があり、後者の超感性的世界・叡知界こそ「真に存在するもの」であり、それに比べれば感性界など存在しないに等しい、と説くあの二世界論です。現実世界の背後に、もう一つの理想世界を想定するそうした「理想《イデア》」論を、ツァラトゥストラは「背後世界」と呼び、第一部本論の三番目の章「背後世界論者」で、執拗にこれを攻撃します。続く「肉体の軽蔑者」の章でも同じく形而上学批判が繰り返されます。ニーチェの形而上学批判が何をめざしているかは、それらの章を扱うときに、あらためて考えてみることにしましょう。

ツァラトゥストラは「私は君たちに、超人を教えよう」と大言壮語をぶちますが、市場の民衆は、なんか変なことを言って騒いでいる奴がいるな、といった程度に聞き流します。「超人」説は——『愉しい学問』の「狂人」の「神の死」演説と同じく——人びとに全然受けないのです。急に現われて、人間中心主義の克服とか形而上学の転覆とか滔々《とうとう》としゃべり出すのですから、冷たい視線であしらわれ、冷笑されるのも無理はありません。

さすがのツァラトゥストラも、聴衆がシラケているのが分かり、作戦を変えます。そこで第5節で繰り出されるのが、「最後の人間（der letzte Mensch）」（英：the last man）の描写です。それは、「超人」と対極をなす、神の死後の人間のありさまです。

神という目の上のタンコブが取れて、ああ清々《せいせい》した、これからは自分たちの時代だ、と自己満足する人間たちの姿を、ツァラトゥストラは描いてみせます。それは、最高価値であった神ともども理想や目標を見失い、現状にぬくぬく満足する人間像であり、人間中心主義の末路です。有名な描写ですが、ここは引用するに如《し》くはありません。

「何が愛だって？　何が創造だって？　何があこがれだって？　何が星だって？」――最後の人間はそう尋ねて、まばたきをする。

そのとき、大地は小さくなり、一切を小さくする最後の人間が、その上をぴょんぴょん跳びはねる。彼の種族は、地ノミ《じ》のように根絶しがたい。最後の人間は最も長生きする。

「われわれは幸福を発明した」――最後の人間はこう言って、まばたきをする。

彼らは、生きるのに苛酷な地方を見捨てる。暖かさが必要だからである。隣人をなお愛し、隣人に身をこすりつける。暖かさが必要だからである。

病気になることや、不信を抱くことは、彼らには罪深いことと見なされる。彼らは用心深くゆっくり歩く。石ころや人間につまずいて転んだりするのは、愚か者である。少量の毒をときどき飲む。心地よい夢を見られるからである。そして最後には大量の毒を飲む。心地よい死を迎えるためにである。

彼らはよく働く。労働は娯楽だからである。だが、娯楽で疲れすぎないように気をつける。

彼らはもはや貧乏にも金持ちにもならない。どちらも億劫だからである。いまどき誰が支配する気になろうか。誰が服従する気になろうか。どちらも億劫なだけである。

牧人はいない。いるのは畜群だけだ。誰もが平等であろうとし、誰もがじっさい平等だ。そう感じない人は、進んで精神病院に入る。

「昔の世の中は狂っていた」――いちばん上等な連中はそう言って、まばたきをする。

彼らは賢く、出来事は何でも知っている。嘲笑の種が尽きることはない。喧嘩はするものの、すぐ仲直りする――さもないと胃によくないからである。

昼には昼の小さな愉しみがあり、夜には夜の小さな愉しみがある。だがいちばん大事にしているのは、健康である。（三〇―三一頁）

「最後の人間」は、「地ノミ」にたとえられてはいますが、愚昧でも粗野でもありません。むしろ、教養を誇る文化人たちです。「まばたきをする」という描写が繰り返され、小賢しさが強調されています。彼らは、高邁な理想を追求する者たちをあざ笑い、昔の時代は愚かだったと小馬鹿にし、自分たちは発展段階の頂点にいると自惚《うぬぼ》れています。

「最後の人間」は、自分たちが「幸福」を発明したことを誇ります。その内実はと言えば、「暖かさ」であり、「心地よい夢」と「心地よい死」であり、「労働」という「娯楽」であり、「貧乏」でも「金持ち」でもない「平等」であり、昼と夜の「小さな愉しみ」です。ほどほどが重要、無理は禁物、頑張りすぎは体に良くない、というわけです。

要するに、「最後の人間」が小心翼々と後生大事にしているのは、「健康」なのです。健康が大事――人類の普遍的真実であるかに見えるこの健康志向を、ツァラトゥストラは、神の死後にのさばる「最後の人間」の特徴だと指摘しています。超越的価値を端《はな》から諦め、自分たちの身の丈に合ったちっぽけな幸せで満足しようとする現状肯定派にとって、何より大事なのが、健康なのだというのです。

思うに、この指摘は無気味なまでに今日的な意味をもっています。最後の人間かどうかは知りませんが、われわれ現代人の健康志向が、俎上に載せられているからです。

とにかく健康が大事、それ以上の価値などない、と信じてきた現代人に、新型コロナウイルスが襲いかかりました。自分たちの最高価値を脅かされた人びとは、慌てふためきました。労働も娯楽も昼と夜の愉しみも、挙げて健康という最高価値のためのものですから、その健康が危ういとなれば、一切合財諦めざるをえません。急所を突かれてひとたまりもなく、人類は揃いも揃って収縮へ向かうかのごとくでした。

二一世紀のこの光景を、もう一歩ツァラトゥストラの超人思想に重ね合わせ、悪乗りして言えば、こうなります。――新型の感染症が地上で猛威をふるうとき、現代人という「最後の人間」たちは根絶され、その試練を耐え抜いた者たちの中から、次世代の新人類、つまり「超人」が、今度こそ生み出されるのではないか、と。

進化論は、自然淘汰による適者生存の法則によって生物進化を説明します。新種創造に、産みの苦しみは付きものです。もしそうだとすると、地上が、人間から超人への孵化《ふか》のための壮大で残酷な実験場と化すことだって、ありえなくもありません。

とはいえ、その「次世代」が、せいぜい情報技術巨大産業の世界支配どまりだとすれば、それは依然として「最後の人間」の段階を超えるものではなさそうです。ポストコロナ時代に人類は「超人工知能」に取って代わられるというシナリオを、超人思想に重ね合わせることもできるでしょうが、その場合でも、われわれ現代人が揃って「最後の人間」の役回りを演じさせられ、用済みとなる点では大同小異なのです。

「序説」後半のあらすじ

「序説」の第3〜5節ではツァラトゥストラの長広舌が続きましたが、後半では舞台が暗転し、風雲急を告げる展開となります。ツァラトゥストラにさっそく試練が訪れ、物語性を増すそのあらすじを、まずは押さえておきましょう。

ツァラトゥストラの最初の説教は、あえなく失敗に終わります。受けの悪かった超人思想に続いて繰り出された最後の人間の描写に対して、民衆は、「その最後の人間を、われわれにくれ」、「われわれをその最後の人間にしてくれ」（三一頁）と絶叫する始末です。ツァラトゥストラがこりゃ処置なしだと思ったその瞬間、「すべての人を唖然とさせ、瞠目させるような、恐るべきこと」（三二頁）が勃発します。綱渡り師が芸当に取りかかり、二つの塔の間に張り渡された綱の上を進んでいくと、その後方に現われた道化師が追っていき、ついに綱渡り師を飛び越して、そのはずみで綱渡り師は綱を踏み外し、あわれ、墜落死するのです。

綱渡り師は、ツァラトゥストラの近くに落ち、二言三言言葉を交わし、息絶えます。ツァラトゥストラは、殉職者を葬る場所を見つけようと、死者を背負って歩き出します。夕闇の迫る街路で最初に出会うのは、あの道化師です。この町の人はおまえを憎んでいる、とっとと出て行くがいい、「さもなければ、俺が明日、おまえを飛び越してやる」（三五頁）と忠告して消えます。この謎の男の素性は結局、不明のままです。続いて、墓掘り人たちに会い、「ツァラトゥストラが、死んだ犬を運んで行くぞ」（三六頁）と囃《はや》し立てられます。町を去り、森と沼のほとりを歩いているうちに空腹を感じたツァラトゥストラは、一軒家に一人住む老人にパンとぶどう酒を恵んでもらいます。さらに夜道を歩きに歩いて森の奥まで行くと、木に空いた穴に死体を置き入れ、明け方近く眠りに落ちます。

明くる日、昼近くになってようやく目覚めたツァラトゥストラは、「新しい真理」（三八頁）を発見して喜びます。自分に必要なのは、死んだ道連れではなく、市場の聴衆でもなく、自分の考えを理解してくれる選り抜きの仲間たちだ、ということを悟るのです（これに応じて第一部の本論は、ツァラトゥストラが少数の弟子たちに自説を語るという形をとります）。そのとき、鳥のするどい鳴き声が上方から聞こえ、ふと空を見上げると、ツァラトゥストラの動物たち、つまり鷲が蛇を首に巻き付かせて悠然と滑空しています。彼らが自分にエールを送りに来てくれたことを知り、ツァラトゥストラは勇気づけられます。

このように、「序説」後半は登場人物も多く、物語の起伏に富んでいます。『ツァラトゥストラはこう言った』は、主人公が自分の考えを存分に語り、練り上げてはまた語るという体裁をとった思想書ですが、その筋立てには著者の物語作家ぶりが発揮されています。また、おりにふれて差し挟まれる「歌」には、詩人ニーチェが顔を覗かせています。そうした文学性は、哲学書に潤いを添えているだけではありません。物語性にしろ抒情性にしろ、おまけではなく、思想性の根幹をともに形づくっているのです。

綱渡り師と道化師、鷲と蛇

「序説」の準主役は、綱渡り師です。すでに第3節冒頭で、市場に多くの民衆が集まっていたのは、綱渡り師が見世物をすると予告されていたからだ、とありました。民衆からすれば、もともとツァラトゥストラはお呼びではなかったのです。派手な超人思想すら、民衆は、綱渡り師の芸当の前口上としてしか聞いていません。それどころかツァラトゥストラ自身、ご丁寧にも見世物の実況中継をしているかのような口ぶりです。

> 人間とは、動物と超人との間をつなぐ一本の綱だ。――深淵のうえに懸かった一本の綱なのだ。
> 渡るのも危険、途中にいるのも危険、振り返って見るのも危険、身震いして立ち止まるのも危

険である。

人間の偉大な点、それは、人間が橋であって目的ではないことである。人間の愛されるべき点、それは、人間が移行であり没落であることである。

私が愛するのは、没落する者として生きることしか知らない者たちである。彼らは、かなたへ移行する者だからである。（二五―二六頁）

　こうスピーチしているうちに、綱渡り師が塔と塔の間に張られた綱から落下して死ぬ、という出来事が起こるのですから、ツァラトゥストラは期せずしてアナウンサー兼解説者の役回りを引き受けていることになります。移行の危険を辞さず没落し破滅するという末路は、ツァラトゥストラが人間たちに告知するだけでなく、ツァラトゥストラ自身が自覚している運命でもあります。ですから、ツァラトゥストラにとって綱渡り師の運命は他人事ではありません。綱渡り師がどぉっと落下してきて、逃げ惑う民衆をよそに、死にゆく者に言葉をかけてやり、手ずから葬ってやろうとするゆえんです。

　綱渡り師は、あたかもツァラトゥストラの運命を予告し、彼に警告を発するために墜落死したかのようです。生者と死者二人の姿は、ダブって見えます。身代わりに死んだ同志を背中に背負い、たった一人の道連れとして、夜道をさまようはめになったツァラトゥストラは、出鼻を挫《くじ》かれた格好で、早くも試練を迎えることになります。

　もう一人、印象的な登場人物がいます。道化師です。ピエロは笑いを取るのが芸のはずですが、綱の上で綱渡り師を飛び越すという芸当は、もはや超人（鳥人？）的、あるいは魔法使い的であり、悪魔の面影すらあります。綱の上での演技は、一瞬ひきつった笑いを引き起こすものの、笑劇は転じて残酷すぎる見世物と化します。

この「色とりどりの衣装をまとった道化師とおぼしき若い男」（三二頁）はもう一度、今度は夕闇に乗じて現われ、ツァラトゥストラに脅し文句をささやきます。どうやら、この男が破滅へ追いやろうとしている本命は、ツァラトゥストラのようなのです。

では、道化師はツァラトゥストラの敵なのか。そうとばかりも言い切れません。町から早く出て行かないと危険だぞ、とわざわざ忠告してくれるのですから、むしろ親切だとも言えます。それに、ツァラトゥストラは人びとに、乗り越えられることを潔しとせよ、破滅こそ本望というものだ、と説いたのですから、綱渡り師を飛び越えて、残酷にも破滅に追いやった道化師は、ある意味では、ツァラトゥストラの超人思想を忠実に実践し、身を以て演じてみせたとも言えるほどです。

つまり、綱渡り師がツァラトゥストラの分身であるとすれば、それに優るとも劣らず、道化師も主人公の分身なのです。人びとに超人への道を進めと説くツァラトゥストラの心の中に、綱渡り師と道化師の両人が棲んでいるのです。その奥底の心象風景が、市場でのむごたらしい出来事として現われた、というふうに考えられるのです。

総じて、ツァラトゥストラの物語に出てくる登場人物、つまりキャラクターは、多かれ少なかれ、主人公の分身です。およそ彼らの言動は、ツァラトゥストラにとって他人事《ひとごと》ではありません。彼が自分自身に語りかける独白の場面だけでなく、さまざまな登場人物と語るさいにも、彼はつねに自分自身と語り合っているのです。

『ツァラトゥストラはこう言った』を読んでいくうえで、この点は重要です。加えて、非常に巧みな物語設定だということが分かります。主人公の独白ばかりでは、読者が疲れたり飽きたりするものです。モノローグがえんえんと続くだけでは、物語とも言えません。内面に引きこもりがちな思索者が、他者と出会い、会話することで思考を鍛え上げ、新たな発見をし、それが同時に内面の豊かさや高まりと軌を一にする――『ツァラトゥストラはこう言った』の物語には、哲学書にはまれなそういった魅力があります。

もう一点、留意すべきことがあります。多彩な登場人物がその分身でもある主人公は、矛盾に満ちた複雑怪奇な人物だということです。綱渡り師でも道化師でもあり、それどころか墓掘り人や世捨て老人の横顔すら兼ね備えた、二重人格どころか多重人格が、一筋縄では行かないのは明らかです。心して付き合う必要があります。とはいえ、ご心配なく。物語の中でなら、支離滅裂な相手に付き合っても、それほど危険ではありません。

ところで、綱渡り師と道化師のペアとはまた別に、ツァラトゥストラの存在の写し絵のような一対のキャラクターが、「序説」の最後に登場します。第1節で「私の友の鷲と蛇」（一七頁）と軽く言及されていた、ツァラトゥストラの動物たちです。自分の教えを理解してくれる弟子たちと行動しよう、と自分の進むべき道を見定めたツァラトゥストラは、天高く舞っている鷲とその首に仲良く巻き付いた蛇が、自分にエールを送ってくれているのを見てとり、鼓舞されます。鷲は「最も誇り高い動物」、蛇は「最も賢い動物」だとされています。ツァラトゥストラは、蛇のように賢くありたいと願うものの、「それは叶わぬ願いだ」（四一頁）として、せめて鷲のように誇り高くありたいと希望を洩らします。

つまり鷲と蛇も、ツァラトゥストラの分身のようなキャラクターなのです。このコンビは彼の理想の投影であり、長い間一緒に暮らし対話を交わして思索を鍛えた家族同然の仲間です。「序説」第10節のツァラトゥストラの口吻《こうふん》からすれば、この一羽と一匹は、誇りと賢さという彼のめざす徳目に関する最良の指導者、つまり彼の先生なのです。

先取りになりますが、第三部のフィナーレ近く、まさに永遠回帰思想が問題となる場面で、その思想をまずもって滔々と語り出すのは、「永遠回帰の教師」ツァラトゥストラではなく、鷲と蛇なのです。ツァラトゥストラが「序説」の最後で、自分は蛇ほど賢くはなれそうにない、と呟いているのは、必ずしも謙遜ではありません。

ツァラトゥストラは超人ではない

なんだ、蛇ほどの賢さもないのか、と訝《いぶか》しく思われるかもしれません。しかし、幻滅するのは早すぎます。「序説」第1節で、「賢者がもう一度愚かさを愉しむ」ことが目標に掲げられていたことを思い出してください。ソクラテスの無知の知を復活させようと狙っている超皮肉屋に一杯食わされないよう、ゆめ用心を怠らぬようにしましょう。

ここで、『ツァラトゥストラはこう言った』を読むうえでの注意事項を、もう一つ挙げておきます。ツァラトゥストラは超人では**ない**、という基本的事実です。

世の教科書や入門書のたぐいには、「ツァラトゥストラ＝超人」説が載っています。その手の早わかり本は、信用しないでください。そんな珍説をふれ回ること自体、『ツァラトゥストラはこう言った』をいかにまともに読んでいないかを暴露しています。

なるほど、ツァラトゥストラは肉体的に強靭な人間のようです。山中に籠《こも》って一〇年間修行しただけのことはあって、高い身体能力を有しているらしいことは、死んだ綱渡り師を背負って野山を一晩歩き通しだったことからも窺えます。印象的なのは、「序説」第8節で、死体をおぶって夜道をとぼとぼ歩いているうちに、「腹を空《す》かせた狼の吠える声がしきりに聞こえたので、彼自身も空腹になってきた」（三六頁）というくだりです。ここは読むたびに笑えます。ふつうなら、「狼に襲われるのではないかと、恐ろしくなった」と来るはずのところ、荒野に棲む猛獣と同じように腹の虫が鳴り、あそういえば、今日は丸一日何も食べなかったな、と思い出したというのです。空腹に襲われはしても、狼に襲われる心配は全然していないのですから、相当のつわものです。

しかし、そうはいっても、ツァラトゥストラはただの人間です。超人ではありません。超人がどんな存在か分かっているわけでもありません。人間が現状に満足して停滞し、堕落したりすることのないよう、われわれは人間以上の段階をめざして努力しなければならない、その遠大な目標をかりに「超人」と呼ぼう、と言っているだけです。

「序説」で主人公は、勢い込んで民衆に説教しますが、すぐ挫折します。突拍子もない自説は聞く耳を持つ者にしか分かってもらえない、という程度すら弁《わきま》えていなかったのです。そんな至らなさや弱みをツァラトゥストラは幾重にも抱えています。『ツァラトゥストラはこう言った』では主人公が行き詰まる場面にしばしば遭遇します。自分の思想に怯《ひる》んで泣き出したり、果ては吐き気を催して寝込んだりします。自分の弱さを包み隠したり誤魔化したりはせず、あっけらかんと露わにするという憎めないところもあります。

そういう物語の主人公は、肉体的には超マッチョでも、精神的には弱いところだらけです。試行錯誤を犯し、悩み傷つく、人間的、あまりに人間的な存在を、どうして「超人」と呼べるでしょうか。

もっとも、少数の弟子を前にしてツァラトゥストラ先生大いに語る、といった趣の第一部を読んだだけでは、強気のツァラトゥストラが自説を自信たっぷりに布教しているように見えなくもありません。しかし必ずしもそうでもないことは、たとえば、第一部の傑作章「老いた女と若い女」の章を読めば分かります。主人公は女に勝てないのです。

2　「三段階の変身」と「徳の講座」

「序説」という関門はくぐり抜けたことにして、第一部の本論「ツァラトゥストラは語る（Die Reden Zarathustra's）」に入ります。まずは、はじめの二章「三段階の変身」と「徳の講座」をセットで読みましょう。前者が非常に有名なのに対して、後者はそれほどではありません。不思議な並びながら、それぞれ豊かな味わいがあります。

ツァラトゥストラのなぞなぞ――「三段階の変身」

本論の冒頭章は、場面設定のまえおきもなく最初からツァラトゥストラが語り始めます。「精神がラクダとなり、ラクダがライオンとなり、最後にライオンが子どもとなる」（四三頁）——といきなり切り出されて面食らいます。これはいったい何でしょうか。

序説には「鷲と蛇」が出てきましたが、『ツァラトゥストラはこう言った』には、人間に劣らず、動物のキャラクターがたくさん登場します。本章では、ツァラトゥストラの分身というより、精神の成長段階のたとえとして「ラクダ」と「ライオン」が持ち出されます。不思議なのは、三番目の最終段階に「子ども」が出てくる点です。人間の知的成長を考える場合、子どもは最初に置かれるはずです。その真逆を行くのが、この三段階発展説なのです。いやこれはもう、発展というより、退行と言うべきかもしれません。

『ツァラトゥストラはこう言った』本論の最初に出てくるこの珍説を、どう読むべきか。読者は頭を抱えます。「序説」が終わっても、やれやれ、関門は続きます。

私の提案はこうです。冒頭章は「ツァラトゥストラのなぞなぞ」として読むのがいい、と。なぞなぞ遊びですから、あまり真面目に考えないことです。真面目すぎると、天邪鬼の著者のワナに引っかかります。「子どもとは永遠回帰の象徴であり……」云々と、難しく解釈するのが間違いだとは言いませんが、無粋というものです。関門と先ほどは言いましたが、呑気にテクストと戯れる最初の遊び場という程度に考えればよいのです。

なぞなぞという点では、思い当たるふしがあります。やはり三段階説をとった古来有名な「スフィンクスの謎」を、どうやらニーチェはパロディー化しているらしいのです。

「スフィンクスの謎」とは、「朝には四本足、昼には二本足、夜には三本足の動物って、なあに？」のあれです。エジプトのピラミッドの隣に横たわっている古代遺跡は有名ですが、ここはギリシア神話で行きましょう。

昔々、テーバイの町に入る道に、頭は人間、体はライオンで、鳥の羽を持つ化け物が居すわり、町の人びとに、なぞなぞをかけた。難しくて誰も答えられず困っていたところ、勇者オイディプスが通りかかり、「それは人間だ」と答え、みごと怪物を退治した。町の人びとはオイディプスを歓迎し、新しい王として迎え入れた、まではよかったが……と、話は続きます。ソフォクレスの傑作『オイディプス王』に、その後の顚末は描かれています。まだ読んでいない人は、世界文学史上の名作を、ぜひ一度鑑賞してみてください。

「子ども→大人→老人」という転化は、人間誰しも承知しているはずですが、人びとは迂闊にも自分のことが――つまり「死すべき者」たる身が――分かっていませんでした。オイディプスだけは自己知に長《た》けていたというわけですが、じつはそれは自己知をめぐる悲劇の序の口にすぎませんでした。自分のことが何も分かっていなかったオイディプス王は、最後に恐るべき真実を知って、わが眼をえぐって破滅します。

神託をさずけたことで有名なデルフォイの神殿には、「汝自身を知れ」という箴言が掲げられていたと言います。自分自身の存在こそ最も謎である、とは、人類に古来かけられた最大のなぞなぞとも言えるものです。私とは何者なのか？――それを解くことがすなわち人生だ、というわけで、誰にもついに解けないまま終わります。

オイディプスの物語はこの位にして、ツァラトゥストラのなぞなぞに戻りましょう。怪物スフィンクスよろしく、物語の入口に居すわって、ツァラトゥストラは読者になぞなぞを投げかけます。それを解く者のみが物語の中に入っていけるのだと言わんばかりに。最初に言いましたように、これを真に受けるのは賢明とは言えません。スフィンクスの謎のウラを行く屈折した難問を解くのは、ツァラトゥストラの物語の迷宮に入ってからのお楽しみにとっておけばいいのです。

それはそうなのですが、もう少しだけ、なぞなぞ遊びを楽しんでみましょう。ここは、そう、ツァラトゥストラに弄ばれてみましょう。つまり、「ラクダ」とは、「ライオン」とは、そして「子ども」とは何を意味するのか、さぐりを入れてみましょう。

精神の変身、つまり人間の精神的、知的成長ということでいうと、それほど難しい話ではなさそうです。最初の段階は、服従の精神です。荷物を山と背負わされて、その重みにじっと耐え、ラクダが果てしない砂漠を進んでゆく。それと似て、詰め込み式の勉強は、ラクではありませんが、試練の時期をくぐり抜けることで、知識と教養は増し、忍耐力が身につきます。やがて、その第一段階を抜け出す時が来ます。ラクダからライオンへ。服従の精神から、主体的批判精神へ脱皮する瞬間です。虎と竜の対比なら東洋画の題材にもあります。「我欲す」つまり能動的意志主体と化したライオンが、「汝為すべし」と既存の規範への絶対服従を命じるドラゴン（竜）に昂然と反旗を翻《ひるがえ》すという、巨獣同士の対決が、第二段階をなします。伝統的権威に反逆する自由精神というお話でもあれば、一個の精神内部での受容性と自発性の葛藤というお話でもあるでしょう。さらには、「神の死」と「超人」のテーマの変奏、と言ってもべつに間違いではなさそうです。

ここまでは案外分かりやすいのですが、では、第三段階はどうでしょう。なぜ子どもが最終段階なのか。

しかしこれまた、よくある話とも言えます。童心に帰ることこそ最高の「無我」の境地、といった主題は古今東西、よく見られます（『二〇〇一年宇宙の旅』は「スターチャイルド」が出てきて終わりです）。ライオンの批判精神が、敢然と「否」を言うのに対して、無邪気に遊ぶ子どもは、聖なる「然りを言うこと・肯定」に特徴があるというのも、分からなくない話です。こんなに分かっていいのかな、と不安になるほどです。

逆に言うと、ツァラトゥストラ自身、自分の言っていることがよく分かっていないのではないか、と疑いたくなるところがあります。たとえば、次の言葉の羅列は有名です。

> 子どもとは、無垢であり、忘却であり、新しい始まりであり、遊びであり、おのずと回る車輪であり、第一運動であり、聖なる然《ヤー》りを言うことである。（四六頁）

すでにここに「永遠回帰」思想は先取りして述べられているのだ、式の解釈がなされる箇所です。しかし、当初からそこまで確信していたのなら、ツァラトゥストラ本人があとになって永遠回帰思想に襲われてしどろもどろになったり、ぶっ倒れて寝込んだりといった体たらくを演ずるのは奇妙です。だとすれば、むしろ、このなぞなぞはツァラトゥストラ自身によって引き受けられようとしていると見たほうがよさそうです。ちょうど、オイディプスが、スフィンクスの謎を解いたかに見えて、そのじつ、自己知の謎の前に一歩一歩破滅していくように。最終段階が子どもであるとは、破滅したツァラトゥストラが赤ちゃん返りした姿の先取りかもしれないのです。

これが、ニーチェの実人生にダブってくるから不思議です。若き日に古典文献学者として万巻の書物の森に身を委ね、次いで勇猛な批判精神を限界ギリギリまで高揚させ、あげくの果ては反キリスト者を名乗ってプッツンと切れ、あとは廃人として一〇年間生き永らえたニーチェ。精神はもぬけの殻となり、母や妹に優しく介護され、あたかも幼児に戻ったかのようでした。自分の運命を哲学者がどこまで先取りしていたかは、謎のままです。

気がついてみると自分が無気味な姿に変わっていたというのは、古来の変身（メタモルフォーゼ）物語の定番です。オウィディウス『変身物語』に集大成された古代神話世界の神と人、動物、植物の変幻自在の変身譚は、ニーチェの没後、フランツ・カフカの『変身』（一九一五年）にぶり返すことになります。ツァラトゥストラ＝ニーチェが、姿を変えて破滅するのは、筋書き通りの成り行きと言うべきかもしれません。

安眠のための徳――「徳の講座」

「三段階の変身」の章の最後にあるように、第一部ではツァラトゥストラは、「まだら牛《うし》」という名の町に滞在していることになっています。ツァラトゥストラはこの町にある学園を訪れ、その倫理学講座の教授の講義を聴講するのです。どれどれ、この町で評判の賢者とやらは、どんな道徳哲学を講じているのかな、ちょっと聞きに行ってみよう――ツァラトゥストラのソフィスト訪問、といった趣です。

すると、その教授先生は、ぐっすり眠ることこそ生きる目的であり、徳とは安眠のための手段だ、と大まじめに説いています。ツァラトゥストラはその正直さに感心しつつ、呆れます。他愛ないと言えば他愛ない内容ですが、私などは、自分の講義が笑いのタネにされているようで笑えません。哲学書の講読授業にどんな効用があるかといって、たかだか睡眠学習の効果くらいでしょう。私にはこの賢者のような正直さはありませんが。

安眠の功徳《くどく》講座を笑えない理由が、もう一つあります。近頃、ぐっすり眠れないことがままあり、熟睡のありがたみが身に沁みて感じられるからです。

皆さんの中には、元気はつらつで、夜になるとスヤスヤ眠れる人もいることでしょう。そういうタイプは恵まれています。今の世の中、やれオンライン授業だのテレワークだの、神経をすり減らすことばかり。家に閉じこもって発散もできず、メリハリのない生活を送って昼夜逆転、朝昼晩のリズムなど無いも同然。これでは快眠は訪れてくれません。

昔、布団に入ればストンと眠りに落ち、昼までグーグー寝ていられた頃は、この章を読んでもありがたみは湧きませんでした。今ではこの安眠講座をアホくさいと一蹴するわけにはいきません。昼間のうちに精一杯働いて「心地良い疲労感」（四七頁）を得ておかないと、寝付けなかったり夜中に目覚めたりして、まんじりともしないで何時間も過ごすはめになります。夜の安眠のために昼に徳を積みなさい、という教えが心に響きます。

この倫理学講座の先生が、一日中起きて「十回も、昼のうちに自分自身に打ち克たねばならない」

（四七頁）、「十の和解」、「十の真理」、「十の笑い」（四九頁）に励め、そうすれば君に安眠が訪れるだろうと説くのを、健やかに破顔一笑できる人が今日どれだけいるでしょうか。

コロナ禍のリスクを避けよ、いのちより大切なものはないのだから仕方ない、と慰め合って、人間生活全般に統制と監視を張りめぐらしているうちに、いのちにとって肝心要《かなめ》の健康——「最後の人間」にはこれがいちばん大事、と「序説」第5節でも言われていました——を損なっている現代人は、「夢も見ないでぐっすり眠ること」こそ、最高の幸せと感じ、「それよりましな生の意味を知らない」（五〇頁）のです。テレビには健康番組があふれ、スポーツジムもジョギングも筋トレも睡眠の質維持のために人気を博している現代、賢者の「安眠のすすめ」講座は、十分説得力をもっているのです。

そう考えると、ツァラトゥストラの聴講した公開講座は、現代人に需要のある自己啓発セミナーに似ています。じっさいその手のセミナーの講師は、ニーチェの言葉を好んで引きます。自己啓発トラの巻『ツァラトゥストラはこう言った』というわけです。この本には、そういった読まれ方を許すところがたしかにあります。

では、賢者（やその現代版の人材開発業者）が商売にしている「徳」と、ツァラトゥストラの説く「徳」が、根本的に異なっているとすれば、その違いはどこにあるのでしょうか。先回りして少しだけ見ておきましょう。

賢者の「徳」の場合、安眠、熟睡という効用がもっぱら吹聴されます。メリットがあるからこそ価値があるのだとされます。「ぐっすり眠るのに効果的だから徳を積もう」という理屈です。逆に言えば、メリットがなければ、そんな無用の徳は要らないのです。

では、ツァラトゥストラの説く「徳」はどうでしょうか。

「徳の講座」に後続する章では、ツァラトゥストラの称揚する「徳」が次第に打ち出されていきます。ツァラトゥストラ流「徳の講座」が、第一部本論全体の内容だと言ってもいいでしょう。弟子たちのみならず、読者一人一人がその受講生です。

そして、ツァラトゥストラの重んじる「徳」の徳たるゆえんは——第一部最後の章「惜しみなく与える徳」に顕著なように——見返りを求めず、物惜しみしない、気前のよさにあります。「かくかくの徳にはしかじかの効用がある」式の、他の目的に仕える手段としてのケチケチした「トク」の対極です。役に立つからどうのではなく、その徳を持つことそれ自体がうるわしきことであり、徳をそなえた当人にとってプラスなのです。

「徳」とはこの場合、それを具えていることがその人自身の人格の豊かさとイコールであるような、それ自体で意味のあるものです。さらには、本人だけが享受するにはあまりに豊かすぎて困るほど豊かな徳を、他者に分かち与えることは、本人にとって喜ばしいことです。ですから、相手にどれほどあげても感謝してもらう必要などなく、むしろ与える側のほうこそ、受け取ってくれてありがとうと感謝すべきなのです。

ツァラトゥストラが第一部、いや全編を通して語る、自由人にふさわしいこの「気前のよさの徳」論は、しかしべつに新しいものではなく、古代ギリシア人の「徳」観念とウリ二つです。そのことを、われわれはのちに見ることになるでしょう。この章では、第一部で開講される「ツァラトゥストラの徳の講座」の前座として、もっぱら効用を求めるケチ臭い徳の観念が俎上に載せられているのです。

3 「背後世界論者」と「肉体の軽蔑者」

第一部本論の二つの序章に続く二つの章「背後世界論者」と「肉体の軽蔑者」に移ります。内容的にもセットになっており、第一部でのツァラトゥストラの論調が典型的な仕方で見られます。本書の中でスタンダードな章と言えるでしょう。ただ、それで分かったつもりでいると、著者の巧妙なワナにはまり、一杯食わされます。天邪鬼ニーチェのダブルスタンダードへの注意怠りなく読んでいきましょう。

形而上学の克服?――「背後世界論者」

「ツァラトゥストラの序説」の解説のはじめのほうで、ヨーロッパ精神の二大支柱を批判的に継承しようとしたのがニーチェだと述べました。二大支柱とは、ヘブライズムとりわけキリスト教と、ヘレニズムとりわけギリシア哲学です。

太古以来のユダヤ人の民族宗教である古代ユダヤ教と、ホメロスの叙事詩や悲劇、彫刻に代表される古典ギリシア精神には大きな隔たりがあり、両者を結びつけるのはムリそうです。ところが、その対極をなすヘブライズムとヘレニズムを、神業的な仕方でつなげた黒幕がいます。そう、プラトンです。古代ギリシア哲学があみ出した「イデア論」が、キリスト教に思想的基盤を提供したのです。もっとも、プラトン（前四二七―前三四七年）の時代にはキリスト教のキの字もありませんでした。プラトンその人ではなく、プラトンの教説が、伝承された著作とともに、後代に決定的影響を及ぼしたのです。「（新）プラトン主義」という知的伝統が形づくられ、それが、紀元後に輩出した「教父」と呼ばれる思想家たち――最も有名なのはアウグスティヌス（三五四―四三〇年）――の努力によって摂取され、思想的混淆形態が発展するに至ったのです。

プラトニズムとキリスト教の歴史的交錯の詳細は措き、ここで押さえなければならないのは、その原点をなすプラトンの「イデア論」です。なぜなら、ツァラトゥストラが「背後世界論者」の章で徹底的に批判しているのは、まずもってこの「理想主義《イデア》」だからです。つまりそこで俎上に載せられている思考様式とは、一方に、目に見え手で触《さわ》れる感性的世界があり、他方に、目には見えないが理性の洞見によって直観できる超感性的世界がある、とする二世界論です。目の前に映じている世界の背後にひそむ、現実を超えたもう一つの世界のことを、ツァラトゥストラは「背後世界」と呼んでいますが、それはまさに「イデア界」に相当するのです。

「イデア」は、ふつう次のように説明されます――

この世には、美しいものがさまざまあるが、それらはいずれ滅びる。しかしそれら個物があやかろうとしている美しさそのもの、美それ自体は、決して滅びない。美的なものの究極の理想形つまり「イデア」は、永遠に存在するがゆえに真に存在する。その真実在を純粋に見てとることこそ、哲学者のめざす知の理想にほかならない――

こんなふうに、プラトンは代表作の一つ『饗宴』でソクラテスに「美のイデア」を語らせます。プラトンは他の著作――『パイドン』、『パイドロス』、『国家』など――でもイデア論の説明を試みていますが、この壮大な理想論、どこまで本気なのか分かりません。プラトンの後期著作とされるものの中には、イデア論を自己批判的に吟味し直している箇所も見られます（「汚物にも理想形《イデア》はあるか？」といった議論が飛び出したりします）。

それはともかく、プラトンを開祖とする学園アカデメイアの伝統とともにプラトン主義は生き残り、そのイデア真実在説は、やがて、天上の神の国における永遠のいのちというキリスト教の教義に基盤を提供してゆくのです（ちなみに、死後に地獄に堕ちるという観念も、プラトンに由来します）。プラトンの教えそのものは少数のエリートのための理論でしたが、キリスト教と合体して万人向けにアレンジされ、普及していきます。ニーチェが『善悪の彼岸』序文で、「キリスト教は大衆向けのプラトン主義だ」と喝破したゆえんです。両者が融合してヨーロッパ世界の思想的背景を形づくる中で、どれがプラトン主義でどれがキリスト教だか分からなくなってしまっているほどです。

ですから、ツァラトゥストラの語る「背後世界」も、両者のごたまぜとなっています。たとえば、「背後世界論者」の章には、「神」という言葉が何度も出てきますが、それがどの神なのか、素姓不明です。ユダヤ－キリスト教的な唯一神なのか、それとも、プラトンが語った世界創造神（デーミウルゴス）なのか――そのどちらでもあり、どちらでもなさそうです。通俗化された観念形態《イデオロギー》は、清濁併せ呑む懐の深さが人気の秘訣なのです。

「背後世界」の裾野はさらなる広がりをもちます。ニーチェは学生時代、ショーペンハウアー（一七八八―一八六〇年）の『意志と表象としての世界』に出会い、哲学に対する関心を大いにかき立てられました。ショーペンハウアーの哲学は、主著の書名から分かる通り、筋金入りの二世界論です。ショーペンハウアー自身は、カント（一七二四―一八〇四年）の哲学の後継者を自任しましたが、カントはカントで、「感性界／叡知界」という伝統的二世界論を近代的に刷新した立役者でした。若きニーチェは、カント、ショーペンハウアーの近代理想主義《イデアリスムス》に連なろうとしたのです。ニーチェが一時期傾倒した音楽家ヴァーグナー（一八一三―八三年）も、ショーペンハウアーの愛読者でした。

どういうことかと言いますと、ニーチェにとって「二世界論的理想主義《イデア》」とはみずからの由来そのものだということです。もちろん近代版にかぎりません。「神のごときプラトン」は、古典文献学教授ニーチェにとって最大の研究課題の一つでしたし、「大衆向けのプラトン主義」つまりキリスト教は、牧師の家系に生まれたニーチェにとって、文字通り血肉と言えるものでした。自身の血となり肉となった精神的伝統を公然と批判することは、みずからの肺腑をえぐるがごとき苛烈な自己反省を意味していたのです。

だからこそツァラトゥストラは開口一番、こう語るのです。「かつてはツァラトゥストラも、すべての背後世界論者と同じく、人間を超えた彼方《かなた》に妄想を馳せた」（五一頁）。これに続く本章前半で、ツァラトゥストラはかつての自分自身を振り返っています。二世界論者の説く理想に自分も囚われていたが、それが「妄想」だったことに気づいた、と。

問題はむしろその次にあります。二世界論的理想主義が妄想にすぎないとすれば、そこからの脱却は、現実主義への逆戻りを意味することになるのでしょうか。

もし、その場合の「現実主義」が、与えられた現実を甘んじて受け入れるだけの現状肯定を意味するのであれば、ツァラトゥストラの主張がそんなところにないことは明白です。「序説」にあったように、神は死んだのだから今やわれわれ人間がわが世を謳歌してよいのだ式の自己満足的人間中心主義こそ、ツァラトゥストラの批判してやまないところです。むしろ、身の程を弁《わきま》えないほどの高邁な理想を掲げて、それに向かって邁進しよう、そのためなら破滅しても本望だ、と主張するのが「超人」思想なのです。

ただし、理想主義に前のめりになって目の前の現実をすぐ超えたつもりになるのはいただけない、とツァラトゥストラは戒めます。絶えざる自己反省を伴う、地に足のついた理想主義こそ、超人こそ大地の意味だというアピールの言わんとするところでした。

そうであってみれば、ツァラトゥストラの背後世界論批判とは、理想主義の自己批判であり、その立て直し、再生《ルネサンス》の一環だったと解せるのです。「イデア論の克服」と簡単に理解したつもりになるのは早すぎます。「理想主義の克服」が、現実肯定の居直りに堕し、現状にぬくぬく安住するだけだとしたら、元の木阿弥とはこのことです。

プラトン以来の西洋哲学の伝統は、「形而上学」と呼ばれます。「自然学（Physik）」の対象となる経験的世界を超えた超《メタ》自然的なものを問い尋ねるのが「形而上学（Metaphysik）」だ、とふつう説明されます。「イデア」はまさに形而上学の根本語であり、キリスト教はその形而上学と合体したからこそ強大になったのです。

ニーチェはキリスト教もろとも形而上学の総体を克服しようとした、としばしば評されます。じっさいニーチェ以後、ニーチェに追随するかのように、「形而上学の克服」こそ現代哲学の課題だと喧伝されてきました。プラトン主義からの脱却を合言葉とする、そういう現代の反理想主義論者たちは、思うに、ツァラトゥストラの背後世界論批判を鵜呑みにして、それに一杯食わされているのです。ツァラトゥストラが熱く語る超人思想が、理想主義の公然たる立て直しでなくて何でしょうか。万物は永遠回帰するという超自然的《メタフィジカル》な世界観の開陳が、形而上学の伝統に棹差すものでなくて何でしょうか。

私はこう疑ってもいます。ニーチェはキリスト教の立て直しも図ろうとしたのではないか、と。さしずめ、隠れキリシタン・ニーチェの嫌疑です。少なくとも、神は死んだと宣告したからといって、神をめぐる問題群が片付いたなどという甘い考えをニーチェが抱いていなかったことはたしかです。

ただし、神のような超絶的理想について語るのは、敷居があまりに高く、人間並みでは到底無理だ、とはツァラトゥストラもクギを刺すところです。天上のイデア界にうっとり目を奪われる前に、地上のありのままの現実を見据えよ。間違っても、現実から目を逸らすための方便、自分の弱さの正当化のために、現実逃避の理想主義にすがってはならない。それでは、自分をますますダメにするだけだからだ、と。

大いなる理性とは？——「肉体の軽蔑者」

では、目の前の現実とは何か。たとえば、新型ウイルスの猛威はどうでしょうか。眼前で問題となっているのは、人間の健康です。まさに肉体が問題の中心なのです。

精神論や理想主義にうつつを抜かす前に、元手としての肉体の健康管理が大事であり、健やかな肉体を持つようにせよ——たしかにその通りです。健康を損ない、弱々しい肉体しか持っていない者たちが、そのみじめな現実から逃避したくて、肉体的《フィジカル》なものを軽視し、超肉体的《メタフィジカル》な精神論を振りかざしても説得力はありません。

ツァラトゥストラが「健康」というテーマにこだわっていることは、「序説」にも、「徳の講座」の章にも窺えました。ニーチェ自身、食養生《ダイエット》に一家言持っていました。ただし、彼自身は頑健なタイプではなく、ひどい頭痛持ちで、体調トラブルに悩まされました。だからかもしれませんが——自戒するかのように——健康重視、肉体重視の哲学を唱えました。その典型のようなテクストが、「肉体の軽蔑者」の章です。

この章の中心思想は、次の一文に現われています。「肉体とは、大いなる理性である」(五六頁)。なかなかどうしてこの肉体論は深いです。ニーチェ以後、精神を偏重してきた伝統的観念を覆し、身体こそ第一次的だと打ち出す哲学思潮が台頭しました。ニーチェはその意味でも先駆者ですが、だからといって肉体主義者を自称するだけでは哲学になりません。ニーチェの新機軸は、理性の否定ではなく、理性概念自体のずらし変えにあります。

ツァラトゥストラによれば、肉体は、理性と別物ではなく、いわんや理性以下ではなく、むしろ理性の最たるものです。本章の「肉体＝大いなる理性」説とは、そういう意味での理性概念の転倒であり、大胆な刷新なのです。

ツァラトゥストラはしばしば「大いなるX」という言葉遣いをします。それは、「X」とはふつう考えられておらず、その反対のようにすら思われているものが、じつは深い意味で「X」と呼びうるものを持っている、ということに気づかせる用語法なのです。すでに「序説」には、「大いなる軽蔑」（二四頁）という言い方が出ていました。他者の欠点ではなく、自分の美点のはずのものにすら至らなさをおぼえ、それを克服しようとする自己軽蔑のことが、そう呼ばれていました。「大いなる軽蔑」という命名法によって「軽蔑」という観念そのものが動揺を来たし、意味の流動化を引き起こします。それと同じように、肉体を「大いなる理性」とあえて呼ぶことは、肉体的なものを排除したうえで固定化された、硬直した伝統的「理性」概念に、意味転換を迫るものなのです。

難しく考えなくても、肉体は大いに理性的だ、という主張には説得力があります。

じっさい、肉体とは賢いものです。仕事で根を詰めて風邪を引いた場合、からだの言うことを素直に聞いてぐっすり寝て休めば、快復し元気になります。ところが、仕事を優先させて、薬やドリンク剤を大量にあおり、我慢して働き続けると、あとでもっとひどい病気になります。その時はなんとか散らしても、無理を重ねているうちに、不治の病に冒されて、気がつくともう手遅れ、という無惨なことになりがちです。自分のからだが送ってくるシグナルに耳を傾け、言うことを聞いていればよかったものを、ケチな根性と小賢しい対症療法でしのごうとするから、つまり浅知恵ゆえに身を滅ぼすのです。

そのような小賢しさ、浅知恵は、ツァラトゥストラに言わせれば「ちっぽけな理性」です。その中には、健康増進用に開発された薬品や食品なども含まれます。最新技術の粋を集め、人知の限りを尽くしても、人体に備わる自己制御機構の足元にも及びません。からだの内部には、見知らぬ知恵者がひそんでいるのです。

この内なる「知られざる賢者」のことを、ツァラトゥストラは「自己（Selbst）」と呼んでいます（五七頁）。からだの奥底で絶妙に働き、当の個体をつかさどっている本体のことです。これに対し、頭でっかちの理性的動物は「私は私だ」と偉そうに言います。こちらが「自我（Ich）」です。自我が、対象意識と自己意識の顕在的な乗り物であるのに対して、自己は、肉体内部に潜伏して無意識的に作動しており、ふつう「本能」と呼ばれます。

生命体のこの本能レベルにこそ「大いなる理性」が宿っているのだと、ツァラトゥストラは言うのです。自己の大いなる理性によって、自我のちっぽけな理性は翻弄され、操縦され、果ては破滅すら命じられるのだ、と。なぜなら、肉体を軽蔑するとは、生の自己否定であり、生の自己否定とは、自分で自分に死ねと言っているに等しいからです。「君たちの自己そのものが、死ぬことを欲し、生を見限って生に背を向けているのだ」（五八頁）とは、そういう意味です。つまり、肉体を軽蔑する者たちよ、さっさと死ね、と。

背後世界論者や肉体の軽蔑者に向けられた批判の真意は、以上ではまだ説明できていません。一番の問題点は、自分自身を愛することができているかどうかなのですが、この点はあらためて考える機会があるはずです。

4 「情熱にひそむ喜びと苦しみ」と「青ざめた犯罪者」

続いて「情熱にひそむ喜びと苦しみ」と「青ざめた犯罪者」の二章に進みます。前者のタイトルの原題は“Von den Freuden- und Leidenschaften”です。「情熱」と訳されるドイツ語Leidenschaftには、Leidつまり「苦しみ」の含意があります。英語のpassionにも見られるこの「受苦・苦難」の面を表わすための訳語が、「苦しみをひめた情熱」です。その一方で、情熱には、苦しみと一見正反対のFreudeつまり「喜び」も共存しています。情熱のこの両義性を言い当てるべくニーチェが苦心して造った新造語が、Freudenschaftです。こちらは「情熱にひそむ喜び」と訳すことにします。

ニーチェは『放浪者とその影』（一八八〇年）の37番で、「情熱にひそむ喜び（Freudenschaft）」という言葉をあみ出し、「人類の苦しみをひめた情熱を総じて、情熱にひそむ喜びに改造する」という壮大な課題を掲げています。この新語鋳造法に通じる言葉遣いとして、Mitleidenつまり「同情・共苦」と対をなすMitfreudeつまり「共喜・同慶」があります（『愉しい学問』338番、三四五頁）。苦しみと喜びの両義性は、ニーチェ哲学の重要テーマなのです。

徳とは何か、君とは誰か――「情熱にひそむ喜びと苦しみ」

さて、この章を読んで最初に引っかかるのは、たぶん、「徳」という言葉でしょう。「徳の講座」の章でも少し話題にしましたが、今回はまた別の観点から考えてみます。

徳とは何か――これは難問です。哲学の古来の大問題の一つです。すぐ答えられるようなものではありません。少しずつ接近していきましょう。

日本語には、古代中国伝来の「徳」という概念があります。仁・義・礼・智・忠・信・孝・悌と並べられたりします。このように東洋思想、とくに儒教思想では、徳はおなじみの観念です。ただ、ちょっと敷居の高い、もっと言うと古臭い観念です。

古臭さでは負けない古代ギリシアにも、同じく「徳」の観念がありました。aretē（アレテー）という言葉です。四つの枢要徳、「勇気・節制・正義・知恵」が有名です。「義」や「知（智）」は、東アジアの徳目とも重なります。初期プラトンの「ソクラテス的対話篇」と言われる著作では、このような徳について盛んに議論が戦わされます。たとえば「勇気とは何か」、あるいは「そもそも徳は教えられるのか」といった問いが出てきます。

「ソフィスト（知者）」と呼ばれた識者・先生が、徳を教えますと請け負う教師という商売を始めて繁盛していた当時、皮肉屋のソクラテスは、どれどれ、その知者とやらが徳についてどれほど知っているか聞きに行ってみよう、と会いに行きます。ソクラテスが、ソ知らぬふりで「私は無知なので教えてください。勇気とは何ですか？　正義とは何ですか？」と質問攻めにすると、知を看板とする先生が揃って無知をさらけ出したという、あの有名なお話です。そこでの話題の中心は、まさしく「徳」でした。あるいは「善」と言ってもいいですが、「善」はギリシア語で agathon（アガトン）と言い、これは aretē つまり「徳」と同系の語です。何かに「秀でている・優れている」ことを、アガトンと言い、そのような「善さ・優れているところ・卓越性」が、アレテーと呼ばれたのです。

英語でも、X is good for … と言いますが、その主語Xは人間とは限りません。たとえば包丁という道具の場合、その「善さ（goodness）」は切れ味です。それと同じように、人間にもそれなりの「優秀性・器量」が備わっています。たとえば戦士としてのアレテーは、戦闘能力というより、むしろ「勇気・勇敢さ」です。命令を受けて高度の殺傷能力を発揮するだけなら、戦闘ロボットのほうが優秀かもしれません。あっぱれな戦い方を心得、かといって無茶はしないという、無謀と臆病の真ん中を絶妙に按配してふるまう勇士に備わるのが、勇気という「中庸」の徳なのです。古代ギリシア市民はポリス共同体を守る戦士でもありましたから、勇気という徳が重んじられたのは当然です。

プラトンと並ぶ古代ギリシアの哲学者アリストテレスの著作に、『ニコマコス倫理学』という倫理学史上屈指の古典があります。その中には、上記の枢要徳をはじめ、いろいろな徳目が出てきます。たとえば、ひとくちに「知性的」徳と言ってもいろいろな種類がある、とアリストテレスは言っています。哲学者が愛し求める「知恵（sophia）」と、政治家の器量としての「思慮（phronēsis）」とは異なります。いわゆる理論知と実践知の区別です。理論と実践の分離はよくないとしばしば言われ、両者を兼ね備えるのが理想であるかのようですが、果たしてそうでしょうか。哲学者が同時に政治家であろうとして身を滅ぼすのは、ありがちなケースです。政治家を「善き市民」と解すれば、ソクラテス自身がそういう目に遭いました。哲学知と政治知の合一が必ずしも理想と言えないのは、双方の目指すものが同じではないからです。究極の真理を観取する洞察力と、地上で人びとともに事を為す思慮深さとは、真逆ではないかもしれませんが、イコールとは言えません。

つまり、徳にはさまざまあるということは、それらの徳の間には矛盾葛藤があるということでもあります。もう少し平たく言うと、こんなふうに言えそうです——

われわれ一人一人には、その個性に見合って、さまざまな可能性、能力がひそんでおり、それらはそれぞれ、実現されることを求めている。だが、目標を異にするそれらをすべて追求していくのは、容易ならざることであり、その矛盾葛藤に引き裂かれて、破滅することにもなりかねない。あれもこれもではなく、当人の中でいちばん大事な目標を一つ見据えて、それを理想として一途にめざしていくことが、肝腎だ——

なるほど、これは一つの真実です。ツァラトゥストラが、一つの徳だけをもつ者は「幸せ者」だと言っているのは（六一頁）、そういう意味でしょう。しかし別の真実もあります。つまり、あれもこれもと貪欲に複数の理想を追求して、その負荷に悩み苦しみ、ことによると身を滅ぼすことだって、それはそれであっぱれなことかもしれないのです。たとえば、善き市民でもあろうとした哲学者ソクラテスに向かって、あなたは無理なことをやらかしたのだから愚かだ、とあざ笑うことのできる人がいるでしょうか。

ツァラトゥストラは、一つの徳をめざすべきだと説く一方で、複数の徳をめざして破滅する者にも、一定の敬意を払っています。それはそうでしょう。山中で一人悟った者は、そこにとどまって自分の知恵を楽しめばよかったはずなのに、何を血迷ったか、山を下りて、没落を覚悟で、人びとに自分の考えを説いて聞かせようとしているのですから。

ニーチェの実人生に照らしても、同じことが言えます。古典文献学者としての実力を備えながら、それに飽き足らず、哲学者として生きようと大学教授を辞め、さらには詩人たろうとして歌を書き連ね、果ては反キリスト者にして人類の新しい価値の創造者となろうとしたのが、ニーチェです。あれもこれもと貪欲に理想を追求して身を滅ぼすとは、このことではないでしょうか。「君は君の徳ゆえに滅びるであろう」（六二頁）とこの章の最後に述べられているのは、著者の実人生を指していたのかもしれません。

　ここにも出てきますが、もう一つ、この章を読むと素朴な疑問が湧いてきます。――「君」とは誰のことか。ツァラトゥストラ‐ニーチェ自身を指すという解釈もありそうですが、もちろん唯一の正解ではありません。ツァラトゥストラが自分の教えを説いている弟子たち、つまり、冒頭から「わが兄弟よ」（五九頁）と呼びかけられている者たちを意味する、というのが一つの妥当な解答です。しかしその答えもまだ十分ではありません。ツァラトゥストラに選ばれたそのような弟子たちとは、どんなタイプなのか。

　それは、まさにこの章に書き込まれている通りです。つまり、自分の目標とするものを心に秘め、その理想追求のためにもがき苦しんでいる情熱の人、そういう若者を、ツァラトゥストラは愛し、彼らの求道の苦しみが同時に喜びとなりうることを、メッセージとして伝えようとしているのです。「苦しみをひめた情熱が、君の徳となり、情熱にひそむ喜びとなった」（六〇―六一頁）。本章のこの主導命題は、悩み多き青年へのエールなのです。

ツァラトゥストラの法廷傍聴――「青ざめた犯罪者」

「君」とは誰か。この問いにひとまず答えたつもりが、続く「青ざめた犯罪者」の章でも、「君たち」と呼びかけられ、おそらく別の相手が名指されています。そう、ここで「君たち」と呼ばれているのは、法廷の高いところに偉そうに座っている「裁判官」なのです。どうやらツァラトゥストラは、「まだら牛」という町にある──倫理学教室のみならず──裁判所に出かけていったようなのです。そこで開かれていた裁判では、強盗殺人の犯罪者にまさに死刑が言い渡されようとしていた、という意外な設定になっています。

人を裁くとは、何を意味するか。刑罰とは、死刑とはどういうことか──これは法哲学の根本問題です。第一部には、以前出てきた「健康と安眠の哲学」だけでなく、こういった多彩なテーマが盛り込まれており、読者はさまざまなことを考えさせられます。

凶悪犯罪者を裁き、厳罰に処する。そういう処罰をわれわれは今日えてして、被害者側から考え、為された侵害に対する仕返し、「復讐」と解しています。家族を殺された遺族の悲嘆を思えば、死刑やむなし、というわけです。しかし、それでは「敵討《かたきう》ち」と変わりません。つまり、やられたらやり返すという、あの報復の論理です。

裁きというのは、それが復讐根性によるのでないとすれば、加害者や被害者と同一地平に立つのではなく、両者から等しく距離をとった第三者的視点に立ち、どちらにも偏することなく、公平に眺めて判断し、判決を下すのでなければなりません。被害者のことを気にかけるのであれば、加害者にも相応の配慮が払われてしかるべきなのです。

そして、ツァラトゥストラからすれば、そうした考量の結果として、死刑という処罰が適当だということもあるだろう、というのです。その考え方が次の言葉に端的に表われています。「裁判官よ、君たちが殺すのは、同情からであって、復讐からであってはならない。そして、殺すことによって、君たち自身が生を是認するよう努めることだ」（六三頁）。ここに洩らされている一見奇異な考え方を、理解すべく努めてみましょう。

死刑は、相手に対する「復讐」からではなく、「同情」から下されるべきだ――この主張は、逆説的に聞こえます。というのも、情状酌量により減刑し、死刑にはしないほうが、温情判決だ、とわれわれはふつう考えるからです。あるいは、死刑は人道的に許されないから廃止すべきだ、という意見も有力です。これに対して、ツァラトゥストラは、むしろ死刑にするほうが当人のためだ、と言うのです。

いっそ早く殺してくれと叫ぶ犯罪者をすぐ殺すのは、もったいない。むしろ、死刑にはしないで終身刑に処し、いつまでも罪の意識を抱えて生きていてもらおう――という死刑消極論が主張されることもあります。これまた「報復」の論理です。殺された側の無念さに相当するものを、一生かけてゆっくり味わってもらわなくては、と考えているからです。そのような理由づけによる死刑廃止論は、被害者側には同情的かもしれませんが、加害者にはこのうえなく非情です――悔い改めの押しつけを含めて、です。被害者の当事者感情として、加害者も同じ苦しみを味わってほしいと願うのは理解できるものの、それをそのまま持ち込んだら、復讐にはなっても裁判にはなりません。

ツァラトゥストラは、犯罪者を死刑にすることは、「自分自身にそんなに苦しんでいる」当人にとって「救い」でありうるのだ、としています。この場合、犯罪者は、自分自身に対して深い軽蔑――「大いなる軽蔑」（同頁）――を抱いており、自己自身が克服されるべきことをみずから認めています。破滅しゆく者が、無に帰すことを救いとして望むこと、「それは彼の最高の瞬間であった。この崇高な人を下劣さに逆戻りさせてはならない」(同頁)。このように言って、ツァラトゥストラは死刑を肯定するのです。

世の死刑存続論にはいくつかのパターンがあります。すでに見た通り、復讐心に根ざした心性としては、かわいそうな被害者に同情を寄せ、憎むべき加害者を生かしたままにはできないというタイプがあります。また、死刑制度という脅しがあるからこそ犯罪発生を社会的に抑制できるのだとする損得ずくの理屈もあります。極刑を求刑する検察権力維持のための死刑存続派もいます。しかしそれらと違って、加害者に「同情」し、加害者を「救う」ために、という理由で死刑を肯定する考え方もありうるのです。犯罪者のギリギリの尊厳を認め、その人格に一定の敬意を払うからこそ死刑にするという発想です。

ただしこれが、犯罪者をヒーロー扱いする感情論になり下がっては、これまた裁判にはなりません。あくまで冷静に、それこそ冷酷と言えるほどに、妥当な処罰として犯罪者に裁きを下すという公平性が担保されていなければなりません。

そして、死刑判決を下す裁判官としても、犯罪者に救いをもたらすと考えられるなら、刑罰という名の下での人殺しを行なうことに、後ろめたさを感じることはなくなります。これは、判事として死刑宣告を履行するだけだから、べつに疚《やま》しいところはない、とビジネスライクに考えるのとも違います。むしろ刑死という仕方で犯罪者に一定の尊厳を認め、ひいては、取り返しのつかない犯罪が起こってしまったこの世に——それを元に戻すことはできないにしても——正義を回復させることによって、裁判官自身が「生を是認する」(同頁) ことができるようになるのだと、そうツァラトゥストラは言うのです。

以上、ツァラトゥストラの法廷傍聴レポートに見られる「死刑の意義」論を理解すべく努めました。だからといって、死刑肯定論こそ正義だとか、死刑制度は存続すべきだとか、主張するつもりは毛頭ありません。ニーチェはツァラトゥストラに、死刑は死刑に処せられる者にとってよいことだという、現代人にとっての逆説を語らせることを通して、人を裁き、刑に処するとは何を意味するのか、を考えさせようとしているのであり、死刑存廃論議に解答を与えようとしているわけではないのです。

本章の続きで展開されるツァラトゥストラの犯罪心理学講座――ドストエフスキーの『罪と罰』を髣髴《ほうふつ》させる――もそれなりに興味深いのですが、説明は割愛します。

5　「読むことと書くこと」と「山に立つ樹」

徳とは何か。刑罰とは何か。――このような問題は、そうやすやすと解答できるものではありませんが、そういう問いを発すること自体に意味があります。そして、誰でも自分なりの答え方をしてよいのです。各人に考えてもらいたいと思って、ツァラトゥストラ＝ニーチェは、「君」と呼びかけているのです。次に取り上げる二つの章にも「君」という呼びかけが出てきます。とりわけ「山に立つ樹」は、メッセージ性の強い章です。

考えることのために――「読むことと書くこと」

ニーチェは古典文献学の専門研究者でした。つまり、古典ギリシア語やラテン語で書かれた難しいテクストや厖大な二次文献を読むことが仕事でした。研究論文を書くのも仕事の一つでしたが、一〇年間務めたあと教授職を捨ててフリーつまり年金生活者になってからいちばん力を入れたと思われるのは、本を書くことです。

処女作は、一八七二年に二七歳の若さで出した『悲劇の誕生』。在職中も『反時代的考察』四篇を書き継ぎ、退職前年からは毎年一冊のペースで本を出し続けます。『人間的、あまりに人間的』、『さまざまな意見と箴言』、『放浪者とその影』、『曙光』、『愉しい学問』、『ツァラトゥストラはこう言った』、『善悪の彼岸』、『道徳の系譜学』。いずれも傑作です。年末に精神の変調を来たした一八八八年にも、恐るべき旺盛さで『偶像の黄昏』、『反キリスト者』、『この人を見よ』その他を書きまくっています。未公刊の遺稿も厖大な量に上り、書簡も合わせると、毎日どれだけ書いていたか分からないほどです。

もちろん、学者を辞めてからも読書は大事にしていました。根っからの勉強家は、古典はもとより、同時代文学、時事評論、科学論文まで貪欲に摂取しています。ニーチェの人生は読むことと書くことに費やされていた、と言いたくなります。そのこだわりが強烈に窺えるのが「読むことと書くこと」の章です。思い入れたっぷりの出だしは有名です。

およそ書かれたもののなかで、私が愛するのは、血をもって書かれたものだけだ。血をもって書け。そうすれば君は、血こそ精神だということが身に沁みて分かるだろう。

他人の血を理解することは、容易にできることではない。私が憎むのは、ものぐさな読み散らかし屋だ。

読者のことを知っている者は、もはや読者のために何もしないだろう。読者がこんな調子であと百年も続けば――、精神それ自身が腐臭を発するだろう。

読むことを万人が習ってよい時代は、長い目で見れば、書くことばかりか、考えることをも腐敗させる。

かつて精神とは神であった。次いでそれは人間になった。今では賤民に成り下がった。

血で箴言を書く者は、読まれることを欲しない。暗唱されることを欲する。（六六―六七頁）

心血を注ぎ身を削って文章を彫琢することの重要性を、ニーチェは古典に接することで学びました。何千年も前のテクストが伝承されているということは、当たり前に見えて、じつは奇蹟に近いのです。そのためにどれだけの人びとの労力が費やされてきたかは、想像を絶します。値打ちがあるとされたものだけが、時代を超えて受け継がれてきたのです。

ニーチェのことを、大昔の人物と感じる人が少なくありません。なのに現代にも通ずることを述べているのはすごい、と。しかし、たとえば二四〇〇年も前に書かれたプラトンの著作は、今なお現代哲学の汲めども尽きせぬ源泉です。原初はいつまでも古びず、つねに新しいのです。本物に付き合ってこそ真贋を見極める眼が養われます。一〇〇年ちょっと前など、まだまだ現代と何も変わらない、というのが古典の世界の常識です。

世の歓心を買うことを書いて消費欲求を満たすエッセイや、最新の知見をなぞるだけが取り柄の研究論文が、せっせと量産されては、すぐ賞味期限切れとなり、ゴミ同然になります。書物なんて所詮そんな程度だと思う人は、わざわざ紙に印刷してゴミを増やす必要はない、電子データで流通させるだけで十分と考えます。気がつくと、オンラインジャーナルこそ本来の形態で、書籍を出すのは時代遅れ、という観念が支配的になっています。

ニーチェは一九世紀末に、書くことに心血を注ぐことが疎《おろそ》かにされ、読み流し読み捨てる大量伝達時代があと一〇〇年続けば、「精神それ自身が腐臭を発するだろう」と予言しました。今日、出版文化の通俗化はいっそう進み、ニーチェが日雇い仕事と揶揄したジャーナリスティックな新聞雑誌を含めて活字媒体そのものが、危機に直面しています。そしてその動向に拍車をかけているのが、コロナ時代に劇的に進んだペーパーレス化です。

こういったことをくどくど論評し出すとニーチェに笑われるので、いちばん問題となっていることだけ確認しておきましょう。それは、思考の欠如です。ニーチェにとって「読むこと」も「書くこと」もじつは二の次なのです。すべては一事に、つまり「考えること」に懸かっているのです。知識を蓄え情報を操るために読み書きや情報リテラシーが重視されるのは当然でしょう。万巻の書の読破や不朽の名作の執筆も大事かもしれません。しかし何より重要なのは、自分でじっくり考えること、思考です。読むことや書くことにうつつを抜かして、考えることがお寒くなっているとすれば、本末転倒と言うべきです。

学者や作家である以上に、哲学者であろうとしたニーチェにとって、一番しっくりくる文体は、「箴言」でした。「アフォリズム」とも呼ばれます。短い文章に深い内容をギュッと濃縮して盛り込むスタイルです。ニーチェは『人間的、あまりに人間的』以来、箴言体を好み、著作の多くは断章形式の寸鉄人を刺す警句を並べたものになっています。筋立てをもつ物語形式はむしろ例外なのですが、その『ツァラトゥストラはこう言った』にも、多くのアフォリズムがちりばめられています。ほかでもない、「読むことと書くこと」の章はその好例です。箴言を好む自分の心意気を箴言体で表現したのが、この章です。

なぜ箴言体なのか。その文章に接する者に、立ち止まって考えることを促すからです。要は、考えさせる文体だからです。何を言っているか、なかなか分からない、もっと簡単に書いてくれと不平をこぼしたくなりますが、箴言とは、たっぷり時間をかけて読み解くことに意味のある文章のことです。「急がば回れ」の金言の通り、ゆっくり考えてはじめて身に沁みて分かることが、世の中にはいっぱいあるのです。

ところで、この章の最後のほうに、よく分からない言葉が出てきます。「重さの地霊」です。本書第三部で準主役に躍り出るキャラクターです。この章では「私の悪魔」（六九頁）と呼ばれていますが、あまりまじめに考えないほうがよさそうです。物事をまじめに考え過ぎて自縄自縛に陥る精神が、そう表現されているのですから。

本書の登場人物は多かれ少なかれ主人公の分身だ、と前に言いました。「重さの地霊」は、まさにツァラトゥストラの片割れです。まじめすぎるところのあるニーチェにとって、冗談を言って笑い飛ばすことは、精神のバランスを保つうえで必須でした。考えることが大事、と言っても、眉間にしわを寄せてくよくよ思い悩むのではなく、あっけらかんとのびやかに、愉しく哲学することが肝腎です。深刻に考え込んでしまう習性の磁場から解放された自由な境地を、ツァラトゥストラは「踊ること」や「飛ぶこと」（同頁）にたとえてもいます。理由説明の鎧《よろい》で固められた論文調のいかつい文体を敬遠し、遊び心に満ちた奔放な箴言体を好むいきな趣味を、そう表現しているのです。

本章を読むうえでの注意点をもう一つ。箴言体が並ぶなかに、「知恵は女性であり、つねに戦士だけを愛する」（六八頁）とあります。これは何を言っているのでしょうか。

ドイツ語の名詞には、男性、女性、中性の別があります。「知恵（Weisheit）」は女性名詞です。形容詞を名詞化するのに -heit を使うと、みなそうなります。「真理（Wahrheit）」もそうです。これにかこつけてニーチェは「知恵は女性だ」と、たわむれに言っているのです。別のテクスト（『善悪の彼岸』序文）では「真理は女性だ」とも言っています。

ギリシア語でも、「知恵（sophia）」は女性名詞です。「哲学（philosophia）」とは、字義的には「知恵の愛好」だとよく指摘されます。「哲学者（philosophos）」とは、あこがれの女性を愛しこがれるように理想の知を求めてやまない恋（エロース）の人、というわけです。『ツァラトゥストラはこう言った』第二部と第三部には、おてんば娘のような「生」――ドイツ語で「娘（Mädchen）」は中性名詞であり、その点で「生（Leben）」と同じです――に心惹かれつつも、謎の女性「知恵」を愛するツァラトゥストラが三角関係に思い悩む、という歌が切なく歌われます。「知恵は女性なり」とは、いつまでも思いを遂げられない悶々とした恋に哲学の根源的パトスをたとえる極めつきの金言なのです。

若者よ、リスクを恐れるな――「山に立つ樹」

「序説」には物語性が見られましたが、本論に入ると、主人公の一人説法が続きます。その中で趣を異にするのが「山に立つ樹」の章で、一対一の対話形式です。もっとも、内省に傾きやすい者同士ですから、それぞれ自分自身と対話している感じなのですが。

「まだら牛」に滞在中のツァラトゥストラには、弟子が増えてきているようです。そんな中、彼の説く教えが気になりながらも近づくのをためらっている若者が一人いました。ある日の夕方、ツァラトゥストラが町のはずれの山中を散策していると、その若者が樹のそばに腰を下ろし、樹にもたれて物思いに沈んでいるところに出くわします。若者は自分の理想を追い求めようとして、不安に襲われ、心が折れそうになっています。ツァラトゥストラは若者に近づき、理想を捨てないでくれとエールを送ります。

前に、「君」とは誰を指すかという問いを立てました。人称代名詞ですから文脈によって指す相手が異なるのは当然ですが、摑みとりにくいのはたしかです。「読むことと書くこと」の章にも「君たち」とありました。これは一般的に言われており、ツァラトゥストラの話を聞いている人たちや、読者を指していると解されます。私は高みにいるから下を見下ろすが、君たちはそういう高みにあこがれて上を見上げるのだと、反感を買うのは百も承知で不遜に言い放っていました。その突き放し方は半端ではありません。

それに比べると、この章でのツァラトゥストラは、悩める若者に優しく接し、傷つきやすい心を察して、励ましの言葉をかけています。連れ立って歩く二人は、恋人同士のようです。そういえば、ソクラテスも青年の心を虜にする「エロースの人」でした。イエスも、弟子の心を鷲摑みにして緊密な共同体を作り出す魅力をそなえていました。

つまり、この章で「山に立つ樹」になぞらえられている若者は、「情熱にひそむ喜びと苦しみ」の章で「君」と呼びかけられていた志操気高《しそうけだか》きタイプなのです。理想を一途に追い求め、苦しみ悶える青年を、ツァラトゥストラは愛します。それは若き自分自身の姿でもあったことでしょう。若者への激励は、自己へのエールでもあるのです。

ツァラトゥストラが若者のうちに自分に似たものを見出し、それを愛惜するように、若者はツァラトゥストラのうちに自分に似たものを見出し、惹かれつつ反発します。誇りに満ちた青年は、同じ道を行く自分以上の存在がいることを受け入れがたいのです。自分の未熟さを認めるに等しいからです。自分の先を行くものに「嫉妬」を抱いてしまうこと自体、彼をして「ボロボロに打ちのめ」します（七二頁）。そのようなわだかまりを持つのは、それだけ彼が純粋だからです。強くて偉そうな人間にあやかって、うまみに与《あずか》ろうとすり寄るよりは、よほど志が高いのです。山の高い所に立ち、空へ向かって伸びてゆく樹は、それだけいっそう、天からの稲妻に打たれて破滅する「危険」が大きいのです。

「情熱にひそむ喜びと苦しみ」の章でも、情熱のうちに相矛盾するものが入り混じって葛藤するさまが語られていました。この青年論でも、高みをめざす上昇志向と深みに降り下る深層意識との相克が語られます。大樹が、大空に向かって真っすぐに伸びていく一方で、地下深くにまで根を下ろすように。「星」を求めつつ「悪」へ向かうこの相反する傾向に引き裂かれるという「危険」（七二、七三頁）が、そこにはひそんでいます。

若者は、傷つきやすい危険をいっぱい抱えています。それは、可能性に満ちているからであり、成長の証でもあります。危なっかしい「リスク」は低減させて、なるべく安全策で行くのが賢明だ、と自分で悟ったり、他人に諭《さと》したりする者もいます。これに対して、ツァラトゥストラは、「愛と希望を投げ捨て」ずに、そういう大いなるリスクを抱えて生きることこそ「君」の取り柄であり特権なのだと、熱いエールを送るのです。

6　「戦争と戦士」と「新しい偶像」

やや変則的ながら、続く「死の説教者」の章は――第一部最後のほうの「自由な死」とペアで読むために――飛ばして、その次の二章「戦争と戦士」と「新しい偶像」を扱います。どちらも政治哲学的な内容です。「戦争と戦士」は、物議を醸すことの多いツァラトゥストラの主張の中でもひときわ問題的な箇所で、戦争肯定、いや戦争賛美の主張が見られます。若者に「志を高く持ち、希望を捨てるな！」とエールを送っていたかと思うと、今度は、「君たちよ、善き戦士たれ！」と鼓舞するのです。戦争論や国家論といったトピックも、哲学の重要テーマたりうることを、ニーチェはわれわれに示してくれています。

反戦平和思想批判――「戦争と戦士」

ツァラトゥストラはいきなり、「君たち」を「わが戦友たちよ」と言い換え、「君たち」よ「戦士」たれ、と諭しています。「君たち」を探して「君たちの戦い」（七九頁）を戦うべし、と煽るのです。この好戦的態度は、いったい何を意味するのでしょうか。

一つには、ここで問題になっているのは認識という戦いだという解釈が成り立ちます。戦士は戦士でも「認識の戦士」（七八頁）たれ、とツァラトゥストラは説いているのであり、真なる認識に到達するという共通の目標を掲げてしのぎを削る競争のことだと考えれば、師と弟子たちが切磋琢磨する知的共同体では「対等同格の者」同士が「最良の敵」つまりライバルの関係だというのは、分からない話ではありません。

ツァラトゥストラは「私には君たちの心中の憎しみや妬《ねた》みが分かる」（同頁）とも言っています。これは「山に立つ樹」の章のシーンを思い起こさせます。かの若者がツァラトゥストラに「嫉妬」を抱いたのはライバル意識ゆえであり、そういう負けず嫌いの張り合いの精神をツァラトゥストラは若者の向上心の証だとして称揚していました。

ツァラトゥストラの周りに若者が集まってグループを形成することが、第一部の大枠をなしており、これは一見、イエスとその弟子たちの宗教上の教団に似ています。しかし、ツァラトゥストラとて「認識の聖者」の域に達しているわけではなく、せいぜい、知を愛する者たち――哲学者たち《フィロソフォイ》――が集まって議論を交わすうえでの中心人物にすぎません。その意味ではむしろ、ソクラテスとその仲間たち、というイメージのほうが近いのです。つまり、ツァラトゥストラの共同体は「アカデミズム」の原点に通じています。

真理探究共同体のメンバーが遠慮会釈なしに競争し合い、場合によっては下剋上の闘いを繰り広げるのが、学園《アカデメイア》の本来の姿です。その一見平穏に見えて熾烈な闘技場《アリーナ》では、平和ではなく戦いこそ原則だというのは、なるほどまっとうな話です。

しかし、そういう穏当な解釈だけで話が片付くとも思われません。ツァラトゥストラのアジテーションは、知的闘争に収まりきらない過激さをもっています。

君たちが平和を愛するのなら、新たな戦争への手段として愛するのでなければならない。長期の平和よりも、むしろ短期の平和を愛するがいい。
私が君たちに勧めるのは、労働ではない。戦いだ。私が君たちに勧めるのは、平和ではない。勝利だ。君たちの労働は戦いであれ。君たちの平和は勝利であれ！
ひとは弓矢を所持してのみ、黙って静かに坐っていられる。さもないと、おしゃべりしては、けんかし始める。君たちの平和は勝利であれ！
善い目的は戦争さえも神聖にする、と君たちは言うのか。では、私は君たちに言おう。善い戦争はあらゆる目的を神聖にする、と。（七九頁）

平和とは戦争への手段にすぎない。平和ではなく勝利を求めよ。軍備あってこそ安らかにいられる。立派な大義名分は戦争を正当化すると言うだけでは足りない。立派な戦争はどんな名目も正当化すると言うべきなのだ。——これはもう、認識をめぐる戦いをとっくにはみ出しています。こんな物騒なことを、今日、国家間の現実の戦争に関してまじめに言い出したら、どう受け取られるでしょうか。狂人哲学者にかぶれてお前も頭がおかしくなったのか、かわいそうに、と冷たくあしらわれるに違いありません。

しかしそんな白眼視には怯《ひる》まず、こう問うてみましょう。人類は古来、戦いというものをどう考えてきただろうか、と。すると、極論に見えるツァラトゥストラの言い分が、昔はありがちな主張だったことに気づきます。勇気という戦士の徳を重んじてきた伝統からすれば、ツァラトゥストラの好戦的言辞は、むしろ平凡陳腐ですらあるのです。

そう、戦争観がかつてと今日とではおよそかけ離れていることに気づくのです。

たとえば——例によって古代ギリシアを持ち出しますが、近代以前の日本でも事情は似たり寄ったりです——、ポリスの自由民は、同時に都市国家を守る戦士でもありました。国防義務は政治参加の不可欠の条件だったのです。逆に言えば、自由市民たる戦士階級に属さない人びとは、戦争の巻き添えを食うことはあっても、身分上は国を守るために身を挺して戦う必要はなかったのです。命知らずの一部の者たちが栄光と名誉をかけて戦い合ったのが、「いくさ」でした。戦士道徳にあっては「反抗」より「恭順」や「服従」のほうが高貴さの証でした。ツァラトゥストラの教えは常識みたいなものだったのです。

かつては、一部の階級に限られてはいたものの通用していたことが、今日では、まともな人間が近づいてはならない危険思想とされます。軍国主義を好む個人は今でもいますし、軍事を専《もっぱ》らとする国家も現存しますが、そういう偏向は「狂信的」、「ならず者」と呼ばれます。現代人にとって、反戦平和こそ真理にほかなりません。

われわれは進歩を重ねてついにこの真理を手に入れたのだ――と自慢したくなるところですが、果たしてそう言えるでしょうか。現代人は昔より格段に賢くなり、反戦平和という絶対的真理に到達した、と誇れるでしょうか。そうは言えないと思います。

人類はべつに進歩したから戦争絶対反対の平和愛好主義者になったのではありません。そうではなく、近代になって、それ以前のように一部の戦士階級だけでなく、国民全員が戦争に兵士として、あるいは後方支援の形で戦争遂行に駆り立てられていくうちに、戦争の規模がどんどん大きくなり、それに応じて軍事技術が恐るべき発達を遂げ、ついには人類が自滅しかねないほどの大戦争が勃発したからこそ、その後はもはや全面戦争には突入できなくなったのです。賢くなったから戦争をやめたのではなく、したくてもできなくなったというだけです。そうなったのも、近代という時代がかくも戦争にのめり込み、軍事に厖大なエネルギーを注いできた結果なのです。賢さの証どころか、愚かさが行き着くところまで行き着いて、破滅ギリギリのところで拾った駄賃のようなものなのです。

われわれの誇る反戦平和思想は、二度にわたる世界大戦によって地上が地獄と化したあとではじめて「真理」に成り上がったのです。この新しい駄賃を、それ以前に人類が長らく戦争をどう考えてきたかと同列にはできません。現代の尺度でもって過去を裁いて、戦争に意味を見出そうとした昔の人びとは愚かだったと決めつけるのは、やめたほうがいいでしょう。かつての人類は、近代が行き着いたように、万人がこぞって戦争にエネルギーを投入したあげく自滅しそうになるほど、そこまで愚かではなかったのですから。

いくさに明け暮れてきたかに見える人類の歴史を愚かだと決めつける前に、胸に手を当てて考えてみるべきことがあります。たしかに人類の一部は好戦的でしたし、その命知らずの嗜好が万人に平等に浸透したことで大戦争が二度も起こりました。この近代の末路に懲りて二〇世紀半ば以降、全面戦争はひとまず起こっていません。しかし、かつて猛然と吐き出された人類の戦闘精神は、どこへ行ったのでしょうか。前科者たちが急に平和主義者に宗旨替えしておとなしくなるものでしょうか。戦いを好む傾向は依然として人類の根本にひそんでいて、その危うさがこれまでとは違った方面で暴走していないでしょうか。だいいち、軍事テクノロジーはますます高度化し、各国（日本を含む）の軍事費支出は増大を続け、いっこうに衰えを知りません。現代人は何をやっているのか、頭を冷やして自問してみるに如《し》くはありません。

もう一つ言えることがあります。二〇世紀という大戦争時代に駄賃のように拾った反戦平和思想は、われわれ現代人の固定観念《コンプレックス》もしくは観念形態《イデオロギー》でこそあれ、永遠の真理などではないこと、それを鼓吹したり訓諭したりするだけでは少しも賢くはなれないということです。暗愚《あんぐ》を自慢しているようなものだからです。

近代国民国家批判――「新しい偶像」

二〇世紀の総力戦つまり全体戦争は、近代という時代の帰結の一つであり、それまでには存在しなかった戦争形態です。それをニーチェが知らなかったのは当然であり、後代の反戦平和思想を共有していないからといって、ニーチェに文句を言うのはお門違いです。他方、ニーチェが好戦思想を蒸し返しているのは意味深長です。近代ならではのもう一つの現象がニーチェの目にとまっていたことと考え合わせると、その符合はいっそう味わい深いものとなります。その現象とは「新しい偶像」つまり近代国民国家です。

「戦争と戦士」の章では、人間性の根源にひそむ戦闘精神を公然と肯定したツァラトゥストラですが、「新しい偶像」の章では、ゾロアスター教の開祖にはあまり似つかわしくないことを言い出しています。そう、ここで俎上に載せられているのは、フランス革命以後の一九世紀に興《おこ》った新しい国家形態、「国民国家」なのです。

ニーチェの生きた一九世紀後半、ドイツもようやく統一され「国民国家」の仲間入りを果たしました。ドイツ帝国成立は、ニーチェも志願看護兵として従軍した普仏戦争の勝利後の一八七一年の出来事ですから、一八六八年の明治維新により近代国家となった日本より遅かったほどです。しかし、プロイセン時代から鉄血宰相で鳴らしたビスマルクの指導のもと「世界に冠たるドイツ」として名乗りを上げた故国は、ニーチェが『ツァラトゥストラはこう言った』を書いた当時、「ナショナリズム」全盛の時代でした。

そのような時代に、この「新しい偶像」批判は書かれたのです。

国家とは、あらゆる冷ややかな怪物のなかで、最も冷ややかな怪物である。こいつはウソも冷ややかにつく。その口から、こんなウソが這い出てくる。「この私、国家こそ民族である」と。

（八一頁）

フランス革命以後の近代国家は、「国民・民族（nation, Volk）」を政治の主役に見立て、構成原理に据える「国民国家・民族国家（nation-state, Volksstaat）」です。ツァラトゥストラも言う通り、「この私、国家こそ民族である」と主張しているのです。そして、この「民族＝国家」に愛と忠誠を誓う「ナショナリズム」が、熱く燃え上がります。近代国家のこうした「民族」中心の建前を、ツァラトゥストラはすかさず、「それはウソだ！」と指摘しているのです。むしろそれは「民族の死」（同頁）でしかないのだ、と。

ツァラトゥストラにとって「民族」とは何を意味するかは、第一部のあとのほうに出てくる章「千の目標と一つの目標」を読む際に考えてみたいのですが、「民族」の原像として、ユダヤ民族やギリシア民族が念頭に置かれていたのは明らかです。とくに古代ギリシアでは、「アテナイ人」や「ラケダイモン（スパルタ）人」といった市民集団ごとに「都市国家」が形成されました。緊密に連帯した政治単位たる市民団によって構成され、維持された市民国家が、「ポリス」と呼ばれたのです。

フランス革命以来の近代国家も、ある意味、古代の「市民国家」を模倣し、復活させる「共和国」として登場してきました。その政治的主体が「人民」です。これを「国民」と言い換えれば、まさに

「国民国家」の出来上がりです。しかしそこには真っ赤な「ウソ」があるとツァラトゥストラは告発しています。では「国民国家」のどこがウソなのか。

前章でも見たように、古代ポリスの政治的主体は自由市民＝戦士階級でした。都市の全住民ではなく、その一部の数千、せいぜい数万の集団がポリスを共同で運営していたのです。構成員の間では対等が原則ですが、住民の総和からすれば少数でした。

これに対して、近代国家の政治的主体たる「人民・国民」は、人口の総計です。一国だけで何百万何千万の規模にのぼり、場合によると何億人もいたりします。そういう「多数者」が、国民の名の下に一緒くたにされ、平等な政治的主体だとされるのです。このカラクリにウソがある、とツァラトゥストラは指摘するのです。

あまりにも多くの者たちが生まれてくる。余計な者たちのために国家は発明されたのだ。
国家が、彼ら、あまりにも多くの者たちをどんなふうにおびき寄せるか、よく見るがいい！
国家が彼らをどんなふうに呑み込み、嚙み砕き、反芻するかを、だ。（八二頁）

「あまりにも多くの者たち」、「余計な者たち」が、この章のキーワードです。これを近代に通用している美名で言い換えれば、「人民」、「国民」ということになります。万人があたかも政治的主体であるかのようにそう総称され、一人一人が平等に「主権者」だとおだてられ、そそのかされ、その気にさせられては、お国のために働いたり知を貢いだり命を擲《なげう》ったりする、巨大な人的エネルギー吸収装置、それが「国民国家」なのです。

万人をおびき寄せ、虜にするこの巨大なワナには、志ある者たちも引っかかり、我勝ちに馳せ参じます。「ああ、君たち、大いなる魂にも、国家はその陰鬱なウソをささやく。ああ、国家は、気前よく身を差し出す豊かな心の持ち主を見抜いているのだ」。「英雄や名誉ある人びとを、国家は自分の周りにはべらせたいのだ、この新しい偶像は」（八三頁）。

虚妄に満ちた近代国家は、「国民的英雄」をナショナリズムのダシにして、人びとを煽り立てては力を吸い上げ、対外的にも膨張を遂げていきます。ひいては国家同士の「主権」がぶつかり合い、国民同士でいがみ合いを演ずるようになります。一九世紀後半には植民地争奪合戦の「帝国主義戦争」が各地で起こりましたが、二〇世紀になると地球規模の支配権をめぐる「総力戦」と「全体戦争」の時代がやって来ます。

そのように考えれば、「戦争と戦士」の章を読んでわれわれが考え込まざるをえなかった近代における戦争の変質の謎が、解けてくることに気づきます。国民皆兵制を鉄則とし国を挙げて編制された国民軍同士が正面衝突すれば、総力戦に行き着くほかはないのです。その先に待っていたのが、二〇世紀の二度の世界大戦でした。

では、その後、戦時総動員態勢は消えてなくなったのでしょうか。そんなことはありません。「社会」という名の無差別の国民生活協同体に、万人がかり立てられ、奉仕させられる徴用体制は、依然として続いています。しかも平時においてである分、いつ果てることなく膨張し続けています。ツァラトゥストラがウソを見切った「新しい偶像」は、社会という「冷ややかな怪獣」に進化を遂げ、二一世紀の今日、ますます肥え太っているのです。

7　「市場のハエ」と「純潔」

これまで見てきたように第一部はバラエティ豊かで、情念論、刑罰論、文体論、青年論、戦争論、国家論と盛り沢山でした。続く「市場のハエ」は大衆社会論で、「新しい偶像」の最後のほうと重なるところがあります。また「純潔」の章は性欲論です。

世間とどう付き合うか――「市場のハエ」

『ツァラトゥストラはこう言った』には、主人公の家族のような鷲と蛇を筆頭に、大小の動物がにぎやかに登場します。小動物ということで言うと、第一部のあとのほうでは「毒ヘビ」が、第二部の前半では「毒ぐも」が、それぞれ登場してツァラトゥストラを襲います。第三部ではまた別の趣で「クモ」や「ヘビ」が現われ、第四部では「ヒル」が重要な役割を演じます。それら無気味な生き物だけでなく、第四部では「ハト」の群れがやって来て終幕となります。そういえば、「序説」第5節では、「地ノミ」が――実際に登場するわけではなく、もののたとえとしてですが――印象深く語られていました。「最後の人間」は、小さくなった大地を、地ノミのように「ぴょんぴょん跳びはねる」というのです。ニーチェの操る比喩は巧みすぎてよく分からないこともありますが、あまり難しく考えず、イメージ豊かな文章を味わいながら読めばいいのです。

さて、本章では「ハエ」が、やはり比喩として用いられます。ドイツ語の Fliege には広い意味があり、辞書には、「双翅目《そうしもく》」つまり羽が二枚の昆虫類、という語義が載っています。蠅《はえ》以外に蚊《か》や虻《あぶ》なども属します。この章を読んだ印象では、蠅より大ぶりの虻のほうが、イメージ的にピッタリきます。「毒」をもち「刺す」と言われていますが、刺されると危険なハチと違って、ブンブンうなる羽音がうるさいので追い払いたくなる羽虫の仲間です。ただ、日本語でも「五月蠅《うるさ》い」と言いますし、「ハエ叩き」というキーワードも出てきますので、訳語としては、双翅目の総称「ハエ」を用いてさしつかえないでしょう。

「市場のハエ」ですから、町中《まちなか》に市が立ち、買い物客でにぎわう広場の露店に並べてある果物等に、ハエやアブがたかってブンブンうなっている、という情景が思い浮かびます。「市場」は、「序説」でツァラトゥストラがはじめて説教をした場所でもあります。民衆が群がり集まる喧騒に満ちた公共空間を、ツァラトゥストラは好まず——この点、ポリスの中央広場かつ市場であった「アゴラ」で議論に明け暮れたソクラテスとは異なります——、その「騒音」から逃れよ、「君の孤独」へ帰れ、と若者たちに勧めるのです。

もっとも、市場がうるさいのは、「小人《しょうじん》」つまり民衆が集まるからだけではありません。民衆から「偉人たち」と呼ばれ、拍手喝采を浴びる「上演者」つまり「俳優」が、大声を張り上げているのが、「騒音」と呼ばれます。聴衆はうっとり聞き入っているのですが。今日で言えば、大衆に人気を博す政治家のパフォーマンスといったところでしょうか。

このように本章は、「偉大な俳優の騒音」と「毒バエのブンブンうなる羽音」（八六頁）という、二つの音源から構成されています。視覚的イメージとともに聴覚的イメージを喚起させる点でも、文学上の技法が駆使されています。

まずは、「俳優」の騒々しいあり方が俎上に載せられます（八六頁以下）。次に、「ハエ」のうるさくしつこいさまが描かれます（八八頁以下）。これは最後まで続き、分量が多めです。「ハエ叩きになるのは君の運命ではない」（八八、九〇頁）。追い払おうとしても次々に湧いてくるし、多勢に無勢だからキリがない。無視してスタコラ逃げるが勝ちだ。そう繰り返し諭しているわりには、ツァラトゥストラは、モグラ叩きならぬ、ハエ退治にひどくこだわっています。それだけ癪に障るということなのでしょう。

この点、引っかかりを覚えます。ツァラトゥストラの言い分はどこか矛盾しているのです。しかもそのことに、書いているニーチェ自身、自覚的だと思われます。ハエ叩きなどするな、と他人に言い聞かせている本人が、ハエ叩きにご執心——というのは、自虐的な味わいがあります。とはいえ、笑って済ますわけにはいかないところもあります。

ツァラトゥストラは、みずから進んで山から人間界へ下りてきて、多くの人でにぎわう町に滞在し、そこで出会った若者たちと交流しています。その彼らに、喧騒の巷を捨てて君の孤独へ逃れよ、と説いています。だったらはじめから、人里離れた山奥に一人閉じこもっていればいいじゃないか、と言いたくなります。小賢しい連中の中傷誹謗や阿諛《あゆ》追従《ついしょう》に傷ついているようですが、世の人びとのそうした無理解の反応を「復讐」と称するのであれば、それにつべこべ文句を言っているツァラトゥストラの言い草そのものも、相応の仕返し、つまり「復讐」だと言わざるをえません。復讐なんかするなと言い募るのも、れっきとした復讐です。人と人の交わりにおいて仕返しをしないというのは、ムリな話です。交わりを断つことだって、立派な仕返しなのですから。逆に言えば、仕返しをするのは、きわめて人間的なふるまいなのです。人間同士あくまで対等でありたい、負けたくないという気持ちが、さまざまな応答となって表われるのであってみれば。

人から何かをされてそれに応じた「応答《レスポンス》」をするのが、人間です。人からされることには、悪しきことだけではなく、善きこともあります。贈り物をもらってありがとうとお礼を言うのもレスポンスです。感謝も復讐のうち、なのです。

世間から距離をとって超然としている人間に対して、世の人がお愛想を言うのも、蔭でボロクソ言うのも、小人の復讐かもしれませんが、それにいちいち目くじらを立てていたら身が持ちません。それをどう受け流し、やり過ごすかが知恵の見せどころです。そしてそれは、孤独へ逃れよ、と遁世を勧めれば済む話ではないのです。人の世との賢明な付き合い方は、『ツァラトゥストラはこう言った』のテーマの一つです。その取っ掛かりが、この「市場のハエ」の章だと言ってよいでしょう。ここでのいわば世間全否定は、ツァラトゥストラの考えの一面ではありますが、すべてではありません。たとえば、第一部のあとのほうに出てくる「毒へビにかまれる」の章では、「小さな復讐」がむしろ肯定されており、「市場のハエ」の復讐論と読み比べてみる価値があります。

ツァラトゥストラには、人の世に対してどこか煮え切らない態度があります。これは、国家から逃げろ逃げろ、と最後のほうで説いていた「新しい偶像」の章にも見られます。「国家の終わるところ、そこにはじめて人間が、余計な者でない人間が始まる」（八五頁）。そう大見得を切って国家の終焉を願うのであれば、では、それに代わっていかなる種類の共同体を立ち上げるべきなのか。「超人への橋」（同頁）といった夢想を振りまいて終えるだけでは、国家論にはなりません。それと同じく、ハエのような汚《きたな》らしい公共性が気に入らないのなら、それに取って代わる公共性の理念を語るのでなければなりません。ところが、ツァラトゥストラはそうした共存の論理をどうやら持ち合わせていないようなのです。

弟子たちとの親密な共同体、もしくは学問共同体なら、ツァラトゥストラにも語るべきものは大いにあるでしょう。しかし、国家について、政治的なものについて積極的に語るべきものはもっていないように思われます。それでいて、国家とか政治とか公共的なものが気になって、あれこれ論じたくて仕方ない、というどっちつかずの態度は、しかし、ニーチェに限らず、大昔から哲学者にありがちな傾向かもしれません。

禁欲主義批判――「純潔」

ハエの群がる市場は汚い、そこから逃れよ、という隠遁の勧めには、汚れを嫌う一種の潔癖趣味があります。そこには、病的なまでの純粋志向があり、それは性的なものを汚《けが》らわしいとして疎んずる「純潔」の徳に通じるものがあります。

「淫乱な女の夢の中に落ちるくらいなら、殺し屋の手の中に落ちるほうが、まだましではないか」（九一頁）。ツァラトゥストラはのっけからそう問いかけます。しかし、そこまでの潔癖症に付いていていける人間は、この世にそう多くないでしょう。少なくともこの私は、殺し屋と一緒のほうがマシだとはとても思えません。

そのような純粋志向(たんなる女嫌い?)をもつツァラトゥストラの「純潔」批判は、差し引いて考える必要があります。じっさいこの章は「純潔」に対して両義的見解を並べています。それは「批判」でこそあれ「否定」ではありません。

「市場のハエ」の章でもそうでしたが、この「純潔」の章では、最初に前置き的なことが述べられたのち、二つの区別に沿って話が進みます。「純潔が徳である」少数者と、純潔が「ほとんど悪徳に近い」多数者が区別され、まず後者のタイプが、次いで前者のタイプが論じられます。節分けはされていなくても、じつは理路整然と書かれています。

ツァラトゥストラが、「純潔」というキリスト教的徳目のある面を批判しているのはたしかです。

聖母マリアの処女懐胎伝説以来、性的欲望の否定は、キリスト教の専売特許のようなものです。カトリック教会の伝統では、聖職者たるもの、終生「童貞」でなければならぬ、とされてきました。しかし妻帯禁止の建て前の蔭で、司祭に隠し子がなぜかたくさんいるといった事例には事欠きませんでした。表向き禁じられていることを、人目をはばかって蔭でコソコソやると、その分よけい陰湿になり、いやらしくなってくるものです。それどころか、ひとたび否定されて行き場を失った欲望は膨れ上がり、いっそう発情して、病的な欲情の虜となることもあります。欲望を燃え上がらせるためにこそ、わが身の欲望を禁止されたいと願う、倒錯した趣味すらあるほどです。

このように禁欲主義は、欲望を否定しているかに見えて、往々にして、欲望をよけい煽り、かき立てます。禁欲主義にひそむ煽情性というこのパラドックスを暴き出したのは、ミシェル・フーコー『性の歴史』の第一巻『知への意志』（一九七六年）でした。フーコーはこのテーマをニーチェの禁欲主義批判から借り受けています。そのテーマ設定を言い当てているのが、「純潔」の章に埋め込まれている「たとえ」です。

ならば、君たちにこのたとえを話してみせよう。自分に取り憑いた悪魔を追い出そうとして、かえって自分がブタの群れに突っ込んだ者が少なくなかった。
純潔を守るのがむずかしい者には、純潔をやめるよう勧めるべきなのだ。純潔が地獄への道——つまり魂の泥と淫乱への道——とならぬように。（九二頁）

この「たとえ」は、福音書の有名な記述を踏まえています。——ある人に取り憑いた悪霊を、イエスが退散させようとすると、「汚れた霊どもはイエスに、「豚の中に送り込み、乗り移らせてくれ」と願った。イエスがお許しになったので、汚れた霊どもは出て、豚の中に入った。すると、二千匹ほどの豚の群れが崖を下って湖になだれ込み、湖の中で次々とおぼれ死んだ」（『マルコによる福音書』五・一二—一三。新共同訳。以下同様）。同時代人ドストエフスキーのテロリズム小説『悪霊』のモティーフでもあったこの言い伝えを、ニーチェは禁欲主義批判に転用しているのです。

日本語の「生臭坊主」ではありませんが、世間的には清浄そうに見えて、一皮むけば欲望の塊のような不浄の徒は少なくありません。禁欲の聖なる教えは、清らかにするどころか、よけい汚らしくするのです。なぜかと言えば、正直さが足りないからです。アッケラカンと欲望を肯定するのなら、いやらしくも何ともないのに、へたにウソをついてやせ我慢し、あたかも欲望を免れているかのような体裁を取り繕うから、いやらしくなるのです。自分の欲望を素直に肯定できない不誠実さが、醜さと汚さを生み出すのです。

しかしだからといって、欲望丸出しが一番いいかと言えば、それも疑問です。ツァラトゥストラの言う「動物」の「無邪気さ」が、最高の境地というわけではないでしょう。そこで後半に持ち出されるのが、「根っから純潔な人」（九二頁）という天然タイプです。禁欲主義へのこだわりなどさらさらなく、性欲は罪だなどとは思いも寄らないが、つい淡泊であっさりしている人には、純潔本来のさわやかさがそなわっている、と言うのです。

では、ツァラトゥストラ自身はどうだったのでしょうか。あるいは、生涯独身だった（が、梅毒持ちだったとも言われる）ニーチェは、本当のところどうだったか。そういう穿鑿をするやつはすけべだと言われそうなので、やめておきます。

8 「友」と「千の目標と一つの目標」

私は「市場のハエ」の章に関して「引っかかりを覚える」と述べました。つまり、市場を去って、孤独に逃れよと勧めているそのツァラトゥストラには、「どこか煮え切らない態度」がある、とやや批判的なことを述べました。うるさくたかるハエのような小人たちは小汚《こぎたな》い復讐心に取り憑かれていると論《あげつら》うこと自体、世間への復讐ではないか、と。

しかし、そういうことを言うと、そうだそうだ、ツァラトゥストラはおかしい式の反応がすぐ返ってきます。ですから、急いでこう付け加えなければなりません。俗世の騒音を疎《うと》んじているツァラトゥストラの口吻には、人間世界に対する旺盛な関心が表われており、人間のありのままの姿を覗いて面白がっている観察家《ウオッチャー》の鑑識眼が躍如としている、と。

辛辣な人間観察を、鋭利な文体――とりわけ箴言体《アフォリズム》――で表現する文章家のことを、「モラリスト」と言います。人間嫌いになってもおかしくないほど、人間性の暗部、恥部をえぐりながら、それでもなお人間を愛してやまない人間観察家、それが moraliste です。このフランス語を、「道徳家」と訳すわけにはいきません。良識ある向きには「背徳者《インモラリスト》」に見えてもおかしくないのですから。フランス文学には、モンテーニュ、ラ・ロシュフコー、パスカルに代表されるモラリストの系譜がありますし、ドイツでも、ゲーテやショーペンハウアーといった名手がいます。ニーチェもまた、モラリストの流れに棹差す一人でした。最初の箴言集『人間的、あまりに人間的』以来確立したスタイルを、『ツァラトゥストラはこう言った』にも鏤《ちりば》めており、とりわけ第一部はその宝庫です。

モラリストには人間愛だか人間憎悪だか分からない両義性があり、矛盾や屈折なくしてはモラリストたりえません。その両義性の権化のようなツァラトゥストラが、世間を全否定するかのような言い方をしても、あまり鵜呑みにしないほうがいいのです。

「友」の章にも、モラリスト・ニーチェの面目躍如たるものがあり、注意が必要です。とりわけそれは、女性論に関して当てはまります。戦争論とはまた別の意味で、われわれ現代人は、その大胆さに肝を冷やします。でも、「フェミニストなんかクソくらえ」と言い放つくらいのふてぶてしさがないと「モラリスト」は務まらないのです。

友情、同情、愛情――「友」

「市場のハエ」の章では「孤独へ逃れよ」と説いていたツァラトゥストラですが、今度は独居の侘びしさから説き起こしています。喧騒の巷《ちまた》からようやく一人きりの世界に立ち返って、やれやれ、やっと心静かにくつろげる、と思いきや、そこに誰かいる。私の中のもう一人の自分を話し相手として、いつ果てるともなき自己内対話が繰り広げられることが、「一かける一が――いつしか二になる」(九三頁)という計算狂いなのです。

飽きもせず自省に耽るのは思索者の性《さが》というものであり、独居における自己との対話が苦手では思索にいそしむことはできません。とはいえ、さすがにそれだけ続けていたのでは行き詰まります。引きこもり状態から一時的にせよ脱け出すきっかけを与えてくれる「第三者」(同頁)がどうしても必要になります。それが「友」なのです。

私の中のもう一人の同伴者が、じつはすでに優れて「友」なのですが、親密なその関係に時たま割って入る他人がいるからこそ、自己内対話がオーバーヒートしなくてすむのです。孤独を愛する者は、内面にとめどなく沈潜することから自分を引っ張り上げてくれる「コルクの浮き」(同頁)のような友にあこがれます。この心情も矛盾していますが、切ないあこがれというのは多かれ少なかれ矛盾しているものです。

友に対してどんなふうにあこがれるかで、その人の内面の悩みの種がばれる、とツァラトゥストラは分析します。その心理分析はなかなか穿《うが》っています。「友を愛するといっても、妬《ねた》みをやりすごすための手段にすぎない場合も多い」（九四頁）。──友人の成功や出世を妬ましいと思いつつ、その気持ちを抑え、自他に隠すために、ねぎらいや祝福の言葉をかけて友情を示す、ということがあります。それが礼儀というものですが、自尊心を保つためのいじましい努力でもあります。誰にも心当たりがありそうです。

「逆に、攻撃して敵をわざわざ作るのは、攻撃されやすい弱みを抱えているのを隠すためだという場合も多い」（同頁）。この攻撃と防御の分析はいっそう穿っていて、すぐにはピンと来ないので、補助線を引くことにし、内政と外交に当てはめてみましょう。一国の首相や大統領が、国内で落ちた人気を挽回したり醜聞を揉み消したりするために、隣国を危険視して国民の敵愾心を煽って注意を逸らすという統治手法があります。それと同じく、一個人が自分の弱みを隠すために、敵をわざと作って誤魔化すことがある、というのです。他者に攻撃的態度を見せることが、自分の弱点をかばうことでもあるのです。攻撃は最大の防御なりと言いますが、自己と他者はかくも合わせ鏡のごときものなのです。

「友」の章は、はじめからここ（同頁七行目）までが、最初のまとまりです。まずは導入的に、友の必要が語られています。続いて、友との付き合い方が、「君」に向けて本格的に説かれます。キーワードは「敵」です。主導命題は「友のなかにも敵を見出し、これを敬うべきである」（同頁）。ぬくぬくした労わり合いは、お互いどうしダメにする。緊張感をもって競い合い、相手よりも上をめざして高め合うライバル関係こそ望ましい、とされます。「戦争と戦士」の章に出てきた「友＝敵」理論が、あらためて浮上します。

さらに、「友から見た君」について語られます。ありのままの自分を友にさらけ出すのではなく、「美しく着飾っ」た姿を見せなさい、という勧めです。「裸の付き合い」をよしとするのではなく、距離を置いて尊敬し合う関係こそ理想だとされます。お互いどうし醜い自分をさらけ出して安心し合うのはいただけない、親しきなかにも礼儀あり、と。

「君たちが神々だったら、身にまとう衣《ころも》を恥ずかしく思うのもよいだろうが」（九五頁）とあるのは、面白いですね。古代ギリシア彫刻の神像は、ほぼ全裸です。完璧な肉体にとって、恥ずかしいのは裸ではなく、服で隠すことのほうだが、その神々しさの域に達していない不完全な人間は、身を覆って着飾るほうがいいのだ、というのです。

さらに続いて、今度は「君から見た友」について語られます。ここでも、距離をとった関係を保つことが大事だとされます。友の寝姿、素顔を覗くのは、悪趣味だ、やめたほうがいい。古里ではないが、遠くにありて想うものが友だ、というわけです。

距離をとった交友関係を勧めるツァラトゥストラの友情論は、「同情」との対比によって締めくくられます。「同‐情（Mit-leid）」とは「共‐苦」つまり苦しみを共にし悩みを分かち合うことであり、距離をできるだけなくして一体化することです。

現代社会では、苦しみを分かち合う同情が、モラルの基本とされます。ニーチェはこの同情のモラルをこっぴどく批判します（ただし批判は否定ではありません）。同情は、相手のためにも自分のためにもならない。他人の苦しみを理解するなど容易にできることではないのに、すぐ分かったつもりになるのは、相手をバカにすることであり、余計なお世話だ。また、同情をかけるのは、かける側にもマイナスである。自分のなすべき務めを疎かにし、しかもそこから逃避するための口実として、他人のために尽くすというのは、本末転倒である。同情のモラルに浸って傷を舐め合うのは、お互いレベルを低くするだけだ、と。第二部の「同情者たち」は、丸ごと同情批判の章です。似たテーマは「隣人愛」の章にも出てくるので、そこでまた取り上げましょう。

ベタベタした同情のモラルには冷ややかなニーチェですが、それと引き換えに友情には前向きです。ライバル同士が競い合い高め合う関係を、切ないほど美しい理想にまで高めて名高い友情論が、『愉しい学問』279番の「星の友情」です。ぜひ声に出して味わってみてください。ちなみに、同書338番の「苦悩への意志と、同情者たち」は、ニーチェの数ある同情論のなかでも最も優れたものの一つです。

さて、「友」の章には、最後にもう一つ話題が出てきます。これが難関です。

「奴隷」——主体というものがなく他人に奉仕するだけが取り柄のタイプ——や、その逆の「僭主」——他人を自分の欲求の手段としか見ないわがままタイプ——は、友情とは無縁だとされたあと、こうあります。「女性のうちにはあまりにも長く奴隷と僭主が隠れひそんでいた。それゆえ、女性にはまだ友情を結ぶ能力がない」（九六頁）。しかも、三度もこの結論が繰り返されるのですから、現代人の神経を逆撫でするに十分です。

ニーチェもさすがにバランスを取ろうとしたらしく、「どうだろう。男性諸君よ、君たちのうちいったい誰に、友情を結ぶ能力があるだろうか」（同頁）と問いかけています。女は友情に向いていないと偉そうにほざく男どものほうこそ、ケチ臭い精神の持ち主ばかり、真の友情など高嶺の花だ、と。――では、あなたはどうなのか。多いとは言えない友だちと、次々に仲違いして孤立していったのは誰か。そうニーチェに訊き返したくなります。

泥沼化しそうな話を打ち切る前に、二点付言します。ツァラトゥストラが「まだ……ない」と言っているのは、当時つまり一九世紀後半、女性解放運動が興隆したという時代背景があります。反戦平和思想と同様、大きな転換期を迎えつつあることをニーチェは見据えていた形跡があり、だからこそ挑戦的な物言いをしているのです。またニーチェには、同情論、友情論のほかに、愛情論があります。「女性がわきまえているのは愛情だけである」（同頁）。女性と愛情というテーマは少し先で再説されるので、そこでまた考えましょう。

民族、価値、創造――「千の目標と一つの目標」

少し前の「新しい偶像」の章では、今日「民族」と称されているものはニセモノだ、と言われていました。では、ツァラトゥストラの考える「民族」とはいかなるものか。それが、この章「千の目標と一つの目標」で語られます。つまり本章は民族論です。国民国家の虚妄を衝き、大衆社会の喧騒から逃れることを説いてきたツァラトゥストラですが、そうした批判の前提にあった共同体論が、ここに披瀝されることになります。

ツァラトゥストラの民族理解は、当の共同体に共通の価値が定まってはじめて「民族」と言える、というのが基本です。「善悪の価値づけ」（九七頁）と呼ばれているこの原理は、民族ごとに異なる、とされます。民族がたくさん存在するなら、それだけ価値づけも多様にあるわけです。他の民族と同じ価値づけを採用するのではなく、民族の独立のためには独自の価値をもつことが必要だ、というのです。ニーチェ流「民族自決原理」です。

この民族論の文脈で、ニーチェ哲学の根本語が導入されます。「力への意志（Wille zur Macht）」（九八頁）です。『ツァラトゥストラはこう言った』での初出であるのみならず、ニーチェの公刊著作における初登場箇所です。『ツァラトゥストラはこう言った』の中では、第二部の中心章「自己克服」で「力への意志」論が表立って展開されます。およそ生きとし生けるものはすべて、たんに生き永らえること、現状を維持することを求めているのではなく、より以上を、高みを求めて生きているのであり、現状を乗り越え、おのれを超えたものを生み出すことをめざしているのだ、という原理原則が打ち出されるのです。

この「力への意志」論が、「超人」思想と深く結びついているのは明らかです。「超人」が、「神の死」後の人類の目標設定を意味するのに対して、「力への意志」とは、それを基礎づける世界観もしくは存在論だということになります。第一部から第二部半ばまでの思想展開の要諦をなすのは、超人思想と力への意志説のセットです。ただし、それと異なる「永遠回帰」思想が第二部後半でツァラトゥストラに萌《きざ》し、二つの異なる思想系列が主人公の中で壮絶な葛藤劇を繰り広げていきます。

注意すべきは、それだけ重要なキーワード「力への意志」が、民族論の文脈ではじめて語られる点です。これは偶然でしょうか。一切の存在者がそなえている存在傾向が、たまたまここで「民族の力への意志」という一事例として言及されているだけなのか。それとも、「力への意志」説は、民族は独自の価値づけを行なってこそ民族たりうるという目下の文脈と深い関係にあるのか。――難問であるとともに魅力的な研究テーマです。

この章で「力への意志」がはじめて語られているという事実を重視してよいとすれば、少なくとも、次のいくつかの点に留意しておく必要がありそうです。

1　ここでの民族論のポイントは「善悪の価値づけ」にあります。しかも「価値づけるとは、創造することである」（九九頁）と敷衍されています。価値の「創造」が問題になっていることが分かります。

2　しかも「価値づけ」が「創造」と言い換えられる本章後半で、かつて「創造者」であったのは、民族だとされます。「はじめは民族が創造者であったが、のちにようやく個人がこれに代わった。そう、個人という観念自体、ごく最近の産物である」（同頁）。――近代になって個人主義が台頭し、「自我」が単位とされるようになったが、それ以前は「畜群」つまり共同体のほうが、長らく価値創造の主体であった、というのです。

3　以上の説明だけだと一般論でピンとこないのですが、ツァラトゥストラはいくつかの民族とその価値目標を例に挙げて説明してくれています。(1)ギリシア人、(2)ペルシア人、(3)ユダヤ人、(4)ゲルマン人です。それぞれ、①つねに一等になり、他者よりも抜きん出ること、②真実を語り、弓矢に秀でること、③父母を敬い、父母の言いつけに従うこと、④忠誠を尽くし、名誉と生命を賭すこと、を目標としていたとされます。⑵はツァラトゥストラの出身母体、⑷はニーチェの祖国民が祖先として仰ぐものです。この二通りのお国自慢（？）を除くと、⑴と⑶、つまりヘレニズムとヘブライズムという二大源流が残ります。

4　②の「弓矢に秀でる」と、④の「名誉と生命を賭す」は、どちらも戦士の「徳」に属しており、それ以外の②「真実を語る」（＝真）、③「父母を敬い、その言いつけに従う」（＝孝）、④「忠誠を尽くす」（＝忠）も、すべて「徳」と呼ばれるものです。それぞれの民族において、何をもって優れているとされるか、優秀性・卓越性という意味での「徳」が、実質的に問題になっています。それが、民族の「善」と言われているのです。

5　これに対して、①「つねに一等になり、他者よりも抜きん出る」はどうでしょうか。これは「徳」というより、むしろ徳を求める傾向そのものです。もちろんギリシア人も、勇気、節制、正義、知恵をはじめ、敬虔、信義、献身といった徳目を競い合いましたが、それだけではありませんでした。優秀性・卓越性をめざす努力を純粋な形で強烈に追求したのが、ギリシア人です。アキレウスに代表されるホメロス描く英雄は、みな戦士でしたが、たんに戦闘能力に秀でていただけではありません。彼らは「つねに一等になること（aei aristeuein）」をめざして競い合ったのです。

6　とすれば、「力への意志」とは、ギリシア人において純粋な形で強烈に示された「徳」の追求、その上昇志向を、普遍的に定式化したものだ、とする解釈がここに成り立ちます。いまだ一つの仮説にすぎませんが、『ツァラトゥストラはこう言った』第一、二部の読解を踏まえて提出できるものだと私は考えています。今後も検討していきましょう。

さて、本章で気になることがもう一点あります。急ぎ付言しておきましょう。

タイトルの「千の目標」とは、明らかに、たくさんの民族が存在するのに応じて、善悪の価値もたくさんある、という意味です。では、「一つの目標」とは、何を意味するのか。ツァラトゥストラはこの「一」の意味を、最後に種明かしします。ナショナリズム（国粋主義）ではない形で、しかも、インターナショナリズム（共産主義）でも、グローバリズム（アメリカ主義）でも、コスモポリタニズム（ホームレス主義）でもない仕方で、多種多様な民族の分立乱立は最終的には統一されるべきだ、と大風呂敷を広げるのです。つまり、神の死以後、人類がみずからを克服してまで目指すべき目標が、「超人」だとすれば、まさにその遠大な一大目標をめざして、人類は一致協力して邁進してゆかねばならない、とツァラトゥストラは自説を語るのです。

「大東亜共栄圏」の「八紘一宇」の理想のように怪しげで、注意が必要ですが、何か共通の大目標を設定して、それを共有しないかぎり「人類は一つ」とは言えない、というのは分からないでもありません。今日風に言えば、「人類を用済みとする超人工知能の創造」でしょうか。もっとも、人類が一つになるべきかどうか自体、定かではありません。

9 「隣人愛」と「創造者の道」

「千の目標と一つの目標」の章には「力への意志」説の由来を考えるうえでのヒントがひそんでい

る、との見通しを述べました。「力への意志」とは、古代ギリシア人が典型的に示した徳の追求志向を、普遍的に定式化したものだと解せるのです。この仮説は、第二部に出てくる「真理への意志」論と併せて検討すべきですが、すぐそちらに向かうのではなく、第一部のモラリスト的考察を読み進めていきましょう。

自己愛と遠人愛のすすめ――「隣人愛」

「純潔」と同じように、「隣人愛」はキリスト教道徳として有名です。それをニーチェは完膚なきまでに批判しています。すると、少なからぬ日本人読者は、これはキリスト教が批判されているのだと思って安心し、嬉しくなります。さすがにキリスト教を邪教呼ばわりする人は今日あまりいないものの、キリスト教とセットで自分たちの価値観を世界中に押しつけてきた欧米諸国に対する「反感」はなお根強く、ニーチェの抜本的なキリスト教批判は、そういう劣等感を癒してくれるからです。「神は死んだ」という言葉が日本人に受け入れられやすいのも、キリスト教終焉宣言と聞き流せば溜飲が下がるからです。

私はそういう理解は健全ではないと思います。復讐したくてもできない弱者が、自分の抱える無力感を巧妙に埋め合わせてくれそうな言い訳を欲しがる心的機制のことを、ニーチェが「反感・怨恨(Ressentiment)」と名づけたのだとすれば、ニーチェのキリスト教批判を、まさにルサンチマンのはけ口として歓迎していることになるからです。

「神は死んだ」という言葉は、特定の宗教の終焉を意味するものではありません。そうではなく、近代という時代が総がかりで、それ以前の学問上、政治上、文化上、宗教上の伝統や権威を葬り去って、新しさをひたすら追求してきた、という時代診断を言い表わすものです。なるほどその標的にはキリスト教も含まれますが、そればかりではありません。たとえば、プラトンのイデア論に代表される形而上学も標的とされることは、「背後世界論者」の章に明らかです。しかも、キリスト教にしろプラトン主義にしろ、ニーチェはそれを他人事のように斥けているのではなく、おのれの血肉に等しいものをえぐり返し、内在的な自己批判を行なっているのです。目の上のタンコブみたいな神を打倒した以上、あとは人間がこの世を謳歌すればいい式の能天気な考えを、ニーチェはこれっぽっちも抱いていません。むしろ、神の死後、今度は「神の影」との「新たな戦い」が始まり、その消耗戦が何千年も続くだろう、と予告しています（『愉しい学問』108番を参照）。

ツァラトゥストラが「隣人愛」を批判する場合も、キリスト教を相手にしているというより、近代の世俗化が進み、キリスト教とはもう無縁だと信じ込んでいるわれわれ現代人が後生大事に唱えている「人間どうし仲良く愛し合わなければならない」といった空気のようなモラルを、議論の俎上に載せているのです。ツァラトゥストラの隣人愛批判を「そうそう、だからキリスト教というのは……」と決めつけて悦に入るのは、的外れです。「友」の章では、苦しみを共にして労わり合おう式の同情道徳が批判されていました。その共苦のモラルが現代社会の最高徳目であるのと同じく、「隣人愛」も、学校の――宗教ではなく――道徳や公共の科目で、恭《うやうや》しく教え込まれています。「隣人愛」の章も、愛をもって助け合おうと鼓吹している現代人にまっすぐ突き刺さってくる批判なのです。

まえおきが長くなりました。本章の主導命題はこうです。「君たちが隣人を愛するのは、自分自身を愛するのが下手くそだからだ」（一〇一頁）。

　ここで対比されているのは、「隣人愛」と「自己愛」です。自分自身を愛することが下手で、自分で自分を肯定できない者は、それでも何とかして自己肯定感を得ようとします。そこで、他者に対して優しく接し、親切にしてやり、それと引き換えに他者から自分の善人ぶりを認めてもらい、それによって間接的に自己自身を肯定する回路を手に入れるのだ、というのです。その一見「利他」的な「無私」の態度には、裏返しされた相当えげつない利己主義が隠されている、とツァラトゥストラは暴露するのです。

　自己中心主義《エゴイズム》はよくない、と現代人は口を酸っぱくして言います。自分を顧みずに他者のことを大事に思い、困っている人に手を差し伸べ、人助けをするのが、善いことだ、と。ツァラトゥストラに言わせれば、それは「自分自身から逃げ出して、隣人のもとへ赴いているだけなのに、それを徳と自称したがっている」（同頁）にすぎません。

　こうも言われます。「君たちは、自分自身に我慢しきれず、自分自身を愛するのも中途半端だ。そこで君たちは、隣人を誘惑して愛にまみれさせ、隣人の誤謬で自分に金メッキをかけようとする」（一〇一―一〇二頁）。「君たちは、自分のことを善人と言いたいとき、証人になってくれる人を招き入れる。そして、その人を誘惑して君のことを善人だと思わせてから、自分は善人だと思い込む」（一〇二頁）。「自分を探すために隣人のところへ行く者もいれば、自分を見失いたくて隣人のところへ行く者もいる。君たちは、自分自身を愛するのが下手くそだから、みずから孤独を牢獄にしてしまうのである」（同頁）。間接的自己確証にもいろんな仕方があるものです。ニーチェにも身につまされるものがあったのでしょう。

ともあれ、自分を愛したくてもできない無力さを取り繕い、埋め合わせるために、他人に善行を施して他人から感謝され、ようやく善人のお墨付きを得るという屈折した自己正当化のメカニズム——ルサンチマンの回路——の暴露が、ツァラトゥストラの隣人愛批判の骨子です。自分自身を愛するという要《かなめ》がお留守で、それを隠すために他人をダシにするという、そんな欺瞞をまさか徳とは呼べないし、本人にとってもマイナスだというのです。

では、その無くてはならない「自分自身を愛すること」は、いかにしてありうるのか。どうすれば自分を愛せるのか。そう訊き返したくなります。じつにこの愛の業こそ至難だということは、ニーチェも先刻ご承知で、その道の険しさをあれこれ指南しています。次章「創造者の道」も、その一つと解せます。そちらに進む前に、「隣人愛」の章にもう一つ別な愛の形が述べられていることを確認しておきましょう。「遠人愛」がそれです。

ツァラトゥストラは、章のはじめのほうで（一〇一頁）、「私が君たちに勧めるのは、隣人から逃れること、そして遠人を愛することだ」、「隣人への愛より高次なのが、遠人への愛、未来の人への愛である」と述べています。「人間への愛より高次なのが、事象への愛、幽霊への愛である」とも言い添えられています。いきなり「遠人への愛」を言い出すのも唐突ですが、「事象への愛」、「幽霊への愛」も不思議です。ただ、「事象（Sache）」とは、為すべき務め・本分・仕事と考えればよく、「幽霊（Gespenst）」とは、現実とかけ離れてはいるが目標とするにふさわしい高邁な理想、と解すれば理解できます。それに関連していると思われるのが、「隣人・最も近い者（der Nächste）」の反対の「遠人・最も遠い者（der Fernste）」です。これが何を指しているかは、この章の最後のほうで種明かしされます。

その少し前で「私が君たちに教えるのは、隣人ではなく、友だ」（一〇三頁）と言われます。ここに出てくる「友」は、「大地の祝祭、超人の予感」だと言われます。超人という人類にとっての遠大な理想を求めて競い合い、鎬《しのぎ》を削るライバルが、ここでの「友」なのです。つまり、究極的には、「超人」こそ「遠人愛」の的にほかなりません。

「幽霊」の極致のような超人相手の尋常ならざる愛にあっては、世界は倒錯しているかのようです。「悪による善の生成として、偶然からの目的の生成として」、「世界は彼の前でふたたび円環にまとめ上げられる」。因果関係も転倒します。「最も遠くにある未来が、君の今日の原因となるべきだ」（以上、同頁）。とはいえ、悪から善が生じ、偶然が目的に転じることがありうるように、未来が現在の原因になることもありえます。超人という理想があるからこそ、没落をも辞さず現に今、高みをめざすということもあるからです。ここでの超人は、いわば「目的因」にして「形相因」なのです。

本章の検討を終える前に、付言しておくべきことがあります。ツァラトゥストラは、自分を愛することを忽《ゆるが》せにして、隣人を愛そうとするのはいかがなものか、と疑問を呈しました。これは、キリスト教の否定なのでしょうか。そうではありません。福音書のイエスが明言するところでは、一番大事なのは「神を愛しなさい」という教えであり、二番目に大事なのは「隣人を自分のように愛しなさい」という教えです（『マルコによる福音書』一二・三一、『マタイによる福音書』二二・三九、『ルカによる福音書』一〇・二七）。隣人を愛する前に自分を愛することは、むしろキリスト教の教えの根本前提です。だとすれば、隣人愛に偏して自己愛が疎かにされることをツァラトゥストラが問題にしているのは、キリスト教の精神に反するものでは決してないのです。

そしてもちろん、そんなことはニーチェも重々承知のうえで、自分を愛することは脇に置いて他者を愛しなさいと訓諭するわれわれの近代道徳を批判しているのです。

孤独になることのリスク――「創造者の道」

第一部には、「君」に向かって熱いエールを送る章が少なくありません。「情熱にひそむ喜びと苦しみ」、「山に立つ樹」がそうでした。「戦争と戦士」、「新しい偶像」、「市場のハエ」でも、戦士たれと激励しつつ、国民国家や大衆社会から逃れよ、自分自身に立ち返れ、と呼びかけるメッセージにあふれていました。志ある若者に贈る言葉のまとめの章が、この「創造者の道」です（その総仕上げが、第一部最終章「惜しみなく与える徳」です）。

ただし、例によってツァラトゥストラの言い分は屈折しています。「孤独になること」をたんに勧めるのではなく、それがいかに危険に満ちているか、「自分自身に至る道を探し求めようとする」（一〇四頁）ことがどれほど茨《いばら》の道であるか、をこれでもかこれでもかと強調します。そう聞かされたら怯んでもおかしくないほどです。自分自身を愛することを学ぶレッスンが難しいからこそ、コソコソ逃げ出しては、困っている他者のもとに駆け寄り、慈善と引き換えに賞賛を得ては自己満足に浸る、隣人愛の回路も開発されるのです。

個と集団という対比は「市場のハエ」の章の主題でしたし、「千の目標と一つの目標」の民族論でも用いられ、「自我」より「畜群」のほうがはるかに古い価値創造主体だ、という説が出てきました。本章でも、「畜群」先行説が「良心」解釈としてさっそく打ち出されます。畜群は集団生活を送るのが本来だから、仲間から離れて「孤独になることはすべて罪だ」（同頁）と刷り込まれるのであり、その畜群道徳からことさら離脱し孤独になろうとする者も、後ろ髪を引かれるように「良心」の咎めをおぼえるのだ、というのです。

この良心畜群道徳起源説は、『愉しい学問』117番「畜群における良心の呵責」で定式化されています。「自我」の意識に目覚めた近代人は、私の内なる良心の声というふうに、良心現象を個人の自己意識の内奥に見出すが、それは古来の良心の起源からすれば真逆だ、というのです。孤独に伴う苦痛が、畜群本能という古層から発せられた「疚《やま》しい良心」から生じているとすれば、多数意見に逆らって自説を表明するときに覚える、仲間外れになったらどうしようという恐怖心も、なにも「和を重んじる日本人は……」式に特定の国民性によって説明すべきものではなく、人類に普遍的な現象だということになるでしょう。

さて、続いて、孤独になることがいかに茨の道となるか、が説明されます。まずは、孤独になるための条件と、孤独ゆえに生ずる困難が列挙され、次いで、その人の足を引っ張る他の人びとが類型づけられ、さらにダメ押し的に、「最悪の敵」は自分自身だと言われます。最後に、自己自身を愛することと自己自身を軽蔑することが、共属することが確認されます。「私が愛するのは、自分自身を超えて創造しようとし、そうして破滅する者なのだ」（一〇八頁）という締めくくりの言葉から明らかなように、本章には全体として「序説」（とくにその第4節と第9節）のおさらいという面があります。

以上が概略ですが、もう少し詳しく見てみましょう。

良心の起源に畜群道徳あり、とするツァラトゥストラですが、孤独になるための条件として求めているのは、あくまで、自主独立の強靱な精神たるにふさわしい力量です。「新しい力」、「新しい権利」、「第一運動」、「おのずと回る車輪」。星すらも自分の「周りを回転するようにさせられるだろうか」（一〇四頁）というのですから、過大な要求というほかありません。超人という「スター」を目標に掲げる理想主義は、荒唐無稽と紙一重です。

ともあれ、孤独の荒野に身を置く者は、さまざまな試練に苦しめられます。疲れ果て、追い詰められ、自信を失い、絶望したあげく、「「一切は間違いだ」と叫ぶだろう」（一〇六頁）とも予言されます。そんな哀れな末路を辿るかもしれないのに、それでも孤独を選ぼうとするのか――と、ツァラトゥストラは「君」の志のほどを確かめようとします。

となると、ここでの「君」は、「わが兄弟」と言い換えられてはいても、やはりツァラトゥストラが自分自身に熱いエールを送っているのではないか、と考えたくなります。創造者たろうとした世捨て人ニーチェが、自分で自分を励ましている、ととれるのです。

ツァラトゥストラは続けて、「多数の者たち」は「君」を恨み、妬み、許さないだろうと忠告していますが（同頁）、その言い方に妙に実感がこもっているのも、ニーチェ自身がそれだけ警戒していたからだと考えたくなります。「善の人、正義の人」は創造者を「十字架につけたがる」とか、「聖なる単純さを取り柄とする人びと」は「火あぶり用の薪《まき》の山に嬉しそうに火をつける」といった口ぶりにも（一〇六―一〇七頁）、善人の隠し持つ残酷さに対するおののきが表現されています。逆に、

「君」は、隣人愛の「発作」を起こしやすいから「用心」したほうがいい、と忠告しているあたりは（一〇七頁）、それだけ自分の弱み——じつは同情にもろいこと——を自覚していたことを洩らしている、ともとれます。

さらに、「君」の「最悪の敵」は「君自身」であり、「七つの悪魔」——「異端者」、「魔女」、「占い師」、「阿呆」、「懐疑家」、「俗世まみれの人」、「悪党」——が至るところで「君を待ち伏せしている」（同頁）という言い方も、著者ニーチェの自己分析だと考えれば、じつによく分かります。だったら、ニーチェは自分のことを正直に言えばいいのに、と思われるかもしれません。ツァラトゥストラに「君」と呼びかけさせて、じつは自分の本音を漏らすなどという面倒くさい回り道を、なぜするのか。「友」の章の最後のほうで、ツァラトゥストラに女性蔑視の言葉を吐かせて、自分は隠れているニーチェに、性格が悪い、卑怯だ、と言ってやりたくなるかもしれません。

しかし果たしてそうでしょうか。ニーチェ自身が孤独のつらさを切々と書き綴るほうがいいのか。そんな個人的恨み節は読むに耐えません。あるいは、ニーチェ本人が「女性は相変わらず猫であり、鳥である。あるいは、どんなに頑張っても牛である」（九六頁）と主張して、シャレになるでしょうか。むしろ、物語中の人物が語るからギリギリ表現として成り立つのです。そうした仕掛けにおいてはじめて許される表現の自由というものがあるのです。著者がリスクを冒してその自由に挑戦していることを忘れてはなりません。

ツァラトゥストラは最後に、「私の涙をたずさえて、君の孤独へ進んでいきなさい、わが兄弟よ」（一〇八頁）とまで語っています。感極まったこの感情移入ぶりは、もはや表現上の適切性を踏み越えているように、私には思われます。逆に言えば、主人公がそういう弱みを隠し、さらにその背後に著者が隠れていることが、この重層的な物語に豊かさをもたらしているのです。その枠内にとどまってこそ、著者は言いたい放題、言論の自由を行使しうるのです――もちろん相応のリスクを引き受けての話ですが。

確認しましょう。著者本人が自分の思いのたけを直接ぶちまける形式にしていないからこそ、ツァラトゥストラの物語は普遍性をもつのであり、読者をして考えさせるのです。

10 「老いた女と若い女」、「毒ヘビにかまれる」、「子どもと結婚」

続いて、特色ある三つの章を一気に読みます。往年の名画座の豪華三本立てのようですが、ウットリ鑑賞というわけにはいきません。モラリスト・ニーチェの文章には、われわれの神経を逆撫でするところがあり、とりわけ、その女性論は現代人の目には許しがたいものに映ります。そこをどう読むかが、試されています。

第一部にモラリスト的人間観察がちりばめられていることは、これまで確認してきた通りです。その終盤近くで、辛辣さが全開となります。「子どもと結婚」の後半など、言いたい放題です。結婚を祝福することを請け負ってきたキリスト教への痛烈な皮肉にもなっています。「毒ヘビにかまれる」は寓話風で一見のどかに見えますが、キリスト教へのあてつけに満ちています。そこに織り込まれた人間観を味わいたいものです。

まずは、「友」の章で片鱗が示された女性論の本編たる「老いた女と若い女」の章から始めましょう。読んで腹を立てるだけでは勿体ない、いきなテクストです。エンターテイナーの著者は笑いをとろうとしているのですから、読む側としては笑ってあげたいものです。

産む性のゆくえ――「老いた女と若い女」

まず確認すべきは、この章の構成です。ツァラトゥストラが一方的にまくし立てるのではなく、相手が出てきます。

冒頭、いきなりツァラトゥストラが呼び止められ、尋ねられるという設定からして、他の章と趣が違います。不審なふるまいを見咎められ、尋問されるのです。ツァラトゥストラは、夕闇の中を、人目を忍んでどこかへ行こうとしています。ひょっとして愛人のところへ？　しかも、何かを隠し持っています。まさか、ツァラトゥストラが抱えているのは、彼の隠し子なのか？　どうやらそうではなく、「一つの小さな真理」（一〇九頁）を授かって、持ち歩いているようです。では、ツァラトゥストラですら手に負えないという、その「真理」の素姓やいかに。

このあたりから事情説明が始まります。その真理は、「ある老婆」（同頁）から授かったものだとのこと。種明かしは章の最後でなされることになります。

ツァラトゥストラの言い分では、彼はその日の夕方、一人の老婆に出会ったそうです。あなたは、女にも分け隔てなく語ってくれるが、女についてはまだ語ってくれていない。私は女といってももう年寄りだし、どうか気兼ねなく、女についてあなたの思うところを存分に語ってほしい。――そう頼まれたというのです。

そこで、ツァラトゥストラは女性論を披露します。その言い草に障りがあるとしたら、一つには、この場面設定ゆえに正直に語ったからです。世の中の酸いも甘いもかみ分けてきた百戦錬磨の老婆相手ですから、遠慮などしようものなら、すぐ見破られて、笑われるだけです。それでは名折れだとばかり、ツァラトゥストラは腹蔵なく語り始めます。

この章の主導命題が、さっそく登場します――「女における一切は、謎だ。だが、女における一切には、たった一つの答えがある。つまりそれは、妊娠だ」(同頁)。

女性は子どもを産む。それは男性には逆立ちしてもできないことだ。妊娠と出産は、男性の与り知らぬ、女性ならではの特権なのだ。女性が、男性にとって理解不可能なものに満ちているのは、産む性だからである。――そう言っているわけです。

女性の本質を、子を産むことに見出すことから、次の結論がすぐ導き出されます。「男は、女にとって手段にすぎない。つまり、目的はつねに子どもである」(同頁)。女にとって男とは、子を産み、育てるという目的のための手段なのだ、と。

メスの本質が母性本能にあるかどうか動物レベルでさえ怪しいのに、人間に関してこんな粗雑な決めつけはナンセンスだと、多くの現代人は一蹴します。産む産まないは各自の自由なのに、産まない選択を許さないような女性本質論はおかしい、と。

ともあれ、ここで考えてみたいことがあります。男女平等を徹底化しようとする無差別主義にとっって最大の障害をなすのは、女性にしか産む能力がない、という差異です。

「友」の章でツァラトゥストラは、「女性にはまだ友情を結ぶ能力がない」と強調していました。しかしわれわれ良識ある現代人は、女性には友情を結ぶ能力があることを確信しています。性差が克服されつつあるのだとすれば、「男性にはまだ子を産む能力がない」という現状の差異も、克服可能かもしれません。じっさい人類は、生殖技術の進展のおかげで、男女平等の方向へと踏み出しつつあります。人間は近い将来、無性生殖技術の開発により、妊娠も出産もなしに、種を再生産できるようになるかのようです。そしてそのあかつきには、女性は、妊娠、出産の重荷から最終的に解放されるかのようです。

未来の生殖テクノロジーは、産む性なしの人間複製技術を可能にするかもしれません。しかし、一つの問いがあくまで残ります。性差の完全撤廃は、われわれにとって目指すべき理想なのでしょうか。その実現は、産む性にとって果たして福音なのでしょうか。

それと異なり、ツァラトゥストラの教える女性の理想は、こうです――「君たちの希望が、「私は超人を産みたい」というものであるように」（一一〇頁）。

「超人の母になりたい」という希望は、聖母になりたい願望みたいなもので、荒唐無稽に見えます。しかし、「人間が人間を産む」という段階を人類が卒業し、「生殖技術がヨリ優秀な遺伝子をもつ人間を産む」という段階に達することは、それよりまともだと言えるでしょうか。かりに「超人を産む性」の役割を生殖テクノロジーが引き受けるとすれば、ツァラトゥストラが女性に語った希望を、あたかも現代技術が推進しているかのごとくです。しかしだからといって、クローン超人間製造技術のほうが、「超人を産む性」という観念よりもましだとは、必ずしも言えないと思います。「超人を産みたい」から、その妊活の「手段」として優秀な男をゲットしたい、と願う女性は、あまりいないかもしれませんが、そこまでいかなくても、高品質異性捕獲欲求なら、ごくふつうに見られます（恋愛ゲームには多かれ少なかれそういう要素があります）。それに比べて、産む性を必要としない技術の開発が女性にとって福音となるかは定かではありません。そもそも人類が性差の撲滅をめざすべきか、も不明です。

どういうことかと言いますと、ツァラトゥストラの「産む性」論に偏りがあるとすれば、生殖技術の進展に見合って勢いづく現代人の性差解消プロジェクトにも、それに優るとも劣らぬ偏りがある、ということです。

戦争論でも同様だったように、ツァラトゥストラの女性論は、極論に見えてじつは、大昔から人類が語ってきたこと――「知恵」か「偏見」かは知りませんが――の集成のようなものです。女にあって男にない能力、それが妊娠と出産であり、その取り柄を最大限活かすことこそ女性の「徳」だ、といった程度の教えは、べつにツァラトゥストラに言われるまでもなく、産む性に関して太古より説かれてきた教えです。

この古来の常識と比べて、「産む性」をもっぱらハンディキャップと見なし、その克服をめざす現代人の価値判断のほうがまともかどうかは、一概には言えません。そういうことに、われわれは思い至らざるをえないのです。

われわれ現代人は概して、われわれのプロジェクトはよりよい方向に向かっている、と信じたがります（そしてテクノロジーは進歩を約束する、と）。それが本当にめざすべきものかどうかも分からないままに、そういう時代なのだからと自分に言い聞かせて突き進んでいるのだとすれば、その趨勢に逆行する考えにあえて身を晒すことも必要なのです。

何であれ、差別はよくない――これが現代人の常識です。性差撲滅プロジェクトもそれに基づいています。これに対して、そもそもツァラトゥストラは第二部（「毒ぐもタランチュラ」の章）で、人間は平等ではない、平等になるべきでもない、と言い放っています。これは暴論でしょうか。しかし、ツァラトゥストラにはツァラトゥストラなりの言い分があります。彼の言う「力への意志」とは、高みをめざすことを本質とするものであり、お互いの力の対等な競い合いによる差異の現われを肯定する思想です。だからこそツァラトゥストラは、男女間の張り合いによって差異が生ずることも、否定しないのです。

一等になることを望み、他者よりも抜きん出ることを求めた古代ギリシア人からすれば、差別はよくないという主張は、理解不能だったことでしょう。ギリシア人が正しかったとは、もちろん言えるはずもありません。しかし、差異を不正と決めつけるわれわれ現代人は彼らに勝る正義を手に入れた、と言えるかどうかも分からないのです。

さて、ツァラトゥストラと老婆のやり取りの現場に戻りましょう。ツァラトゥストラの女性論に、老婆は感心してみせます。「女のことをろくに知らないくせに、女に関してもっともなことを言うのは、不思議なことだ」（一一一頁）と言っているので、皮肉半分ですが。老婆は、「お礼に、小さな真理を一つさしあげよう」と申し出て、ツァラトゥストラに忠告します――「女性のところへ行くのなら、鞭《むち》を忘れないように」（一一二頁）。

この最後の一言を、暴論と解する人もいるようですが、野暮な受け取り方だと思います。場面設定と発話状況を勘案すれば、じつに巧みな、しゃれた発言です。もちろん、これをツァラトゥストラやその他の男が言ったとしたら、そうは言えません。力ずくで女性を意のままにして構わないという対人暴力肯定発言となり、アウトです。

老婆はこう言っているのです――「ツァラトゥストラよ、あなたはなかなか女性に理解を示しているようだが、女という生き物はあなたの思っている以上に利口だから気をつけなさい。まともに張り合ったら、経験の少ないあなたはきっと勝てないし、してやられるだけだから、女のところへ行くときには、せいぜい用心して、脅しの小道具でも忍ばせて、なんとか面目を保つようにするがいい」。その真理性にはツァラトゥストラも降参です。

女性に対する男性の実力支配の裏側には、女性にはかなわないという畏れがある。だからこそ逆に強がって見せているのだ。ならば女としては、男の強がりに従っているそぶりを見せて安心させてやればいい。――そういった狡智が洩らされています。ここでの「鞭」とは、威嚇道具でも装備しなければ対等に渡り合えない弱き性の象徴なのです。

ちなみに、「鞭」という小道具は、第三部終盤の章「もう一つの舞踏の歌」で実際使われます（三八六頁）。「生」という名の魔性のおてんば娘に恋いこがれ、さんざん翻弄されたツァラトゥストラが、相手をなんとか思い通りにしようと半ば自棄《やけ》になって、携帯していた「鞭」の音を鳴らす、という場面です。かの老婆のアドバイスが活用されるという寸法ですが、ツァラトゥストラより「生」のほうが上手《うわて》なのは、そこでも明らかです。

復讐しないのは非人間的──「毒へビにかまれる」

『ツァラトゥストラはこう言った』に出てくる寓話のなかでも印象的なものの一つが、この章の「ツァラトゥストラ、毒へビにかまれる」のお噺《はなし》です。

ツァラトゥストラが顔を覆って木蔭で昼寝をしていた。そこへ現われた毒へビが、誰だか分からずその首をかんだ。ツァラトゥストラが痛いと声を上げてへビを見つめたので、へビは、しまった、ツァラトゥストラが自分の毒で死んでしまうと思い、申し訳なさそうに退散しようとした。すると、ツァラトゥストラが言うには、起こしてくれてありがとう、おまえの毒ぐらいでは自分は死なないよ、平気だ。でも、もらういわれのない毒は返上したいから、吸い取ってくれ。そう頼んだので、へビは傷口を吸って自分の毒を取り戻した。──ツァラトゥストラは弟子たちにそう話して聞かせます。

「序説」で、死体を背負って夜道を何時間も歩き、腹を空かせた狼の鳴き声を聞くと（恐怖ではなく）空腹を覚えるほどの身体能力抜群ぶりを示したツァラトゥストラは、へビの毒なんかへっちゃらのようです。この寓話からもう一つ窺えるのは、ツァラトゥストラが動物たちと仲良しだということです。のみならず、ツァラトゥストラ自身はこの寓話から、復讐を禁止するキリスト教道徳への反論を引き出すのです。

「敵を愛し、自分を迫害する者のために祈りなさい」（『マタイによる福音書』五・四四）。「敵を愛し、あなたがたを憎む者に親切にしなさい。悪口を言う者に祝福を祈り、あなたがたを侮辱する者のために祈りなさい。あなたの頬を打つ者には、もう一方の頬をも向けなさい。上着を奪い取る者には、下着をも拒んではならない」（『ルカによる福音書』六・二七―二九）。イエスのかくも過激な教えに比べれば、ツァラトゥストラの言い分のほうがよほど穏当です。その主導命題はこうです――「小さな復讐は、何も復讐しないよりも人間的である」（一一三頁）。鋭利な箴言が並んでいるので、もう少し引用しましょう。いずれも、復讐の禁止がいかに「非人間的」であるかを強調しています。

君たちに敵がいるとして、その敵の悪に対して、善で報いるな。そんなことをしたら、敵に恥ずかしい思いをさせることになるからだ。かえって、敵が善いことをしてくれたことを証明してやることだ。

恥ずかしい思いをさせるくらいなら、腹を立てるほうがまだましだ。また、君たちが呪詛《じゅそ》を浴びせられたとき、君たちが祝福しようとするのは私には気に入らない。少しくらい呪詛を浴びせ返してやったほうがいい。（同頁）

ツァラトゥストラはこう言い放ってキリスト教的価値の価値転倒を敢行しようとします。しかし、そのように転倒されたモラルは、人間性の機微にふれる洞察に富んでいるものの、イエスの教えの過激さに比べれば、むしろ「反動」にとどまっています。冷静に考えて、「新しい価値の創造」というには程遠い印象です。せいぜい、逆説の人イエスの引き立て役にしかなっていない気がする、などと評したら、ニーチェは怒るでしょうか。案外そうでもないかもしれません。

一つ確実に言えることがあります。「復讐」という問題は、その禁止を説く既成宗教を揶揄したらそれで解決といった生易しいものではない、という点です。もちろん、「人間的」だから復讐して当然と開き直ればいい、といった程度の話でもありません。復讐が「人間的」だというのは、序の口の確認にすぎません。人間性に深く根ざしているからこそ、容易ならざる問題なのです。第二部終盤の「救い」の章で、この問題が再浮上し、ツァラトゥストラが「復讐の精神」からの解放を模索せざるをえなくなるゆえんです。

結婚忌避正当化の論理？——「子どもと結婚」

寓話から入って復讐というずっしり重いテーマを扱ったあと、ふたたびツァラトゥストラ風「人生の哲学」が続きます。人生相談の趣すら漂っています。ツァラトゥストラは、弟子の一人である「君」から、「子どもと結婚を欲している」と打ち明けられ、その悩める若者に向かって、結婚して家庭を築くうえでの心構えのようなものを説いています。

本章の主導命題はこうです——「たんに生み殖やしていくだけでなく、生み高めていくべきなのだ」（一一六頁）。ツァラトゥストラはここでも、つまり結婚や生殖に関しても、「力への意志」説を貫徹させようとします。この「よき子作り」の教えが、「大切にしなければならないのは、ただ生きることではなく、よく生きることだ」（プラトン『クリトン』）と遺言したソクラテスの教えに似ているのは、偶然ではありません。

さらに、「力への意志」説と「超人」思想との結びつきが、本章の最後からも窺えます。「君の結婚への意志」が「創造者に渇きを、超人へのあこがれの矢をもたらすこと」であるなら、「そのような意志であるような結婚を、聖なるものと呼ぼう」（一一八頁）。それにしても、このレベル設定があまりに高いと感じてしまうのは、私だけでしょうか。

本章の読みどころは、後半部の「あまりにも多くの者たち、この余計な者たちが結婚と呼んでいるもの」（一一六頁）についての犀利《さいり》な記述です。とりわけ、「ある男は……」で始まり、畳みかけるように「短期の愚行」（＝恋愛）と「長期の愚昧」（＝結婚）パターンが列挙されるあたり（一一七頁）、ニーチェの皮肉な筆致は冴えわたっています。

ただ、理想の結婚に対する要求が高くなればなるほど、現実の結婚はその基準から落ちこぼれて失格となってしまいます。「君は子どもを欲することが許されている人間なのか」（一一五頁）とツァラトゥストラに問われて、胸を張って肯定できる人が果たしてどれだけいるでしょうか。「結婚と私が呼ぶのは、創造した者にまさる一者を、二人して創造しようとする共同意志のことである。そのような意志を意志する者としてお互いどうし抱き合う畏敬の念のことを、私は結婚と呼ぶ」（一一六頁）。この高次の基準に合格するカップルが、この世にどれだけ存在するでしょうか。ツァラトゥストラの要求するハードルはあまりに高すぎて、われわれはなかなか飛び越えられそうにありません。

現代日本では、結婚しないというオプションが、子どもを作らないというオプションとともに、どんどん拡大しつつあります。それは、ツァラトゥストラの「よき結婚のすすめ」の要求度が高すぎて、結局「非婚のすすめ」になってしまうのと似た事情にあります。結婚の敷居をむやみに高くして高嶺の花とし、非婚・少子化傾向を加速させる世捨て人ニーチェには、「終生独身であった者はひっこんでいろ。経験もないくせに、現実離れした結婚論、子作り論をぶって、若人を迷わせるな」と言いたくなります。良心的兵役拒否の論理ならぬ、結婚忌避正当化の論理をまくし立てるニーチェの挑発が、この場合に限って妙に現代人にフィットしていることに、違和感を覚えてしまうのは私だけでしょうか。

たまにはニーチェに楯突くことがあってもよいだろうと思い、挑発に乗って放言返しをしてみた次第です。皆さんはどう思いますか。

11　「死の説教者」と「自由な死」

第一部最後から二番目の「自由な死」と一緒に読むために、第一部中ほどの「死の説教者」を取っておいたことは、おぼえておられると思います。ツァラトゥストラが「死」について語った二つの章をセットで読むことで、何が見えてくるでしょうか。

「いのちがいちばん大事」と信じて疑わない現代人からすれば、死に対する囚われからの解放を説き、生きづらさを嘆く者などさっさと死ね、と説くツァラトゥストラの口ぶりは、なんとも耳障りです。先にニーチェの平等主義批判にふれましたが、次に扱うテクストは、死の忌避と生命尊重に凝り固まった人道主義を木っ端微塵にする過激さが全開です。その反時代性から、生命第一を後生大事に唱えるコロナ騒動の根底に何がひそんでいたかを見据える視点が得られたら、御《おん》の字でしょう。

ペシミズムの類型論――「死の説教者」

まず「死の説教者」ですが、この章は、第一部の中央に置かれているだけあって、前半のまとめ的な性格をもたされています。とくに関係が深いのは、「背後世界論者」と「肉体の軽蔑者」の章です。この二章を説明したとき、私はまだ説明が足りていないようだ、と洩らしましたが、それは「死の説教者」の章を扱うときに補足すればいい、という意味でした。これらの章でのツァラトゥストラの言い分は似ています。「この世に生きること（Dasein）」がうまく行っておらず、自分自身を愛することができていない者が、そういう自分のことは棚に上げ、自分の無力さから目を背けては、この世に生きること自体を悪しざまに言う。そうした自己正当化のメカニズムをあばき出そうとするのです。

苦悩に満ちたこの世とは虚妄の世界でしかなく、それを超えた理想の世界が本当はあるはずだ、と信じ込むのが「背後世界論者」なら、みすぼらしい肉体に劣等感を抱いているだけなのに、肉体などどうでもよい、精神こそ大事なのだと言い張るのが「肉体の軽蔑者」でした。この世に生きることにうまく折り合いを付けられないでいる者が、そんな自分を情けなく思いつつ自分では認めたくない。そういう屈折した恨みを晴らすために、「イデア界」とか「精神性」とか、ありもしない虚構をでっち上げるのだ、と。

自分を愛することのできない者が、隣人愛や同情道徳といった回り道を通って間接的に自己正当化を果たすメカニズムが、同じような反感・怨恨つまり「ルサンチマン」の回路を動いていることは、以前に見た通りです。

　この世に生きている自分のことを肯定できず、持て余し、この世に八つ当たり的憎しみを抱く思想を、「ペシミズム（厭世主義・悲観論）」と呼ぶとすれば、ツァラトゥストラの批判は、挙げてそのペシミズムに向けられていると言っていいでしょう。pessimism という語は、字義的には「世界最悪観」を意味します（これと正反対の optimism は「世界最善観」です）。この世に生きることは苦しみ以外の何ものでもなく、世界は考えられるかぎり「最悪（pessimus）」に出来ていると観ずる極端な考え方です。ショーペンハウアーにしばしば帰せられる思想ですが、ショーペンハウアー自身が標榜したわけではありません。

　ともかく、この世に生きることは苦しい、最悪だとするペシミスティックな考え方を突き詰めて考えたのがショーペンハウアーだったとすれば、もともとそのショーペンハウアーに導かれて哲学の道に入ったニーチェも、ペシミズムの問題を自分で引き受けました。「この世に生きることにいったい意味などあるのか」――これは、『愉しい学問』357番「「ドイツ的とは何か」という昔からの問題によせて」では、「ショーペンハウアーの問い」（同書、三九〇頁）と呼ばれます――と、神の死後に率直な問いを発することによってです。

　以前、ツァラトゥストラに背後世界論者を批判させたニーチェは、そのじつ二世界論の元祖プラトンの理想《イデア》主義にあやかろうとしたのだ、と推定しました。それと同じく、ツァラトゥストラが「死の説教者」でペシミズム全般をやっつけているのは、ニーチェがそれだけ筋金入りのペシミストだったからだ、という推測が成り立つのです。

ふつうそうは言われません。ニーチェはペシミズムを克服した生の肯定の思想家だ、と分かりやすく説明されます。たしかに、第一部の「背後世界論者」や「肉体の軽蔑者」の章を読むと、現実から逃避してあの世にあこがれる厭世主義を斥け、この世に生きることを肯定する、徹底した現世主義が表明されているかに見えます。しかし『ツァラトゥストラはこう言った』の物語は、それで終わりではないのです。

続く第二部では、さらに第四部でも、「占い師」と呼ばれるペシミストが登場し、「この世の一切は同じことだ。一切は空しい」と繰り返します。ツァラトゥストラがペシミズムをとうに克服していたとすれば、占い師の言葉など一笑に付してもいいはずですが、そういう筋立てにはなっていません。むしろ、その言葉を聞いたツァラトゥストラは、第二部終盤で調子が悪くなり、寝込んで悪夢を見るありさまです。そしてそれに続いて永遠回帰思想との格闘のドラマが繰り広げられるのだとすれば、その導火線の一つは占い師のペシミズムだと見てよいのです。永遠回帰思想はペシミズムの問題系に属するのです。

「死の説教者」の章では、ペシミズムに取り憑かれているさまざまな人間のタイプが列挙されます（拙訳書の第一部、五六七頁の訳注19参照）。それはなにも、他人事としてあざ笑うために持ち出されているのではありません。それだけのことなら、表面的描写に終わっていたことでしょう。そこで数え上げられているペシミズム類型論に迫力がみなぎっているのは、ニーチェが、自分も罹りやすいことを自覚している厭世主義のパターンを、一種の自己分析としてえぐり返しているからなのです。そこに心の琴線にふれるものを感じていた著者には、ペシミストの横顔リストを提出することなどお手の物だったのです。あれこれのペシミストをなで斬りにする鋭利な分析には、深いところでそのタイプに連なる自分自身を鏡に映して覗き込んでいる反省家のまなざしが感じとれます。

第一部早々にツァラトゥストラがペシミズム批判を行ない、あたかもそれを克服したかに見せているのは、一種のカモフラージュだったのかもしれません。あとでどんでん返しが仕組まれている物語の巧妙な伏線とも解されます。それを鵜呑みにして、生の肯定の思想家ニーチェはペシミズムを乗り越えたのだ、と分かったつもりになるのは早とちり、あるいは、ニーチェのワナにまんまと引っかかっていると言うべきでしょう。

ところで、「死の説教者」の章では、もろに「死」が話題になっているかのようで、じつはほとんど語られていません。生のことを悪しざまに言うペシミストは、生の反対である死のほうが望ましいと言っているに等しい。そんなに生きるのがイヤなら、とっとと死ねばいいじゃないか、という論法なのです。なのにそうやすやすと死ねないとすれば、それは、好きな相手にソデにされたのを逆恨みして、可愛さ余って憎さ百倍と、相手のことをボロクソ言っているようなものだ。相手にまだ未練があるから完全に諦めることもできず、恋々と恨み節を述べ立てているだけだ。失恋みたいなこの種の反感こそ、この世に生きることに対するルサンチマンとしてのペシミズムにほかならない、と。

恋いこがれる相手にふられ、それでも執着を断ち切れないでいる、恋煩いにも似た病理、それが生を貶《おとし》める厭世主義の正体だ。――そう診断を下すことは、生に対する愛憎半ばする思いによほど悩んできた者にしかできない芸当ではないでしょうか。

人間を超えるということ——「自由な死」

この世に生きることを厭う最大の理由の一つ、つまり、生に対する恨みつらみのタネの最たるものに、死があります。生きるとは、死すべき定めとセットです。どうせ死ぬのなら、生きている意味などないと本当に思うのなら、死を選んでもいいはずなのに、そう簡単には思い切れないでいる煮え切らない態度を衝く面白みが、「死の説教者」の章にはありました。ただしその場合、ペシミストの生半可ぶりをあばき出すために、死を引き合いに出していたにすぎません。ではツァラトゥストラは、死をどのように考えているのか。じつに、死について積極的に語っているのが、「自由な死」の章なのです。

この章は、第一部の「超人」思想のまとめのようなところがあります。人間であることをギリギリまで突き詰めて、その限界を突き破り、人間のレベルを超え出る目標地点として掲げられているのが「超人」だとすれば、「自由な死」というのは、その境地を特徴づけるものです。なにしろ、死は、人間にとっての限界を意味するからです。

ツァラトゥストラは、「誰もが死を重大視する」、「死ぬということになればもったいぶる」（一一九頁）と指摘します。死んだら困ると思うのは、誰でも一緒です。死に対して平然としていたら、それこそ非人間的だ、とにかく生き、生き延びることが、人間であることの要件だ、いのちこそ至高の価値にほかならないと、われわれ誰しも考えます。「人命尊重主義（humanitarianism）」は、「人道主義」、「博愛主義」とも訳されます。人命を尊重しないのは、人の道に反することであり、人間愛をもたないことだと見なされます。

ツァラトゥストラは、まさにこの人命尊重主義に楯突こうとしています。

人間がいちばん大切にしなければならないのは生命である、いのちが大事。――これは、差別はよくない、人間はみな平等でなければならない、とする平等主義と並ぶ、近代精神の支柱です。戦争はよくない、平和が大事、という思想も、人命尊重主義にもとづいています。性の無差別化が、近代平等主義の帰結であるのと同じように。

人間にとっての最高価値たる生命を、平等原則の貫徹から人間以外にも当てはめると、およそ生きとし生けるものにとって生命こそ原理だ、とする汎《はん》生命主義が出てきます。動物も植物も大地も、いや宇宙全体がいのちに満ちており、生命という尊厳をもつのだから、その中で人間の生命だけを特権化してはならない、人間の思い上がりから足を洗った普遍的生命尊重主義こそ、人間中心主義克服への道だ、と説かれます。

しかしそれは、ツァラトゥストラに言わせれば、ただ生きることしか能のない人間ども――「余計な者たち」――が「いのちが大事」という自分たちの価値観を勝手に万物に当てはめているだけの話であり、人間中心主義の貫徹以外の何物でもありません。

とはいえ、博愛精神に満ちた生命尊重主義にも限界があります。たとえば、害虫や病原菌のように、自分たちの生命を脅かしてくる敵対者に対しては、その「撲滅」を叫ぶのです。増殖と変異を繰り返し、生きんとする意志だか力への意志だかを示すコロナウイルスだって、何かしら生き物のはずですが、これに限っては、生命現象ではないと定義し、絶対許してはならない、仇敵が地上から一掃されるまで戦いを続けなければならない、というのです。影との戦いとも言うべき消耗戦が、地球上で繰り広げられてきました。数ヵ月で撃退するはずが、泥沼化の様相を呈し、人類史的大騒動を招いたのはご存じの通りです。

現代人が総がかりで撲滅運動に取り組んだ「コロナとの戦い」の根底にあるものこそ、近代生命尊重主義にほかなりません。そしてそれと表裏一体をなしているのが、人命を脅かすものを徹底的に虚無化しようとする筋金入りの意志です。そんな無菌化政策が果たして可能かどうかも分からないまま、一斉に右へ倣えをしているうちに、気がつくと、人びとが自由に集い、語らうこと自体が封殺され、人間どうし触れ合う活動の余地が奪われ、元に戻すのもおぼつかなくなりました。感染防止総かり立て体制とも言うべき異様な光景を目撃したわれわれとしては今や、人命尊重一辺倒のこの狂騒をもたらしている近代生命尊重主義とは何であったか、冷静に問い直してみるべきではないでしょうか。

ツァラトゥストラの反人道主義的言辞をいかがわしいと切り捨てることは簡単ですが、そうするには勿体ないものがその近代批判にはあります。人間中心主義の克服とかポストモダンとか言い募るわりに、現代人はやけに自己中心の価値観に凝り固まっていないか、胸に手を当てて考えてみたほうがよさそうです。人命尊重主義におのずと限界があることを疑いもせず、「いのちが大事」の教えをひたすら墨守することで、人類は自分たちがこれまで大事にしてきたものを投げ捨て、それどころか、自分たちの行く末を自分自身で阻むことになりつつあることに、そろそろ気づいてもいいのではないでしょうか。

ツァラトゥストラが「序説」で描いた「最後の人間」が「いちばん大事にしているのは、健康」

（三一頁）でした。その生態通りのことが現に地上に見られるとすれば、現代人はニーチェに図星を指されていたことになります。「超人」思想とは何を意味していたか、あらためて気になります。そしてこの「自由な死」の章で、はっきりこう言われるのです。超人思想とはまずもって、死に対するこだわりから自由になることを意味する、と。

自分たちのことを「死すべき者ども」と呼んだのは、古代ギリシア人です。雲上のオリュンポスの神々が不老不死を謳歌しているのに引き比べ、地上の自分たちは死すべき定めを免れない。そんな生にいったい何の意味があるのか。悲観的にしか見えないそういう問いを抱きながら、だからといって自殺したり子作りをやめたりするのではなく、むしろ、生をギリギリまで生き切って人類最高の文化を創り上げたのが、ギリシア人でした。彼らは、「生命への執着（philopsychia）」――「生命尊重」とも訳せます――を、奴隷根性の証だとして蔑《さげす》みました。ソクラテスの遺言、「大切にしなければならないのは、ただ生きることではなく、よく生きることだ」とは、古代ギリシア人の心意気を集約したものだったのです。

古代ギリシア精神から力への意志説を引き出したとおぼしきツァラトゥストラが、死に対して気前よく、おおらかとなることこそ超人への道だ、と説くとき、それはいかにも極論に見えます。では、その対極の生命尊重主義は絶対的真理なのでしょうか。少なくとも、それがもう一方の極端に走ってはいないか、反省してみる値打ちがあります。

極論に見えますが、「超人道主義」は、現代の非常識であるからといって、人類史的には暴論とは言い切れません。なぜか。生命への執着を蔑んだ古代ギリシア人が模範的に示した人間の卓越性の肯定の思想のことを、ルネサンス以来、人類はhumanismと呼んできたからです。二〇〇〇年程度の歴史しかもたない近代ヒューマニタリアニズムと違って、古典的ヒューマニズムつまり「人文主義」とは、「大切なのは、ただ生きることではなく、よく生きることだ。さもなければ、さっさと死ぬことだ」と説く、強さのヒューマニズムです。こちらのヒューマニズムにツァラトゥストラは忠実だったにすぎません。つまり古典文献学の徒ニーチェは、筋金入りの人文主義者《ヒューマニスト》だったということです。

ツァラトゥストラの「自由な死」の教えは、なにも、みな一人残らず命知らずになれ、早死にしろ、と言っているわけではありません。「多くの者はあまりに遅く死に、少数の者はあまりに早く死ぬ」、むしろ「ふさわしい時に死ね」（一一八頁）と言っているのです。誰でもみな少しでも長生きするのが幸せだ、と主張するほうが偏っていないでしょうか。

この章の前半では、「多くの者」の遅すぎる死に方を、例によって類型化しています。平均寿命の延長やら延命治療やらによって死を先延ばししようと躍起になっている人命尊重主義に対する痛烈な皮肉となっています。これに対して後半では、「少数の者」の早すぎる死に方を、「ヘブライ人イエス」（一二二頁）という典型事例に即して説明しています。

ナザレのイエスという男は、若気の至りから脱することなく死んでいった。もっと生きていれば、成熟した思想に到達したことだろう。そうなったら、無残に死んだ若者を教祖と仰ぐお騒がせ宗教が創始されることもなかっただろうし、人類にとってそのほうがよかったのに。――キリスト教に対する強烈な皮肉ですが、そこにはイエスに対するニーチェの思い入れのようなものも窺えて、味わい深いものがあります。ひょっとして著者はツァラトゥストラを、イエスの生まれ変わりとして造形したのかもしれません。

ところで、「ふさわしい時に死ね！」と説く者は、「では、おまえはどうなんだ？」と言い返されることを覚悟しなければなりません。ですからツァラトゥストラ自身、最後に、自分が生きていることをわざわざ弁明しています。「君たち」が「後継者」として、私ツァラトゥストラの思想を受け止め、引き継いでくれたら、「大地に帰ってゆきたいと思う」が、まだその潮時ではないので、「私はもう少しだけ地上にとどまろう。そのことを大目に見てくれ」（一二三頁）。そう弟子たちに詫びるのです。

私はまだおめおめ生きているが、それは世代交代を果たせていないからだ。それが一段落したら、さっさと退散するつもりだ。それまでは許してくれ。生きていてゴメン。――そう弟子たちに詫びるのですから、妙に優しく、不思議と頼りない先生ですね。

12　「惜しみなく与える徳」

第一部最終章は、締めくくりにふさわしく、弟子たちとの別れの場面です。ツァラトゥストラは、愛する「君たち」に熱いエールを送ります。師弟関係はいかにあるべきか、考えさせられます。本章は、第一部としては珍しく、三つの節に分かれています。節ごとに区切って読んでいく前に、タイトルの意味するところを考えてみましょう。

自由人らしさとは？——「惜しみなく与える徳」の意味

まずタイトルをどう訳すか、という問題があります。"Von der schenkenden Tugend" を直訳すれば「贈る徳について」です。この場合の schenken つまり「贈る」には、verschenken つまり「気前よくあげてしまう」という意味が鳴り響いています。ケチケチしないこと、見返りを求めず、物惜しみしない精神が、ツァラトゥストラの重視する徳なのです。

じつは、これは古代ギリシア人の重んじた徳目でした。自分たちが「自由人（eleutheros）」——「奴隷（doulos）」の反対——であることを尊んだ彼らは、その自由人たるにふさわしい徳、おおらかな自由精神のことを eleutheriotēs（エレウテリオテース）と呼びました。これは「気前のよい・寛大な」という意の形容詞 eleutherios から来ており、「エレウテリオテース」は、「気前のよさ・寛大さ」と訳されます。これがギリシア人にとって重要な徳目であったことは、アリストテレスの『ニコマコス倫理学』の徳の列挙のうち、枢要徳（勇気、節制、正義、知恵）に次ぐ扱いを受けていることからして明らかです。

エレウテリオテースは、金銭や財産に関する中庸の徳です。その超過は「放漫」、不足は「けち」です。気前のよい人は、「然るべき人に、然るべき多さのものを、然るべき時に、またその他の正しい贈与に付随する要件に従って、与える」。「しかも、彼はこうしたものを喜んで、もしくは苦痛なしに与えるのである」（『ニコマコス倫理学』第四巻第一章。『アリストテレス全集』第一五巻、神崎繁訳、岩波書店、二〇一四年、一四四頁）。

ニーチェがツァラトゥストラの重んじる徳を die schenkende Tugend と名づけたとき、思い浮かべていたのは、この「気前のよさ」の徳だったと考えられます。見返りを求めず、自分の持っているものを喜んであげてしまう、太っ腹な精神のことです。これに対して、見返り、たとえば成果や効用めあてに徳を追求するケチケチした精神が、第一部出だし近くの「徳の講座」の章で揶揄されていることは、以前見た通りです。夜の安眠のために昼に美徳を積むべし、といった損得ずくの発想がこれでした。

では、なぜ自由人は徳の見返りを求めないのか。自分から進んで自発的に行なう行為は、はじめから元が取れており、あとで埋め合わせる必要などないからです。喜んであげるのですから、むしろ「もらってくれてありがとう」と感謝すべきは、あげる側のほうです。だからといって、もらう側が「もらってやったぞ、お礼を言え。そして、もっとよこせ」と開き直るのは、これはこれで、えげつなく見苦しい態度ですが。

前にふれたように、ニーチェは同情道徳を痛烈に批判しました。同情のどこが問題かというと、情けをかける側が苦しみを共にするのは苦が相乗されるだけでお互いにマイナスだ、というのです。苦しんでいる人を助ける場合に、自分の持っているものをあげてしまうことに苦痛を感じること、もしそれが「共苦」であるのなら、そんな同情はケチな料簡だ。気前よく喜んであげてしまい、もらうほうもサバサバして受け取る。そういうベタベタしない関係を保つほうが、カッコいい。これぞ「気前のよさ」の徳です。

実際は、苦しんでいる者を助け、救うという点では、同情のモラルも「気前のよさ」の徳も、その贈与行為自体は、同じです。しかし、あげる側ともらう側の関係は違います。同情の場合、もらう側は、済まないと負い目を抱いたり、相手に対して従属的になったりしかねません。もちろん、そうならないよう感謝を尽くし、もらったものに見合うものをお返ししようとしますが、それができない場合、負債感情を抱えます。卑屈な思いがわだかまりとなって、相手に恨みを抱くことすらあります。あげたことで恨みを買うなんて、おかしな話ですが、じっさい、そういうおかしな話に人間関係は満ちています。

悲壮な覚悟で犠牲を払って善を施すことが、余計なお世話でしかないこともあります。逆に、お情けで恵んでもらうのを拒否することは、人間の尊厳でありうるのです。

これに対して、ニコニコしながら好き好んであげてしまい、もらってくれてありがとう式の「気前のよさ」の徳の場合は、感謝や負債を相手に強制することもなく、お互いカラッとした関係でいられます。あいつはケチでしみったれだと言われるのが死ぬほど嫌いなタイプの人間は、自分がろくに裕福でなくても施しをしますが、それは相手のためというより、自分の誇りを守るためです。ツァラトゥストラも「我欲」（一二五頁）という言い方をしています。「無私」、「滅私」どころか、みずから欲して自分勝手に人助けをするのですから、恩を着せるわけにはいきません。もちろん、贈与も度が過ぎれば「放漫」に陥り、自滅しかねないので、それも恰好悪いのですが、世の中そういうケースはまれなので心配には及びません。ケチな根性のほうが圧倒的に多く、しかもそれは、金持ちなのにケチなのではなく、大金持ちであればあるほどケチだというのが世の習いです。

考えてみれば、イエスという男は、一文無しながら自由精神の極致のような人間でした。彼が病人を治療して人助けをしたとすれば、そしてそれが周りの人びとには「奇蹟」に見えたとすれば、それは同情道徳からではなく、気前のよさの徳からだったのでしょう。もちろん、古代ギリシアの徳でもって「ヘブライ人イエス」を理解しようとするのは、無理がありますが、それに劣らず、近代同情道徳のせせこましい枠に、古代ユダヤ人を押し込めることはできません。イエスの死に方は、ソクラテスの死に方にも似た、気前のよさの発露のようなものがあった、と考えられるのです。だとすれば、「自由な死」の章のイエス論も、少し割り引いて考えたほうがいい気がしてきます。

ツァラトゥストラの「自由な死」の教えに横溢しているのは、いのちすらもケチケチしないで気前よくあげてしまう自由精神です。それに続く章で、自由人の「惜しみなく与える徳」が正面に据えられているのは、偶然ではありません。本章が第一部の締めくくりに置かれているのも、第一部全体を通して、気前のよさの徳が人間のケチケチした性根を克服する突破口とされていることによるのです。

いのちに対しても気前よくなれ、とまで法外な要求を突きつけてくる危険思想に、現代のわれわれが付き合えるかは別として、ツァラトゥストラの「徳」論が、古代ギリシア的な「自由人らしさ」のエートスに由来することは分かっていただけたと思います。

なお、「惜しみなく与える徳」という訳語は、有島武郎の高名な批評集『惜しみなく愛は奪う』（一九二〇年）から借りたものです。有島はパウロの「惜しみなく愛は与える」という思想に対比してタイトルを付けていますが、別な文脈ではニーチェにも言及しています。ちなみに、ツァラトゥストラも本章第1節でこう言っています――「惜しみなく与える愛は、一切の価値を奪い取る者とならなければならない」（同頁）。

転ばぬ先のツァラトゥストラ――「惜しみなく与える徳」第1節

さて、この章は、第一部の他のいくつかの章と同じく――「序説」もそうでしたが――ストーリーがあります。ツァラトゥストラは、「まだら牛」という町に滞在し、少数の弟子たちに向かって自分の考えを宣《の》べ伝えてきました。それが一段落して、町を去るにあたり、弟子たちとお別れをする場面となっています。学校の卒業式では、先生が生徒の門出を見送りますが、風来坊の先生の場合、その反対となります。それでも、ちょっと卒業式的な雰囲気が醸し出されています。生徒が先生にお礼の贈り物をするのです。

この記念品贈呈の場面では、弟子たちがあげる側、ツァラトゥストラはもらう側です。ですから、ツァラトゥストラは「ありがとう」と言ってもいいところなのですが、彼の理屈からして、そうは言いません。そもそも弟子が贈り物をするのはツァラトゥストラから受けた教えに対してなのですが、その学恩とはどういうものかについて、師が弟子に最後に趣旨説明しているわけです。それがこの章の「贈与」論なのです。

第1節にはいくつかキーワードが出てきます。惜しみなく与える徳を特徴づける「我欲」もそうですが、「感覚」、「肉体」、「精神」、「意志」。肉体重視は、「肉体の軽蔑者」の章で展開されたものです。「意志」は、第二部以降、中心テーマとなります。そこで問題となる意志とは、自由意志ならぬ、「困窮（Noth）」の「転回（Wende）」としての「必然（Nothwendigkeit）」の肯定だということも、先取りされています（一二六頁）。ドイツ語の一種の言葉遊びです。

この節で注目すべきは、ツァラトゥストラが弟子からもらう「杖」です。プレゼントを贈られたツァラトゥストラは、お礼代わりに、贈り物の形状に仮託して、自説をまとめ、おさらいしています。ありがとうとは言いませんが、サービス精神は旺盛です。

転ばぬ先の杖と言いますが、老人の歩行補助具という印象がなきにしもあらずの杖は、まだ四〇歳そこそこの壮年には似つかわしくないように見えます。しかし、強靭な肉体を持っているはずのツァラトゥストラは素直に喜び、一人歩きの友にします。険しい山道を歩くのに役に立ちますし、第四部では、出会った不審人物を叩くのにも使われます。

若者たちとの交友の記念の品として大事にされるこの道具は、以後、ツァラトゥストラのトレードマークとなります。その形状はどうなっているでしょうか。「その金色《こんじき》の取っ手には、ヘビが太陽に巻きついていた」（一二四頁）とあります。

太陽が金色に輝くことから、金《きん》にはなぜ価値があるのかという話になります。「最高の価値」を持つものは「役に立つもの」ではない、と言われていることに注意しましょう。金は加工素材にも使われますが、特定の用途に用立てられることがないほうが、価値は高いのです。話題の中心となるのは、依然として太陽です。「序説」第1節から、太陽はお目見えしていました。物語の出だしから「惜しみなく与える徳」のシンボルとされていたのは、太陽なのです。汲めども尽きぬエネルギーを宇宙に放散する太陽は、ケチケチしない精神のあこがれの的です。自分で勝手にギラギラ燃えているだけですが。ヘビも、知恵の象徴としてツァラトゥストラのめざす理想を表わすものでした。師の心中の思いを汲んで、絶好のプレゼントを考えついた弟子たちは、教えをいっぱい浴びて成長したようです。その中には、「山に立つ樹」に登場したあの迷える若者もおそらくいたことでしょう。

大地の意味ふたたび――「惜しみなく与える徳」第2節

第2節では、贈呈式の答辞をいったん終えたツァラトゥストラが、弟子たちに向けて、総仕上げ的メッセージを語ります。「彼の声は変わっていた」（一二七頁）とあり、「君たち」への呼びかけは、ここでギアが一気に上がります。ハイテンションの激励は、第一部で何度も見られました。高い理想へ羽ばたこうとする若者の志は、折れやすい翼をもっており、挫折を経験して傷つき、すねて世を恨んだりします。だからこそツァラトゥストラは彼らに、いたずらに天空の高みをめざすのではなく、「大地にあくまで忠実であってくれ」、「大地の意味に仕えるものであれ」（同頁）と説くのです。

「超人とは、大地の意味である」と、「序説」第3節でも言われていました。メッセージ内容はほぼ同様です。しかし聞き手が違います。市場に集まった民衆はツァラトゥストラの説教を聞こうとはしませんでした。この第一部最後で彼が同じことを語る相手は、ツァラトゥストラの教えに習熟し、精神的に成長した少数の弟子たちです。彼らは師の教えをしっかり受け止め、みずから担っていこうとしています。この違いは、物語の読み手の側の変化に対応していると解されます。いきなり冒頭から訳のわからぬ大言壮語を聞かされ、読者としては面食らうわけですが、それでも我慢づよく読み進めてきた読者は、ここまで来てようやく、ツァラトゥストラの言い分が少しは飲み込めるようになってきた、ということなのです。もちろん依然として分かりにくい言い方に満ちていますが。

本章も謎めいた箴言に満ちています。たとえば、「医者よ、みずからを助けなさい。そうすれば、君の病人もまた助けることになる」（一二八頁）。医者は病人を治して助けるのが仕事ですが、医者だって大病に罹ることがあります。医者が危難を克服し、快復した姿を見せることは、病人たちに勇気を与えることになる、というのです。各自が自分自身を健やかに愛することが、万人の自己肯定につながる。そういう「自愛から博愛へ」の愛の教えとも取れます。あるいは、ツァラトゥストラが第三部で永遠回帰思想に襲われ、重篤状態からほうほうの体《てい》で快復する、という今後の筋立てを暗示しているようにも取れます。

師に対する報い方──「惜しみなく与える徳」第3節

生徒たちに「贈る言葉」を述べ終わってのち、先生にはまだ言い残したことがあるようです。「彼の声は変わっていた」（一二九頁）と、また言われています。「三段階の変身」ではありませんが、ツァラトゥストラ先生はなかなか変身が得意です。気分屋とか起伏の激しい性格とかを通り越していま す。要するに多重人格ということなのでしょう。

見送りはここまでで結構だ、さあ別れよう、としつつ先生は、妙なことを言い出します。

そう、君たちに勧めたい。私から離れ去り、ツァラトゥストラから身を守ることだ。もっとよいのは、彼を恥ずかしく思うことだ。おそらく彼は君たちを欺《あざむ》いたのだ。
認識の人は、敵を愛するだけでなく、友を憎むこともできるのでなければならない。

いつまでもただの弟子でいるのは、師に報いるのが下手だということだ。なのに、君たちはなぜ、私の花冠をむしり取ろうとしないのか。（一二九―一三〇頁）

理想的な師弟関係とは、師の言うことを弟子が鵜呑みにして墨守するのではなく、むしろそれを乗り越え、克服することだ、と言っています。学恩に報いるつもりがあるのなら、追従したり礼讃したりするのではなく、私に戦いを挑んでこい、とけしかけています。ライバル関係を是とする「友＝敵」理論は、「戦争と戦士」や「友」の章にも出てきました。ぜひ皆さんも、自分の恩師を打倒することをめざしてください。

最後にツァラトゥストラが述べていることは、第一部以後の予告篇です。君たちのもとにまた戻って来よう、と言い残したとおり、第二部では、いったん山に帰ったツァラトゥストラが、ふたたび下界に降り、説教を再開します。「大いなる正午」（一三〇頁）とは、ふつうの正午とは言いがたい、極めつきの正午、という意味です。この世が行くところまで行き着いて終わりを迎えるとき、地上の一切は大火によって焼き尽くされる、という黙示録的ヴィジョンを表わします。これ以後、本書に何度も登場しますが、結局、うわ言のように言われるだけで、「大いなる正午」は謎のまま、第四部・最終部は終幕します。つまり、ツァラトゥストラの物語は、ついに未完のまま残されるのです。

リベラルということ――「惜しみなく与える徳」の意味ふたたび

「惜しみなく与える徳」の章を読み終えるに際して、そのルーツであるギリシア語の「エレウテリオス」という形容詞が、現代の英語ではliberalという語に相当することを、急ぎ指摘しておきましょう。「リベラル」はじつに多様な意味で使われます。「自由（主義）」概念の多様さには混乱させられます。しかし「リベラル」とは元来、辞書を引けばわかる通り、「気前のよい、物惜しみしない、ケチケチしない」という意味です。liberalityとは「自由人らしさ」ということであり、まさしく「惜しみなく与える徳」が原義なのです。

大学で、哲学や倫理学はふつう「一般教養科目」として学びます。つまり「リベラルアーツ」に属します。その場合の「リベラル」は、まさに「気前のよい」という由緒正しき意味を持たされています。リベラルアーツは、古代ローマの「自由学芸（artes liberales）」を起源としており、「自由人にふさわしい学芸」という意味でした。そこには「見返りを求めない気前のよさ」という古代市民的理念がひそんでいたのです。

ツァラトゥストラは、「最高の価値」のあるものは「役に立つものではない」と言っていました。有用だとかメリットがあるとか世の中に貢献するとか、そういったケチケチした成果主義的発想の対極に立つのが、「リベラルアーツ」です。「一般教養科目なんて何の役に立つの？」という問いそのものが、「リベラル」の真逆なのです。見返りなど求めず、ただ自分を豊かにしたいから、だから学ぶのが一般教養であり、古代ギリシア・ローマ以来、その「自由人にふさわしい」学問の最たるものが、哲学です。成果がなければ無意味だなんてケチなことは言わせない自由精神に、『ツァラトゥストラはこう言った』を読む皆さんが少しでも魅力を感じてくれるなら、本望です。

Ⅱ 第二部を読む——力への意志説とペシミズム

1　「鏡をもった子ども」と「至福の島にて」

第二部に入ります。まず、二重のイントロのような「鏡をもった子ども」と「至福の島にて」の二章を読みます。第二部も最初から、なかなかハイテンションです。

その前に、第二部全体に一瞥を与えておきましょう。

第二部は、重層的構造をもつ全篇の中でも起伏に富んだ、読み応えのある一まとまりのテクストです。主人公ツァラトゥストラは、自説を意気軒高と弟子に伝えたり、攻撃的なまでに批判精神をたぎらせたり、自分の中心思想のまとめに入ったりしたかと思うと、急に感傷的な歌を歌い出したり、自省の念に悶々としたり、厭世観に取り憑かれて悪夢を見たり、考えに沈んで調子を崩したりします。挙げ句は、無気味な思想に襲われ、おののき、そこから逃げ出そうとします。同一人物とは思えないほどの多重人格ぶりです。著者自身にもそういう面が少なからずあった、ということでしょう。

第二部が山あり谷ありの七変化《しちへんげ》的筋立てとなることを暗示しているのが、冒頭に置かれた「鏡をもった子ども」の章です。この章のモットー（巻頭言）は、第一部最後の章「惜しみなく与える徳」の主人公のセリフからの自己引用です。第一部でツァラトゥストラは、若者たちに自分の教えを説いたのち、いったん彼らのもとを去りました。去り際に、君たちが私のことを忘れた頃、君たちのところに戻ってこよう、と言い残して。

ふたたび山中に入り、自分の洞窟に戻って思索をいっそう深めたツァラトゥストラは、豊かな思想を持て余すほどになり、それを人びとに惜しみなく与えるべく、また山を下ります。満を持して下山していくその様子が、冒頭章「鏡をもった子ども」に描かれます。

疾駆する文体――「鏡をもった子ども」

洞窟で一人静かに思索三昧の日々を送ったツァラトゥストラは、しばし（一、二年？）の充電期間を経てエネルギー全開となり、ふたたび下山を決意します。そのきっかけとなるのが、「鏡をもった子ども」の無気味な夢を見たことです。夢の中で子どもが携えている鏡を覗き込むと、そこに映っているのはツァラトゥストラ自身の姿ではなく、「ゆがんだ顔で嘲笑している悪魔の姿だった」（一三六頁）というのです。悪夢というほかない不吉な夢を見たツァラトゥストラはうなされ、叫び声を上げて目を覚まし、その夢の意味するところを、寝床でしばし思案します。

ツァラトゥストラは夢占いにこだわりをもっていて、今後も悪夢や恐ろしい幻影をどう解釈するかという話が出てきます。フロイト以降の精神分析や深層心理学の研究対象にもなりますが、人類は古来、夢の意味を判ずることを重んじてきました。第二部のこの出だしでは、ツァラトゥストラは悪夢をじつに合理的に処理し、正夢として積極的に解します。つまり、かつて弟子たちに説いて聞かせた自分の教えが、自分が去ったのち誤解されて流布し、悪質なエピゴーネンすら出現して、ツァラトゥストラの教えと称するものを言い広めている。その似非《えせ》学説のために自説は曲解され、弟子たちも離反し、今ではツァラトゥストラの弟子だったことを後悔している。この事態を放置しておくわけにはいかない、今こそ自分の出番だ、さあ、山を下りて人びとのところへ赴こう——というのです。

こう説明すると、何やら切迫した感じですが、ツァラトゥストラ自身は気に病むことなく、むしろ幸せいっぱいです。不吉な夢がじつは吉兆だったというのはよくある話です。ツァラトゥストラは、「到来しつつある幸福」（同頁）に喜色満面《きしょくまんめん》の様子で、仲間の鷲や蛇も驚き怪しむほどです。

ここからツァラトゥストラの幸福論が始まります。それによると、わが幸福は「暴風」のように到来するだけでなく、「愚か者」、「若すぎる」と言われます。それればかりか、「私は、私の幸福によって傷つき、痛みを抱えている」（同頁）。幸福すぎて辛いと嘆くのですから、おめでたい奴だ、勝手に言ってろ、と言いたくなります。ありあまる幸福を分かち与えて楽になりたいから、「およそ悩める者たち」の存在が癒しになるといった心境には、人間なかなかなれません。ふつうなら、苦悩する人の心の叫びを聞いてあげることで、おたがい悩みを分かち合い、労わり合う精神つまり「同情」が大事、とされるところですが、同情のモラルを徹底的に批判するツァラトゥストラの流儀は、それとはまったく異なります。「敵」に対しても「惜しみなく与える」気前のよさがツァラトゥストラの信条です。かわいそうな相手に施しを与えて慰めるのではなく、遠慮なく批判を投げかけ問題点を衝くことが、気前のよさの徳の意味するところなのです。

第一部で「惜しみなく与える徳」と呼ばれたものを、ツァラトゥストラはここでは「愛の奔流」（一三七頁）と形容しています。山奥の湧き水がいつしか小川となり、次第に大きな流れをなし、湖の水をも引きさらって、滔々とした大河となり、ついに海洋に流れ込んでゆく、というイメージです。

もう一つ、「疾風《はやて》」（同頁）がたとえに使われます。日本語でも「幸せで舞い上がる」と言いますが、山から吹きおろし海を越えて吹き渡る大風、という壮大なイメージで幸福感が描かれます。その大暴れぶりたるや、あたかも古代の勇者が、馬にまたがって疾駆し、槍を遠くへ投げおろし、満ちあふれるエネルギーを爆発させて活躍するかのようです。

その烈風に襲われて、吹き飛ばされかねない側からすれば、自由精神の奔放な発揮は、はた迷惑な話でしかありません。そのとばっちりを受ける「敵」にとっては、「頭上で悪魔が荒れ狂っている」（一三八頁）かのようです。「同情者たち」以下の数章では、ツァラトゥストラの「敵」たちが、ツァラトゥストラの疾風のような批判精神のあおりを受けて次々に吹き倒される、というしくみです。それがイントロの章で予告されているのです。

さて、この章の最後には、もう一つキーワードが出てきます。「私の荒々しい知恵」（同頁）です。ドイツ語で「知恵」はWeisheitと言い、女性名詞で表わされます。第一部の「読むことと書くこと」の章のところでも触れましたが、本書でツァラトゥストラは、あたかも女性を愛するように「知恵」を愛する男の役回りを演じます。「知恵の愛好」とは、「哲学（philosophia）」の原義です。ツァラトゥストラは、一個の「知を愛する者（philosophos）」、つまり哲学者として、「私の荒々しい知恵」を愛するのです。

ひとくちに女性と言っても、「知恵」は淑女というよりは、「雌ライオン」のように荒々しい存在とされ、そう簡単に手なずけたり睦《むつ》み合ったりできそうにありません。しかし、「仔」（同頁）を産むことはできるようです。つまり「知恵」はここでは、繁殖力をそなえた多産的存在と考えられています。

第二部の冒頭章は、このように、イメージの奔流、もしくはイマジネーションの爆発というべき文章が連なっています。これだけ読んで内容を理解せよ、というほうがムリな話です。にわかに飲み込めない出だしに読者が面食らうように、もともとできているのです。ですから、奇異な印象を受けるほうがまっとうですし、そのことはあまり気にしなくていいのです。主人公の気分が異常なまでに高揚し、有頂天になって人間界に降り下る、という滑り出しだということが分かれば、それで十分です。内容を透明に理解するというより、大言壮語の疾駆する文体にふれて心地よさを覚える読書体験があっても構わないのです。本章の後半全体が一個の散文詩だと言ってもよいでしょう。

意志の哲学でどこまで行けるか――「至福の島にて」

では、もう一つの第二部序論たる次章「至福の島にて」はどうでしょうか。こちらには、いきなりニーチェ哲学の根本問題が出てきます。ただ、章の出だしはやはりイメージ豊かなので、一見そうは見えません。

第二部では、ツァラトゥストラが、自分の思想の理解者である弟子たちとめぐり合い、「至福の島」と呼ばれる南方の島（地中海に浮かぶイタリアの島がモデルのようです）に滞在し、知的共同体を形成して自由闊達に議論を戦わせるという、のどかな設定になっています。南方の楽園のような島で仲間とともに愉しく学問するツァラトゥストラの悠長で充実した自由時間が、「イチジクの実」（一三九頁）が熟して落ちるというイメージで描かれています。季節も、実りと収穫の秋という設定です。

　この章は、その南の島から見える海の澄明な眺め、という話題から一転して、「神」の話に移ります。「かつてひとは、はるかに広がる海を眺めて、神、と言った。しかし今、私は君たちに、超人、と言うことを教えた」(一四〇頁)。

　人間的なものを超えた広大無辺な存在としての「神的なもの」。われわれ現代人も、大自然に接すると、そこに、人間の間尺《ましやく》を超えた崇高で荘厳なものを見出します。かつてそれは、「聖なるもの」としての神に出会う仕方でした。人間的なものの限界を突き破る超越的存在としての神の観念――しかしそれは、人間の思考可能性のはるか彼方にあるという意味で「一つの推測」(同頁)でしかなかった、とツァラトゥストラは言います。そのような、人間にとって無限に高嶺の花たらざるをえない神を想定するよりは、むしろ、人間にとってギリギリ到達可能な、人間的なものの極みであるものを理想に掲げ、それを目標として、高みをめざすべきだ、と提唱するのです。ツァラトゥストラは、観念的な夢想を拒否する、いわば現実的な理想主義者なのです。

　この、人間的なものの可能性の限界ギリギリの目標を、ツァラトゥストラは第一部の「序説」以来、「超人(Übermensch)」と名付けています。「思考可能性」の範囲内か埒外か、というのが分かれ目のようですが、その判別自体難しいのが実情です。「創造する意志の及ぶ範囲」という言い方もされています。人間には神を創造することはできないが、超人なら創造することができるかもしれない、というのです。不穏なほど不遜な物言いです。

　このように、人間に実現可能な理想の極致のことをツァラトゥストラは「超人」と呼んでいます。法外な「理想主義」でありながら、あの世、天国、イデア界等を想定しない、この世的な理想主義にとどまろうとするのです。

ここでツァラトゥストラは、奇妙な論証を持ち出します。「かりに神々が存在するとすれば、どうして私は自分が神でないことに我慢できようか。それゆえ、神々は存在しない」(一四一頁)。――自分には逆立ちしてもなれっこない神が、もしどこかに存在するとすれば、それはこのうえなく自尊心を傷つけ、耐えがたいことだ。そんな存在を絶対許すわけにはいかない。それゆえ、神は存在しないのでなければならない、と。

これは論証とは言いがたく、願望表現にすぎません。露骨な自己主張であり、わがままの極みです。これでもって「神の非存在証明」に成功したとはとうてい言えません。むしろそれは、「神の死」以後の近代人に取り憑いた人間中心主義の傲岸さそのものです。ツァラトゥストラはここではそれを問題視も罪悪視もせず、そのまま肯定すべきだとしています。人間がみずからの「創造する意志」を最高度に発揮しうるためには、神には存在しないでいてもらいたいと正直に言い放ってよいのだ、と。人間の意志を抑圧するのは、ねじ曲がっており、後ろ向きの考え方だ。「時間と生成」(一四二頁)を運命づけられている者が、自分には望むべくもない「滅びることのないもの」(一四一頁)、つまり永遠を語ること自体、捏造であり、ウソ八百だ。そんなたわ言を得々と語る詩人など(ドイツの文豪ゲーテがまずもって思い浮かべられています)みなウソつきにすぎない、と。

この「詩人ウソ八百」論は、第二部後半の「詩人」の章でふたたび取り上げられるので、そのときまで取っておきましょう。ともあれ、第二部二番目のイントロ章の後半のテーマ――前半のテーマは「神」でしたが――は、「意志」です。その主導命題はこうです――「意志することは、解放する」

（一四二頁）。

意志が「自由」を意味するのだとすれば、自由を求める者は意志する者だということになります。もとより「創造する意志」は、さまざまな困難や苦難にぶち当たります。最初からひたすら自由というのでは、そもそも自由のありがたみというものがなくなります。自由でありたいと思う者が、桎梏、束縛、不自由にぶつかりながら、それを耐え忍ぶこと、つまり「運命」を乗り越え、克服するところにこそ、自由があるのです。ツァラトゥストラは、私の意志は苛酷な運命を欲する、と高らかに言い放っています。

しかるに、この章で打ち出されている「意志」全面肯定の思想は、果たしてどこまで徹底できるのでしょうか。ツァラトゥストラの「意志の哲学」には、どうにも乗り越えられない限界があるのではないか。「運命を欲する」などということが、われわれ人間にそうやすやすとできるのか。それは一個のやせ我慢にすぎず、前向きのように見えて、じつはみずからを苛《さいな》む「後ろ向きの意志」に陥るのが関の山ではないか。意志の哲学は、決してオールマイティーではなく、意志の全能を信じようとする者は、かえって意志の無力さに取り憑かれるだけではないか。

ニーチェの根本思想とされるものに、「力への意志」があります。生きとし生けるものは、たんに現状を肯定するだけの「生きんとする意志」ではなく、より以上を求めてやまない上昇志向の「力への意志」をもっている、とする考え方です。第一部の「千の目標と一つの目標」の章にチラッと出てきましたが、第二部では全体として「力への意志」説が吟味されていきます。さしあたり本章では、「創造する意志」、「真理への意志」（一四〇頁）さらに「生殖への意志」（一四三頁）といった言葉遣いで現われますが、第二部中ほどの「自己克服」の章では、まさに「力への意志」が定式化されます。のみならず、物語のさらなる進展において、その思想が吟味し直され、ひいては克服されていくのです。力への意志そのものの自己克服という筋立てが、『ツァラトゥストラはこう言った』の第二部から第三部にかけてのあらすじとなります。永遠回帰思想が正体を現わすことになるその結末へと踏み出す第一歩が、この「至福の島にて」の意志論なのです。つまりまだ序の口ですから、よく分からなくても気にする必要はありません。

2　「同情者たち」と「司祭たち」

第二部の序論二章に続くのは、「同情者たち」と「司祭たち」の章です。ツァラトゥストラの「敵」の二類型が俎上に載せられ、道徳批判と宗教批判が繰り広げられます。それぞれ近代道徳と伝統宗教を体現する二通りのタイプが、容赦なき批判にさらされます。

「批判」の重要性について、ここで再確認しておきましょう。

今日ひとは家庭や学校で、「批判はよくない」と子どもたちに教え込んでいます。「長所は褒め合い、短所はかばい合い、お互い認め合い助け合い支え合って生きるのが、人の道だ。その反対に、他者を論《あげつら》い、批判することは否定することであり、不毛であり、人道に反する」。そうせっせと刷り込まれてきた人は、批判精神全開のツァラトゥストラには付いていけないことでしょう。しかしそれはたんに慣れていないからです。慣れてしまえば案外、大丈夫です。批判するのも批判されるのも、じつは愉しいことなのです。アッケラカンと言いたい放題、お互い言い合えるのは、人間という生き物にとって得がたい喜びです。我慢して言わないで溜めておくほうが、よほど不自然です。

ただし、思ったことをナンデモカンデモ自由に言い放つと、角が立ってシャレになりません。そうならないよう工夫する必要があります。ニーチェもそこは慎重に考えて、言論の自由を行使するために、作中人物に仮託して語らせます。ツァラトゥストラとは、そのようにして造形された架空のキャラクターなのです。

すでにふれたように、「神は死んだ」という言葉が最初に公表された『愉しい学問』125番で、この言葉を発するのは「狂人」です。一人の狂った男が突然、町の広場で「神は死んだ、いや、俺たちが神を殺したのだ」と譫言《うわごと》のように叫ぶけれども、民衆は誰もそれを相手にしない、という設定です。どんなに過激なことを書いても、これなら角が立ちません。この絶妙な技法に味をしめて、ニーチェは続いて、主人公ツァラトゥストラに言いたい放題言わせる物語を書いた、という想定が成り立つのです。

言論の自由とは、与えられるものではありません。基本的人権だし最初から保障されて当然、と考えるのは甘いのです。言論の自由とは、自分で切り開くものです。フィクションとして語ったり揶揄や皮肉や逆説を弄したりして、知恵を絞り工夫を凝らしてはじめて、自分の言いたいことを人びとに伝えられるのです。逆に、言論の自由が保障されている世界に住んでいると思い込んでいるわれわれ現代人が、知らず識らずのうちに言論を統制する側に回っていないか、胸に手を当てて考えてみるべきでしょう。

なぜニーチェはわざわざツァラトゥストラに語らせてばかりで、自分の言葉を発しないのか。もって回ったやり方で分かりにくい。いや、卑怯だ――そう思う人もいるようです。はっきり言って、この考えは浅いと思います。ニーチェは『ツァラトゥストラはこう言った』の中で、ギリギリの表現実験をしています。その果敢さが分からないのは、障りのあることを言うリスクを冒したことのない人です。

同情は恥知らず――「同情者たち」

第二部前半の章では、ツァラトゥストラの「敵」たちのタイプが列挙され、次々に批判されていきます。その最初が「同情者たち」です。同情のモラルを説く者たちは、ツァラトゥストラ＝ニーチェにとって一番の批判相手なのです。同情道徳は近代道徳第一条みたいなものですから、近代道徳批判の手始めとして、同情に仮借なき批判をぶつけることから始めているわけです。現代人は、「批判はよくない、人を傷つけるから」という戒めと込みで、「他人の苦しみを自分の苦しみとして共に苦しもう」と訓諭されていますので、それに真っ向から楯突くツァラトゥストラに反感をもつ人が多いのは当然です。そういう意味では、第二部の最初の関門とも言えます。

ただしこの章は、直接的というより脇から入る形になっています。ツァラトゥストラだって一個の人間のはずなのに人間を動物レベルと見下している、と悪評が立っているのを逆さにとって、そう、人間は「赤い頰をした動物」（一四四頁）と定義できる、というのです。赤い尻をした動物はサルですが、人間の特徴は、頬を赤くすること、つまり、恥ずかしいという気持ちに襲われ、それがおのずと表われることだ、と。

古来、人間は「ロゴスをもつ生き物」とか「ポリス的生き物」と言われてきました。伝統的には、「理性的動物」という定義が有名です。ツァラトゥストラの「赤い頬をした生き物」という人間観は、「恥」という観念こそ人類の特徴だと主張するものです。

みっともないことを見られるのは恥ずかしい――たとえば、貧しい生活を送っているのを見られるのは、恥ずかしい。それを他人に見られて、かわいそうだとあわれみをかけられるのは、もっと恥ずかしい。だから自分の私生活は見られないようにして隠す。――これが、「恥を知る生き物」の生態だというのです。

「罪」の文化に対する「恥」の文化、などと言われますが、「恥」の観念自体は、洋の東西を問わず、人類に普遍的です。それは、「名誉」や「慎み」といった観念、「公／私」や「上品／下品」といった区別が、人類に普遍的であるのと同じです。そのような価値や区別を取っ払っている時代のほうが、よほど特殊なのです。

ところが、近代という時代は――いわんや現代社会は――、そのような伝統的な「相応の弁え」を一掃します。差異を均《なら》す万人平等社会で鼓吹されるのが、「同情のモラル」です。苦しみをあらわにすること、そしてそのあらわにされた苦しみを共に苦しむことが、優しさであり善人の証だ、と言いふらされます。これに対して、善人たちの同情合戦の露出趣味は、「恥を知る生き物」にとってはあまりに恥ずかしく、赤面せざるをえないほど耐えがたいことだと、ツァラトゥストラは嘆くのです。

本章の主導命題は、こうです。「私は、同情することで幸せになれる憐れみ深い者たちが好きではない。彼らは恥というものを知らなすぎる」（一四五頁）。

恥の観念からするこうした同情批判は、趣味判断でこそあれ、全面否定ではありません。その証拠に、ツァラトゥストラだって他人に同情を催します。もっと言うと、苦しみに対する感受性ゆえに普通以上に同情に襲われる、という弱みを抱えています。他人の苦しみに対して鈍感だから同情なんかしない、というのではなく、敏感すぎて相手の苦しみがわが苦しみのように襲ってくるからこそ、その同情にひそむ問題点に過敏なほど気づかざるをえないのです。

ですから、主導命題の次に、すかさずこう言い添えられます。「同情しないわけにはいかないとしても、同情しているとは言われたくない。同情してしまうときでも、遠くからするほうがましだ」。「自分だと悟られないうちに、顔を隠して逃げ出すほうがましだ」（同頁）。同情することは相手に恥をかかせることになるから、それを避けるためには、同情したことを隠し、しらばっくれるほうがいい。間違っても、助けてやったことを誇ろうとは思わない、というのです。

善行は――悪事だけでなく――コソコソ行なうにかぎる、というわけですが、これに対して、人前であけっぴろげに表わしてよいのは、「喜ぶこと」（同頁）だ、とツァラトゥストラは言っています。苦しみの共有ではなく、喜びの共有。共苦＝同情ならぬ、共喜＝同慶のすすめ。お気楽で能天気な話に聞こえますが、これはじつは、喜ぶことを憚る世の中への挑戦なのです。同情のモラルの支配下では、「悩み苦しんでいる人びとがいるのに、お前にはその苦悩が分からないのか！」と、喜びを無邪気に表わす者たちは叱られ、取り締まりの対象になります。喜びや幸せを隠さなくてはならないのは、それを大っぴらに表わすと、他人の嫉妬や顰蹙を買う恐れがあるからです。妬みなしに喜びを分かち合うことのできる友をもつことは、当たり前ではなく、まれなことなのです。

ともあれ、恥と同情に対するツァラトゥストラの感受性の鋭さは、次の説明に表われています。曰く、同情を抑制せざるをえないのは、「苦しんでいる人が苦しんでいるのを私が見たことを、当人の恥ずかしさを思えばこそ、私としては恥ずかしく思ったからだ。そのうえ私は、彼を助けたとき、彼の誇りをひどく傷つけたからだ」(一四五―一四六頁)。

次の人間観察も重要です。「大きな恩恵は、感謝のしようがない。かえって復讐したくなる。小さな親切は、忘れられないと、呵責《かしゃく》の虫となって内心を苛《さいな》む」(一四六頁)。他人に助けてもらって、相手に報いることができないと、重荷になります。恩恵や親切を施された側に、借りを返して相手と同等であることを示せないという無力感、屈辱感が溜まると、相手に対する逆恨みに転化することもあります。そうならないように、「受け取るときは、そっけなく受け取ることだ。受け取ってあげることで、誉《ほ》め称《たた》えてやることだ」(同頁)と、ツァラトゥストラはサバサバした授受関係をすすめています。

その一方で、「乞食には、残らずいなくなってもらったほうがよい。そう、乞食には、与えるのも癪《しゃく》に障《さわ》るし、与えないのも癪に障る」(同頁)と言い放つあたり、繊細な感性がよく表われています。皆さんも、居心地悪い思いをしたことはあるでしょう。

こういった鋭利な人間観察が本書の魅力をなしているのですが、各自読み味わっていただくことにし、この章の最後に出てくる話題についてのみ一言注意しておきましょう。

「神は死んだ。人間に同情したおかげで、神は死んだのだ」(一四八頁)。そう悪魔がささやくのを聞いたと、ツァラトゥストラは言っています。聞き捨てならないセリフです。神の死因は、人間に対する同情だった、というのですから。この思わせぶりなセリフがどういう意味かは、第四部ではじめて明らかになります。第四部は、「同情者たち」の章の(今引用した悪魔のささやきを含む)最後のほうの数行を、冒頭でモットーに掲げています。第四部半ばに並んで出てくる「失業」と「最も醜い人間」の章では、人間への同情によって神が死ななければならなかった、その二通りのパターンが語られます。ニーチェの言葉「神は死んだ」を理解するうえで最重要のテクストです。「同情」問題は第四部までしつこく残ることが分かります。かくもニーチェは同情にこだわった、ということです。

宗教批判も自己批判——「司祭たち」

さて、二番目に俎上に載せられるツァラトゥストラの「敵」は、「司祭」というタイプです。ニーチェのキリスト教批判は有名です。有名すぎて、ニーチェの語っていることは、万事キリスト教批判だ、と解されてしまうほどです。「神は死んだ」という場合の「神」も、キリスト教の神のことだ、とあっさり片付けられることが多いのですが、それは矮小化というものです。たかが一既成宗教の盛衰に関わるだけなら、そんなの関係ないと斬って捨てることもできますが、そんな程度の問題ではないからこそ事は厄介なのです。

「神」や「神々」の観念は、どんな民族も抱いてきた人類に根強い観念です。人間の考え方の根本をなしてきた太古以来の最強の観念が、総じて打ち捨てられ、神様とか神々しいものとか聖なるものといった価値語の一切が意味を失ってゆく時代（別名ニヒリズムの時代）が幕を開けた、という壮大な歴史認識を、「神は死んだ」の一句は言い表わしています。それは、なにも宗教だけの問題ではなく、知の問題であり、学問・科学全般の問題です。神なしで済まそうとする近代という時代そのものの根本問題なのです。

その一方で、ニーチェがキリスト教にこだわったのも確かです。それは、ヨーロッパ人は誰でもキリスト教思想をベースにしている、といった程度の生易しい話ではありません。ニーチェの父親も祖父もキリスト教会の牧師でした。牧師一家に生まれたフリードリヒは、「小さな牧師さん」と綽名をつけられるほど敬虔な男の子でした。大学で神学を学んで牧師となることを当然視されていましたが、当時、神学と並んで格式ある学問とされていた古典文献学を学んで頭角を現わし、大学教授に抜擢され、その後は哲学に向かうようになります。キリスト教から遠ざかるとともに、徐々に批判の姿勢を強めていき、ついには「反キリスト者」を標榜するに至ります。しかし、ニーチェにとってキリスト教がおのれの由来であり、血肉に等しいものであったことに変わりはありません。

つまり、ニーチェにとってキリスト教批判とは、自分自身の出自に対する批判であり、自己批判であった、ということです。キリスト教を批判するとは、あたかも自分の骨肉を切り刻むかのように、自己自身を審問することでもあったのです。だからこそ、その批判は尋常ならざる深さを湛《たた》えているのです。

私が思うに、ニーチェが日本人に好まれる理由の一つは、ニーチェのキリスト教批判の小気味よさにあります。開国以来、劣等感を抱いている欧米文化の精髄とされる世界宗教を虚妄だとバッサリ斬って捨ててくれるのですから、大助かりです。「ニーチェの言うように、キリスト教などうさん臭い宗教にすぎない」と断ずるだけで、ひとかどのことを言った気になれるとすれば、これほど便利な隠れ蓑《みの》はありません。

しかしこれは、ニーチェがキリスト教は弱者の復讐心から成り立っていると批判した、当のルサンチマンの回路と同じではないでしょうか。キリスト教文明の豊饒さには太刀打ちできないと感じつつ――海外旅行で壮麗な教会を見学したり荘厳な宗教画を鑑賞したりするときには頭《こうべ》を垂れるのに――、自分の貧相さを認めたくなくて、キリスト教を批判するヨーロッパ思想を引っ張ってきては、その尻馬に乗って欺瞞を暴いた気になるという、弱者の負け惜しみ根性が、そこに見出せるとすれば、です。

キリスト教にかぎらず宗教や信仰というものが人間性にいかに重要な意味をもつか、ということを稀釈させるためにニーチェの宗教批判を用いるのは、濫用だと私は思います。上述の通り、人類は古来、宗教という形態を通して文化を形成してきました。宗教なんか要らない、とうそぶいているのは、われわれ現代人だけです。ニーチェは、近代という不信と懐疑の全盛の時代には、どれほどの危険が待ち受けているかに警鐘を鳴らしこそすれ、人類が宗教を卒業してバンザイと言っているわけではは毛頭ないのです。現代人は、「宗教」と言えばすぐ戦争やテロを連想し、「怖い」と警戒するのが常識だと思い込んでいますが、それはかつて非常識でした。信仰なき者たち、神をも畏れぬ者、無神論者のほうこそ、危険思想だというのが、かつての人類の常識だったのです。

ここに横たわっているのは、明らかに、伝統的価値の転倒という歴史的事態です。それら近代の動向の総体を、「神は死んだ」という言葉で言い表わすというのであれば、矮小化にはならないでしょう。ともあれ、巨大な分水嶺をなす「神の死」の出来事後のこちら側から、ニーチェの宗教批判を受け止めるさいには、注意が必要です。そんなの当たり前じゃんと軽く受け流して終わりにされてしまいがちだからです。

なるほどツァラトゥストラは、この「司祭たち」の章で、キリスト教をはじめとする宗教を情け容赦なく批判し、それがいかに悪趣味であるかを暴露しています。しかしそれもまた、他人事として言い散らかしているのではなく、自分自身の奥底にメスを入れるような自己批判として試みているのです。そのことを如実に示すのが、この章の最初のほうで語られている、ツァラトゥストラの「苦痛」です。これは往々にして「同情」に転化しがちなので、ツァラトゥストラはそれをなんとか抑え、鎮めようと「しばし苦痛と戦った」のです。ツァラトゥストラ自身、司祭たちと「血のつながりがある」こと、彼らの苦しみはわが苦しみでもあることを認めています。「私は、彼らと同じ苦悩を抱えていたし、今でも抱えている」（二四九頁）という発言は、文字通りに受け止められるべきです。

だからこそ、つまり宗教家たちと同類の面を併せ持つ分、ツァラトゥストラの繰り出す宗教批判、教会批判、信仰批判はそれだけテンションの高いものとなるのです。「おお、この司祭たちが建てた小屋をよく見るがいい。彼らは、甘い匂いのするその洞窟を、教会と呼んでいる」。「このまやかしの光、このうっとうしい空気ときたら。ここでは、魂がその高みに向かって――飛ぶことは、許されないのだ」（二五〇頁）。こんな大胆不敵なコメントは、ゴシック様式の大聖堂を讃嘆する日本人観光客の口からは洩れませんが、だからこそ、キリスト教文化に降参したくないルサンチマンの輩《やから》には人気を博するのです。

ただし、ツァラトゥストラには、やはり、司祭たちとは決定的に違う点があります。「真理」に対するこだわりです。

> 彼らは、彼らが歩んだ道に、血のしるしを刻んだ。そして、血によって真理は証明される、と彼らの愚劣は教えた。
> だが血は、真理の証人としては、最も劣悪だ。血は、どんなに純粋な教えにも毒を混ぜて、妄想に変え、心からの憎悪に変えてしまう。
> 誰かが、自分の教えのために、火をくぐったとして――、それで何が証明されたというのか。
> そう、自分の炎から自分の教えが生じてくるというほうが望ましいのに！（一五二頁）

宗教があらゆる真理を軽んじているとは言えません。宗教的真理というものだってあるはずだからです。しかし、もっぱら真理を求めているかと言えば、そうは言えません。いちばん大事にされているのは信仰、つまり救済の教えを信ずることです。その信仰心が本物であるか否かは、どんな迫害にも屈せず、信仰を貫き通すこと、場合によってはいのちを擲《なげう》っても信仰を守ること、に示されるのだと、宗教家は考えます。そして、たしかにそこには有無を言わさぬ迫力があります。

しかし、ツァラトゥストラは、どんな犠牲を払ってでも守り抜かれたから、だからその教えは「真理」だ、とは決して言えない、とします。「血」は「真理の証人」にはならないからです。それどころか、犠牲の血が流されることによって感情をかき立てられることで、理性は曇って冷静な判断がつかなくなり、往々にして狂信が猛威をふるうことになります。そのように忠告するツァラトゥストラは、「信の人」、「信仰者」ではなく、あくまで「知の人」、「認識者」、つまり哲学者です。ニーチェのキリスト教批判は、哲学的見地からの批判なのです。弱者の怨恨感情から因縁をつけているのではありません。

しかしじつは、話はまだここでは終わりません。ひたすら真理をめざす「誠実」の徳が研ぎ澄まされ、どんな犠牲を払ってでも真理を探究しようとする知への愛が育《はぐく》まれたことは、じつは、誠実を旨とするキリスト教の篤い信仰心を母胎としていた。だが、その知への愛、キリスト教とドッキングした哲学の精神が、やがてキリスト教の虚妄を暴き出し、みずからの母胎を食い破るに至った、というのがニーチェの見立てです。ただしそれは、「司祭たち」の章をはみ出るお話となります。かくも哲学と宗教の因縁は続くのです。

3 「有徳者たち」と「汚い奴ら」

無私の徳と自愛の徳――「有徳者たち」

「司祭たち」の章では、出だしから司祭集団がツァラトゥストラ一行の前に現われ、「敵」呼ばわりされて批判の俎上に載せられましたが、その前の「同情者たち」の章では、「人間＝赤い頬をした動物」論が前口上的に置かれ、同情は恥知らずだという話が引き出されていました。「有徳者たち」の章も、どちらかと言うと直球ではなく変化球から入っています。つまり、最初からガンガン批判を浴びせるのではなく、繊細に語る「美」の女神——「美」を表わすドイツ語 Schönheit も女性名詞です——のささやきから始まります。

「あの人たちは、まだ——支払いを受けとるつもりなのね」（一五四頁）。徳のある行ないをするのは、その見返りを求めてのことだなんて、みっともない話だわ、と美の女神にそっぽを向かれるに違いないというのです。賃金労働者ならともかく、いやしくも「徳のある人」は、見返りを求めない気前のよい精神の持ち主でなければならないのに、と。

徳の「見返り」を求める発想は、かっこう悪く、みにくい。もっと言えば、ケチくさい。——「惜しみなく与える徳」をモットーとするツァラトゥストラの美的観点もしくは趣味判断からすれば、世の「有徳者たち」の抱いている「徳」の観念にひそむ損得勘定は、徳そのものを裏切っているのです。つまり、この批判的視点からすれば、彼らはじつは「有徳者」でもなんでもなかった、ということになります。

しかし、だとすれば、ツァラトゥストラは「有徳者」など相手にしないのが一番のはずです。ところが本章では、微に入り細を穿《うが》って「有徳者」のタイプが列挙されます。そしてその類型論が本章の読みどころとなっています。そこにはニーチェの鋭利な人間観察眼が躍如としており、「モラリスト」の本領が発揮されています。以前ふれたように、moraliste とはこの場合、「道徳家・有徳者」という意味ではなく、「魂の根底を根掘り葉掘りしないではおかない」（同頁）人間観察家にして文章家のことです。

この「有徳者たちの類型論」がえんえんと続き（一五五頁後半から丸々二頁）、つごう一一のタイプが列挙されます。拙訳書の訳注でも挙げましたが、以下一つずつコメントします。

①「鞭で打たれて身もだえすることこそが、徳だと思っている者たち」。被虐趣味、いわゆるマゾヒズムです。苦痛や苦悩を背負い、いたぶられたりなぶりものにされたりすることに耐えるのは、たしかに「我慢強さ」、「忍耐力」ではあるでしょう。しかし、そのヒロイズムは、どう見ても受け身的なものでしかありません。

②「自分たちの悪徳が怠《なま》けることを、徳と称している者たち」。たんに悪いことはしないのが取り柄という、消極的有徳者。憎悪や嫉妬といったよこしまな思いが、たまたま眠りこけているだけというのは、褒められた話ではありません。

③「下方へ引っ張られている者たち」。悪しき誘惑に勝てず、悪の道に入り込んでしまい、自分の堕落ぶりに苛まれると、かえって自分と反対のものにあこがれるものです。悪魔と神はワンセットなのかもしれません。反動的求道者タイプ。

④「石を積んで下方へ降りていく荷車のように、足取り重くギイギイ音を立てる者たち」。重荷を背負って坂を下るかのような人生でありながら、暴走も転落もしないでなんとか持ちこたえている自制心は、見上げたものかもしれないが、しょせん自分を押し殺す「ブレーキ」どまりだ、というのです。

⑤「居間時計のようにネジを巻いてもらった者たち」。勤勉の精神を植え付けられて、与えられた

作業をせっせとこなす、機械仕掛けのような人びと。勤勉なサラリーマンには、まさに賃金という「見返り」がある――などと囃《はや》し立てると憤慨されます。

⑥「一握りほどの正義を誇りとし、その正義のためにありとあらゆるものに対して悪事を働く者たち」。偏狭なイデオロギーを絶対視して、世界を滅ぼしかねないテロリズムも、有徳者のうちです。政治的なものに、道徳的なものが入り込み、錦の御旗として振りかざされると、その正義は「徳のテロル」となって暴力を正当化します。独善的なその正義は、往々にして「復讐の正義」でしかないのに、です。

⑦「自分たちの沼地に腰をおろし、蘆《あし》の蔭」でじっとしている者たち。このヒキガエルのようにおとなしい生き物は、他人を批判したりはせず、批判されることも嫌がり、他人の意見を鵜呑みにすることしか知りません。

⑧「身ぶりを愛して、徳とは身ぶりの一種なのだと考える者たち」。腰の低い慇懃《いんぎん》な彼らにとって、徳とは「謙遜」の美徳以外の何物でもありません。それでいて、卑屈と尊大は紙一重です。

⑨「徳が必要だ」と言うことを、徳だと思い込んでいる者たち」。人びとを締めつけ、自由を奪うものとしての徳の必要性を力説することは、世の規律統制のためには警察権力が必要だと言っているに等しいのです。

⑩「人間のうちに高貴さを見ることができない者」。ネガティヴな面ばかり数え上げ、「人間の低劣さ」を「悪意のまなざし」で「じろじろ見る」ことは、ツァラトゥストラの得意とするところではないか、と言われるかもしれませんが、ツァラトゥストラの場合、「人間を軽蔑すること」と「人間を

尊敬すること」は、むしろ一体なのです。

⑪「高揚させられ鼓舞されたいと願う」ことや「仰天してひっくり返されたいと願う」ことを、徳だと称する感激屋や驚愕屋。番外という印象ですが、舞い上がったり打ちのめされたりと感情の起伏や振幅がやたら大きいのはツァラトゥストラの特徴でもあります。

①〜⑪はバラエティに富んでいて、一括りにはできませんが、他に影響されやすい、という点では似たところがあります。逆に言えば、自分というものがない、という共通点があります。ツァラトゥストラによれば、これら有徳者と称される「ウソつきや道化たち」がくどくど説いてきた教えとは、「ある行為が善といえるのは、その行為が無私だからだ」（一五八頁）というものです。エゴイズムはよくない、自己を捨て去り無にすることこそ善だ、という道徳です。この「無私の徳」に対置して、ツァラトゥストラが肯定してやまないのが、「自愛の徳」です。それを表わす本章の主導命題はこうです――「君たちの徳は、君たちの最愛の自己である」（一五五頁）。

みずから欲するところを実現するのであれば、それだけでもう満ち足りており、他によって補完されたり補塡されたりする必要はありません。ですから、そのような自己充足的な徳は、「それ自体で元が取れている」と言う必要すらないのです。ツァラトゥストラがここで持ち出しているのは、わが子に対する母親の無償の愛のアナロジーです――「母親が子のうちにあるように、君たちの自己が行為のうちにあれ」（一五八頁）。

母親は、自分の子どもを生み、育てることに「見返り」を求めているでしょうか。もちろん、そこに損得勘定や先行投資の観念がないとは言い切れません。とはいえ、母親が子どものうちに自分自身を見出すかぎりにおいて、わが子への愛は自分自身への愛に等しく、子どもを愛するのは何か別の見返りを求めてのことではありません。それと同じく、各人が当人の徳、つまり自分の優れている面を育み、大切にすることは、自分を愛することなのであり、その徳が有用だとか儲けを生むといったメリットゆえにはじめて意味をもつ、という損得ずくではないのです。

本章では、このように、徳を「見返り・報酬・報い（Lohn）」という観点で考えてしまうことの問題点が考察されていますが、それに関連して、「罰」という観念も洗い出されます。「罰」という発想は、悪徳に対する「見返り」として造り出され、そこからさらに「罪」という観念も生まれたのであり、「美徳」と「罪悪」それぞれに「報い」をあてがおうとして生み出されたのが「天国」と「地獄」だ、というのです。あの世には、徳と悪徳に関する「報酬勘定係」――神でも閻魔大王でもよいのですが――が待ち受けていると脅されて、人類はおとなしくしてきました。その裁きが怖くて悪事は働かないようにするというのが、徳の「ブレーキ」や「警察」の機能だったとすれば、この種の規制装置としての「報酬勘定係などいはしない」（一五四頁）――神は死んだ――と宣言された世の中で、われわれはどこまで「自愛の徳」を肯定できるのか。そういう発展問題は依然として残ります。

潔癖症の悩み――「汚い奴ら」

無私の徳と自愛の徳の対比は、ニーチェの同情批判のモティーフです。自分を愛することが下手だから、他人を愛することで善人だと他人に認めてもらって、はじめて自分のことを愛せるようになる、という回り道の自己肯定の回路が暴き出されるのです。第一部の「隣人愛」の章で、このテーマは取り扱われていました。その意味で、「同情者たち」と「有徳者たち」は、このテーマの続行です。それと同じく、「汚い奴ら」の章は、第一部の「市場のハエ」や「純潔」の章と、テーマ的に呼応するものをもっています。

「純潔」の章では、キリスト教が重視する徳目としての「貞操」観念、つまり性的禁欲の教えが批判されました。性欲を禁忌として無理やり抑圧すればするほど、その分だけ逆に欲望はかき立てられ、淫らで汚《きたな》らしいものとなる。むしろ、アッケラカンと性欲を肯定するほうが、清らかでありうるというのです。では、ニーチェ自身は、清濁併せ呑む快活なエロスの人だったのかというと、どうもそうではないようです。性的放縦に対する生理的嫌悪感を、ツァラトゥストラにこう語らせていました。――「淫乱な女の夢の中に落ちるくらいなら、殺し屋の手の中に落ちるほうが、まだましではないか」(九一頁)。

こういう極端な潔癖症を示す「純潔」の章の一つ前にあったのが、「市場のハエ」の章です。民衆をハエの群れに見立てて、ブンブンうるさい奴らをハエ叩きで叩いてもキリがない、汚穢《おわい》に満ちた巷《ちまた》から逃げ出し、おのれの孤独へと帰るがいい、と勧められていました。もう一つ前の章の「新しい偶像」の近代国家批判でも、悪臭を放つ俗世から遠く離れて、隠遁者として生きよ、と説かれていました。

世の中が汚れたものだという感覚をニーチェは抱いていました。第二部前半の類型批判の一章「汚い奴ら」は、そのことを端的に示しています。この章のタイトル“Vom Gesindel”は、「賤民」とこれまで訳されてきました。Gesindel を辞書で引くと、「ならず者、無頼の徒、やくざ、アウトロー」

といった訳語が出てきます。私は「汚い奴ら」という訳語がピッタリすると感じます。清らかさと汚れのコントラストで出来ている章です。

　第一部の「純潔」の章とのつながりをもう一度考えてみましょう。そこでは性欲という欲望が問題となっていたのが、この「汚い奴ら」の章では、「欲望・快楽（Lust）」全般がテーマになっています。主導命題が最初に出てきます。——「生は快楽の泉である。だが、汚《きたな》い奴らがよってたかって飲むと、どんな泉も毒で汚《けが》されてしまう」（一五九頁）。

　ツァラトゥストラは第一部で、この世に生きることを悪しざまに言う現世誹謗論者を、容赦なく批判していました。「背後世界論者」、「肉体の軽蔑者」、「死の説教者」。「純潔主義者」もこれに加えてよいでしょう。欲望を抱き快楽を追求して生きることがいかに空しく虚ろなものであるかを強調してきたペシミズムに対して、生にそなわる欲望や快楽を丸ごと肯定するところにニーチェの「生の哲学」の本領がある、とも言われます。そのこと自体はべつに間違いではないでしょうが、そこには屈折があり、一筋縄では行きません。

　生そのものは清浄な「快楽の泉」であるのに、汚い奴らが「みだらな欲望という毒で、聖なる水を汚した」（同頁）。そう言われるとき、汚らしい欲望があることは主張の前提になっています。では、どんな欲望が「汚らしい」とされるのでしょうか。

　じつはこれはそれほど自明ではありません。本章を読んでも具体的にはよく分からないのです。「賤民」という訳語を使うと分かったような気になりますが、「汚い奴ら」とは、下賤な一般大衆を指すとはかぎりません。「権力を手にした汚い奴ら、物を書く汚い奴ら」（一六一頁）という言い方も出てきます。これは、大衆民主主義時代の政治家やジャーナリストを指すと見られます。そういう連中には「知能（Geist）がたっぷりそなわっている」（一六〇頁）とも言われています。「衆愚政治」や「反知性主義」にも相当の「知能」がちりばめられていることは、言うまでもありません。

「汚い奴ら」と感じてしまう者たちに対する、説明のつかない、いわれなき生理的嫌悪感を、生まれつき抱き、その潔癖症を自分で持て余して、しかも、その違和感がこの世に生きること全般に対する反感に転化しがちであること、これこそニーチェの悩みの種であったことが、本章から推察されるのです。ニーチェの悲鳴は、ツァラトゥストラの次の「吐き気」の病状説明によく示されています。

> 私はあるとき、こう尋ねて、自分の問いにあやうく窒息しかかったことがある。「えっ、生は、汚い奴らをも必要とするのか。
> 毒で汚れた泉が必要なのか。ぷんぷん臭う火が、汚れにまみれた夢が、生という名のパンを這い回るうじ虫が、必要なのか」と。
> わが憎しみではなく、わが吐き気が、生をがつがつ貪《むさぼ》っては私を蝕《むしば》んだのだ。（同頁）

生は「汚い奴ら」を必要とする。だから「汚い奴ら」は根絶しがたく、いったん除去したと思っても、彼らは何度でも繰り返しぶり返してくる――この同じことの繰り返しは、第三部でツァラトゥストラが「永遠回帰」思想に襲われるときに、その「吐き気」の原因となるものです。どんな進歩も変革も水泡に帰し元の木阿弥となって、「汚い奴ら」がそっくり回帰してくることに、潔癖症のツァラトゥストラは耐えられないのです。

この世に生きることを丸ごと力強く肯定した生の思想家ニーチェ。このイメージは分かりやすいですが、『ツァラトゥストラはこう言った』の入り組んだ筋立てからして、的を外しています。「私は、鼻をつまんでは、昨日と今日を毎日毎日やり過ごし、気落ちしながら生きてきた」（一六一頁）――こうした告白ににじむ潔癖症から窺えるのは、生の欲望や快楽を無邪気に受け止め日々を愉しむことからはおよそ遠い重症の厭世主義者の姿です。

そして、だからこそ、いかにしてツァラトゥストラ＝ニーチェがこの生まれ出ずる悩みを克服し、生の全肯定に転ずることができるようになったかが、問題となるのです。そのペシミズム克服の道のヒントが、この章の後半には見出されます。

それなのに、何が私に起こったのだろう。私は、吐き気からどうやって救われたのだろう。私の眼を、誰が若返らせてくれたのだろう。私はどうやって高山へ飛んでいけたのだろう。ここではもはや、汚い奴らが泉に群がっていないから不思議だ。（同頁）

もちろん一つには、浮世から遁れ、人里離れた別天地に一人引きこもって暮らすようになった、ということがあるでしょう。古来、出家遁世、修道的生という生き方は、厭世主義者たちの避難所でした。ツァラトゥストラも三〇歳のとき世を捨てました。ニーチェは三五歳でバーゼル大学古典文献学教授を辞し、人生を半分以上降りました。その後、この筋金入りのペシミストに、いったい何が起こったのでしょうか。

「汚い奴ら」の章では、「山頂」に湧き出ずる清冽な「泉」というメタファーが語られるのみです。ですから、ここからは一つの解釈ということになります。汲めども尽きせぬ「快楽の泉」（同頁）と言われているのは、「知への愛」というエロースの悦楽だと、私には思われます。この章だけでは漠然としていて分かりにくいのですが、『ツァラトゥストラはこう言った』を統一的に解釈しようとする場合、おのずとこの結論が出てくるというのが、私の解釈です。「永遠回帰」思想の解釈としても、それだと筋が通ります。

第二部のこの段階ではまだはかばかしいことは言えませんが、現段階で先取りしておきたいのは、次の点です。知への愛つまりエロースとしての哲学がもたらす歓びこそ、ニーチェにとって「生の快楽」だった、と。言いかえれば「愉しい学問」こそ、この世に生きることに意味を与える「救い」となったのです。

4 「毒ぐもタランチュラ」と「有名な識者たち」

平等主義のルサンチマン——「毒ぐもタランチュラ」

第二部前半では、ツァラトゥストラの「敵」が類型的に批判されます。「汚い奴ら」への恨み節には切々たるものがありました。「毒ぐもタランチュラ」の章もふるっています。

以前にも指摘した通り、本書には、動物がたくさん登場します。第一部の「ツァラトゥストラの序説」以来おなじみの、主人公の家族のような鷲と蛇。第一部には、狼や毒ヘビが登場し、有名な「三段階の変身」の章では、ラクダ、ライオン、竜がたとえとして使われていました。第二部冒頭には、雌ライオンも出てきました。後半には「火の犬」が出てきます。第三部になると、「ツァラトゥストラのサル」が登場しますし、第四部にも「ヒル」や「ロバ祭り」と題された強烈な印象の章がありま す。

動物の活躍する箇所を数え上げるとキリがないのですが（拙訳書索引の「登場人物・人間類型・動物たち」を参照）、なかでも「毒ぐもタランチュラ」論はよく出来ています。「タランチュラ」とは、南イタリアの町タラントにゆかりのある伝説の毒ぐもです。このクモに咬まれると、(1)毒が体中に回って踊り出し、踊り狂う、とも、(2)毒を散らすために毒消しの踊りを踊り続けなければならない、とも言われます。ニーチェはここで、(1)を採用しています。しかも、毒ぐもの悪口をつべこべ言っていたツァラトゥストラが、最後にはそのクモに咬まれ、あわれ、踊り出しそうになる、というコミカルなお話です。

他愛ない笑話かと思いきや、内容はいたって真面目です。毒ぐもにたとえられる「平等の説教者たち」とは、「社会的正義」を振りかざす「平等主義者たち」のことです。一九世紀末の文脈で言えば、「社会主義者」のタイプです。マルクス主義に代表される社会主義思想が色褪せた現代でも、「平等の説教者」は引きも切らず巷にあふれています。この章は全体として、近代の強力なイデオロギーである「万人平等主義」を批判しているのです。

仕掛けにみちたこの章を、三つに区切って順番に見ていきましょう。

まず、出だしでツァラトゥストラは、「毒ぐもタランチュラの巣穴」(一六三頁)を見つけ、這い出てきたクモに向かって、「ようこそ、タランチュラ」と声を掛けます。そして、「黒い三角の紋章」の無気味な模様のある生き物を至近で観察して得られた重要な見立てが、さっそく述べられます。このクモの毒エキスは、ズバリ「復讐心」だというのです。


お前の魂に鎮座しているのは、復讐心だ。お前に咬まれると、黒いかさぶたができる。お前の毒は、復讐心を植え付けては、魂を狂わせ、くるくる踊らせるのだ。(一六四頁)

ここまでが第一の部分です。この出だしに関して、ツァラトゥストラは、これは「たとえ話」(同頁)だと断わって、第二の部分が始まります。かくして、毒ぐもによってイメージされる「平等の説教者たち」が批判されていきます。人間はみな平等であり、平等でなければならない、という主張は、誰にも逆らえない正論であるかに見えて、そこにはドス黒い復讐心が隠れひそんでいる、とツァラトゥストラは暴き出します。

そのような見立てがなぜツァラトゥストラにできたのか。それは、もともと彼にとって、「人間が、復讐心から解放されること」こそ「最高の希望の橋」(同頁)だからです。逆に言えば、ツァラトゥストラは人間の本性に復讐心が巣食っていることをそれだけ重く見ているのです。「復讐の精神からの解放」という課題は、のちの「救い」の章に出てきます。ここでは、平等主義に復讐心がひそんでいるとなぜ言えるのか、考えてみましょう。

力のない者たち、弱者は、この世でうだつの上がらないわが身を無念に感じています。彼らは、力のある者、強者によって支配され、虐《しいた》げられても、正面から反抗することができず、その恨みを晴らせずに悶々としています。そのやり場のない鬱憤《うっぷん》を体《てい》よく晴らしてくれるのが、平等主義なのです。人間はみな平等であり、平等でなければならない――これが「正義」なら、世に見られる差別や格差は総じて「不正」であり、あってはならない、と告発することができるからです。

ツァラトゥストラは、「無力さを抱え込んだ僭主的狂気」が、「権力を握っているすべての者たちに反対して」、「平等への意志」（一六五頁）を叫んでいる、と見抜きます。「痛手を負ったうぬぼれ、抑えつけられた嫉妬、おそらくは君たちの父親のうぬぼれや嫉妬であったもの、それらが、復讐の炎となり狂気となって、君たちからほとばしり出てくるのだ」（同頁）。身分社会のなかで次第に醸成され、幾世代にもわたって積もり積もった「復讐心」の発露こそ、平等主義のイデオロギーであり、とくにその社会主義的観念形態だというのです。

復讐心は、煽られ、焚きつけられて、伝染します。もともと内面深くに疼《うず》いていたものが刺激されて、噴き出してくるのですが、それがさらに醸成され、かき立てられ、増幅して、燃え上がります。しかもその憤怒《ふんぬ》が、「正義」の名のもとに大手を振ってまかり通るのですから、これほど溜飲の下がる話はありません。「弱者＝善人」が「強者＝悪人」を裁き、罰することのできる大義名分が、「平等主義」だとすれば、そんな便利な意味変換装置が一般大衆の人気を勝ちとるのは当然です。ツァラトゥストラの見立てでは、社会主義思想を生み、革命運動を過激化させ、暴力革命すら正当化してきたのは、弱者たちの復讐根性だった、ということになります。

古代の身分社会下で、この世では主人に反抗したくてもできない奴隷たちが、その無念さを晴らしたくて、あの世での神の裁きをうっとり夢に描いて、一斉に取り憑かれたのが、キリスト教の信仰だった。――そうニーチェがキリスト教を「ルサンチマンの宗教」と批判したのは有名です。しかし、弱者の復讐根性は、なにも特定の宗教の専売特許ではありません。われわれ現代人がモラルの根本に据えている近代平等主義――「これは差別だ！」は今や問答無用の殺し文句です――は、ニーチェの見立てからすれば、「ルサンチマンの道徳」そのものなのです。

ツァラトゥストラの平等主義批判の理路を、もう一度整理しておきましょう。

人間はみな平等であり、平等でなければならない――とわれわれは信じています。その当然のはずの平等が侵され、不平等つまり「差別」が現に存在していると、不当だ、許されない、と声を上げます。この場合、「平等＝正義」、「不平等＝不正」なのです。とりわけ、権力を持っている者たちは、もうそれだけで正義に反しており、正義に悖《もと》る、というのです。権力者を打ち倒し、人と人の間の差別をなくし、万人平等社会を築こう。――これが、彼ら社会的正義論者のスローガンなのです。

これに対してツァラトゥストラは、こう昂然と言い放ちます。「人間は平等ではない」。「そして、人間は平等になるべきでもないのだ」（一六七頁）。本章のこの主導命題を、ツァラトゥストラは、「正義は私にはこう語る」として持ち出しています。それにしても、不平等こそ正義と称することなど、できるのでしょうか。

ツァラトゥストラは、人間が現状以上をめざして高みに昇ってゆくことを、よしとしています。その理想的目標を表わすのが「超人」です。そして、この向上――別名「力への意志」――のためには、「人間のあいだに、ますます多くの戦いと不平等が成り立つべきなのである」（同頁）。「善と悪、富と貧、尊と卑といった価値語のすべて」も、人間が自己を克服して高みに昇ってゆくための「武器」（同頁）となる。だとすれば、それらを「差別は不正だ！」の一語で否定しようとするのは、人間の向上への努力自体を否定することにならないか。――ツァラトゥストラはそう問題提起しているのです。

とはいえ、現実には平等主義が支配をふるい、人間のあいだに上下、優劣、貴賤を置く考え方は、過去の遺物となり果てています。これを表わすのが、本章の第三の部分に出てくる「古い寺院の廃墟」（同頁）です。その往年の「美の中にも、戦いと不平等があり、力と優位を求める戦いがあること」（一六八頁）を、ツァラトゥストラは発見します。実際、古代の墳墓にしろ神殿にしろ、中世の大伽藍にしろ近世の大宮殿にしろ、人類の誇る文化遺産の数々は、かつての身分制社会がその持てる力を注いで築いてきたものばかりです。それら観光資源のお宝を差別の産物だとして一蹴できるほど、それほど優れたものを、現代の平等社会は生み出しているでしょうか。

――などと妄想に耽っていると、足を掬《すく》われます。学生の授業評価アンケートではありません。ツァラトゥストラは、身分制社会が生み出した壮麗な古代寺院の遺跡に見とれていた瞬間、毒ぐもタランチュラに指を咬《か》まれます。さんざんなぶりものにされたわけですから、復讐はお手のものの毒ぐもが一矢報いるのは当然です。不意を突かれたツァラトゥストラも降参というわけで、あれれ、復讐心で狂い踊りさせられそうになります。弟子たちに、私を廃墟の円柱に括り付けて、踊れないようにしてくれ、と懇願します。「復讐欲の渦巻きになるくらいなら、円柱を背負った聖者になるほうがまだましだ」（同頁）。宗教批判が得意のツァラトゥストラも形無しです（同じく復讐をテーマとする「毒ヘビにかまれる」の寓話とは対照的です）。

ここから分かることがあります。強気のツァラトゥストラにもスキや油断や弱みがいっぱいある、ということです。復讐心も人並み以上に持ち合わせていることでしょう。不完全な主人公が超人にはほど遠いことは、本章のコミカルな顛末によく示されています。

大衆に迎合する知識人とは誰か――「有名な識者たち」

第二部前半の類型批判を締めくくるのは、「有名な識者たち」の章です。われわれ現代人におなじみの知識人、有識者、学識経験者の種属が批判の俎上に載せられます。

ある意味で、ツァラトゥストラの知識人批判は、ありがちな批判です。民主主義の世の中では、主人たる人民大衆に取り入り、迎合し、こびへつらう知識人が人気を博し、有難がられているけれども、彼らは民衆の「召使」でこそあれ、「知者」と呼べる代物ではない、という主張です。例によって動物にたとえれば、「役畜《えきちく》」の「ロバ」どまりであり、どう見ても「ライオン」なんかではない、と揶揄されています。

ここで思い起こされるのは、ソクラテスの「ソフィスト」批判です。ソクラテス自身は、「知者（sophos）」を自称することなく、「無知の知」の自覚のもと、「愛知者・哲学者（philosophos）」を以て任じましたが、それと対比されるのが、「識者（sophist）」です。「ソフィスト」は、市民に「徳」を教えると称し、報酬を取って知識を伝授する教育活動に従事して世の評判を勝ち取りました。知がトクすることを初めて見せつけた職業的教師でした。当時のギリシアには、アテナイのように「民主制（dēmokratia）」を採ったポリス（都市国家）があり、まさに「民衆の支配」が行われていました。ただし「民衆（dēmos）」とはいっても市民階級かつ戦士階級でしたから、勇気をはじめとする「徳（aretē）」を重んじました。それに応じてソフィストは、「徳の教師」として人気を博したのです。

思えば、知識人は、その時代ごとの支配者の庇護の下で、棲息してきました。古代の専制帝国には、宗教を司る神官・司祭階級とは別に、文書作成や記録業務に従事する書記係が階級として存在しましたが、彼らは皇帝や宮廷に仕える奴隷でした。その古代世界のなかで、ギリシアのソフィストは、自由市民の「従者」だったとはいえ、知的自由業として画期的でした。古代ローマでは、主人に仕えてその子弟を教育する召使が重宝されましたが、家庭教師というこの家内奴隷的職種は、近代になって学校教育制度が始まるまで長く続きました。中世ヨーロッパ世界では、キリスト教会に付属する知的業種が栄えましたが、学問体系としてのスコラ学にしろ、組織としての大学にしろ、宗教に対して隷属的であらざるをえませんでした。これを表わす有名な言葉が、「哲学は神学の侍女」です。

宗教的権威や国家権力から自由であろうとした近代啓蒙時代の「自由思想家」は、理解ある有力者をパトロンにして、その庇護を受けました。知識人だって霞《かすみ》を食っては生きていけませんから、いかんせん、ヤドカリ的寄食者、まさに寄生者《パラサイト》たらざるをえないのです。よほど裕福な家庭にでも生まれないかぎり、この生存条件を跨ぎ越えることはできません。今日、たとえば国立大学の教員は、公務員（国立大学法人職員）であり、民主主義国家に雇われている「公僕」です。要は国民の血税で食わせてもらっているのですから、学者は国民のために奉仕しろとハッパをかけられるのは、ある意味当然なのです。

民主主義国家では「人民＝主人」が建前ですから、その国家のパラサイトたる知識人は、人民大衆のご機嫌取りをしないわけにはいかないのです。もっと言えば、民衆の支持を得た政治家に、学者先生は逆らえない――これが「民主主義」の鉄則です。ツァラトゥストラ曰く、「民衆と懇《ねんご》ろになろうとした権力者の多くが、自分の馬車の前に、もう一頭つないだのは、――有名な識者という、小さなロバだった」（一七〇頁）。

知識人とは、民衆というわがままな主人の従者であり、民衆を乗せた荷車を牽《ひ》くロバであり、民衆を煽動して権力を握る僭主の僕《しもべ》である。そういう観点に立てば、学者共同体が時の政府に屈服させられるのも当然だ、ということにもなりかねません（日本学術会議会員任命拒否問題も、この大衆民主主義の理屈から来ていることになります。政治家が、学者連中を自分たちの言いなりにさせようとするのは、そうすることで多くの選挙民からの支持が得られると見越してのことです）。

では、『ツァラトゥストラはこう言った』から、「学者＝召使」正当化論を導き出せるでしょうか。しょせん識者など下僕にすぎぬと見下して済む話でしょうか。森に住む隠遁者、砂漠をさすらう求道者たることをよしとするツァラトゥストラ自身は、大衆迎合型知識人とは無縁のタイプなのか。そんな単純な話ではなさそうです。

ニーチェは、学者共同体のはしくれの、れっきとした知識人でした。ほとんど売れなかったとはいえ、本をせっせと書いて毎年出版し、その評判を気にしすぎるほど気にしていました。『ツァラトゥストラはこう言った』は、哲学書としては異例なほどサービス精神にあふれたエンターテインメントです。ニーチェほど「有名な識者」はいない、と言ってもいいくらいです。そんな俗受け狙いの疑いのある書き手に、「民衆に人気を博するのは、似非知者《えせ》だ」と言い放つ権利があるのでしょうか。

ニーチェが自分の本の評判を気にしただけでなく、いずれ自著が熱心に研究されるのを夢見ていたことは有名です。実際そうなりましたから、たんなる妄想ではなかったわけですが、そうはいっても生前は鳴かず飛ばずでした。同時代の一部の学者や作家が大衆から拍手喝采を浴びているのを、日陰者は快く思っていなかったでしょう。同業者に対する止みがたき嫉妬心、復讐心の一片が、「有名な識者たち」の章に微塵もないとは言えないでしょう。大衆迎合型知識人に対するうらみつらみのごときものが感じられるのです。

「精神とは、みずからの生命《いのち》に斬り込む生命のことである。この生命は、自分が苦悶することで、自分自身の知を増すのだ」（一七二頁）。美しい言葉です。しかしこれこそまさに「精神論」ではないでしょうか。「精神の幸福とは、油を塗られ、涙で清められて犠牲獣となること、このことにほかならない」（同頁）。ニーチェの生涯を知る者なら、哲学者はこの言葉通り生き切ったのだ、と頷くかもしれません。しかし、「犠牲」が知への愛の証明になるのでしょうか。「司祭たち」の章で、「血は、真理の証人としては、最も劣悪だ」（一五二頁）と言い切ったのは、誰だったか。

そう考えると、話は混沌としてきます。哲学者とソフィストの区別が、よく考えると分からなくなるように。ニーチェの俗受け知識人批判は、そのままニーチェにはね返って来そうであり、しかもそのことに、ニーチェ自身気づいていたのではないか――いやしくも、「精神とは、みずからの生命に斬り込む生命のことである」とするならば。そして、「誠実な者の意志」(一七一頁)にあくまで忠実であろうとするならば。

一つ前の「毒ぐもタランチュラ」の章に出てきた言葉ですが、ツァラトゥストラは「私のことを、混同して取り違えたりしないでほしい」(一六六頁)とクギを刺していました。近代思想の平等主義も、神なんかいないよと言ってのけるだろうから、はたから見れば「神は死んだ」という私のセリフに似ているけれども、いやいや大違いだよ、というわけです。しかし、批判はそれが本物であればあるほど、批判する側は批判される側に通じるものを具えているものです。ツァラトゥストラ自身「復讐心」の問題に悩んでいたからこそ、平等の説教者の正義づらに我慢がならないのです。お客様は神様ですと言わんばかりの大衆への知識人の阿諛追従《あゆついしょう》ぶりを、ツァラトゥストラが執拗に暴き立てるのも、それだけ「有名な識者たち」に近親憎悪のごときものを感じていたからでしょう。

ニーチェのキリスト教批判は、わが身をギリギリ苛む自虐のごときものでした。それと同様に、知識人批判や学者批判も、仮借なき自己批判であったに違いありません――ソクラテスのソフィスト批判が、哲学者の自己吟味であらざるをえなかったように。少なくとも、ツァラトゥストラの批判精神が自己反省を内包していることに注意しておきましょう。「快読何とか」を売り込もうとする厚顔無恥の輩に言われたくはないね、とニーチェに言い返されそうですが。

5　「夜の歌」と「舞踏の歌」

あり余るほど豊かであることの苦しみ――「夜の歌」

『ツァラトゥストラはこう言った』第二部半ばには、三つの歌が並んでいます。「夜の歌」、「舞踏の歌」、「墓の歌」。いずれも、“Also sang Zarathustra.”(「ツァラトゥストラはこう歌った。」)という言葉で締めくくられます。他のほとんどの章が、本書のタイトル通り“Also sprach Zarathustra.”で締めくくられるのと好対照です。この三つの章でツァラトゥストラは、語るのではなく、歌うのです。「詩人ツァラトゥストラ」の本領発揮です。

ニーチェは、詩人でもありました。若い時から詩を書いており、晩年も書き続けました。たとえば、『愉しい学問』の最初と最後にも詩篇が収められています。

哲学書と言えば、無味乾燥な論文調の文章がえんえんと続くという文体のイメージは、じつは、哲学史的には必ずしも当てはまりません。古来、哲学者はさまざまな表現実験を試みてきました。プラトンの著作からしてソクラテスを主人公とする対話篇であり、芝居仕立てです。断片しか残されていないプラトン以前の哲学者にも、パルメニデスのように、詩聖ホメロスに挑戦するかのような詩作があります。女神が真理を語り出すという叙事詩形式です。原子論と快楽主義で有名なエピクロスの著作は、断片や一部の手紙しか残っていませんが、その教えをラテン語に移した古代ローマのルクレティウスの『事物の本性について(*De rerum natura*)』も、全篇叙事詩形式です。この詩文はルネサンス時代に再発見され、近代自然科学の成立に多大な影響を与えました。

西洋哲学史ならずとも、わが国の誇る古典文学、たとえば、西行や芭蕉といった歌人や俳人は、れっきとした思索者であり、彼らなりの思想世界を詩歌に表現しています。その衣鉢を継ぐとおぼしき近代日本の漂泊の哲学者に、九鬼周造がいます。九鬼はヨーロッパ留学中、詩歌を盛んに作り、押韻による日本語の詩作の可能性にも挑んでいます。まさしく「詩人哲学者」であり、そのスタイルはニーチェからも影響を受けています。

さて、本章「夜の歌」の検討に入りましょう。

「夜想曲」(英：nocturne 伊：notturno) というジャンルがあるくらい、夜にはしっとりした曲が似合います。ツァラトゥストラは、ある夜更け、町の広場 (自伝『この人を見よ』によると、ローマのバルベリーニ広場がモデル) の噴水を打ち眺めて詩想を催し、朗々と歌い出します。「苦しみをひめた情熱 (Leidenschaft)」が切々と歌われていますが、その嘆きは甘美さをたたえています。この愛の調べには、歌い手の「情熱にひそむ喜びと苦しみ」(第一部にそう題された章がありました) が表現されているのです。悲嘆とあふれんばかりの歓喜が、不幸と無上の幸福が、ここでは讃美されています。

歌と言えば、恋の歌。恋の歌と言えば、失恋の悲歌——というわけで、甘美な歌には「苦しみをひめた情熱」が付きものですが、ツァラトゥストラがここで絶唱しているのは、じつに不思議な苦しみです。欠乏ゆえではなく、充溢ゆえの苦しみ。貧窮ではなく、豊かであり過ぎることに付きまとう苦しみ。それがこの歌の主題なのです。

夜のとばりの中、たっぷり水をたたえ、ほとばしる広場の泉を前にして、詩人ツァラトゥストラは、あり余るほど豊かであることの苦しみを、歌い始めます。

ボクは幸せだ、幸せ過ぎて辛いほどだ――などとこぼしたら、コイツしょってるなぁと相手にされないのがふつうです。他人の不幸は蜜の味、他人の幸せはわが不幸、これが、「同情者たち」の本音、いや人間の真実なのです。ツァラトゥストラが、あふれんばかりの豊かさに悩んでいる身の辛さを嘆いているのは、いいご身分だな、勝手に自己満足していろよ、と言ってやりたくなります。少なくとも、そんなぜいたくな悩みなど、誰も同情しないでしょう。しかしその一方で、自分自身を肯定できることが、今の世の中、しきりに推奨されています。空疎な掛け声ばかりが目立ちますが。そう考えると、ツァラトゥストラの自己充溢の境地は、案外、見上げたものなのです。

ツァラトゥストラは、自己肯定感の一つの極致を示しているのです。

自分があり余るほど満ち足りており、あふれんばかりの力をもっていると感じるとき、ひとはどうするでしょうか。自分の持ち物を放出すること、他の人びとに気前よくあげてしまうこと、つまり惜しみなく与えることを欲します。それは、他人のためというより、自分のためです。自分のなかから湧き起こり、こぼれそうなほど満ちあふれているエネルギーを、吐き出さないと身がもたないから、だから持ってけドロボー式に分け与えるのです。この力の発揮、物惜しみしない大盤振る舞いの精神こそ「惜しみなく与える徳」の境地であり、ここでのテーマもそれなのです。

第一部の「序説」冒頭にあったように、この惜しみなく与える徳のシンボルは「太陽」です。別言すれば「恒星」です。光り輝く「スター」であることの孤独。そう言ってしまえば、あまりに高慢に響きますが、その孤高の境地が、ここでは、あっけらかんと肯定されています。夜は昼以上に、みずから輝く天性がおのれを現わします。あふれこぼれるほど満ち足りている天上の星々が、光の欠如である漆黒の闇にあこがれるかのように、深夜のしじまに光を放って、わがまま放題に降り注ぐさま——それが、ツァラトゥストラの充実し切った心境に重ねられるのです。

思えば、第二部で散々繰り出されてきた類型批判の数々も、たんなる罵詈雑言でもネガティヴキャンペーンでもなく、充実した精神からあふれこぼれるように湧き出てきた力の自覚とその十全な発揮でした。敵たちへの辛辣な批評の一つ一つが、きっぷのいいプレゼントだったと言うべきでしょう。

ある三角関係——「舞踏の歌」

南国の夜の情景にインスピレーションを受けて、わが心象風景をしっとり歌った抒情詩に続いて、詩人ツァラトゥストラは、「恋の歌」を披露します。しかも、そのタイトル通り「舞踏の歌」つまりダンシングソングなのですから、ふるっています。

この章は、歌の前後に場面描写を挟んでいます。ツァラトゥストラ一行は、緑なす草原で輪舞していた少女たちに出会います。野郎ばかりの無骨な集団がやってきたと見るや、乙女たちは踊るのをやめます。自分たちは怖い者ではないから踊りを続けてほしいとツァラトゥストラは頼み、あなた方のためにここは一つ、即興で歌ってみせようと申し出るのです。女の子たちと歌と踊りで仲睦まじく戯れるおじさん哲学者——とは、なんとも他愛ない筋立てですが、どうしてどうして、そこで歌われる舞踏曲には、『ツァラトゥストラはこう言った』全篇の中心思想が述べられています。

この歌は「生に捧げる讃歌」であり、かつ「知恵への求愛歌」なのです。

これまで何度も出てきたように、「知恵」を表わすドイツ語 Weisheit も、ギリシア語 sophia も女性名詞です。愛する女性に恋い焦がれるように、「フィロ・ソフィア」は、知恵を愛し求めます。哲学者の愛人は「知恵」です。ツァラトゥストラも、第二部最初の「鏡をもった子ども」の章以来、「私の荒々しい知恵」という言い方をします。どうやら、雌ライオンのように野性味と凄味のある、御しにくい相手のようです。

ツァラトゥストラには、じつはもう一人、愛人がいます。「生」です。「生」を表わすドイツ語Lebenは中性名詞で、「娘・乙女・女の子」を意味するMädchenも同様です。ニーチェは、これを言葉遊びとして用い、「生・生命・人生・いのち」を、あたかもじゃじゃ馬娘のような自由奔放なイメージで描き出します。おてんば娘に恋心を抱き、その尻を追っかけては逃げられ、ソデにされたかと思えば、今度は向こうから誘惑され、挑発にまんまと引っかかり、またその気になって追いかけては振り回され、結局、いつまでたっても恋の成就にはたどり着けない――そうしたやきもきしたゲームのお相手こそ「生」にほかならない、というのです。

「生」は、自分勝手で移り気で荒っぽく、翻弄される側はタジタジなのですが、だからこそ、えも言われぬ謎めいた深遠な魅力をたたえています。ツァラトゥストラがそういう「生」にぞっこん惚れているとは、主人公が生きることの喜びと苦しみを感受しつつ、生それ自体を肯定して生きていることを表わすのです。生の肯定の哲学が、そのまま恋の歌になっているわけです。

しかも、この恋愛ゲームは錯綜しています。ツァラトゥストラにはもう一人、「知恵」という意中の女性がいるのですから、まさに「三角関係」です。二股かけて情事を愉しんでいるはずの色男は、しかしその葛藤に悩んでいます。生を愛すべきか、知恵を愛すべきか。これは二者択一なのか、それとも両立可能なのか。この難題は容易に解決可能とも思えませんが、取り組みがいがあるのはたしかです。生の歓びをとるか、真理への情熱をとるか。生きることと哲学とはいかにして折り合いをつけられるのか。哲学することは人生を捨てることにならないか。逆に、人生を愉しむことは哲学を諦めることにならないか。

そんなことにくよくよ悩んでも仕方ない、と茶々を入れたくなりますが、それは、色恋沙汰に悩んでも仕方ない、と言うのと同じで、本人は真剣そのものなのですから、周りが諫《いさ》めても効果はありません。三角関係のもつれに悩み、恋煩いのやるせなさを切々と歌うツァラトゥストラ。これは、ざれ歌のように見えながら、生きることと真理の探究とのはざまで葛藤する哲学者のあり方を描いた珠玉の思想詩なのです。

ただし、「舞踏の歌」はこれだけではまだ半分です。もう一曲が第三部のフィナーレ直前に出てきます。「もう一つの舞踏の歌」です。よく似た内容ですが、幕切れが違います。ツァラトゥストラは、「生」と別れて「知恵」のもとへ赴くのです。つまり、こちらは「恋の歌」にして「別れの歌」なのです。それにしても、生との別離とは、死ぬことではないのか。そんな気もするのですが、さて、いったいどうなっているのでしょうか。

ここで物語全体の種明かしをするのは憚られますが、じつはこの第二部の「舞踏の歌」に、謎解きのヒントはすでに出ています。「知恵は、生と同じ眼をしていて、同じように笑い、同じ黄金の釣り竿《ざお》まで持っている」。「二人のすがた」は「そっくり」(一八〇頁)なのです。うり二つの生と知恵と、ツァラトゥストラとの三角関係の顚末やいかに。

この章は、ツァラトゥストラが歌い終わり、乙女たちも踊り終わって引き上げたあと、夕暮れにツァラトゥストラが、「お前はまだ生きているのか、ツァラトゥストラよ」。「なぜ、何のために、何によって、どこへ、どこで、どのように。まだ生きているのは愚かなことではないのか」（一八二頁）と自問して終わっています。この幕切れもじつに思わせぶりです。生きていてゴメン、と謝っていた第一部の「自由な死」の章の幕切れと似通っていることにも、注意しておきましょう。

6　「墓の歌」と「自己克服」

第二部中休み詩集の三番目は、「墓の歌」です。「さらば青春」というわけで、青春が過ぎゆき、墓に葬られていることが、愛惜の念とともに歌われます。最後には「意志による復活」が語られ、第二部後半へ移行します。続く「自己克服」は、第二部中央に位置し、本書全体のヘソとして位置づけられる重要章で、「力への意志」説が定式化されます。

意志の死と復活――「墓の歌」

第二部前半を締めくくる間奏曲の締めは、「墓の歌」です。夜想曲でも相聞歌でもありませんが、今度も苦しみを歌う抒情詩、哀歌であり、はかなく散ったわが青春に捧げる挽歌です。青春真っただ中にいる学生諸君にとっても、無縁の心境ではないと思います。

著者が「わが青春の夢とまぼろし」（一八三頁）――甘酸っぱい理想や初志――の墓標を訪《とぶら》うこの悲歌は、しかし、あまりに感傷的すぎて、感情移入を拒んでいます。青年時代の理想の喪失は、成熟への関門であり、誰もがくぐり抜けなければならないとはいえ、自意識過剰で勝手に感極まっている大げさなジェスチャーには、付いていけないところがあります。この章の主導命題は「わが青春の夢と慰めはすべて死んだのだ」（一八七頁）です、終わり。――とでもしたくなりますが、そこは気を取り直して、もう少し見ていきましょう。

摑みどころのない文章を読み解こうとする場合、意味の区切りを見出すことで整理してみるとよいものです。この章の場合、三つに分かれるように思います。

まず、章の出だしから一八四頁一二行（「微笑は、視線を浴びるだけで死んでしまうからだ」）まで。この最初の部分では、「わが青春の夢とまぼろし」が死んだこと、いや殺されたことを、嘆き、悼むという内容です。理想に燃える青春の日々には「永遠」であるかに見えた恍惚の「瞬間」がはかなくも過ぎ去ったことへの愛惜の念は、普遍的心情なのかもしれませんが、青春の輝きが「絞め殺」された、というのは穏やかではありません。

では、「私が所有していた最も傷つきやすいもの」――ツァラトゥストラの弱点は感受性のようです――は、誰に、どのように殺されたのか。その「殺害」のさまを叙述しているのが、第二の部分です。一八四頁一三行から、一八七頁六行（「わが青春の夢と慰めはすべて死んだのだ」）まで。本章の中心部分です。最初からふるっています。「私の敵に私はこう言いたい。君たちが私に行なったことに比べれば、どんな人殺しもたいしたことではない」。

「敵」という言い方は、第二部前半に出てきましたが、ここは広くとって、「わが青春の幻影と最愛の奇蹟を殺した」ものどもすべて、と解すべきでしょう。「私の敵」に浴びせかける数々の「呪い」、恨み節がこの第二の部分の内容となります。では、彼の「至福の霊」が敵にどのように殺されたことを、ツァラトゥストラは恨んでいるのでしょうか。

一八五頁五行から、例によって事例の列挙が始まります。①「神的なもの」への純粋志向が、「汚《きたな》らしい幽霊」に襲われて、失われたこと。②「聖なるもの」を求める「愉しい知恵」が、「不眠の苦悶」に変えられてしまったこと。③「幸福な鳥占いの吉兆」を探し求める「優しい熱望」が、「フクロウの化け物」に蹂躙されたこと。④「どんな吐き気も催すまいと誓った」はずが、隣人が総じて「膿んだおでき」に化けてしまったこと。⑤何も見えなくなるほど一途に幸福を追求していたら、汚物を投げられて、わが道に吐き気を催したこと。⑥自己を克服したという勝利を祝っていたら、最愛の者たちを痛めつけていると非難されたこと。⑦「慈善」や「同情」を示すと、厚かましい「乞食」や「恥知らずども」に蝟集《いしゅう》され、「自信を喪失」したこと。⑧「私の最も聖なるもの」を犠牲に供したのに、その供え物を俗っぽいニセモノで台無しにされたこと。⑨「最上の舞踏《ダンス》」を踊ろうとしていたのに、「私の最愛の歌手」が最悪の歌い手にされてしまったこと。

「神的なもの」や「聖なるもの」にあこがれる青年期の純粋な理想追求が、愚弄され、挫折したことを、ツァラトゥストラがこのように嘆くのは、それほど彼の理想主義が、天翔けんばかりの高望みであったことを告げています。大志を抱け、とかつて鼓舞された元少年少女は、往々にして、いつしか理想主義に悪意と侮蔑を抱く現実主義者になり下がるのです。それが「さとり」と呼ばれたりもします。

しかしツァラトゥストラは、絶望すれすれのところで、あくまで「初志」を貫こうとします。そこで再発見されるものこそ「私の意志」にほかなりません。満身創痍《そうい》の身でも、頑として変わらないもの、不死身のもの、不屈のもの、殺されてもしぶとく蘇るもの、それが「意志」なのだ、と。一八七頁七行から末尾までの第三の部分で、意志の不撓《ふとう》不屈さが歌われて、この章は閉じられます。

かくして手始めに詩的に表現された「意志の哲学」が、次章で「力への意志の存在論」として定式化されます。つまり「墓の歌」は、間奏曲の幕引きであるとともに、「力への意志」論の序曲という意味合いをもたされているのです。

力への意志の存在論――「自己克服」

第二部二番目の章「至福の島にて」では、第一部の中心思想であった「超人」説を橋渡しする恰好で、「創造する意志」がいち早く語られていました。「生殖への意志」という言い方もされ、それと並んで「真理への意志」という言葉も出てきました。その「真理への意志」説を手がかりとして、「力への意志」説の構築へ向かうのが、『ツァラトゥストラはこう言った』の物語のヘソに位置する「自己克服」の章です。

この章も決して分かりやすいとは言えないので、意味のまとまりごとに部分に区切って読んでいきましょう。やはり、大きく三つの部分に分かれます。

この章で最初から「君たち」と呼ばれているのは、「敵」でも「友」でもなく、「最高の賢者たち」

です。この名前で呼び出されているのは――「有名な識者たち」が俗受けする学者や知識人であったのとは異なり――時代ごとに思想史、哲学史、精神史を形づくってきた古今の思想家、広い意味での「哲学者たち」と見てよいでしょう。とすれば、彼らが抱いてきたとされる「真理への意志」とは、「真理の探究」を言い換えたものであり、つまり「知への愛」の別名なのです。

哲学者たちを駆り立ててきた「真理への意志」とは、要するに、「一切の存在者を思考可能なものにしようとする意志」（一八八頁）であり、そうである以上、哲学は、ありとあらゆるものを思考によって意のままにしようとする支配意志を隠し持っている。つまりそれは、「力への意志」（一八九頁）の一形態なのだ――そうツァラトゥストラは言っています。この章は、このように哲学史を総括することから始まっています。

古来、時代を画する思想家たちは「善悪」という「価値」を作り出し、そのようにして「民衆」を導いてきました。ツァラトゥストラはここで、民衆という多数の乗客を小舟に乗せ、河の流れに沿って導いていく船頭のイメージで、思想家を描いています。しかし、民衆のリーダーたる最高の賢者たちも、彼らを駆り立てている「力への意志」の奔流には服さざるをえません。では、その「力への意志」とはいったい何か。

それを論じているのが、一九〇頁二行より始まる、ツァラトゥストラの「力への意志の存在論」です。「自己克服」の章のこの中心部は、これはこれで、前半と後半に分かれます。前半では、およそ生きとし生けるものには、服従と命令が見出されるとされ、その洞察が、本章の主導命題「生あるものが見出されるところ、そこに私が見出したのは、力への意志であった」（一九一頁）に定式化されます。

この生の存在論は、「召使として仕えるものの意志にも、支配者になろうとする意志があった」と穿ってみせる鋭利な人間観察によって肉付けされます。

強者に召使として仕えるようにと、弱者を説き伏せているのは、自分よりもっと弱い者に対して支配者になろうとする、弱者の意志なのである。弱者といえども、この喜びだけは欠かすことができない。

より小さなものは、より大きなものに身を捧げることで、最も小さなものに対して喜びと力を味わう。それと同じように、最も大きなものでさえ、身を捧げるのであり、力を味わうためには――いのちを賭けるのである。

これこそが、最も大きなものの献身というものである。つまり、冒険、危険、死を賭けての賭博がそれである。

犠牲と奉仕と愛のまなざしのあるところ、そこにも、支配者になろうとする意志がある。抜け道をこっそり通って、弱者は強者の城内に忍び込み、強者の心の中にまでもぐり込んで――力を盗む。（一九一―一九二頁）

ここまでが、本章中心部の前半であり、これに続く後半（一九三頁五行まで）では、「生」みずからが自身の秘められた本性を語り出します。生の自己告白という体裁をとって、「力への意志の存在論」がさらに展開されていきます。ここでみずからを語り出す「生」とは、もちろん、「舞踏の歌」でツァラトゥストラの恋の駆け引きのお相手とされた謎の「娘」と別人ではありません。

　本章のタイトルは、生の自己了解を表わしています。つまり、生とは「いつも自己自身を克服しなければならないもの」（一九二頁）なのです。生きとし生けるものは、生きているかぎり、その本性からして、現状を乗り越え、向上しようとしており、これを「生殖への意志」、「目的への衝動」、「より高いもの、より遠いもの、より複雑なものへの衝動」と言い換えても同じことだ、と。

　生の一般理論として有名なのは、ショーペンハウアーの「生きんとする意志」です。生あるものはすべて「生きんとする意志」を本質とする、としたこの意志の哲学者に対して、ニーチェは「力への意志」説を唱えた――とは、どんなニーチェ入門書にも載っています。ニーチェのこの中心思想を代弁するツァラトゥストラが、その物語の序説で人びとを前にして開口一番、「人間は克服されなければならない」と主張して「超人」思想をおもむろに語り出したのは、この「自己克服」の思想にまっすぐ連なるものでした。

　このように、超人思想の一般化として力への意志説を解することができます。そのかぎりで、第一部冒頭からこの第二部中ほどまで、一すじの物語の線が引けるのです。

　ツァラトゥストラによれば、善悪の評価という価値創造をもたらすのも、この「力への意志」にほかなりません。この章の三番目の部分で、ツァラトゥストラはふたたび「最高の賢者たち」に語りかけて、「真理への意志」が「力への意志（Wille zur Macht）」――「権力への意志」とも訳されます――の一形態にほかならないことを認めさせようとします。「真理の探究」と言えば、私心のない、それこそ「価値中立」的なものと思われてきましたが、ここではそれが、むしろ、古い価値を破壊し、新しい価値を創造する「力への意志」の発現形態なのだ、とされるのです。

ここには、一方では、「知は力なり」としたフランシス・ベイコン以来の近代思想が見出されそうですし、他方では、「知は徳なり」とした古代ギリシア思想が控えていそうです。古典哲学と近代哲学との相克というモティーフが、ここには見え隠れしているのです。別な言葉で言い換えれば、こうなります。——近代の歴史的発展の思想の根底にひそむ「力への意志」は、「永遠回帰」という古来の知恵と、いかにして折り合いをつけられるのか。これは、『ツァラトゥストラはこう言った』全篇を貫く問いといってよいでしょう。

7 「崇高な人」と「教養の国」

続いて、「崇高な人」と「教養の国」の二つの章に進みましょう。どちらも、ツァラトゥストラの根っこにある知的探究のパトスに対する自己批判と解されます。他人事のようなそぶりで書かれていますが、自己省察的な沈潜として読むほうが楽しめます。前半と違って第二部後半では、ツァラトゥストラの多面的なありようが一つ一つ自己吟味にかけられ、「自己省察」の色がいよいよ濃くなっていきます。

美と崇高、もしくは、いきと野暮——「崇高な人」

第二部真ん中の「自己克服」の章では、「力への意志」説が提起され、第一部以来の超人思想が暫定的に総括されました。第二部後半でも、一見すると、前半と同じように類型批判が繰り広げられているように見えますが、批判されるタイプが前半とは異なっていることに気づきます。

手始めの「崇高な人」の章では、理想をめがけて真面目一本槍に突き進もうとする悲憤慷慨型のタイプが描かれます。その姿は、「墓の歌」で回顧されたツァラトゥストラのかつての姿と、よく似ています。もちろんこれは偶然ではありません。前半の類型批判でも、自分と似たものを相手の内に認めるからこそ、批判もきつくなるという感がありました。これに対して、後半の諸章ではもっと踏み込んで、ツァラトゥストラ自身のルーツであるもの、おのれの本質に属しているものが、片っ端から批判の俎上に載せられます。第二部後半は、いわば自己批判のオンパレードなのです。

批判が否定と異なるように、「自己批判」は「自己否定」と同じではありません。尊重すべき相手だからこそ批判の刃《やいば》も容赦なくなるように、自己批判に耐えてこそ、自分にとって大切にすべきものは何かがはじめて見えてくるのです。

さて、この「崇高な人」の章の入り方も、なかなか凝っています。ツァラトゥストラが言うには、自分の内面には、底知れぬ海底のように「いたずら屋の怪物」が隠れひそんでおり、竜宮城に棲む色とりどりの魚のように「なぞなぞと哄笑」（一九四頁）が泳ぎ回っている、というのです。本気か冗談か分からない、それ自体なぞめいたこの前置きに続いて、「私は今日、一人の崇高な人を見かけた」として、この章で批判に晒されるタイプ、つまり「おごそかな人、知的贖罪者」（同頁）が描写されていきます。みずからの知性の非力さに疚《やま》しさをおぼえ、あたかも罪を贖《あがな》うかのように、ひたすら精進する求道精神の「醜さ」、恰好悪さに、「大笑いした」(同頁)とあります。

一途に思いつめ笑いも余裕もなく真理を追い求める認識者とは、誰のことでしょうか。なるほど、英雄気取りのクソ真面目な青白い知的探究者が、一般的に茶化されているのでしょうが、そこには同時に、未成熟な発展段階にあったかつての自分の不恰好な姿が、重ね合わされています。「筋肉の力を抜いて弛《ゆる》ませ、意志に備わった馬具を外してしまうこと、これが、君たち崇高な人たちすべてにとっては、至難のわざなのだ」(一九七頁)。このセリフなどは、ニーチェ自身のぼやきとも解せます。根っから力《りき》む人にとっては、力まないことのほうが難しいのです。力むなと自分に言い聞かせること自体、力むことなのですから処置なしです。とはいえ、悲壮な覚悟で決然と認識の戦いに赴く英雄精神は、必ずしも無益なプロセスではなく、その段階をくぐり抜けてはじめて笑いと余裕の段階に達することができる不可欠の条件なのです。

逆に、まじめ一徹の不器用さを笑い物にするふざけた態度こそいかがなものか、と鼻白む人もいることでしょう。しかし英雄主義批判も批判である以上、その批判には何かしら積極的な発見機能があるはずです。ここで見てとれるのが、「崇高」と対置されてワンセットで本章の基本構図を形づくっている「美」です。「美と崇高」という概念対を明示するためにも、本章のタイトルにある“der Erhabene”は――「悲壮な者たち」という訳も捨てがたいのですが――「崇高な人」と訳されてよいと私は思います。

「崇高」が取り柄の真面目な精神が、いくら力んでも得られないもの、それが「美」です。何かを美しいと判断するのは、「趣味判断」です。カント批判哲学の第三の主著『判断力批判』では、その「趣味判断」について考察されています。ツァラトゥストラもふれているように「趣味や味覚については争っても仕方ない」（一九五頁）のは一面の真実ですが、そのじつ、美にもそれなりの「客観性」というものがあります。誰が見ても美しいと思えるものはありますし、またダからこそ美学という学問領域もありうるのです。

「美と崇高」というペアは、バーク、カント、シラーという近代美学史の流れにおいて重要な概念ですが、ここでは、近代日本の哲学者の或る「実存の美学」を思い起こしてみましょう。前にもふれた九鬼周造の『「いき」の構造』における「いきと野暮」の対比です。

長らくのヨーロッパ遊学から帰国して一九三〇年に著わした『「いき」の構造』で九鬼は、日本民族固有の美的観念としての「いき（粋）」について縦横無尽に論じました。「恋の真剣と妄執とは、〔…〕「いき」の存在に悖る。「いき」は恋の束縛に超越した自由なる浮気心でなければならぬ」（岩波文庫、一九七九年、二八頁）。この「いき」の趣味に対置されるのが、「野暮」です。「「上品」は対立者として「下品」をもっている。「派手」は対立者に「地味」を有する。「いき」の対立者は「野暮」である」（同書、三二―三三頁）。

「いきと野暮」は、日本独自の趣味感覚のはずですが、意外にもツァラトゥストラの「美と崇高」の対比に近似しています。恋する者同士が駈け引きを演じ、距離を置きつつ接近し、接近しつつ距離を置くという張り合いの均衡状態を微妙に保っているのが、「いき」です。これに対して、恋が真剣になり過ぎると、あるいは恋が実ってベッタリした関係に陥ると、「野暮」になります。独立なる二元が出会って、両者が二元性を保ったまま戯れ合うのが「いき」の美学であり、その二元性が解消され、両者が現実に合一して常態化するのは「無粋」というものであり、つまり「野暮」なのです。「いき」の本領は異性間の交渉にありますが、知への愛という「色事」においても、欲望を露骨に剝き出しにして対象を我がものにしようとするのは、あるいは、対象を手に入れて快楽を貪《むさぼ》り、意のままに支配するのは、「野暮」というものです。思えば、「舞踏の歌」でツァラトゥストラが、「生」と「知恵」との三角関係の実りがたい恋の切なさを悶々と歌っていたのも、「いきの美学」のほうからアプローチできそうです。

もちろんニーチェは、日本語の「いき」を知る由もありません。その代わり、ギリシア神話の別な三角関係をほのめかしてこの章を締めくくっています。「英雄」は、迷宮を打破したテーセウスを、「魂」は、その恋人アリアドネーを、「超‐英雄」は、テーセウスに去られたアリアドネーに近づくディオニュソス神を、それぞれ暗示しています（この三者については第四部を解説するときに再説します。本書三九二頁を参照）。

ちなみに、冒頭に出てくる「いたずら屋の怪物」では、スフィンクスが、また、中ほどで語られる「怪獣を退治し、謎を解いた」「英雄」（一九七頁）は、悲劇中の悲劇の主人公たるオイディプスが、それぞれモデルとなっています。「悲劇的厳粛」を笑い飛ばす軽みの美学こそ、ツァラトゥストラの真面目《しんめんぼく》にほかなりません。

現代からの離反と未来への飛翔――「教養の国」

続くツァラトゥストラ自己反省の章が、「教養の国」です。「教養」は、ニーチェ哲学の出生地です。デビュー作『悲劇の誕生』刊行の直後の一八七二年にバーゼル大学で行なった連続講演「われわれの教養施設の将来について」では、ジャーナリスティックな似非《えせ》教養を揶揄《やゆ》し、古典的教養の陶冶育成に希望を託しました。続く『反時代的考察』の第一篇「ダーヴィト・シュトラウス、信仰告白者にして作家」（一八七三年）では、「教養俗物（Bildungsphilister）」という新造語を世に送り出し、成り上がり大国の自己満足的教養主義の欺瞞性を抉《えぐ》り出しました。一九世紀ドイツ人文主義の申し子のような古典文献学者は、自分がそれに育てられた教養主義に異議申し立てを行なうことから、自立した哲学者への道を摑んでいったのです。

知性批判が反知性主義を意味せず、かえって知性の再生をめざすように、教養批判は反教養主義を意味せず、むしろ教養の再興をめざします。ニーチェの教養俗物批判がまさにそうでした。その名に値する教養を培《つちか》おうとする者にとって、時代のお飾りのような似非教養主義は我慢ならなかったのです。当時のドイツで吹聴され有難がられていた教養主義は、ニーチェの目には耐えがたいものに映りました。その近親憎悪的批判が、この「教養の国」の章の基調をなしています。

この章では最初に、未来への飛翔につきまとう「恐怖」（一九九頁）が、口にされています。何千年も先へ先駆することは、真空遊泳にも似た飛行経験となります。自分が生まれ、現に生きている時代からの剝離経験は、過去への遡源にも、等しく当てはまります。古典探査の旅は、何千年も前の過去に立ち返る彷徨であり、下手をするとミイラ取りがミイラになって、現代に戻ってこられなくなるリスクを抱えています。遠い時代から自分の時代に帰還することは、くつろぎと安心を約束するはずですが、ツァラトゥストラが吐露しているのは、安堵感でも安らぎでもなく、居心地の悪さであり、故郷喪失の経験です。同時代人――この章では「現代人」と呼ばれます――に囲まれているはずなのに、よそよそしさを感じ、あたかも自分だけが異邦人であるかのような疎外感に襲われるのです。

同時代人が教養と称して自慢しているのは、自分にとってはたんなる「落書き模様」（同頁）にすぎず、「過去の文字を所狭しと入れ墨のように書き込み、その文字の上に新しい文字やしるしを重ね書きする」（二〇〇頁）ことでしかありません。古今東西の総花飾りでカモフラージュした「君たちからヴェールとマントと化粧と身ぶりを剝ぎとったら、そこに現われるのは、鳥をおどすために畑に突っ立っている案山子《かかし》くらいなものだ」（同頁）。内実を欠いたうわべだけの「カルチャー」が必要なのは、それだけ現代人が空疎だからです。ところが、彼らは自分たちの時代こそ「現実的」だと自惚《うぬぼ》れるのです。

未来に待ち受けている無気味なものの一切も、過去に鳥たちを飛び去らせた数々の恐ろしいものも、君たちの「現実」とやらに比べれば、じつに親しみがあり懐かしさもある。
というのも、君たちはこう語るからである。「われわれこそ、まったく現実的な人間だ。信仰も迷信も持ち合わせていない」と。（二〇〇―二〇一頁）

現代人は、無信仰、無宗教の無神論者であり、そういう自分たちの「現実主義」を誇ります。だからこそ、どんな地域や時代の衣装でも手当たり次第に入手して着飾ることができるのです。「君たちは、信仰そのものの否定を地で行く者であり、一切の思想の脱臼である。信ずるに足りない者と、私は君たちのことを呼ぼう。現実的な者たちよ」（二〇一頁）。

ここではツァラトゥストラはむしろ「信ずること」を重んじます。「君たちは不毛だ。子を産むということができない。それが、君たちに信仰が欠けている理由だ。しかし、創造せずにはいられなかった者は、予言めいた夢や星のお告げもつねに持っていたし——、信仰を信じていたものだ」。信仰も信念も確信も捨て去って、不朽のものを産み出すことのなくなった現代人が口癖にしている「現実」はこうです——「一切は滅びるに値する」（同頁）。

不毛な現代人の「教養の国」から逃れて、ツァラトゥストラは「私の子どもたちの国」（二〇二頁）を探し求めます。自分が生を享け、生きている時代に背を向けて、はるかな未来を切り拓こうとするのですが、それが何を意味するかは不明のままです。

8　「純粋無垢の認識」と「学者」

エロースとしての哲学——「純粋無垢の認識」

第二部後半の自己批判シリーズに入り、「崇高な人」と「教養の国」の二章を読みました。知の理想を一途に求める若き求道僧タイプは壮年ニーチェの中にも棲んでいたはずですし、一九世紀のドイツ教養主義はニーチェの反時代的考察が生まれ育った土壌でもありました。おのれの既在を自己克服して、はるかな将来へ先駆けようとする力への意志が、この手始めの二章には漲《みなぎ》っていました。続く二章も、ニーチェの多面的ルーツを照らし出し抉《えぐ》り出す自己批判的色調の強いテクストです。ただし、一読しただけでは、他人事めかした揶揄の印象をもっぱら抱かせるので、注意が必要です。

まずは、「純粋無垢の認識」の章から始めましょう。

例によって凝った出だしです。満月が夜空に懸かって照り輝いているさまが描かれます。美しい夜景のはずなのに――「夜の歌」が思い起こされます――、ツァラトゥストラはその月の様子を「淫《みだ》ら」（二〇三頁）と形容します。何ということもなさそうな、或る人や物を、「淫らだ、いやらしい」と感じ、告発する者は、その人自身何かしら淫らな思いを抱いているものです。清浄な月影に、淫乱なものを感ずる人は、よほど自分の中に妄想をため込んでいるのでしょう。もっとも、キツネとかオオカミ男とか吸血鬼とか、月夜を待って化けて出る魑魅魍魎《ちみもうりょう》の伝説は、古今東西数多いですし、無気味な月光は人の心を狂わせるとも言われるので、ツァラトゥストラの言い分も分からなくはありません。

夜になると恋の相手を探して屋根の上を抜き足差し足で忍び歩く発情したネコに、月がたとえられているのも、不思議です。化けネコというわけでもなさそうです。いったいこのたとえは、何を言わんとするものなのでしょうか。

月は、天空のはるか彼方から地上の一切を眺めているかのようです。透徹した客観的なまなざしで、万物の真相をひたすら見てとることを、伝統的に「観照」（希：theōria）、「観想」（羅：contemplatio）と言います。この章でも、「観照（Beschaulichkeit）」という言い方がされています。要するに、直《じか》に観《み》ることに徹する「純粋直観」のことです（「直感」とは別物です）。知の理想的境地が、古来そう称されてきたのです。

地上的・世俗的なものから遠く隔たった超然たる高みから、一切の欲望や感情を排した理知的で冷徹な眼力で、万有の真理を全的に摑む――この神的直観のイメージが、哲学知の理想とされてきました。ところが、この純粋直観モデルには、いやらしいウソがあると、ツァラトゥストラは暴くのです。じつは地上的なものに執着して、ドロドロした欲望や感情を持て余すほどたぎらせているのに、そのことを押し隠して揉み消そうとし、自分で自分にウソをついて我欲や意志を抑圧しては、「万物を観ずる純粋無垢の認識」（二〇五頁）という禁欲主義的理想を追い求めるフリをしているだけだ、と。「純粋認識」の理念にひそむ不誠実さ、不正直、偽善ぶりが、それこそ「猫かぶり」と批判されているわけです。

「君たちには、欲望の無邪気さというものが欠けている。だからこそ君たちは、欲望を誹謗中傷するのだ」。ならば、「無邪気さはどこにあるのか。生殖への意志があるところにある」（同頁）。愛し、交わり、身ごもり、産むという生殖自体が、淫らなのではなく、あるがままの生殖への意志を隠蔽し、偽装することが、いやらしく、淫らなのです。

現世的なものを中傷誹謗する「背後世界論者」や「肉体の軽蔑者」、性欲を汚らしいとして否認する「純潔」道徳といったタイプが築いてきた伝統的価値観を転覆して、「大地の意味」たる超人を待望すべしと宣言した第一部以来のツァラトゥストラの教えが、この章でも確認されているかのごとくです。しかし、物語の文脈はおのずと異なります。ここでは、形而上学の伝統において認識の理想とされてきた「純粋直観」モデルの欺瞞性が、根底から批判されているのです。

しかも、ツァラトゥストラ自身、かつては純粋認識の理想に惹かれていたことが、告白されています。「ツァラトゥストラもかつて、君たちの神的な外面《そとづら》に、愚かにも騙《だま》されていた」（二〇七頁）。彼自身、同じ穴のムジナだったのです。ニーチェの場合で言えば、表象としての世界を審美的に純然と直観することに慰めを見出すショーペンハウアーの哲学に、心酔した時期がありました。

では、潔癖主義を乗り越え、「生殖への意志」をアッケラカンと肯定する知の境地は、どこに見出されるのでしょうか。それをツァラトゥストラは、この章の最後で、ふたたびたとえを用いて提示します。月との対比における太陽の比喩です。

夜が明けて朝日が射し、「燃える太陽」が昇ってきます。月は、ただ冷たく光を反射しているだけですが、太陽は、みずから光と熱を発して、大地に注ぎ入れます。海上に照り輝く太陽の描写は、抒情的であるという以上に、艶《なま》めかしくエロティックです。

太陽は海を吸い、その深みをみずからの高みへ吸い上げようとする。そのとき、波立つ海の欲望は、千の乳房を持ち上げる。

海は、太陽の渇きによって口づけされ、吸われることを欲する。海は、大気となり、高みとなり、光の進む小道となり、それ自身光となることを欲する。

そう、私は、太陽のように、生を愛し、すべての深い海を愛する。（二〇七―二〇八頁）

ツァラトゥストラは、この官能的イメージを指して、「これこそ私が認識と呼ぶものだ」（二〇八頁）と言い切っています。性的欲望の発露とも言えるような熱烈な知的探究こそ、真に「純粋無垢の認識」と呼ぶに値する、というのです。

エロースとしての「知への愛」。じつにこの理想こそは、プラトンが『饗宴』でソクラテスに――より正確には、ソクラテスに恋愛道の奥義を伝授した謎の女性ディオティマに――語らせた「哲学」のあり方にほかなりません。超絶的な美のイデアとの合一にあこがれる哲学的探究は、れっきとしたエロース（性愛）だったのです。だとすれば、ツァラトゥストラの言う「私が認識と呼ぶもの」とは、形而上学の禁欲主義的伝統の中でいつしかやせ細り去勢されてしまった「愛知」の原点以外の何物でもないのです。

プラトニスト・ニーチェ。本章の「太陽の比喩」は、この真相を語っています。

学者の性――「学者」

ニーチェは、プラトン主義を批判したことで有名です。なるほど、第一部の「背後世界論者」の章は、プラトン主義的二世界説の辛辣な批判として読めますし、「肉体の軽蔑者」の章もしかりです。しかし、「知恵」との恋物語という『ツァラトゥストラはこう言った』の筋立てを、そして第三部の幕切れ（永遠との合体）を考えれば、この書が、隠れプラトニストによる『饗宴』の本歌取りだったことが分かってきます。著者は一見そうは見えないように仕組みつつ、じつはこの本筋は見え見えです。その見せびらかしの一例が、「純粋無垢の認識」の章の最後のたとえなのです。

このように、ニーチェにおいて「批判」は、批判されるべきものを他人事ならぬ仕方で捉え返す作法として駆使されます。批判が自己に折れ曲がってくることは、「学者」の章についても言えます。学者「批判」も自己批判であることに注意すべきです。

ツァラトゥストラは、学者の生態をあれこれコミカルに描いて、笑い飛ばします。そのアカデミズム批評が穿《うが》っているのは、ツァラトゥストラ自身、学者だったからです。いや、過去形ではありません。ツァラトゥストラ自身、無邪気な「子どもたちにとって、私はいまだに学者である」と認めています。「だが、羊たちにとっては、私はもう学者ではない」(二〇九頁)。「羊たち」とは、紙切れをムシャムシャ食べてしまう草食動物に比せられる、文献学者のことです。ツァラトゥストラもかつて、「学者の家」に住んでいたのですが、やがてその「ホコリだらけの部屋」に愛想が尽きて、引っ越したと言っています。「出がけにドアをぴしゃりと閉めてやった」(同頁)とあります。

前にもふれたように、若きニーチェは古典文献学を修めて頭角を現わし、弱冠二四歳でバーゼル大学の古典文献学教授に抜擢されます。しかし、一〇年勤めて限界を感じて辞めてしまいます。三〇代半ばで現役を引退し、「元学者」となりました。それ以降は、大学から支給される年金で質素に暮らしました。生まれた国ドイツには居つかず、スイス、フランス、とりわけイタリアを放浪して過ごす日々でした。とはいえ、読書と執筆三昧の生活を送るというスタイルは変わりませんでした。「読むことと書くこと」に明け暮れるのが「学者」だとしたら、ニーチェは最後までそうした学究生活をまっとうしたのです。

ですから、「学者」の生態観察は、ニーチェの自己観察でもありました。路上に立って通行人を観察する傍観者、ぜんまい仕掛けで動く時計、穀粒《こくりゅう》を細かく挽《ひ》く製粉機……。多彩なたとえが繰り出されますが、とくに次の記述にはリアリティがこもっています。

彼らはお互い手の内を知り尽くしていて、お互いあまり信用していない。ちっぽけなずる賢さにはじつに長《た》けていて、逃げ足の遅い知の獲物がひっかかるのを待ち構えている――巣を張って待ち構えるクモのように。

彼らがいつも用心深く毒を調合するのを、私は見た。その場合いつも指にガラスの手袋をはめていた。

いかさまのサイコロを振って賭けをするのも、彼らは得意だ。彼らが賭け事に熱中するあまり汗をびっしょりかいているのを、私は見た。（二一〇―二一一頁）

「クモの巣」や「賭け事」のたとえは、研究者なら誰しも思い当たるふしがありそうです。では、「毒」は何を表わすのでしょうか。続けてツァラトゥストラは、かつて大学で研究していたときのことを回想しています。「私が彼らと同じ家に住んでいたころ、私の部屋は彼らの頭上にあった。そのことで私は彼らの恨みを買った」（二一一頁）。自分は当時、他の学者よりハイレベルのことをやってみせたので、同業者の嫉妬を買って疎外され黙殺されたのだ、というのです。たしかに『悲劇の誕生』は古典文献学上の業績としては自由奔放すぎて、学問性という点では評価困難なところがありました。ショーペンハウアーの哲学とヴァーグナーの音楽でもって私はドイツに文化革命を起こすつもりだ、などと抱負を語った若造が、学者の世界で聞き入れられるはずもなかったのです。

自分は卓越した仕事をしているのに、センスの悪い分からず屋の学者連中には全然分かってもらえない式の悲憤慷慨は、学者の性《さが》です。その苦い思いに囚われ続けたという点でも、ニーチェは根っから学者であったと言うべきでしょう。

なるほど、ニーチェと同時代の文献学者の専門研究論文のほとんどすべてが、今日誰にも読まれなくなっているのに対して、学者仲間から総スカンを食らった『悲劇の誕生』はいまだに熱心に読み継がれています。今頃ニーチェは溜飲を下げているかもしれません。しかし、学者ニーチェが死ぬまで復讐心に苛まれたことも、一面の真実なのです。

そう考えると、学者が調合する「毒」とは、復讐のことだと解されるのです。

9 「詩人」と「大いなる出来事」

詩人哲学者の自己反省——「詩人」

「詩人」の章は、『ツァラトゥストラはこう言った』第二部後半の自己批判シリーズの代表格です。これまで読んできた「崇高な人」、「教養の国」、「純粋無垢の認識」、「学者」の章はいずれも、ツァラトゥストラの多面的あり方を反省的に浮き彫りにするものでした。それら一連の省察のひとまずの仕上げとなるのが、「詩人」の章なのです。

第二部は全体として、ツァラトゥストラと弟子たちが「至福の島」に滞在し、哲学的論議にはげむという設定です。弟子たちはこれまで影の薄い存在でしたが、この章では師弟が会話を交わします。その会話はしかし、どこかちぐはぐです。

最初にツァラトゥストラは、第一部以来の肉体重視の思想を再確認します。肉体にやどる「大いなる理性」に比べれば、精神など「ちっぽけな理性」をもつにすぎない、と。続けて、霊魂不滅説に代表される形而上学的伝統の永遠志向を転倒させます。「およそ「滅びることのないもの」などもすべて——比喩にすぎないのだ」（二一二頁）。すると、それを聞きつけた「弟子の一人」が、先生、そのセリフなら以前に聞きました、と指摘します。さらに、記憶力抜群のこの弟子は、以前に先生はこうも説かれました、と言って、ツァラトゥストラの以前の発言を引用し、かつ、その論拠を質問するのです。

弟子が思い出しているのは、第二部の二番目の序論「至福の島にて」におけるツァラトゥストラの次のセリフです。「およそ滅びることのないもの——なんて、すべて比喩にすぎないのだ。詩人はウソをつきすぎる」（一四一—一四二頁。強調は引用者）。

師の言説を暗記して再現するのみならず、詩人はウソをつきすぎると言えるのはなぜですかと、不明な点の説明を求める弟子は、優秀です。いい質問だ、と褒めて懇切に答えてやってもよさそうなのに、ツァラトゥストラ先生は、質問をはぐらかします。「私は、なぜかと訊かれてすぐ答えられるたぐいの人間ではない」（二一二頁）。

教師というのは、言い散らかすのが商売みたいなところがあり、言ったことをいちいち覚えてはいられないのが実情です。とはいえ、まじめな弟子が発した「なぜ？」の質問に対して、ツァラトゥストラが開き直って、自説の根拠を全部覚えていたら「私は、記憶をいっぱい詰め込んだ樽《たる》になるしかなくなる」（同頁）と言い放っているのは、教師としてはあまり褒められた話ではありません。記憶力を「ハト小屋」にたとえて、一見かわしていますが、ここは弟子に一本取られた感があります。

このやりとりからして、ツァラトゥストラは、弟子に優しい親切な先生とは言えません。これは、ニーチェの文章が読者にやさしくないのと似ています。妙なことを言っては煙に巻き、それでもって相手に考えさせる、という思わせぶりなところが、ツァラトゥストラ－ニーチェにはあります。哲学書には、と言うべきかもしれません。

自説の根拠を尋ねられて即答に窮し、記憶の蓄積に関する一般論に持ち込んで空とぼけしようとしたツァラトゥストラですが、次いで、他人事のように自説を反芻し、かつ決定的な付言をします。「それにしても、ツァラトゥストラがかつて君に、何と言ったって？　詩人はウソをつきすぎる、だって？——そういうツァラトゥストラだって、詩人の端くれなのだ」（二一三頁。強調は引用者）。遅まきながら、先生は生徒にこう答えるのです。

ツァラトゥストラは詩人である——これは紛れもない事実です。第二部半ばの三歌で、われわれ読者はツァラトゥストラの豪華絢爛たる詩人ぶりを堪能したばかりです。しかし、もしそうだとすると事は厄介です。次のパラドクスが出来するからです。

「詩人はウソつきだ」とツァラトゥストラは言った。ツァラトゥストラは詩人である。ツァラトゥストラの言ったことはウソかマコトか？

じつにこれは、かの「クレタ人エピメニデスのパラドクス」と同型なのです。

「クレタ人はウソつきだ」とエピメニデスは言った。エピメニデスはクレタ人である。エピメニデスの言ったことはウソかマコトか？

エピメニデスの言ったことがウソだと仮定すると、「クレタ人はウソつきではない」ことになりますが、そのエピメニデスがクレタ人なのですから、エピメニデスもウソつきではないことになり、エピメニデスの言ったことがウソだとする仮定に反します。反対に、エピメニデスの言ったことがマコトだと仮定すると、「クレタ人はウソつきだ」ということになりますが、そのエピメニデスがクレタ人なのですから、エピメニデスもウソつきだということになり、エピメニデスの言ったことがマコトだとする仮定に反します。

というわけで、いずれにしても仮定に反することになり、わけが分からなくなります。これは、論理学的には「自己言及のパラドクス」というふうに説明されます。

P：「この文は偽である」。Pは真か偽か？

Pが真なら、Pは偽だということになりますし、逆にPが偽なら、Pは真だということになります。どちらを仮定しても自己矛盾となり、こんがらがってしまいます。

同じパラドクスは、こうも言い換えられます。**「私はウソつきだ。私の言っていることはウソかマコトか？」**——私の言っていることがウソなら、私はウソつきではないことになり、私の言っていることはウソだとする仮定に反します。逆に、私の言っていることがマコトなら、私はウソつきだということになり、私の言っていることはマコトだとする仮定に反します。「私はウソつきだ」という自己言及は、真とも偽とも言えないのです。

他愛もない論理パズルに見えますが、この「ウソつきのパラドクス」こそ、二〇世紀の論理学の豊かな発展をもたらした当の源泉なのです。私は論理学に疎《うと》いので（などと言うと、上記の説明自体が信用できなくなりますね）、これ以上の説明は控えます。

ともあれ、ニーチェが「詩人はウソをつきすぎる」と詩人ツァラトゥストラに言わせているのは、それがパラドクスを呈することを十分意識してのことです（クレタ人エピメニデスは、ソロンらとともに古代ギリシア七賢人に数えられ、若きニーチェの研究対象だったディオゲネス・ラエルティオス『ギリシア哲学者列伝』の最初のほうにも出てきます）。とはいえ、論理学的問題に取り組んでいるわけではありませんし、論理パズルを弄んでいるだけでもなさそうです。そこには、一つには、弟子に対するツァラトゥストラの教育的配慮があると考えられます。つまり、「自分で自分のことをウソつきだと言ってのけるのが、この私だ。そういう私の言うことを鵜呑みにするな」と忠告しているのです。

この教育的配慮は、弟子とすぐ交わされる対話ににじみ出ています。詩人はウソつきだと言った私ツァラトゥストラのことを、なぜ君は信ずるのだ、と弟子にすかさず質《ただ》しているからです。今しがた、この私に「なぜ？」と聞くな、とたしなめたその相手に、「なぜ？」と問い返すツァラトゥストラも相当人が悪いのですが、弟子はあくまで優等生で、私は先生の言うことを信じているからです、と返答します。これに対してツァラトゥストラは、私は宗教家ではないし、信仰を誓われても嬉しくないので、やめてくれ、とそっけなく返します。私は先生に信服しているのです、としおらしく言ってくれている弟子に、そんなつっけんどんな言い応えはないだろうと言いたくなります。しかしそれが、宗教家ならざる哲学者の教育的配慮なのです。追随者に向かって、私の言うことなど信じるな、むしろ疑え、つねに批判を旨とせよ、と放り出すのが哲学的流儀というものです。

私の言うことを信ずるなと言う者のことを、信じてよいか否か――これなどもパラドクスに陥るように見えますが、そうとも限りません。「信じないのが一番」という結論が得られて打ち切りとなるからです。しかもこれは、必ずしも否定的な結論ではありません。批判精神の涵養には、自己批判と相互批判が欠かせないのですから。

そのように考えれば、弟子に対するツァラトゥストラの一見冷淡な態度にも、それなりの教育的配慮が含まれていることが分かります。それにしても、この章の師弟対話はどうもかみ合っていません。弟子とのやりとりに続いて、ツァラトゥストラは長々と詩人論をぶちますが、それを聞いて「弟子は彼に腹が立った」（二一五頁）とあります。「ああ、私は詩人にホトホトうんざりした」（同頁）と投げやりに言い放つ詩人ツァラトゥストラには、さすがの弟子も愛想が尽きておかしくありません。

ここには、弟子に対する教育的配慮を優にはみ出す、ツァラトゥストラ自身の過剰なまでの自己反省が見られるのです。

ツァラトゥストラが「われわれはウソをつきすぎるのだ」（二一三頁）と開き直って繰り出している詩人ウソ八百論に、もし――逆説的にも――真実味があるとすれば、それは詩人ニーチェが、わが身を切り刻んで自己批判を繰り広げていることによるのです。もとより、自分はウソつきだと宣言している者の言い分ですから、信用なりません。これから言うことはウソっぱちだから信用しないで、と前置きされて切り出される詩人批判を、どうして真面目に受け止められるでしょうか。しかしそれでも、いやだからこそ、その詩人の自己批判には痛々しいほどの真実味と誠実さがそなわっているのです。

ツァラトゥストラは、弟子が反感を覚えるほど身も蓋もない詩人批判を滔々とまくし立てます。それでも弟子が黙って聞いていると、告発調はエスカレートしていく一方です。「全否定」というのはこういうのを言う、という見本のような悪口雑言の数々です。他人事のようにボロクソ言っているので、それが自己批判だということを読者はつい忘れてしまうほどです。ご丁寧にも注釈者たちは、その詩人批判にゲーテ『ファウスト』の有名なエンディングの言葉がちりばめられていることを指摘してくれるので、読者は、ああこれはニーチェのゲーテ批判なのだ、と分かったつもりになります。

それにしても、聞き捨てならないセリフがポロッと出てきます。詩人の捏造物として、「神々」と並べて「超人」（二一五頁）が挙げられているのには驚きます。詩的想像力の産物でしかない超人思想にも飽き飽きした、と言っているように聞こえます。その思想に付き合ってきた読者は、どうすればよいでしょうか。弟子ならずとも、ふざけるのもいい加減にしろと言いたくなります。また最後には、詩人から始まる次の遍歴段階が「知的贖罪者」(二一七頁)と呼ばれています。これは、「崇高な人」の別名でした。ツァラトゥストラはもともと「詩人」だったが、次いでその段階から脱皮して「崇高な人」になった、と言わんばかりの口ぶりです。その「崇高な人」の段階にしても、野暮で滑稽なレベルとされていました。詩人であることを卒業していないツァラトゥストラが、そう口走るのです。

かくも読者を混乱に陥れる逆説が次々に弄されるのが、「詩人」の章なのです。自己批判が昂じて、自己否定すれすれの自嘲・自虐がじわじわ内攻しているのが見てとれます。破れかぶれのような詩人哲学者の内面は、この先どうなっていくのでしょうか。

哲学による革命という大望――「大いなる出来事」

第二部後半の自己批判シリーズの小括ともおぼしき「詩人」の章には、ただならぬ雰囲気が漂い始めていました。主人公が自分自身のあり方を反省し、内面に沈潜していく筋立ては、今後も同じですが、その自己反省は尋常ならざる深みにどんどんはまっていきます。その手始めが、「大いなる出来事」の章です。弟子のほかにも不思議な登場人物が現われ、対話が交わされることになります。

南方の海に浮かぶ「至福の島」に滞在中のツァラトゥストラは、別の島に船で出かけたりもします。「墓の歌」の章では、「わが青春の墓標もある」という「墓の島」(一八二頁)を訪ねて、追憶に浸っていました。この章では、至福の島から遠くない火山島「火の島」(二一八頁)に乗り込みます。本書では珍しく、冒険譚の味わいをもっています。

最初に、奇妙な光景が目撃されます。一隻《せき》の船が火の島に接岸し、船員が上陸してウサギ狩りに興じたあと集まっていると、彼らの頭上に、或る男が上空から飛来して急接近し、「時が来た」と声を発して通り過ぎて、火山の方角へ飛び去っていった、というのです。しかも、船乗りたちはその男が「ツァラトゥストラだということを認め」(同頁)たというのですから、尋常ではありません。空飛ぶツァラトゥストラはやはり、ただの人間ではなくスーパーマンか何かなのでしょうか。

この「飛ぶ男」のことは、章の最後で、もう一度語られます。ツァラトゥストラが何日か姿を消したうえ、空からツァラトゥストラが「時が来た」と告げたとの噂を伝え聞いた弟子たちは、師のことを心配します。行方をくらましたツァラトゥストラが、ようやく五日後に帰って来て、弟子たちは安堵しますが、「私は火の島に行ってきた。そこには火の犬がいて……」と本人が説明しても、うわの空です。彼らにとっては「空飛ぶツァラトゥストラ」のほうが、気がかりな「出来事」のようです。自分が空を飛ぶのを目撃されたと弟子から聞かされたツァラトゥストラは、いぶかしんで、「では、私は幽霊なのか」と自問します。さらに自己解釈して、「それはきっと私の影だったのだ」(二二三頁)と推測します。

ニーチェには『放浪者とその影』と題された著作があり(『人間的、あまりに人間的』の続編の続編)、その最初と最後には「放浪者とその影」の架空対話が付いています。ツァラトゥストラが匂わせているのはこの書です。のみならず、『ツァラトゥストラはこう言った』第四部には、「影」と題された章が出てきます。そこで主人公は、自分の「影」と対話を交わすのです。ただし、その登場人物と、この章での「飛ぶ影」が同一かどうかは定かではありません。多重人格のツァラトゥストラのことですから、あまたの分身（ドッペルゲンガー）がいるのでしょう。それにしても、その「生霊《いきりょう》」が空を飛んで、「時が来た！」と告げて回ったというのは、あまりに奇妙です。本人も最後に呟くように、「いったい何が始まる――時がいよいよ来たというのだろう？」（同頁）と気になります。

私の解釈は、ここから永遠回帰思想の圏内への突入が始まる、というものです。これについては、すぐ説明し尽くすことはできませんので、今は示唆にとどめておきます。これからおいおい見ていくことになるでしょう。

さて、以上の大枠によって最初と最後を仕切られつつ、この章の中心は、「火の島」でのツァラトゥストラの地下探検です。彼は、火山島内部の細道を深く降り下って、「火の犬」（二一九頁）と対話してきたというのです。これまた、荒唐無稽な幻想のように聞こえるかもしれませんが、じつはこの「火の犬」、かなり現実味を帯びたキャラクターです。なぜなら、地下に潜伏して国家転覆を目論む暴力革命家の異形が、戯画的にイメージされて描かれているからです。

その場合、神話的想像力が駆使されてもいます。火の島の中心奥深くには「冥界の門」（二一七頁）があるとされ、その門近くに隠れ潜んでいるのが「火の犬」ですが、これはギリシア神話の「地獄の番犬ケルベロス」に擬せられています。英雄ヘラクレスの一二の功業の一二番目は、この「三つの犬の頭、竜の尾を持ち、背にはあらゆる種類の蛇の頭を持っていた」（アポロドーロス『ギリシア神話』高津春繁訳、岩波文庫、改版一九七八年、一〇二頁）化け物を、地上に連れて帰ることでした。ツァラトゥストラは古代のヒーローよろしく冥界の怪物と渡り合おうというのですから、いい度胸です。

大物伝説は次第に膨れ上がって、あたかも怪物であるかのように尾ひれがつくものです。しかし実際に会ってみると、たいしたことないヤツだった、というのもよくある話です。この「火の犬」も、地獄の番犬という触れ込みは恐ろしげながら、幽霊の正体見たり枯れ尾花といった趣です。暴力革命の陰謀を画策する無政府主義者《アナーキスト》というと、何やら凄そうだが、よく見れば、世の中に対する不平不満を募らせ、やり場のない鬱憤を晴らしたいばかりに、こうなったらこの世を転覆してやりたい、と復讐心を肥え太らせているだけだと、ツァラトゥストラは「火の犬」にじかに会って、革命地下組織の本質を見切るのです。革命思想そのものが、憎悪や嫉妬のはけ口でしかない、という見立てです。

ニーチェの生きた一九世紀後半のヨーロッパの街裏には、こういう革命家タイプが出没していたようです。この時代に現われた革命テロリスト集団を描いて有名なのは、ドストエフスキーの小説『悪霊』（一八七一―七二年成立）です。ニーチェはこれを読んでノートを付けています。一八七一年には普仏戦争直後のフランスで人民が蜂起し、一時的にせよ自治政府が樹立されるという、史上初の社会主義革命が起こります。「パリ・コミューン」と呼ばれるこの世界史的出来事は、マルクスにもドストエフスキーにも、そしてニーチェにも強い印象を与えます。ツァラトゥストラが、「一つの都市がミイラとなり、一つの柱像《ちゅうぞう》が泥の中に転がった」（二二〇頁）と言っているのは、パリ・コミューン時にナポレオン一世の巨大な柱像が革命派によって引き倒されたこと――その様子を撮った写真は有名です――を暗示しています。『ツァラトゥストラはこう言った』は、パリ・コミューンから一〇年ほど経って書かれました。革命の季節が過ぎ、反動と復古の時代が訪れると、あれは一体何だったのかという醒めた見方がされるようになります。革命幻想への冷ややかな視線は、火の犬に対するツァラトゥストラの論評にも見てとれます。「そう、柱像は、おまえたち転覆者に感謝しさえすることだろう。打ち倒してくれてありがとう、と」(二二二頁)。

衰退しつつあった旧来の権威が、反抗され転覆されそうになったことで、逆に息を吹き返し、力を盛り返すことがあること、これが「柱像の法則」と言われています。いったん覆されることで甦るそのような勢力として、ツァラトゥストラが「国王や教会」を挙げると、それまで黙っていた火の犬は敏感に反応し、「教会だと？　教会とはいったい何だ？」(同頁)と聞き返します。ようやくここから両者の対話らしきものとなります。

ツァラトゥストラは、教会も国家も、そしてお前も、「偽善の犬」(同頁)だと返答します。体裁のいいウソで人びとを騙して、この世の支配者になりたがっている点では同類なのだ、と。旧体制の転覆を狙う革命家が、教会や国家の存在を否定しているかに見えて、じつは同じ穴のムジナにすぎないことは、ツァラトゥストラが、国家権力は依然として人民に支持されていると言ったとたん、火の犬が「嫉妬のあまり猛《たけ》り狂った」(二二二頁)ことからも窺えます。無力さに苛まれ嫉妬に駆り立てられている不満分子が、かりに何かのはずみで権力の座に就いたとしても、旧来と同じことが繰り返されるだけでしょう。

地上でそういう「同じことの繰り返し」が起こるのが歴史だとして、それと異なる何かをもたらす「別の火の犬の話を聞かせてやろう」(同頁)と、ツァラトゥストラは語り始めます。はらわたに憤怒《ふんぬ》をたぎらせ、煙と咆哮を上げて語る「偽善の犬」とは違って、「大地の心臓」から語り、息で「黄金」を吐き、「黄金の雨を降らせる」(同頁)という、この犬はいったい何者でしょうか。

「犬」と言われているからには、両者には似たところがありそうです。「大いなる出来事」を志向する点においては、同類なのだと思われます。ただし、その「大いなる出来事」の意味が異なっているのです。この二義性は、少し前にすでに語られていました。

> 「自由」と、おまえたちはみな、さも嬉しそうに吠え立てる。だが、その自由をめぐって咆哮《ほうこう》と煙がたくさん上がるや、たちまち私には、「大いなる出来事」というものがすっかり信じられなくなる。
>
> 私の言うことを信じなさい、地獄の喧噪屋《けんそうや》なる友よ。最も大いなる出来事――それはじつのところ、われわれの最も騒がしい時ではなく、われわれの最も静かな時なのだ。
>
> 新しい喧噪の発明者ではなく、新しい価値の発明者の周りを、世界は回転する。音もなく静かに、世界は回転する。（二二〇頁）

ツァラトゥストラは、火の犬に向かって「地獄の喧噪屋なる友よ」と呼びかけています。「友」という呼びかけは、たんなる言葉の綾ではなく、ツァラトゥストラと火の犬の間に共通性があることを暗示しています。実際、国家や教会を完膚なきまでに批判したのは、ツァラトゥストラその人です。「自由」を求めてやまない点でも、ツァラトゥストラは人後に落ちません。では、「大いなる出来事」についてはどうかと言えば、ツァラトゥストラもやはり「大いなる出来事」を志向しているのです。その点でもやはり同類なのです。

ただし、ツァラトゥストラがめざす「大いなる出来事」とは、政治体制の変革という、「最も騒がしい時」に起こる通例の意味での「革命」ではありません。「音もなく静かに、世界は回転する」というふうにして「最も静かな時」に起こる、別の種類の「革命」です。しかしこの二番目の意味では、ツァラトゥストラもまた「革命家」なのです。

ツァラトゥストラがわざわざ火の島に出向いて、地下深くに潜伏する「火の犬」に会いに行ったのも、或る面では自分と同類でもあるようなタイプと対決し、相手の正体を見破るとともに、自分自身のあり方をいっそう見つめ直すためだったのです。自分が「大いなる出来事」を志していること、そして、それは通例の「革命」とは似て非なるものであること、つまり、新しい喧騒を発明することではなく、新しい価値を発明することによって、真の世界変革を実現することを自分はめざすべきなのだということを、「革命家ツァラトゥストラ」は自覚するのです。

第二部の最終章は、「最も静かな時」と題されています。これは、この「大いなる出来事」の章に予告されていたものです。真夜中、たった一人で思索する者に大いなる思想が訪れる、その瞬間こそ「最も大いなる出来事」の時だ、というわけです。

別の言葉で言い換えると、こうなります。ツァラトゥストラは「政治革命」ならぬ「哲学革命」を企てようとしている、と。世界史的大事件だとされて世の中を騒がせている新奇な出来事ではなく、孤独な思索者の境涯にひっそりと新しい思想が生まれることのほうが、「大いなる出来事」と呼ばれるに値するのだ、というのです。

では、その新しい思想とはいったい何のことか。そう、この物語において摑みとられようとしている永遠回帰思想です。しかしそれは、この世に新しいことなど何一つ起こらないという思想のはずです。ここには啞然とするほどの矛盾がひそんではいないでしょうか。

10 「占い師」と「救い」

ペシミズムのぶり返し――「占い師」

「大いなる出来事」の章では、隠れ哲学革命家ツァラトゥストラが片鱗を見せました。ツァラトゥストラの影が飛来して、革命の「時が来た」と告げたというのですが、真の「大いなる出来事」はなかなか全貌を現わさず、山あり谷ありの物語がうねうね進行していきます。この「占い師」の章では、主人公に最初の危機が訪れます。

「詩人」や「大いなる出来事」の章と同じく、本章も物語性をそなえています。今回の登場人物Wahrsagerは、辞書で引くと「占い師、易者、手相見、予言者、陰陽師《おんみょうじ》」と出ています。「預言者」だとやや強い印象なので、もっと平板に「占い師」と訳してみました。「陰陽師」のほうが雰囲気は出そうですが、別な意味で強い印象になってしまいます。

いずれにしろ、世のありさまを判じて吉凶を占う特殊な視力の持ち主が、不吉な見立てを並べ立てるところから、この章はいきなり始まります。

「大いなる悲哀が人びとを襲う」（二二四頁）とありますが、この「大いなるX」という言い方は、前述の通り『ツァラトゥストラはこう言った』でよく使われます。ある概念の普通の意味をひっくり返し、再考を迫る意味転換の修飾法です。前章は「大いなる出来事」と題されていました。「普通の意味での事件を超えるような、極めつきの大事件」という意味であり、つまり「革命」を指しますが、それ以上でもあります。政治体制の全面的転換という意味での革命ではない、一見何の変哲もない思索における転回こそ、じつは「最も大いなる出来事」なのだ、という「大（いなる）志」がこめられていたからです。

「占い師」の話に戻りましょう。「大いなる悲哀」とは、普通はもはや「悲哀」とは言わないような、超特大の悲哀、という意味です。人類全体に降りかかり、その行く手を阻むような「極めつきの悲哀」——とは、一体どのようなものなのでしょうか。

ちなみに、第四部にこの占い師は再登場し、そのときは「大いなる疲労の告知者」（四〇七頁）とも呼ばれます。「大いなる悲哀」にして「大いなる疲労」であるような、とっておきの絶望的な徒労感を、この占い師は冷厳と語るのですが、しかし実際には、月並みと言えなくもないペシミズムを言い散らすのみです。「一切は空しい。一切は同じことだ。一切はすでにあったことだ！」（二二四頁）人びとが「労働」にどんなにあくせくしても、その「収穫」はすべてムダとなり、「畑」も「泉」も「海」もすべて枯れ果て、地上には「砂漠」がただただ広がるばかり。どんな努力も徒労に終わるこの世に空しさをおぼえ、荒涼たる現世に愛想を尽かす思想のことを、厭世主義と呼ぶとすれば、まさにその定番を占い師は披露するのです。

しかし、その種のペシミズムなら、ツァラトゥストラはとっくに克服していたはずです。第一部で、現世を悪しざまに言う「背後世界論者」や「死の説教者」を容赦なく批判し、「大地の意味」となる「超人」を目標とせよ、と力強く言い放ったのは誰だったか。

ですから、こんな程度の「大いなる悲哀」のペシミズムなど、生の肯定者ツァラトゥストラなら一笑に付してよいはずです。ところがそうなってはいません。ツァラトゥストラは占い師の言葉を聞いて、ショックを受け、悲しみに打ちひしがれるのです。「三日間、飲み物も食べ物もとらず、休もうとせず、言葉も失った。とうとう彼は深い眠りに落ちた」（二二五頁）。ツァラトゥストラの気力は急激に低下し、昏睡状態に陥るのです。

物語のこの急展開は、何を意味しているのでしょうか。

好んで指摘されるように、占い師の大いなる悲哀と疲労のペシミズムは、旧約聖書の『コヘレトの言葉』の言い方に酷似しています。最悪の不幸に陥った義人が神に楯突く迫真のドラマ『ヨブ記』を含む旧約聖書の知恵文学の一つ『コヘレトの言葉』は、「なんという空しさ、すべては空しい」で始まり、ペシミズムの古典的表現と言えるものとなっています。

　太陽の下《もと》、人は労苦するが／すべての労苦も何になろう。／一代過ぎればまた一代が起こり／永遠に耐えるのは大地。／日は昇り、日は沈み／あえぎ戻り、また昇る。

〔…〕

かつてあったことは、これからもあり／かつて起こったことは、これからも起こる。／太陽の下、新しいものは何ひとつない。／見よ、これこそ新しい、と言ってみても／それもまた、永遠の昔からあり／この時代の前にもあった。

『コヘレトの言葉』が、言い伝え通り「ダビデの子」つまりソロモンの言葉だとすれば、紀元前一〇世紀、つまり今から三〇〇〇年前（！）に語られた人類最古の哲学的達成です。とはいえ、それを真似した千篇一律的、同工異曲的哀調を聞かされて、ヘナヘナ崩れ落ちてしまうようなヤワな主人公に、読者はガッカリしてもおかしくありません。ペシミズムの克服者のはずのツァラトゥストラの身に、何が起きているのでしょうか。

先を急ぐ前に、ツァラトゥストラが昏倒して見た夢について考えてみましょう。

夢から覚めて弟子たちに語り始めるツァラトゥストラは、私の見た夢が何を意味するか一緒に考えてほしい、と弟子たちに頼みます。冒頭に出てきた「占い師」とはまた別に、「夢占い」が問題となっていることが分かります。

夢の中でツァラトゥストラは、自分が「一切の生を拒絶し」、「人寂しい山上の死の城」の「夜警の墓守」（二二六頁）になっているのを見出します。夢の前半（二二七頁八行まで）では、「真夜中の明るさ」と「孤独」と「死の静寂」に付きまとわれた虚ろな身が、描写されます。こちらが「静」だとすると、後半の夢は「動」のコントラストを成します。

門をドンドンと叩く音がしたので、手持ちのカギで門を必死で開けようとしたが、開かない。急に風が吹いて扉が開き、飛び込んできた棺がパックリ開いたかと思うと、千ほどの異様な形相《ぎょうそう》をした赤ん坊、天使、フクロウ、道化《どうけ》、赤ん坊ほどの大きさのチョウどもが、笑い、嘲《あざけ》り、私に向かって突進してきた。
その恐ろしさに、私は身の毛がよだった。私は倒れ込んだ。そして恐怖のあまり、これまで叫んだことのない大声で絶叫した。(二二八頁)

絶叫して目が覚めるという結末からして、典型的な悪夢です。これをどう解するか。夢から戻ってきたツァラトゥストラは、まだそのダメージから立ち直っておらず、夢の意味を判じかねています。するど、ツァラトゥストラの語る夢の一部始終を聞いた一番弟子が、得意げに、夢解釈を行なってみせます。この聡明な弟子は、ツァラトゥストラの教えに忠実な、模範的解釈を展開します。

弟子によれば、ツァラトゥストラは生を全的に肯定する「生の代弁者」(二二九頁)であり、その反対の生の誹謗者、死の説教者に対峙しているはずだから、「夜警の墓守」はむしろツァラトゥストラの「敵」を表わし、そこに飛び込んでくる「強風」や、「棺」から放たれた「高笑い」(二二八頁)こそ、ツァラトゥストラの自由精神を表わす、というのです。

ふつうに考えれば、無気味な突風や、棺から出てくる化け物たちのほうが「敵」に見えますから、弟子の解釈はひねりが効いています。恐ろしい夢がじつは吉報だった、という話です(「鏡をもった子ども」の章にもそういう夢のお告げが出てきました)。生と死のコントラストを逆転させ、あくまで前向きに肯定的なものを引き出す師の教えを的確に踏まえた優秀な解答です。高得点の望める答案レポートと言っていいでしょう。

ところが、ツァラトゥストラは、弟子のこの解釈に満足しません。最後に、「夢占いの役を演じてみせた弟子の顔を、長いこと見つめて、首を横に振った」（二三〇頁）とあります。もしかして、お株を奪われて機嫌を損ねたのでしょうか。まさかそんな狭い料簡ではないとして、模範解答ゆえに逆に物足りない、ということならありそうです。ツァラトゥストラ先生のことを買いかぶり過ぎているところが、です。

弟子は最初に、「あなたの生き方そのものが、この夢の意味を解いてくれます」（二二八頁）と言っています。この見立てに間違いはなさそうです。夢の中で、「自分の灰を山に運んでいったのは誰か」（二二七頁）とツァラトゥストラは二度叫んでいますが、これは、第一部の「序説」第2節に出てきた言い方です（一九頁参照）。若き日のツァラトゥストラには、深刻な傷心、失意、挫折があったのです。往年の悩みについては、「墓の歌」の章――そこでも「墓」のイメージが濃厚です――でも回顧されていました。

では、「若きツァラトゥストラの悩み」とは何であったか。これを哲学者ニーチェの初心というふうに引き取ってよければ、ショーペンハウアー譲りの「この世に生きることに意味などあるのか」という問いが、そこにはありました。そう、厭世主義こそニーチェ哲学の原点なのです。生きることには本来、何の意味もないという身も蓋もないペシミズムに、とことん身を晒し、それを「力への意志」という対抗思想によって力強く克服し、生の全面肯定に向かうのが、ニーチェ哲学の基本姿勢なのです。より以上をめざす不断の前進によって、新しい始まりをひらき「大いなる出来事」を起こそうとする革命精神が、ここに立ち昇ってきます。その志を体現するのが、哲学革命家ツァラトゥストラなのです。

しかし、前のめりに突き進んでいくツァラトゥストラに、自省の念が取り憑き始めます。この自己反省の傾きが本格化していることを示すのが「詩人」の章ですが、じつはツァラトゥストラ自身、まだそれに向き合っていませんでした。しかるに、占い師の言葉は、自分自身の原点であったペシミズムを思い起こさせてくれるものでした。ツァラトゥストラは、自分が乗り越えたと思っていた古来の知恵を反芻し、否定できないその真実味を再発見して、愕然とします。「向上も発展も進歩も、すべてそう見えるだけのことだ。新しい始まりをひらく大いなる出来事など、望むべくもない。この世に起こる一切は、同じことの繰り返しにすぎないのだから」。――もしそれが本当なら、「近代」という「新しさ」を求めてやまない時代の全体が、徒労だということになります。それとともに、「力への意志」という思想自体、近代という時代に咲いたただ花だったことにもなりかねません。

少なくとも、今やツァラトゥストラが自分の思想の再吟味に着手せざるをえなくなっていることは、たしかです。主人公は、ことによると自己破綻に終わるかもしれない抜本的自己反省を迫られているのです。自分で自分を追い詰め、自分の首を絞め、それこそ墓穴を掘る自己批判の試みが待ち受けています。自分の堕ちていく奈落を覗き込むかのごとき「危機」の到来を告げているのが、ツァラトゥストラの見た悪夢だったのではないでしょうか。

とはいえ、ツァラトゥストラはみずからの危機を自覚するに至ったとはまだ言えません。むしろ、その自覚から逃げているようなところすらあります。悪夢から目覚めて弟子たちとひとしきり会話を交わし、気を取り直すと、「さあ、景気の悪いあの占い師を呼んで盛大に宴会でもやろう！」と、カラ元気を出して、しらばくれているほどです。

それがやはりカラ元気だったということが、次の章でさっそくバレます。今度こそツァラトゥストラは、逃げも隠れもできない課題に直面します。彼の運命やいかに。

せむしの男との問答——「救い」（その1）

本章のタイトルは、「救済」と訳されてきましたが、私は「救い」としました。そう訳したほうが心に響くように思います。ドイツ語の原語 Erlösung を辞書で引いても、「救い」という訳語が真っ先に載っています。「救い、救済」以外の訳語としては、「解放、《雅》死」が挙げられています。関連語の Erlöser には、「救い主、救済者、（特にキリスト教の）救世主、キリスト」という訳語が並んでいます（以上、小学館『独和大辞典』より）。

題名の語感からしてバタ臭い章だということが分かります。もっとも、「経世済民」——「世を経《おさ》め、民を済《すく》う」——という言葉をつづめた日本語の「経済」にも、元来、現世における「救い」という意味合いが含まれていました。コロナ禍の打撃からの「救い」として景気浮揚の放漫経済政策が打ち出されたのは、記憶に新しいところです。

経済と並んで、いやそれ以上に、いのちを救うことに関わるのが、医学です。コロナ禍のさなかの医療現場は、救急医療の修羅場と化しました。新型コロナウイルス用のワクチンは、世界を「救う」かのように登場しましたが、副反応がひどく、効果も疑われています。

それはともかく、医師による治療という「癒し」は、患者にとって「救い」となります。「救い

(salvation)」とは、まずもって「治療(therapy)」を意味するのです。そう考えると、人類史上最も有名な施療者であった「救い主」のイメージが、本章で用いられていることに気づきます。そう、不治の病人や障碍者を治してみせた「奇蹟の癒し人」イエスです。

前章に出てきた「占い師」の言葉が、旧約聖書の『コヘレトの言葉』を反復していたのに対して、この「救い」の章では、新約聖書に記されている「救世主」イエスの神がかり的な活動が、絶妙にカリカチュアされていることが分かります。

福音書の伝えるところでは、イエスという男は、当時の民衆の目に、「超人的治療実演者」と映ったようです。その人類史的記憶をあたかも復活させるかのように――イエスは死者ラザロを蘇らせたほどです――、ツァラトゥストラ一行と行き会った身体障碍者の群れの代表格である「せむしの男」が、ツァラトゥストラに向かって、「あんたが俺たちの身体を治してくれたら、俺たち全員あんたの信者になってやるよ」と言い放ちます。「かつてイエスを信じた民衆のように、ね」と言外に仄《ほの》めかしているわけです。

この挑発に、しかしツァラトゥストラは乗りません。一見はぐらかしているかに見える彼の応答を敷衍すると、こうなります――「あなたは、せむしだからこそ常人以上の知恵者となった。なにしろ、この私に挑戦するほどの才気ぶりなのだから。私は、あなたの背中のこぶを取ってやらない。せむしの男のこぶがなくなったら、それとともに才気も失われて、あなたはそこいらの凡人になり下がってしまう。他の身体障碍者だって同じことだ。人間誰しも、多かれ少なかれデコボコがあるからこそ、何くそと必死でその欠を補うものを摑みとろうとするのだし、その努力によってはじめて各人に持ち味が具わるのだ」。

ツァラトゥストラのこの応答には、いろいろな意味が隠されています。まず、イエスとの違いです。難病や障碍を抱えて苦しむ民衆――いわれのないハンディキャップゆえに差別され「罪びと」の烙印を押されるのは、コロナ感染者の場合でも同じでした――に寄り添い、彼らの病苦を取り去り、どん底から解放してあげることが、キリストの御業だったとすれば、ツァラトゥストラはそれと対照的に、不幸な人びとに対して突き放した態度を取ります。彼は何もしません。奇蹟を起こすことなど思いも寄りません。

たしかに、奇蹟を起こして助けてあげれば、人びとは、病苦からは救われるでしょうし、霊験あらたかな治療者を崇拝することでしょう。しかしそれは同時に、従属的立場となることを意味します。彼らにできるのは、助けてもらうことを待ち望み、信じることと引き換えに安寧を乞い求め、奇蹟が降ってくるのを頼みとすることだけです。

ツァラトゥストラは、それでは弱者を弱者のまま固定化することにしかならないと考えます。優しく救いの手を差し伸べるのではなく、当人がもがき苦しんだ末に自分で活路を見出し、自分の道を見出すことを「待つ」ほうがよい、と。それは、対等な関係に立ち、お互いどうし尊厳を認め合うことでもあります。

一方に、悩める相手の悩みをわがことのように悩み、その悩みを取り去ってあげようとする「愛」の態度があります。他方に、相手に敬意を払うからこそあえて何もせず、もっぱら自分の為すべきことに向かうことで、相手が当人の為すべきことを見つけるに任せる「尊敬《リスペクト》」の態度があります。この両者は、なるほど対照的ですが、必ずしも二者択一ではありません。真にその名に値する「友愛」は、この両面を兼ね備えています。

ニーチェが、奇蹟の人イエスの「救い」に対して、ツァラトゥストラ流「自助」つまり「自力救済」の教えを対置するとき、それはなにもキリスト教の「否定」ではなく、あくまで「批判」なのです。ツァラトゥストラは、人間の「強さ」や「向上心」に希望を託し、それを「超人」や「力への意志」という言葉で表現していますが、この「強者の論理」は万人向けとは言えません。信ずる者は救われるでしょうが、疑う者は救われないのです。それどころか、疑問は次から次に湧き起こり、いつまでも安らぐということがありません。宗教（信ずること）と哲学（考えること）の違いはまずもってここにあります。

このように、イエス的な「救い」の実践をツァラトゥストラが批判するとき、そこには宗教と哲学の違いが大きく現われてくると言っていいでしょう。

というわけで、せむしの男の挑戦に対するツァラトゥストラの返答は、ご名答ではあっても、そこで打ち切りとはならず、「救い」の章のまだ序の口だったことが判明します。ツァラトゥストラはそこから考えをめぐらせ、自問を繰り返し、どんどん深みにはまっていきます。底なしの思索に降り下る哲学者の本領発揮です。

とはいえ、そのとっかかりの議論では、ツァラトゥストラは、せむしの男をはじめとする身体障碍者に語ってきかせており、人間の背負うハンディキャップというものについて考えさせられるものがあります。ひとくちに「あるべきものが具わっていない」と言っても、二通りがあるだろう、と彼は言うのです。

もし、身体上の欠如、欠落のことを「障碍」というのであれば、そこだけ突出して出っ張った部分が肥大化するあまり、それ以外はやせ細ってしまう「天才」というのも、「逆さまの障碍者」(二三二頁)と言うべきだ、とツァラトゥストラは提案します。「すべてが欠けているのに、一点だけはあり余るほど具えている」例として、「一個の巨大な眼《まなこ》、または一個の巨大な口、または一個の巨大な胃袋」(二三一―二三二頁)が挙げられています。異能の観察眼、破格のおしゃべり、大食いチャンピオンといったところでしょう。耳だけ巨大化して、それ以外の部位は衰えた無気味な怪物もいる、と指摘されています。聴くことにかけてのみ特殊な能力を具えた音楽批評家か、または地獄耳か何かでしょうか。

ひょっとしてニーチェもそういう「天才」タイプだったのでは、とつい疑ってしまいます。読み、書き、考えることにかけてはまさしく「超人」的ながら、それ以外の人間的なもののすべてが、ものの見事に退行している発育不全者、というイメージです。

復讐の精神からの解放は可能か――「救い」(その2)

さて、ツァラトゥストラは、せむしの男たちとの話を終えたあと、今度は弟子たちに向かって、やおら話し始めます。ここからが本番です。ただしそれは例によって、対話というよりはむしろモノローグですが。

ツァラトゥストラは、自分が現に目にしている人間たちや、かつて見たことのある人間たちが、さらには、大昔からこの世に生まれ、生きて、死んでいった人間たちが、揃いも揃って、「人の恰好をした切れ切れの断片やらバラバラの手足やら」（二三二頁）であり、「ゾッとする偶然」でしかないことを嘆きます。「これこそ、私にはいちばん耐えがたいことなのだ」（二三三頁）とすらこぼしています。現在と過去の人類を総じて出来損ないと言ってのけるツァラトゥストラとは、いったい何者なのでしょうか。

そう、ツァラトゥストラ自身が、弟子たちの発する問いを引き取る形で、こう自問しています――「ツァラトゥストラとは何者なのか」（同頁）と。例の「詩人」をはじめとする答えの候補が、あれこれ挙げられています。なかでも重要だと思われるのは、さしあたり「未来の断片」にとどまる来たるべき人類を取り集めて一まとまりにする「偶然の救済者」（二三四頁）という役回りです。これまではぶざまな出来損ないでしかなかった人類とその歴史に、俄然意味を与える、とまで豪語するのですから、相当の自信です。超人思想と力への意志説を掛け合わせると、それほどの大言壮語が飛び出してもおかしくないのでしょう。どこまで大きいことが言えるかに挑戦しているかのようです。

人間並み以上に思い上がっているのでは、と言いたくなるツァラトゥストラの大げさな主張は、しかしここで一転し急降下してゆきます。そのギャップたるや痛々しいほどです。ツァラトゥストラの自問は、自分自身を責め苛み、ついには自滅的になっていきます。かくして、第二部後半の自己批判シリーズは、終章の「最も静かな時」で絶頂を迎え、いったん幕を下ろすことになります。そしてその調子のまま第三部へ移行するのです。

先々のことはともかく、ここでツァラトゥストラは、本章の中心テーマとなる未来の目標を、おもむろに語り始めます。「過ぎ去ったものを救済し、すべての「そうあった」を「そう私が欲したのだ」に造り変えること——そうであってこそ、私はこれを救いと呼びたい」（同頁）。

ここには、「力への意志」説に立ちはだかり、その行く手を阻む難問が示されています。「そうあった（Es war）」（英：it was）という過去の事実を造り変えて、「そう私が欲したのだ」と力強く肯定するなどということが、果たして人間にできるものでしょうか。

たとえば、生まれつき障害を抱えて苦しんできた人が、その運命を甘受し、諦《あきら》めるすべを身につけ、生きることにどれほど前向きになったとしても、その生まれつきのハンディキャップを「そう私が欲したのだ」と言い切ることができるでしょうか。そんなのたんなる強がり以上ではありえない、と言いたくなります。あるいは——後天的なものを例にとれば——東日本大震災で最愛の家族を失った人が、「そう私が欲したのだ」と言ってのける、などということがありうるでしょうか。かりに、悲劇から十数年経って残酷な運命を受け入れることが以前よりはできるようになったとしても、だからといって、「そう私が欲したのだ」と言い放つことを目標とするのは、あまりに過大な要求であり、これはもう、人間性に対する冒瀆に近いのではないでしょうか。

さすがの強気のツァラトゥストラも、ここで、意志は解放するとしてきた自説が人間の条件という壁にぶつかって、脆《もろ》くも砕け散ることを自覚させられます。「そうあった」という過去、つまり「すでに為されたこと」に対しては、意志はまったく無力だということを、です。「意志は、遡って意志することができない」（同頁）。意志とは、前向きに、つまり未来に関して意志することですから、当たり前と言えば当たり前なのですが、その限界をこれ見よがしに突きつけられ、自分がひたすら自由を求めて意志に託してきた望みが無に帰するとすれば、それは、彼の哲学全体が崩壊の危機に瀕することを意味します。

それればかりではありません。この限界は、力への意志説を標榜している哲学者だけの問題ではなく、時間的存在であらざるをえないわれわれにとっての根本問題なのです。人間的生を全的に肯定することができるためには、何事もなされてしまったあとでは取り返しがつかないという、この時間的被制約性と、何とか折り合いをつけなければなりません。「切歯扼腕《せっしやくわん》」（二三七頁）と言われていますが、意志してもムダなことが分かっていながら、憤懣やるかたない思いを抱いて、ジタバタせざるをえないのです。

ここに現われる人間的、あまりに人間的な現象が、「復讐」という心的機制です。取り返しのつかない、負い目ある既定の事実を、なんとか撤回し、きれいさっぱり清算しようとして、かえってますます深みにはまっていく、あの仕返し根性です。有名なくだりですので読んで味わいましょう。

時間は逆戻りしないこと、これが意志の憤懣《ふんまん》の種である。「そうあったもの」――意志がいくら転がそうとしても、びくともしない石の名前は、これである。

〔…〕

これが、いやこれのみが、復讐というものである。時間に対する、そして時間の「そうあった」に対する、意志の反感、これぞ復讐にほかならない。（二三五頁）

ふつうは、他者から攻撃されてその報復として反撃するのが、復讐というものですが、誰彼によってということなく、たまたまわが身に降りかかったハンディの場合、仕返しする相手というものがいません。しかしだからといって何もしないで諦めるという甘い話はありません。ひどい仕打ちを受けていることに対して、なんとか一矢報いたいのだが、そのすべがない場合、どうするか。そんな不幸をもたらした悪魔、いや呪うべき神がいるのならまだしも、神が死んで清々《せいせい》したと思い込んでいる現代人には、怨みを投げつけるべき底なしの穴のような存在はいません。ここで持ち出されるのが、「社会」という虚構めいた存在です。「シャカイが悪い」式の便利な責任追及の矛先ですが、心中とぐろを巻いている復讐心の場合、それだけではとても収まりません。

とりわけ、ここで問題となっているのは、意志が遡って意志することができないという時間的被制約性のことであり、人間存在の条件そのものです。ですから、復讐すべき本体が存在するとすれば、それは自分以外にはありません。「意志の反感」は、意志することそのこと、そして意志を持つ自分という存在自身に向けられるのです。意志は自分で自分を「罰する」ことになります。つまり、意志することと自体、「罪」だとするのです。

意志する者自身のなかに、遡って意志することができないという苦悩があるから、――かくて、意志すること自体が、そして生きることすべてが――罰だということになってしまった。（二三五―二三六頁）

この世に生きること、その苦しみ自体が「罰」なのだ、と観念することは、決して「救い」にはならないでしょうが、それでも、何も復讐しないよりは、まだしもマシなのです――自分自身の存在に仕返しの刃を向けることのほうが、です。ここに生ずるのが、この世に生きることの一切が、苦しみであり、罰なのだとする、世界最悪観つまりペシミズムです。ツァラトゥストラはこの、ミソもクソも一緒くたにして全否定する「復讐の精神」（二三五頁）の産物のことを、「狂気」（二三六頁）とも呼んでいます。とはいえ、その問題の根源をなす人間存在の時間的被制約性そのものは、おいそれと克服できるものではなく、その冷厳たる事実の前に、なすすべもなく立ち尽くすのみです。

課題はそっくり残っています。「どんな和解よりも高次の和解」である「時間との和解」（二三七頁）――これです。この課題に取り組むことなしに、ツァラトゥストラは一歩も前に進むことはできません。それでいて、「時間との和解」を果たすことは、「意志」によって生を肯定する生はみずからを救う、としてきた自説を破綻させることになりかねないのです。主人公は今や、にっちもさっちもいかない袋小路に追い込まれています。

弟子たちに話をしながら、ここに至って話をふっつり止《や》めたツァラトゥストラは、「最悪の事態に見舞われて戦慄をおぼえた者そっくり」（二三八頁）だったと記されています。自己反省が昂じて、ついに内面の危機に見舞われた彼は、それを押し隠すかのように、弟子たちに、取ってつけたお愛想のような言葉を洩らしています――「人間たちと一緒に暮らすのは難しい」（同頁）。じつはこの言葉は次章のテーマの予告でもあるのですが。

そう言って弟子たちに笑いを振りまくツァラトゥストラの様子がおかしいこと、弟子たちになにやら隠し事があるらしいことを、鋭く見抜いたのが、才気あるせむしの男でした。ついさっき、自分たちに「逆さまの障碍者」について語ったときには、あんなに自信満々だったツァラトゥストラが、急に自信を失い、しかもその狼狽ぶりを弟子たちに見せないようにと、笑いをとってとぼけようとしているのを、不審に思ったせむしの男には、一つのことが分かったようです。ツァラトゥストラが「自分自身に対して話す」（同頁）ことに向かっていること、つまり、今や弟子たちのもとを去り、ひたすら内面に沈潜すべき時を迎えていること、これです。

11　「賢い世渡り法」と「最も静かな時」

いよいよ第二部最後まで来ました。第二部最初の二章「鏡をもった子ども」と「至福の島にて」がセットで序章をなしていたように、締めくくりの二章も対をなし、かつ第三部への橋渡しの役目を果たすという仕掛けです。終わりから二番目の「賢い世渡り法」は、ツァラトゥストラ、処世術を語る、という趣で、第一部の本論二番目の「徳の講座」と呼応しています。第二部の最後を飾る「最も静かな時」では、真夜中に聞こえてくる声なき声に叱咤激励された主人公が、それに応じることのできない自分の無力さに苛まれ、感極まって泣き出すという、すごい展開です。迷えるツァラトゥストラはどこへ行く？

人の世に暮らすということ――「賢い世渡り法」

本章もタイトル“Von der Menschen-Klugheit”をどう訳すべきか、悩ましいところです。岩波文庫の氷上英廣訳では「処世の術」。他の訳書も工夫を凝らしています。「対人的狡智」（竹山道雄訳、新潮文庫）、「対人的知恵」（手塚富雄訳、中公文庫）、「処世の知恵」（薗田宗人訳、白水社版『ニーチェ全集』）、「処世智について」（浅井真男訳、『筑摩世界文學大系』）、「人間と交わるための賢さについて」（吉沢伝三郎訳、ちくま学芸文庫）、「処世知について」（丘沢静也訳、光文社古典新訳文庫）、「処世術について」（佐々木中訳、河出文庫）。ちなみに、カウフマン訳のモダンライブラリー版では“On Human Prudence”です。私は、「俗世間を生きる極意」という意味を込めて「賢い世渡り法」と訳してみました。

ドイツ語にはWeltklugheitという言葉があり、「世故《せこ》に長《た》けていること」、「世渡り上手」、「世才《せさい》」という意味です。この場合の「世・世界（Welt）」は、日本語の「世の中」、「世間」に相当し「人間界」を意味します。Klugheitとは「賢さ」、「利口」、「賢明」、「思慮深さ」で、強く訳せば、カウフマンの英訳のように「知慮・賢慮（prudence）」となります。つまりWeltklugheitは、アリストテレスが「行為的直観・実践理性」を表わすのに用いたギリシア語「フロネーシス（phronēsis）」に遡る由緒ある含蓄を備えているのです。

ちなみに、『愉しい学問』の序曲6番は、まさに“Welt-Klugheit”と題されており、「世間的な賢さ」が、戯れ歌でこう披露されています。「平らな低地に安住するな。／高すぎる山によじ登るな。／この世のながめが絶景なのは、／中ぐらいの高さから見たとき」（二五頁）。ニーチェの遠近法として味わい深いものがあります。

ドイツ語のWeltklugheitの一般的語感がそうであるように、ニーチェがそれに倣って持ち出しているMenschen-Klugheitに、「フロネーシス」という語が帯びている強い意味——政治的行為者の資質たるべき鋭敏な洞察力と的確な判断力——は見出せません。むしろ、「人間的、あまりに人間的」な世間でいかにしてうまく立ち回るか、という世渡り上手の知略、抜け目ない術策のことを表わしています。

それにしても、ツァラトゥストラは、よりにもよって第二部終幕近くのこの章で、なぜそんな「俗世間を生きる極意」を語るのでしょうか。

この章と次の章は、主人公が弟子たちに一人で語るという設定になっており、「詩人」以前の章と同じ独演調に戻っています。それは同時に、ツァラトゥストラの自己反省シリーズの続行を意味します。ここでツァラトゥストラは、辛辣な人間観察家という意味での「モラリスト」という自分の一面を再確認しているのです。前述の通り、「モラリスト」とは、短い文章で人間性の奥底をズバリ表現する文人のことです。いかにして世の中で賢く生きるかを論じたこの章にも、そういう鋭い「箴言《アフォリズム》」が満載です。人間的なものの真実が見えすぎるほど見えてしまうため、なんとかしてそれをごまかさないと身がもたないと、人間観察の過敏さの悩みが告白されているほどです。

この境地は、前章「救い」の最後近くで、「人間たちと一緒に暮らすのは難しい。なぜなら、黙っていることが難しいからだ。とりわけ、おしゃべりな者にとっては、ね」（二三八頁）という自嘲的なボヤキによって表現されていました。黙っているほうが無難なのに、弟子たちにうっかりしゃべっているわけです。人の世に暮らすことのしんどさは、前章でも強調されていました。「私は人間たちのあいだを歩いていると、人の恰好をした切れ切れの断片やらバラバラの手足やらのあいだを歩いている気がしてくる」(二三二頁)。人間とも言えぬ出来損ないの「ゾッとする偶然」(二三三頁)に囲まれて暮らすのは耐えがたい、と。

ろくでもない人間界に暮らすのは最悪だ——そういう厭世的境地を、より仔細に説明しているのが、この「賢い世渡り法」の章だということになります。となると、ツァラトゥストラは「人間嫌い」なのでしょうか。

夏目漱石の『草枕』出だしの有名な一節は、こうです。「智に働けば角が立つ。情に棹させば流される。意地を通せば窮屈だ。とかくに人の世は住みにくい」。では、そうボヤいて出家遁世でもするのかといえば、むろんそうではありません。人間の世界をしげしげ眺め、あら捜しでもするように鋭利な分析を施して、漱石の小説世界は始まるのです。

それと同じで——というより、漱石がモラリストに倣っているのですが——ツァラトゥストラは、絶望的なまでの人間嫌いの片鱗を見せたかと思うと、人間観察に人一倍こだわり、屈折したモラリスト風「人間愛」のかたちを紡《つむ》いでみせるのです。

ツァラトゥストラが精神的に追い込まれているのは、今さっき引用した「救い」の章の、人間に対する絶望的なまでの嫌悪感の吐露から察せられます。ツァラトゥストラは、「超人」という遠大な目標を掲げて理想に邁進しようとする一方で、人間であることの限界を一歩も脱け出ていません。意志は自由にすると言い募っても、過去の取り返しのつかなさの呪縛に手も足も出ないで悶々とするありさまです。人間的なものを乗り越えると称してみても、そういう自分だって、人間仲間に取り巻かれている一個の人間にすぎないことを思い知らされます。では、人間界の一員としてどうふるまって生きるのが賢明と言えるのか。――そういう問題意識が研ぎ澄まされてくるゆえんです。

そのような問題意識が、本章では、しかし、入り組んだ仕方で表明されています。一個の人間として人の世にとどまることは、脱出すべき束縛というよりは、むしろ、身のほど知らずにも高みへ舞い上がってあえなく破滅することから自分を守ってくれる「かすがい」や「鎖」や「錨《いかり》」のような安定装置として役立つ、というのです。

ツァラトゥストラ式に、世間と折り合いをつけ、安らかに暮らすための第一条は、こうです――「私は、人にだまされるままになり、だます人に用心などしない」(二四〇頁)。

だまされるとは、ウソを摑まされて虚偽に陥ることであり、真理を摑むことの正反対です。真実であろうとすれば、ウソを見抜き欺瞞を暴露しなければなりません。知を愛してやまないツァラトゥストラですが、人間にはだまされるくらいのほうがいいのだと言っています。だます人間にいちいち用心していたらキリがないし、身がもたない。むしろ、だまされて損をすることを愉しむくらいの鷹揚さが必要だ、と。

賢い世渡り法第一条のこの「だまされないよう用心するくらいなら、だまされるほうがまし」という逆説は、取扱注意ながら一片の真実を含んでいるように思われます。疑心暗鬼に取り憑かれたら、おちおち安眠もできません。第一部本論の二番目の章「徳の講座」に出てきた安眠のすすめの世知が、思い起こされます。

さて、第二条はこうです――「私は、誇り高い人よりも、虚栄心の強い人のほうを大事にする」（同頁）。ツァラトゥストラ自身、誇り高い人間の極致のはずですが、ここでは、誇り高い人よりもむしろ虚栄心の強い人のほうを労わる、と言っています。

虚栄心の強い人が「善き俳優」（二四一頁）だということは理解できます。彼らは観客に自分を認め、拍手喝采してもらいたい一心で、舞台に登り、必死で演技します。その見世物が「憂鬱を癒《いや》してくれる」（同頁）という効用を持つかぎり好ましい、というのも分かります。ただ、虚栄心の強い人が「遠慮深い」（同頁）というのは、逆説的です。我こそはと自分を売り込んで演技するのは、遠慮深さの反対ではないでしょうか。

とはいえ、ツァラトゥストラの言い分も分かるところがあります。虚栄心の強い人は、自分のことを自覚しないまま、心の奥底で「この私が何者だというのか」（同頁）と呟く自己軽蔑を隠し持っているというのが、ツァラトゥストラの見立てです。たしかに、自己満足している人からは必死の演技は出てきません。虚栄心を公然と押し出し、自分を格好良く見せようとするのは、自己の限界にどこかで気づいているからです。自信がなくて認めてもらいたがる傾向を「真の徳」（同頁）と呼ぶのは、皮肉にしか聞こえませんが。

さらに、第三条はこうです――「私は、悪人たちを眺めるのが楽しくてならない。君たちが彼らを怖がろうと、全然気にならない」（二四一―二四二頁）。ここでは善と悪の意味転倒が行なわれています。極悪人などかわいいものだし、眺めるのにはお誂《あつら》え向きだ、と。

竜が「超-竜」（二四二頁）になり、ヤマネコがトラに、毒ガエルがワニに変身するくらいの物騒さがないと、ヒトが「超人」になるなど望むべくもない。だいいち、かりに超人がこの世に現われたら、善良な人間たちはそれを「悪魔」（二四三頁）と呼ぶだろう、と。

これに対して、どんな「善の人、正義の人」（同頁）も、退屈で飽き飽きする。みすぼらしくてこちらが恥ずかしくなるほどだ。そんな幻滅を味わうくらいなら、正視に耐えぬ正体を隠し合って、仮装を競い合うほうがよっぽどましだ、と。

というわけで、「最後の賢い世渡り法」はこうです──「私自身も、仮装して、君たちのあいだに坐っていよう。──君たちも私も、お互いどうし姿を見誤るように」（二四四頁）。

人の世で暮らすには、人間がお互いどうし仮装に打ち興じ、騙し合いを演ずるくらいがちょうどいい、というのは、あまりにシニカルで、身も蓋もない結論であるように見えます。人間性に対する冷静なまなざしには光るものがあるものの、まかり間違えば、打算と妥協とご都合主義に堕しかねないこんな俗世のモラルを、ツァラトゥストラはなぜここで説くのでしょうか。この謎は依然として解けていません。

私はいったい何者なのか──「最も静かな時」

思えば、積み残されたままの謎は、ほかにも少なくありません。一つ前の「救い」の章では、復讐の精神からの解放はいかにして可能か、という難問が急浮上して、そのままになっていました。さらにその前の「占い師」でも、ツァラトゥストラの見た悪夢が何を意味するかは、結局判じられていません。「大いなる出来事」でも、ツァラトゥストラの影が告げた「時が来た」とは何を意味するか、謎のままです。「詩人」でも、ウソつき詩人ツァラトゥストラがなぜ自虐に走るのか、さっぱり分からないままでした。

こんなふうに立て続けに煙に巻かれて第二部が終わるので、辛抱づよい読者もさすがに困ってしまいますが、一番困っているのは、ツァラトゥストラ本人でしょう。謎が次々に噴出し、威勢の良かった主人公がだんだん落ち込んで、追い詰められていく様子が、第二部後半で描かれてきました。その総仕上げとも言えるのが、本章「最も静かな時」なのです。ここでは、ツァラトゥストラが真夜中、夢うつつの中で「声なき声」に無気味に呼びかけられ、感極まって泣き出し、自分の運命を直視できず逃げ出そうとするありさまです。クマに負けないほど屈強なヒーローもかたなしです。

ツァラトゥストラの身にいったい何が起こったのでしょうか。

ここまでの一連の謎を、解決するのではなく集約する問いが、女主人に擬せられた「最も静かな時」――「時（Stunde）」も女性名詞です――と交わすツァラトゥストラのセリフの中に出てきます。「この私がいったい何者だと？（Wer bin ich?）」（二四六頁）

「私は誰？」と今さら自問しているのですから頼りない話ですが、じつは、これとよく似た問いは、前にも出ていました。直前の「賢い世渡り法」の章では、虚栄心の強い人は心のどこかで「この私が何者だというのか（Was bin ich!）」と叫んでおり、そこに彼らの遠慮深さというものもある、とされていました。また「救い」の章では、「ツァラトゥストラとは何者なのか（Wer ist Zarathustra?）」という問いが発せられていました。思えば、ツァラトゥストラの影が告げて回ったのも、弟子との詩人問答も、挙げて、ツァラトゥストラが自分自身に向かって「私はいったい何者なのか」と問いかけることに帰着するのです。誰一人いないはずの真夜中に、そっとささやく声なき声が聞こえてくる、というこの章の設定はまさに、主人公がたった一人の時間におのれと向き合い、「おまえはいったい何者なのか」と自問する純粋な自己内対話の場面を表わしているのです。

　この問いに対しては、第三部終盤の「快復しつつある人」の章でようやく一定の答えがあてがわれます。そこでも、ツァラトゥストラ自身が、ではなく鷲と蛇が代わりに答えるので、確答とは言いがたいのですが、ともかくツァラトゥストラの動物たちは彼に向かって、「あなたは永遠回帰の教師なのです」（三七五頁）と告げるのです。そのことを暗に仄《ほの》めかしつつ、第二部の土壇場で「最も静かな時」は開口一番、ツァラトゥストラに「あなたにはそれが分かっているね」（二四五頁）とささやくのです。つまり、あなたには自分が永遠回帰の教師であることが分かっているね、ツァラトゥストラよ、と言っているわけです。

　これに対する、ツァラトゥストラの即座の反応はこうです。「私は、このささやきを聞いて、恐ろしさのあまり、叫び声をあげた。私の顔から血の気が引いていった。だが、私は黙っていた」（同頁）。そこで、もう一度声なき声が同じ問いを発すると、ツァラトゥストラはやっと応答して、「そう、私にはそれが分かっている。でも、私はそれを言いたくないのです！」（同頁）と答えます。じつは本人には一番よく分かっており、どう見ても図星を指されているのに、それを認めることはあまりに恐ろしくて、自分で自分に拒否してジタバタしているのです。その往生際の悪さたるや、「子どものように泣き、震えて」、「それだけは勘弁してください」（二四六頁）と必死で頼み込む、という体《てい》たらくです。

何がツァラトゥストラをしてそこまで躊躇させているのでしょうか。

ツァラトゥストラは、「神の死」後の「超人」思想とりわけ「力への意志」説を中心思想に置き据えており、その意味では、進歩発展の近代思想の旗手といってもよい哲学者です。ところが、この地上に新しいことなど何一つ起こらないとする「同じことの永遠回帰」思想は、歴史の発展を全否定することに等しく、ツァラトゥストラが築き上げてきた自説を根本から危うくするものです。それを受け入れることは、自分の哲学の破綻を意味しかねません。それだけは勘弁してください、と悲鳴を上げるのも無理のない話です。

では、恐るべき思想の襲来におののき、怯み、逃げ出そうとする主人公の後ろ向きの姿が描かれているだけかと言えば、もちろんそうではありません。ツァラトゥストラに語りかけている「声なき声」（同頁）とは、ツァラトゥストラの一部にほかならないのですから。その声の主である「最も静かな時」は、では、ツァラトゥストラにどう諭《さと》しているでしょうか。とりわけ次のアドバイスは重要だと思われます。「最も静かな言葉こそが、嵐をもたらす。ハトの足どりでやって来る思想こそが、世界を導く」（二四七頁）。これは、「大いなる出来事」の章で、火の犬にツァラトゥストラが語った次の言葉に呼応しています。「最も大いなる出来事――それはじつのところ、われわれの最も騒がしい時ではなく、われわれの最も静かな時なのだ」。「新しい喧噪の発明者ではなく、新しい価値の発明者の周りを、世界は回転する。音もなく静かに、世界は回転する」（二二〇頁）。

以前にも引用したくだりですが、ここですでに「最も静かな時」は語られていました。そして、「最も静かな時」にこそ「最も大いなる出来事」が、つまり「最大の出来事」たる哲学革命が起こる、と予告されていました。今まさにその瞬機が訪れているのですが、ツァラトゥストラには、みずからの内なる声からの促しを聞き届けるための準備がまだできていません。しかし、それは腑甲斐ないのではありません。革命がそうやすやすと成し遂げられないのは当然なのです。われらが革命家は、これからその準備に取りかかるのです。

では、そのためには、まずもって何が必要か。思索するのにふさわしい「孤独」もしくは「独居(Einsamkeit)」です。ですから、「最も静かな時」はツァラトゥストラに、最後にこう促すのです、「あなたは、ふたたび孤独に戻らなければならない」（二四八頁）と。

こうしてツァラトゥストラは、至福の島での充実した共同生活の日々に終止符を打ち、最愛の弟子たちと別れて、一人で自分の洞窟に戻っていくのです。山中の孤絶した独居の中で、いつ果てるともない自己内対話に耽るために。――デカルトが冬の夜、一人炉部屋に籠《こ》もって思索にはげみ、ついに「われ思う、ゆえにわれあり」という近代哲学の原理を発見したように。そう考えれば、ツァラトゥストラの「賢い世渡り法」も、哲学革命を遂行する準備としてのデカルトの暫定的道徳に相当するものだったことが分かります。

もう一度確認しましょう。ツァラトゥストラは永遠回帰思想の襲来を自覚しながらも、それに直面することに尻込みしています。自分にはそんな力はない、滅相もない、自分はそれに値しない、とやたら謙遜したかと思うと、かつて自分の言葉を解さない民衆にあざ笑われたとき、「私の足は震えていたのです」（二四七頁）と告白したりします。おまえこそ、偉大なことの命令者となるべきだ、と激励されても、「私は恥ずかしくて」とか、「私はそうしたくないのです」（二四八頁）とか言って、断わろうとします。しかも、弟子たちに「最も静かな時」のお告げを話して、自分は孤独に戻らなければならないと別れを告げたとき、「激しい苦痛が彼を襲った」、「彼は声をあげて泣いた」(二四九頁)とあります。この反応は、ツァラトゥストラが大げさな身振りをするという話ではなく、それだけ途轍もない思想がこれからツァラトゥストラに襲いかかってくることを物語るものです。

永遠回帰思想は、その教師たることを運命づけられているはずのツァラトゥストラ本人にとって、かくも無気味な「深淵の思想」を意味することが分かります。続く第三部全体は、その来着のプロセスと来襲のダメージを描くことに費やされます。その挙げ句、主人公は重篤の吐き気に襲われ、あえなくノックダウンされて病床に伏し、一週間も昏睡状態が続きます。そういう罹患状態をくぐり抜けて、七転八倒の果てに吐き気を克服したツァラトゥストラが、永遠回帰思想をいかにして肯定することができるか。――ここにこの物語のクライマックスがあります。

その第三部のフィナーレで、第二部で積み残しとなった数々の謎がすべて解き明かされるかと言えば、どうやらそうでもなさそうです。物語は第四部まで書かれましたし、さらなる続編をニーチェは構想していました。そもそも「復讐の精神からの解放」などという法外な課題は、ツァラトゥストラの謎解きによって一挙に解決されるようなたぐいのものではありません。「運命愛」という便利な言葉で説明されて一件落着などということもないのです。永遠回帰思想にしても、第二部で浮上した謎を第三部で解くために持ち出されるというより、その深淵の思想がパックリ口を開くことで、読者はいっそうわけの分からない問いの前に佇《たたず》むだけかもしれません。

ともあれ、正解を得て安心するために問題を解くのではなく、とにかく考えたいから考えるのが、愉しい学問つまり哲学です。そういう哲学の精神からすれば、大いなる問いの前に佇み、不安と戦慄を覚え、さらに考え続けること、それが何より大事なのです。

Ⅲ 第三部を読む——永遠回帰思想と孤独

1　「放浪者」と「幻影と謎」

第三部は、第一部、第二部と続いてきたツァラトゥストラの物語の最大のヤマ場です。ニーチェ哲学のなかで最重要の永遠回帰思想が、おもむろに語り出されます。

これまでのあらすじをざっと辿りましょう。主人公ツァラトゥストラは、三〇歳のとき山に入って思索に励み、一〇年後に満を持して山を下りて、自分の考えを人びとに伝えようとします。冒頭の「序説」では、不特定多数の民衆に教えようとして失敗し、少数の理解者に語ることにします。第一部の本論は、「まだら牛」という名の町に滞在した主人公が、自説を理解する少数者つまり弟子たちに向かって語るという設定です。教程が一段落したツァラトゥストラが弟子たちのもとを去って山に帰るというのが第一部の幕切れでした。第二部では、再び山を下りたツァラトゥストラが南国の「至福の島」で、再び弟子たちを前に自説を述べるという設定です。最初は調子がよかったのですが、自分の考えを批判的に吟味していくうちに、これまでとはまったく違う思想がやって来るという、ただならぬ予感に襲われ、不安に陥ります。もう一度態勢を立て直すべく、弟子たちのもとを去ったツァラトゥストラは、三たび山に入っていこうとします。

その「帰郷」の旅立ちのシーンを描いているのが、第三部冒頭の「放浪者」の章です。続く「幻影と謎」の章では、いよいよ永遠回帰の最初の告知がなされます。

自嘲したかと思うと急に泣き出す男――「放浪者」

本書には「誰にも向いていて誰にも向かない本」という人を食った副題が、第一部から第四部まで付いていています。第二部以降は自己引用のモットーが付いており、第三部には、第一部の章「読むことと書くこと」の六七―六八頁から引かれています。

真夜中に旅立った主人公は、「至福の島」の尾根を越えて港へ向かおうとし、島の最も高いところに登ります。そこで「最高の山頂に立つ者」の心境を語ったかつてのフレーズが復唱されるわけですが、その心境が「一切の悲劇と悲劇的まじめさを笑い飛ばす」と言い表わされていることに注意しなければなりません。第三部は、第一部からの悲劇三部作の完結編となっているかに見えて、じつは「喜劇」または「パロディー」として仕組まれていると、最初から宣言されているわけです。この予告をその通りに解することが、本書を読み解くうえで重要となります。

若い頃から山登りに心得のあるツァラトゥストラは、山越えの道をあえて選び、その険しい道すがら、自分の心に向かって黙然《もくねん》と語ります。独り言のはずですが、「最も険しい道」を登る「最も孤独な旅」の「時（Stunde）」（二五四頁）が、ツァラトゥストラ自身に語りかけてくる、という表現をとっています。「絶頂と深淵――今やそれが結ばれて一つになった」（同頁）というフレーズが、この章全体を言い表わしています。「おまえの最後の危険」と「おまえの最後の避難所」が、そして「おまえの最も温和なもの」と「おまえの最も苛酷なもの」（同頁）が、合一すべしという、反対の一致のオンパレードです。

山頂に着き、真っ暗な海を見下ろしたツァラトゥストラは、絶頂と深淵とが一つになるという逆説の正しさを確認します。――「山は海からやって来ることを学んだ」。「その証拠は、山の岩石に刻まれている。頂上の岩壁に刻まれている。最も深いものが高くなって、最も高いものに成ったのだ」（二五六頁）。太古に海底が隆起して山頂となったことが岩石の成分からして分かる、という名所ガイド番組おなじみの地質学的発見です。

山の頂上から夜の海を打ち眺めたツァラトゥストラは、続いて海辺近くまで降り立ち、その「暗闇の怪物」の海に向かって、「悪い夢」から救ってあげたいと「慰め」の言葉をかけようとします。しかし、身の程知らずのことをしている自分にふと気づき、「自分に苦笑して憂鬱に笑った」（二五七頁）。この笑いはかなり複雑です。なぜなら、その直後に、ツァラトゥストラは、「自分が残してきた友人たちのことを思い起こし」、「激しく泣いた」（二五八頁）とあるからです。本書の主人公は感情の起伏が激しいことが分かります。それ以上に、泣き虫だということが分かります。

第二部最後の章「最も静かな時」でも、ツァラトゥストラは自分の行く末におののいて、「子どものように泣き」（二四六頁）出していました。まさかそんな、と訝《いぶか》しむ人もいるでしょう。世に出回っている「ツァラトゥストラ＝超人」説は真っ赤なウソだと分かります。ツァラトゥストラは涙もろい、ただの不完全人間にすぎません。第三部は、その未熟な主人公が、惑いつつ自分本来の思想をやっとの思いで摑もうとする学びの物語なのです。

永遠回帰思想の二通りの予兆――「幻影と謎」（その1）

続いて、ニーチェ哲学の核心思想たる「永遠回帰」の最初の学びとなる重要章「幻影と謎」に進みます。難解このうえないテクストで、チンプンカンプンなのは折り紙付きです。とはいえ、物語風なので誰にでも読めます。ご安心ください。

「放浪者」の章では、ツァラトゥストラが、海辺に降り立って夜の海を眺め、ふと海にあわれを催す自分を笑ったかと思うと、弟子たちのことを思って号泣する場面で終わっていました。いい大人が、笑ったそばから急に泣き出すのですから、よほど感傷的な気分に襲われたのでしょう。自分を待ち受けている不吉な運命に、主人公がまだ覚悟できていない様子なのは、続く「幻影と謎」の章でも同じです。

船に乗っても落ち込み気味のツァラトゥストラは、他の同乗者の誰とも口をきかず、耳を閉ざしたままです。やっと二日目の夕方になって船乗りたちの語る冒険談にひとしきり耳を傾けたあと、とつとつと語り始めます。自分が見た無気味な「幻影」を、命知らずの冒険者たちが好みそうな「謎」として、おもむろに語るのです。世に有名な永遠回帰思想の最初の告知のシーンです。二節あるので、節ごとに区切って見ていきましょう。

まず第1節から。永遠回帰思想の二通りの予兆が出てきます。

夕闇の荒涼たる山道をひたすら登るツァラトゥストラ。「屍《しかばね》の色をした黄昏《たそがれ》の中を陰気に歩いていた」（二五九頁）。「放浪者」の情景と似ているようで、この「幻影」は、悪夢に近いまがまがしさです。実際そこに「悪魔」が登場します。「重さの地霊」です。

ツァラトゥストラ・ワールドのこの重要キャラクターは、「私の悪魔にして宿敵」（二六〇頁）と呼ばれています。足萎えのこの小びと（侏儒《しゅじゅ》）は、坂道を歩くツァラトゥストラの肩に乗っかって、ここまで来ました。そのくせ、高みをめざすツァラトゥストラに向かって、その向上心をあざ笑うかのように、こう言い放ちます。「おまえはおまえの身を高く投げた。だが、どんなに高く投げられた石も必ず――落ちるのだ」（同頁）。

疫病神か貧乏神のように主人公に取り憑く魔物の発するこの言葉は、すでに永遠回帰思想の予兆となっています。とはいえそれ自体は、何の変哲もない経験的真実です。「重力の法則」というより、「軽いものは上へ、重いものは下へ」という上下の秩序の観念から成り立つ伝統的世界観にもとづいています。人間を超えたより高次の存在、つまり超人という高みをめざそうとするツァラトゥストラに向かって言われているからには、「地上を這いつくばって生きているたかが人間に、超人など高望みもいいところだ。身の程知らずの願望は、身を滅ぼすからやめておけ」といった意味合いでしょう。

神が死んだ時代に、人類は、自己満足することなく、神とは違った到達可能な至高目標を掲げて、自己克服を事とし、前進していくべきだ。――この超人思想は、第一部で早々にぶち上げられました。第二部では、それがいわば一般化されて、「力への意志」説として確立されました。つまり、たんに現状を維持するだけの「生きんとする意志」ではない、たえずより以上をめざす向上発展の思想です。

その力への意志説を貫徹して生きようとするツァラトゥストラに、しかし覆いかぶさってくるものがあります。それが永遠回帰思想なのです。「どんなに努力しても、一切は同じことだ、この地上に新しいものなど何も起こらない」と説いてきた古来のペシミズムを再説されて愕然とし、急に調子が出なくなったかと思うと、人間の卑小さがえんえんとぶり返すこの世の歴史の救いのなさに、ホトホト嫌気が差すツァラトゥストラ。彼が自分の思想をもう一度鍛え上げる必要に迫られるということは、これまでの超人思想や力への意志説が、根本から批判に晒されることを意味します。

そのような自省のプロセスが開始される第三部でさっそく語られる「幻影」の中に現われる「重さの地霊」の言葉は、ですから、じつはツァラトゥストラ自身の内面の声だと言ってよいのです。それが悪魔的に響くのは、それだけ自己批判の厳しさを表わしているのです。自分がようやく摑みとったはずの根本思想が、まだまだ底の浅い脆弱なものであったこと、それより強力な思想の前になすすべもないことを、思い知らされるのは辛いですし、そこから逃れたくなります。自分にはとても太刀打ちできそうにない恐るべき真実を直視するには、自滅のリスクをものともしない「勇気」が必要です。そこでツァラトゥストラは、自分を奮い立たせるかのように自分にこう言って聞かせます——「勇気は最も優れた殺し屋だ。攻めてかかる勇気は、死さえ打ち殺す。というのも、勇気はこう語るからだ。「これが生きるということだったのか。よし、ならばもう一度!」」(二六一—二六二頁)

このフレーズを聞いたことのある人は多いでしょう。永遠回帰思想を受け入れる境地として有名なニーチェの言葉です。なるほど、自分の生きた一生をそっくりもう一度生き直すことを是とするこの覚悟は、「運命愛」の定式化の一つと言えるものです。しかし、ここではまだそれは一つの伏線、予兆としてほのめかされるだけです(第四部で「最も醜い人間」によってこのフレーズが繰り返されるとき、真に肉付けされて浮かび上がってきます)。臨終の言葉ともおぼしきこのセリフは、目下の文脈では、死の恐怖に打ち克つほどの「勇気」をもってツァラトゥストラが自分の思想を全面的に練り直すことへ乗り出そうとしていることを告げる、自分への励ましの言葉なのです。

つまり、ここでの「勇気」とは、「深淵を覗き込んだときのめまいをも打ち殺す」（二六一頁）認識への勇気であり、真実を直視する勇気なのです。ただ眺めるだけで何もしないのは、勇気とは反対の「臆病」と見なされがちですが、ツァラトゥストラが言うには、「見ること自体」が「深淵を見ること」（同頁）であるような直視というものがあり、その真理探究のためには破滅をも辞さぬ特大の勇気が必要なのです。まさにその勇気をもって勇者ツァラトゥストラは勇敢に「謎」に挑もうとしているのです。

牧人の高笑いに悄然とする主人公──「幻影と謎」（その2）

第2節はいよいよ、永遠回帰思想の最初の告知のシーンです。場面は、さしあたりは第1節の続きで、重さの地霊と呼ばれる小びととツァラトゥストラとの対話です。二人は、道の途中にある門のところで問答を交わします。その門は、二つの道が交わったところにあり、二つの道は、おのおの反対方向に遠くまで続いています。門を前にしてツァラトゥストラは、「瞬間」と「永遠」について語り出すのです。

今現在、私が位置している地点から見れば、過去には無限の時間が続いてきたことになり、同様に、未来には無限の時間が続いてゆくことになる。では、過去と未来というこの二通りの悠久の時間の連なりはどこまでも別々で、交わらないものなのだろうか──そうツァラトゥストラが尋ねると、小びとはそっけなくこう答えます。「どこまでもまっすぐというのは、すべてウソだ」、「真理というのは、どれも曲線なのだ。時間それ自体が、一個の円環なのだ」（二六三頁）。

ツァラトゥストラは小びとのこの即答に、「そう安易に考えるな」（同頁）と反発します。しかし却下されているかに見えて——ハイデガーはそう解釈しました——、これは一種、ご名答なのです。あたかも、平行線は交わらないという公理を外した非ユークリッド幾何学の世界を暗示しているかのごとくです。直線的に果てしなく打ち続くかに見える過去と未来は、いつかついに合一して結ばれ、時間は円環をなし、同じことが再来し、何度でも繰り返される——これはまさに永遠回帰のヴィジョンです。

二つの道がそこで交叉する門には、「瞬間」という名前が刻まれている、とツァラトゥストラは言います。二通りの道がそこから永遠に続いている瞬間に位置しているのは、その永遠を前にして佇《たたず》んでいるそのつどの各人なのです。

ここは重要な箇所ですので、読み味わうに如《し》くはありません。

> およそどんな物事も、生じうることはみなすでに一度、この道を通ったはずではないか。およそどんな物事も、起こりうることはみなすでに一度、起こり、為され、通り過ぎたはずではないか。
>
> すべてがすでに現にあったとすれば、小びとよ、おまえはこの瞬間をどう思うか。この門もまた、すでに——現にあったはずではないか。

こんなふうに、ほぼすべての物事は結び合わされていて、この瞬間は、これからやって来るすべての物事を引き連れているのではないか。それゆえ――　――自分自身をも。

というのも、およそどんな物事も、生じうるものはみな、この前方の長い道をも――もう一度走らなければならないからだ。――

そして、月光を浴びてのろのろ這っているこのクモ、この月光そのもの、門のところで永遠の物事についてしきりにささやき合っている私とおまえ――われわれもみな、すでに現にあったはずではないか。

――そして、ふたたびやって来て、われわれの前のあのもう一つの前方の道を、身の毛もよだつこの長い道を、走らなければならないのではないか。――われわれは永遠に回帰しなければならないのではないか。（二六三―二六四頁）

幻影もしくは悪夢の中で、自分で自分にそうすらすら語るツァラトゥストラは、しかし、その思想が何を意味するのか、自分でもよく分かっていない様子です。しかも、その思想に「恐怖をおぼえた」（二六四頁）とあります。

ここで突然、犬の吠える鳴き声が聞こえ、そこからツァラトゥストラ自身の「遠い昔の子ども時代」（同頁）の記憶に、フラッシュバックします。満月の懸かる真夜中、「死の沈黙」（同頁）の中で、一匹の犬が、怯えながら月に吠えていたその情景に、です。ここでもう一度、犬の鳴き声が聞こえたかと思うと、場面は暗転します（夢の場合、暗転はお手のものです）。「突如として私は、荒涼たる断崖のあいだに立っていた」(二六五頁)。すると、そこに一人の男が横たわり、その周りで犬がクンクン鳴いているのを、ツァラトゥストラは見出します。牧人《まきびと》らしきその若い男の喉には、「黒くて重たいヘビ」(同頁)が奥まで這入り込んで、男はジタバタもがき苦しんでいるのです。ツァラトゥストラは、なんとか男を助けようと、ヘビを手で引っ張りますが、ヘビは喉に食い込んで抜けません。ツァラトゥストラは男に向かって、「噛むんだ」、「頭を噛み切れ!」(同頁)と絶叫します。

悪い夢の場合、絶叫して目を覚ますという終わり方をよくします(第二部の「占い師」の章での悪夢がそうでした)。ツァラトゥストラは、ひと連なりの夢まぼろし《ヴィジョン》を、同じ船に乗り合わせた者たちに話してきて、ここでその描写をいったん中止します。そして、この「幻影」はいったい何のたとえなのか、「牧人」とは誰なのか、その「謎を解いてほしい」(二六六頁)と、聞き手たちに懇願します。つまり、自分にはこの謎を解くことがまだできていないことを認めています。

ただし、一連の幻影は、絶叫ではまだ終わっていませんでした。むしろ「笑い」に行き着いたと、ツァラトゥストラは言葉を続けます。本章の最も有名なくだりです。

——さて、牧人は、私が大声でそうしろと言ったとおりに、噛んだ。良心の曇りもなく、思い切り噛んだ! 彼はヘビの頭を遠くへ吐き出し——、そして飛び起きた。——

もはや牧人でも、人間でもなかった。——一個の変身した者、光に包まれた者となって、笑った。かつて地上で、彼ほど高笑いした人間はいなかった。(同頁)

喉の奥に這入り込んだヘビの頭をみずから嚙み切ったこの男は、あたかも、永遠回帰の円環をついに克服した「超人」であるかのようです。後光《オーラ》が差すほど神々しい境地に達したというのですから、相当のヒーローのようです。絶体絶命の危機、そのギリギリの瞬間に決然と行為することによって、同じことの繰り返しの呪縛から脱することができるということなのでしょうか。人間を超えたその昂然たる「高笑い」（同頁）に、ツァラトゥストラはあこがれを禁じえません。主人公はお株を奪われたかのように悄然《しょうぜん》としています。

その高みに匹敵するためには、ヘビの頭を嚙み切るような「行為」の瞬間を何としても摑むことができなくてはなりません。しかし、少なくとも現段階のツァラトゥストラには、どうすればその偉業を成し遂げられるのか、皆目分かっていません。ですから、「どうして私は生きることに耐えられるだろうか。だからといって、今死ぬことにどうして耐えられようか」（同頁）と泣き言を言って締めくくるのです。

永遠回帰の最初の告知の場面は、弱音を吐くツァラトゥストラの姿で終わっています。瞬間において何を為すかは不明のままです。まだまだ修行が足りないと、みずからの無力さをかこつ主人公。これまで強調してきたように、彼は、悟り切った賢者でも聖人でも仙人でもなければ、まさか超人などでは毛頭なく、ただの迷える一個の男なのです。

2　「不本意な幸福」と「日の出前」

不幸せを追いかけて幸せに襲われる――「不本意な幸福」

「幻影と謎」の章では、ニーチェの根本思想とされる「永遠回帰」という重要テーマが登場しました。ただしそれは、まだツァラトゥストラには解くことのできない謎にとどまっていました。自分がこれまで確立してきた「超人」思想や「力への意志」説と相反するとしか思われない思想の襲来に困惑し、恐怖すら覚えるツァラトゥストラ。頼りないその姿には、読者のこちらこそ困惑してしまいます。

続く「不本意な幸福」および「日の出前」の二章は、主人公が船に乗って海を渡る場面の続きです。旅立ちから四日経ち、ツァラトゥストラはようやく本来の泰然自若さを取り戻したようです。もしくは、新しい思想を果敢に追究しようとする意欲がみなぎりつつあるようです。そのエネルギー再充塡の境地が、抒情的に語り出されるのです。

自分をみずから矛盾葛藤の袋小路に追い込み、絶体絶命のところまで追いつめるという加虐《サド》的かつ被虐《マゾ》的な趣味は、変態的と呼ばれることもあります。しかし、ものを考えるうえで、わが身を苛み、切り刻むような自問は付きものです。自問的、反省的な自己批判はむしろ健やかと言うべきです。それどころか、ごまかしたり目を背けたりすることなく自己をみつめる時間は、陶然とした喜びをもたらすことがあります。

ツァラトゥストラが船上で味わっているのも、そのような自己反省の悦ばしきひと時です。苦痛と快楽が不思議と同居するその充足感に、ツァラトゥストラ自身、戸惑いをおぼえています。なにしろ、これから責め苦に身を晒すような不幸に乗り出そうとしているのに、その冒険にワクワクして「欣喜雀躍《きんきじゃくやく》」（二六七頁）してしまうというのですから。

その両価的感情《アンビバレンス》が、本章のタイトル“Von der Seligkeit wider Willen”に言い表わされています。wider Willen は「意に反して、心ならずも、ついうっかり、いやいやながら」という意味です。岩波文庫の章名「来ては困る幸福」も名訳ですが、「不本意な幸福」もドイツ語の直訳でありかつ事柄を言い当てる悪くない訳だと思います。

この章は、最初と最後の地の文で、場面設定と結末が述べられ、それに挟まれた本文として、ツァラトゥストラの独白が続きます。本文は「序破急」の構成をとっていることが分かります。順番に見ていきましょう。

まず〈序〉、第一部と第二部での弟子たちとの交流が思い起こされています。「最初」（同頁）とあるのは、「序説」の最後のほうで、綱渡り師の死体を背負って彷徨して眠りに落ち、正午に目覚めたツァラトゥストラが、「生きた道連れ」（三八頁）をさがそうと決心したことを指しています。その後に出会った弟子たちに自説を語る、という形式をとっているのが第一部です。いったんその弟子たちと別れて山に戻ったツァラトゥストラが、また山を下りて、弟子たちと再会して語らう第二部の大枠を描写するのが、第二部の二番目の章「至福の島にて」でした。そこでも「昼下がり」（一三九頁）という場面設定になっていました。

「午後」が強調されるのは、ツァラトゥストラ自身の「生の午後」（二六七頁）ということでもあるからです。年齢で言うと四〇歳頃からの壮年期、「仕事」（二六八頁）盛りの年頃であるとともに「子ども」（同頁）つまり後継者を育てる時期でもあります。

中年になると、次世代育成が気に懸かるものです。自分のあとを継いでくれるものを生み育てることは、生物学的欲求であるとともに、文化創造の源泉でもあります。自分の仕事を全《まっと》うさせるために「子ども」を育て上げようとする根強い傾向のことを、E・H・エリクソン（一九〇二―九四年）は「世代出産性（generativity）」と名付けました。発達心理学や教育心理学のキーワードとして定着しています。学生諸君は、どちらかと言えば、エリクソンのもう一つの用語「自己同一性（identity）」のほうが関心の的かもしれません。青年が、他人から自分がどう見られるか気に病んで「アイデンティティの危機」に陥るように、中高年には中高年なりの悩みがあり、次世代育成の不調不発――エリクソンが「停滞（stagnation）」と呼ぶもの――からフラストレーションが募るものです。

ツァラトゥストラが直面しているのも、この「ジェネラティヴィティ」の欲望をどう発散するかという問題です。ここでは「若木」（同頁）にたとえられて、弟子たちの養成が語られています。すくすくと育っているかに見えますが、ツァラトゥストラの薫陶を受けた子ども《チルドレン》たちは、師の教えを受け継ぎ、発展させていくのでしょうか。その見通しが必ずしも順調でないことは、第三部の少し先の章「離反した者たち」や、第四部の登場人物たち――「高等な人間」と呼ばれる、ツァラトゥストラの教えにかぶれておかしくなった奇人変人――から明らかになります。養育や教育は、往々にして意図が裏切られるものですが、だからこそ新しい世代の登場と言えるのです。

続いて（破）、自分の子どもたちのためにも、自分自身の思想を完成させようとの決意が表明されます。「だからこそ私は今、私の幸福を回避して、あらゆる不幸に身を差し出すのだ。――私自身の最後の吟味と認識のために」（二六九頁）。産みの苦しみ、陣痛は、新しいものの到来のために耐え抜かなくてはならないものです。妊婦がわが身に懐胎している異物に違和感を催し、新しいものの到来に不安をおぼえて鬱々とするマタニティ・ブルーに、中年男ツァラトゥストラも罹《かか》ったかのようです。このあたり、第二部後半の章――「大いなる出来事」、「占い師」、「最も静かな時」――の場面があれこれ走馬灯のようにツァラトゥストラの心をよぎります。ここまでをまとめて次に進む第三部の序論的趣があり、かつ第三部がどこへ進んでいくかの伏線ともなっています。第三部の終わり近くの章「快復しつつある人」で、さあ出てこいと叫んで永遠回帰思想と相まみえ、七転八倒の末にそれを受け入れるツァラトゥストラが勝利宣言をする最終章は、「七つの封印」と題されますが、それがここでは「私の完成の封印」（二七一頁）と先取りされています。

「おお、深淵の思想よ、おまえは私の思想のはずなのに」（二七〇頁）と呼びかけられているのは、永遠回帰思想なのですが、ここではまだ、未知の恐るべき思想のままです。

さらに（急）、これからその深淵の思想との「最後の戦い」（二七一頁）に赴こうとする旅人ツァラトゥストラは、苦痛と不幸をわが身に引き受けんと荘重な覚悟のはずなのに、どういうわけか、ウキウキしています。悲壮なヒーローがワクワク感に浸るのは妙な話ですが、さもありなんという気もします。好き好んで苦しみを買って出ているのですから。苦しみをなるべく減らして、安楽を貪《むさぼ》るだけが「幸福」ではありません。苦楽、幸不幸は双子の兄弟のようなもので、そろって成長していくか、そろって小さいままだ、というのがニーチェ幸福論の基本見解です（『愉しい学問』338番を参照）。

好きな人を一方的に求めるだけでは、片思いのままふられるのが関の山だ、まともに相手にせず、つれないそぶりを示すほうがうまくいく、という恋の極意を、ツァラトゥストラは披露します。あまりもてたとは思えないニーチェの恋愛道指南にまじめに付き合うべきかはともかく、面白いオチではあります。「不幸」に身を晒すつもりで、悲愴な面持ちだった主人公が、あっちへ行けと追い払ったはずの「幸福」に、「不本意」ながら付きまとわれて一夜を過ごす、というのはコミカルで、最後にクスリと笑ってしまいます。

天空讃歌と偶然礼讃――「日の出前」

夜中じゅう幸福に付きまとわれ、まんじりともせずに「夜明け前」を迎えたツァラトゥストラは、明けゆく空と海を見ようと、船のデッキに出る。案の定、空には一片の雲もなく、全方位ぐるりと晴れ渡っている。大海を進む船から眺め渡すパノラマの海景色は、実際は単調このうえないはずだが、物語の主人公は、一点のしみもない清浄無垢の天空の神々しさに感興を催し、讃歌を捧げる。――

そういう説明文のないまま、いきなりツァラトゥストラの天空讃歌からこの章は始まりますが、前章の続きだとすぐ分かります。広大な空と海を無心に眺めているようで、ひたすら自己をみつめているという設定も、前章と似ています。前章に劣らず捉えどころのない散文詩ですが、今度は四つに区切って「起承転結」で読んでいきましょう。

まず〈起〉、高さと深さをたたえている天空に対する讃歌が始まります。あけっぴろげであるはずの空が「秘め隠している」（二七三頁）ものがあります。宇宙は無限に広がり、そこには無数の星々が散らばっているのに、それが見えないからです。夜には星が瞬《またた》いて存在を主張しますが、それもほんの一部にすぎません。陽光にしろネオンサインにしろ光があると、星は見えるどころか逆に隠されてしまいます。

空の秘密とその恥じらいに通じているツァラトゥストラは、天を仰ぎ見ながらも、ツーカーの親しい仲間であるかのように呼びかけます。あたかも自分も天空と同じ高みにいるかのようです。天に昇りつめる境地は、死すべき人間からすれば身の程知らずであり、この段階ではまだ予感にすぎません（第三部最後の章「七つの封印」第7節でその境地が全開になります）。

続いて（承）、快晴の大空を汚そうとする「流れる雲」（二七四頁）に対して、呪詛の言葉が並べられます。清浄さを脅かす分子を排除する徹底した純粋無垢志向は――ウイルス感染根絶という到達目標もそうでした――危うさを秘めており、読んでいてつい警戒してしまいます。とはいえ、たかが流れ雲を相手に、「中途半端で生半可」（二七五頁）な連中だと悪しざまに言ったからといって、特段問題はなさそうです。「おのれの敵を愛せ」とか「敵のために祈れ」といった非人間的な教えに忠実であろうとし、それができない無力さを陰湿に押し隠すよりは、「祝福できない者は、呪うことを学ぶべきだ」（同頁）とあっけらかんと言い放つほうが、はるかに人間的であり「朗《ほが》らか」（同頁）です。

このあたり（同頁）には、「肯定《ヤー》と承諾《アーメン》」という言葉が繰り返し出てきます。「そのとおり《ヤー》、これでよいのだ《アーメン》」の歌とは、第三部フィナーレの章「七つの封印」の副題ですが、ここではまだ課題として暗示されるのみです。「途轍もない無際限の肯定《ヤー》と承諾《アーメン》の発話」（同頁）の境地に至りたいと念願しておきながら、流れ雲ごときが癪にさわって呪いの言葉を浴びせかけるというのでは、まだまだ悟りには程遠いようです。

その一方で（転）、「一個の祝福する者、肯定《ヤー》を言う者」（二七六頁）であろうとする目標が掲げられます。「万物の上に、万物自身の天空として懸かること、万物を円状に包む穹窿《きゅうりゅう》、万物の紺碧《こんぺき》の鐘、永遠に安らかな確かさとして懸かること」（同頁）、これです。人間離れした「天涯」の境地がめざされており、神がかり的と言うべきです。第三部後半ではまさにその神々しき境地へ向かおうとし、ついにフィナーレを迎えることになるのですが、生身の人間がどう逆立ちすればそんな境地に至れるのか、不思議です。

一つのヒントが、ここに示されています。善悪といった人間的尺度を離れた「善悪の彼岸」（同頁）の境地です。「流れる雲」も、善悪のこと――「強制とか目的とか負債」（二七四頁）――をたとえていたことが分かります。とりわけ強調されているのは、偶然の肯定という境地です。天空そのものが「偶然」、「出鱈目」（二七六頁）という呼び名をもつとされます。「永遠の意志」（同頁）や「永遠の理性」（二七七頁）といった杓子定規をあみ出しては万物を割り切ろうとし、そこからはみ出すもの、理性では説明のつかないことを否認するのは、「無邪気という名の天空」（二七六頁）に対する冒瀆なのです。なぜなら、天空とは、「神々しい偶然がダンスを踊る広間であり、神々しい者たちがサイコロ投げに興じる神々のテーブル」（二七七頁）だからです。

ここに表明されている偶然肯定も、あくまで理想であり、ツァラトゥストラがその境地にすでに到達しているわけではありません。第二部の「救い」の章に出てきたように、「ゾッとする偶然」（二三三、二三四、二三七頁）の無意味さに居たたまれず、それをなんとしても埋め合わせようとするのが、人間なのです。この世の不条理を丸ごと肯定するのは、生易しいことではありません。当たり前の確認のようですが、ツァラトゥストラにとっても事情は同じだということを忘れないようにしましょう。

最後に（結）、日が昇り始め、朝焼けが空を染めてきたことを受けて、ツァラトゥストラは、彼に自分の秘密を漏らされた天空が「恥ずかしがって、顔を火照《ほて》らせ」（二七八頁）た、と解します。これまた巧みな、思わずニヤリとさせられる擬人法です。なるほど、「どんなことも白日の下に晒《さら》してよいというわけではない」（二七七頁）のです。少なくとも、朝が来れば夜空との密会は終わりです。前章から続く「日の出前の私の幸福」（二七八頁）に、こうしてツァラトゥストラはいったん別れを告げるのです。

3　「卑小にする徳」と「オリーブ山にて」

従順さなんかクソくらえ――「卑小にする徳」

船に乗って海を行くツァラトゥストラの詩情あふれる二章が続きました。次の章は、船から降りた主人公が、久しぶりに人間の世界に戻ってみると、ありゃ……というお話です。ツァラトゥストラは、自分の眼に映じた都会とそこに住む現代人のありさまを辛辣に批評します。本筋から外れた放言集という趣で、散文詩とはまた違った意味で肩の力を抜いて読むべき章です。遊び心に満ちた細部を愉しく味わいましょう。他愛ない脱線的内容と見えるものにも、著者に弄《もてあそ》ばれるがままに、こだわってみたいと思います。

山中のわが家の洞窟へまっすぐ帰ればよいものを、ちょっと人間観察でもしてやろうと道草して、ツァラトゥストラがやって来たのは、とある大都会です（新興国ドイツの首都ベルリンが揶揄されているとも言われます）。子どもが「おもちゃ箱から取り出した」（二七九頁）ような「新しい家々」（二七八頁）、とありますが、文字通りに「小さいお家《うち》」が並んでいるのではありません。そうではなく、デカデカと偉そうに建ち並んだピカピカの都市建築群を打ち眺めて、ツァラトゥストラは「小さいなあ」と言っているのです。

コンクリートの高層ビルが建設されるのは二〇世紀になってからなので、ニーチェの時代に当てはめるのは時代錯誤《アナクロニズム》ですが、かりに現代の巨大建築を眺めたとしても、ツァラトゥストラは「ちっちぇーなあ」と同じ溜め息をついたことでしょう。リトルトーキョー仙台のビル群だけではありません。再開発が進み、超高層ビルが所狭しと林立する東京駅近辺の光景など、そう、ツァラトゥストラにこう言われても仕方ありません。——「こんな家を建てて、どんな意味があるのだろう。そう、これは偉大な精神が自分をかたどって打ち建てたものではない」。「おもちゃのような小さな部屋ばかり。大のおとなに出たり入ったりできるものか。絹切れの人形のために作られた家のようだ。それとも、つまみ食いをしたりされたりしてはじゃれ合うネコたちの家なのだろうか」（二七九頁）。

目を見張るほど大がかりな建物がそびえているのに、それを建て、そこに住む人びとの矮小さが、建物の出で立ちにこれ見よがしに現われており、どうもミニチュアの家みたいだ、というのです。あまりにみみっちくて、家の中に入るには「身をかがめなくてはならない」（同頁）というのですから笑わせます。ガリバー旅行記のようですね。いや、空想の世界ではなく、現代のハコモノ都市再開発事業にピッタリの建築批評です。

こんなコミカルな調子で「卑小にする徳」の章は始まります。第2節からは、現代人の誇る「徳」に対して容赦なき批判が繰り広げられます。「ちっぽけな人間」の「ちっぽけな徳」を重んじることで人間はますます卑小になっていき、人類は進化、発展どころか退化し、縮小しつつある、というのです。人間の矮小さのたとえに使われる小動物――「雌鶏」、「ハリネズミ」（二八〇頁）、「ハエ」（二八三頁）、「シラミ」（二八五頁）――はいい迷惑です。

この章――だけではありませんが――のツァラトゥストラの批評は攻撃的で、しかも被害者根性たらたらです。自分が世間から警戒されていることに、痛々しいほど敏感である一方、自分を褒めそやす連中に対しても、あり余るほどの警戒心を示しています。

ツァラトゥストラあるいはニーチェの言い分は、自意識過剰で被害妄想だ、と診断したくなります。しかし案外、図星かもしれません。この章のような言いたい放題の大衆社会批判を――ニーチェの時代でもそうだったでしょうが――今日繰り出せば、煙たがられ、眉をひそめられ、そんな否定的なことばかり言うのは不毛だからやめなさい、と諭されます。年寄りばかりか若者たちまで、したり顔でそんな悟りすましたことを言う時代なのです。一〇〇年以上縮小し続けてきた人間は、今日どんなにか縮《ちぢ》こまっていることでしょう。逆に、「ニーチェの言葉」をいいとこ取りしてその心地よさを売り物にする自己啓発本にも事欠きません。しかも、「ニーチェの言葉」の激越さを猿真似するエピゴーネンの出現すら、ニーチェは見越していました（次々章参照）。ツァラトゥストラの放言は、たんなる自意識過剰にも被害妄想にもとどまらない現実味をおびているのです。

注意すべきは、この章で批判の俎上に載せられる「卑小にする徳」とは、遠い昔のお話ではなく、現代のわれわれが美徳として誇っている当のものだ、という点です。「安逸と折り合いがいい」この「慎み深い徳」（二八二頁）には、「従順さ」（二八三頁）という名前が付けられています。「卑小にする徳」とは、「従順さ」のことなのです。

ドイツ語のErgebungには、「服従、恭順、帰依、あきらめ」という意味があり、岩波文庫の氷上英廣訳では「信仰に「帰依する」」とか「（信仰の）忍従」と訳されていますが、現代人に信心はあまり似つかわしくないので、拙訳では「従順（さ）」と訳してみました。奉仕精神《サービス》を取り柄とする「善良な人」たちの卑屈なメンタリティのことです。

ツァラトゥストラは、「命令する者までもが、奉仕する者の徳を見せかけて善人ぶっている始末だ」と、従順さの徳の蔓延を表現して、「私は奉仕する、君は奉仕する、われわれは奉仕する（Ich diene, du dienst, wir dienen）」（同頁）と、動詞の活用形を唱えるように畳みかけています。なるほど今日でも、大衆に媚びる政治家や君主は、私たちの務めは国民のために奉仕することですと、しおらしく召使のフリをしています。

自分の強さや意志を人前で示すのは自粛したほうが賢明です。なぜなら「弱さ」こそ従順な者たちの取り柄なのですから。「善意があるだけ、それだけ弱さがあることが分かった。正義と同情があるだけ、それだけ弱さがあるのだ」（同頁）。――名言です。

弱さを認め合い、許し合い、かばい合い、慰め合う者たちは、自分たちの弱さを克服するどころか、ますます弱々しくなっていきます。けなげでか弱い彼らにとって幸福とは、ラクな状態でいられること、苦痛のないことです。「彼らが根っから一番欲しているのは、たった一つの単純なこと、つまり、誰からも苦痛を被《こうむ》らないことである。だから、誰に対しても先回りして親切を施してやるのだ」。――これまた名言です。お互い傷つけ合わずに無痛で安心して生きられることを目標にし、最大幸福の実現をみんなでめざす福祉社会では、従順さの徳が尊ばれます。それは「臆病」（同頁）や「凡庸」（二八四頁）ではないのか、と言い出す空気の読めない正直者がいれば、つまみ出されるのがオチです。

ツァラトゥストラは、自分が空気を読まずに言い散らかしていることに自覚的で、「従順さを説く教師たち」（二八五頁）から排除されることが分かっています。第3節では、その一種追い詰められた気持ちから、告発調が次第にエスカレートしていきます。「それにしても、私は何をしゃべっているのだろう。ここには、私の耳を持っている者など誰もいないのに」と二度呟いていますが（二八六、二八七頁）、これは話しぶりの転調を表わしています。自分が世の人には受け入れられないどころか、総スカンを食らうことを認めているのです。

皆さんは、この章を読んで最初どう感じたでしょうか。こんな言い種だけはしないようにしよう、孤立しないためには、と心に誓ったのではないでしょうか。こんな空振りの言葉ばかり言い散らかしているツァラトゥストラは、まだまだ修行が足りないな、と。

ともかく、ツァラトゥストラは最後に「大いなる正午」（二八八頁）という極めつきの言葉を口にします。太陽が真上に昇り午前と午後を分かつひと時、といった意味にとどまらない「超特大の真昼時」に何が起こるかは、よく分かりませんが、天から稲妻が走り、地上を大火が襲って街という街を焼き尽くし、卑小な者どもが破滅する、という黙示録的な地獄絵図の趣が「大いなる正午」にはあります。追い詰められたツァラトゥストラは復讐心に駆られて愚にもつかない妄想を抱くに至ったのでしょうか。謎のまま本章は終わります。

わが幸福を礼讃するいきな仕方――「オリーブ山にて」

この章は、第三部の中でも異色の章です。前置きなく独白が始まるところは、「日の出前」と同じですが、最後に「ツァラトゥストラはこう歌った」（強調は引用者）と締めくくられるのは、第三部では本章だけです。この章全体が自覚的に歌として、つまり散文詩として書かれているのです。それにしても、歌い手もしくは詩人の「私」とは、本当にツァラトゥストラなのか、それともニーチェ自身なのか、判然としません。前後の章では、ツァラトゥストラは帰路の途中、人間の世界を見聞しているという設定です。なのに、なぜ急に冬の日の一人住まいの侘びしさが歌い上げられるのか、定かではありません。

とはいえ、あまり難しく考えないほうがよいでしょう。一つの物語（または楽曲）が、一連の流れをなして進んでいく途中に、主要な筋とは明らかに趣の異なる小話（小曲）が挿《さ》し挟まれて、流れが一時ストップする、ということはあるものです。足踏みさせられてまどろっこしいと思うか、すき間をのんびり愉しむかは各人の自由です。第二部でも中ほどに間奏曲《インテルメッツォ》が三曲置かれ、どれも「ツァラトゥストラはこう歌った」と締めくくられていました。第三部前半のお休み処の本章にも、情感豊かな詩句が並んでいます。ニーチェが日々の身辺雑事を呟いていると見ていいかもしれません。独り身の仮住まいを続けた哲学者が、どんな日常を倹《つま》しく送っていたかが、目に浮かぶようです。

それにしても、この章にはいくつもの不思議があります。著者自身の私生活を偲ばせるような文章が、この箇所に紛れ込んでいることは措くとして、なぜ冬なのか、なぜ山の上なのか。厳しい冬になぜわざわざ高所に赴くのか。そして最も謎なのは、タイトルです。なぜ「オリーブ山（Oelberg）」なのでしょうか。

エルサレムにある小さな山で、オリーブ畑があったと伝えられる「オリーブ山（橄欖山《かんらんざん》）」は、聖書に出てくる地名です。『ルカによる福音書』（二二・三九―四六）では、捕えられる前夜にイエスが弟子たちと登り、神に孤独な祈りをささげた場所だとされています。「神を失くした者（der Gottlose）」を名乗るツァラトゥストラ゠ニーチェが、なぜそのオリーブ山に登っているのか、わけが分かりません。もっとも、オリーブ畑の広がる山は南欧各地にあるので、あまり気にしなくていいのかもしれません。

分からないことだらけですが、歌の主題は明確で、「冬の寒さ」がテーマです。急にやってきては居すわっている無愛想な来客に手を焼き、ぶつくさ小言を言いながら、「私」はその冬の寒さがまんざら嫌いでもないようです。それどころか感謝すらしています。「彼がやって来ると、ハエどもは一掃されるし、多くの雑音は止んで静かになるから」（二八九頁）と。――虫嫌いというより、騒音が嫌いなようです。

静穏を好み、騒音を厭うのは、思索の邪魔をされなくてすむからです。つまり「私」は何をやっているのかと言えば、一人孤独に思索三昧の日々を過ごしているのです。

暖気よりも冷気を好むのも、思索者にとって暖かい部屋よりは寒々とした部屋のほうが好適だからです。「甘やかされた者たちのように、赤々と燃える太鼓腹のストーブを偶像視して拝んだりするものか」。「偶像を崇拝するくらいなら、歯をガチガチ言わせて、少々凍《こご》えるほうがまだましだ」（同頁）。——寒い寒いと暖をとるために、だるまストーブの前でしきりに手を合わせるのは、ストーブを信心深く拝んでいるようでイヤだから、そんな偶像崇拝はやらない、というのです。ただのやせ我慢に見えますが、夏より冬のほうが明澄な思考に集中できると考えれば、凍える寒さも捨てたものではありません。

一人静かに思索を満喫できる「私の幸福」は、世の人から見れば、世間に見捨てられた惨敗者の不遇そのものです。「ベッドで這いつくばっても、大いに嗤う」（同頁）とありますが、調子が悪くて寝込んだりしてもへっちゃらだ、と意気がっています。「私の貧しさに」「恋い焦《こ》がれている」（二九〇頁）というのも、清貧と言えば聞こえはいいですが、裕福にあこがれる普通の人びとに逆行して、素《す》寒貧《かんぴん》という不幸を求めていることになります。「不本意な幸福」の章での、夜通し「不幸を待っていた」（二七二頁）心境を思わせます。

続いて、「日の出前」の章と同じく、本章でも「空がついに明け初《そ》めるその時」が描写されますが、ここでは、雲一つない晴天どころか、分厚い雲に覆われた厳冬の早朝です。曇天のすき間から青空がわずかに窺える程度で、太陽は隠れたままです。そんな「寡黙」（二九〇頁）な冬空の連想から、「沈黙」についての考察が展開されます。

それにしても、有ること無いこと饒舌にまくし立てる「私」は、「沈黙」とは程遠いように見えます。しかし、そこには高度の技術が駆使されているのだ、というのです。「沈黙によって自分の本心を漏らすことのないよう、私の沈黙は心得ている。これぞ、私の最も好きな悪意と技術にほかならない」（二九一頁）。下手な沈黙や隠し立ては、芸なく本心を暴露してしまう。逆に、あっけらかんと語る者のほうが奥底を見破られることがない、という忍術です。「明るくて、実直で、透明な人びと――そういう者たちこそ、私に言わせれば、最も利口な沈黙者なのだ」（二九一―二九二頁）。正直に語ること自体、黙秘の作法なのです。

しかし、だとすると、ここで「私」があれこれ語っていることも、隠し立てをするため、奥底を見破られないようにするため、だということになりそうです。そういう仕掛けが張りめぐらされていると明言されているのですから、用心しなくてはなりません。それにしても、そんな秘密まで洩らしてしまっていいの、と心配したくなります。

では、どんなカモフラージュが仕掛けられているのか。そう、冬の寒さにじっと耐えて暮らす独り身の殺伐たる生活という、本章の設定自体が、「私の幸福」を隠し立てする仕掛けなのです。世間的には、侘びしく寂しく悲惨で不幸な世捨て人の孤独な日常が記述されることで、見えなくされるのが、「私の幸福」という「黄金」（二九二頁）なのです。

そうはいっても、「私の幸福」という言葉は三回も出てきますし（二八九、二九二、二九三頁）、隠し立てするどころか見せびらかしているかのようです。しかし、世の人はそうは受け止めず、やせ我慢と解し、「かわいそうな人」と同情を寄せてきます。「私の幸福」はまったく理解されないままです。

下手に理解されたら、「嫉妬」されるのがオチだから、むしろ誤解され、同情されたほうが賢明なのだ、というのです。「彼らの嫉妬が、私の幸福にどうして我慢できるだろうか」。「だから、私は彼らには、私の山頂の氷と冬の世界だけを見せてやろう」（二九二頁）。つまり、本章が「冬の寒さ」を主題にしているのは、「私の幸福」をありのままに見せつけつつ、かつ見えないようにさせる巧妙な仕掛けだったのです。

そんな幸福があるのか――と読者が訝しむのは当然です。まさにそう読まれるよう仕掛けられているのですから。しかし、本章で語られている、いや謳《うた》われているのが、「観照的生《テオーリア》」の幸福だとすれば、それはまさに哲学者たちが古来語ってきた由緒正しき境涯なのです。思索に純粋に励み、何にも邪魔されないで集中できること、思索一筋の生活こそ、思索者にとって快楽の泉であり、極楽なのです。だとすれば、じつはニーチェは哲学者としてごくまっとうなことを述べているだけなのです。

4 「通り過ぎるということ」と「離反した者たち」

ツァラトゥストラを真似する阿呆――「通り過ぎるということ」

隠者の隠れ身の術の極意が披露された高レベルの詩篇の次には、奇妙におちゃらけた章が配されています。ただし、ツァラトゥストラが大都会に立ち寄って人間界を見聞するという設定としては、「卑小にする徳」の続きです。むしろ「オリーブ山にて」のほうが異色と言うべきです。お待ちかね、「ツァラトゥストラのサル」の登場です。

ツァラトゥストラが、自分のエピゴーネン（亜流、模倣者）に出会い、目の前で口真似をされ、迫真の演説を聞かされる、という巧みな筋立ては、自省と諧謔に富んだ物語の屈折度を示して余りあります。これまで述べてきたように、『ツァラトゥストラはこう言った』の登場人物は、多かれ少なかれ主人公の「分身」だと考えられます。第三部で活躍する「重さの地霊」もまさにそうでした。動物や物の怪《け》まで含めて、多彩なキャラクターとの対話は、ツァラトゥストラ自身の自己内対話と解せるのです。鏡で自分の姿を見せつけられるかのような本章には、屈折した形での自問が幾重にも織り込まれています。世の人に自分がどう見られているかを、主人公はこれ見よがしに突きつけられ、暗然とします。

それにしても、この「おどけ者・阿呆（Narr）」（英：fool）は、ツァラトゥストラのお株を奪うほど、辛辣で威勢のいい大衆社会批判を繰り広げます。本家もあきれるほどのそっくりさんです。それどころか、どこが違うのか、と言いたくなります。とりわけ、第一部の「市場のハエ」や、第二部の「汚い奴ら」の章との近さは覆うべくもありません。いや、それを言うなら、二つ前の章「卑小にする徳」の論調と似通っていますし、じっさい、同じセリフが出てきます。「私は奉仕する、君は奉仕する、われわれは奉仕する」というあのセリフです。しかし、同じ文章だからこそ逆に、それが語られている文脈、含意の違いがよく分かる、ということもありそうです。

①「「私は奉仕する、君は奉仕する、われわれは奉仕する」――ここでは支配者たちまでもが偽善

ぶって、こんなお祈りをする。――第一の主人が、第一の召使どまりだなんて、ひどい話だ」（「卑小にする徳」二八三頁）。

②「「私は奉仕する、君は奉仕する、われわれは奉仕する」――有能な徳はそろって、王侯貴族を仰ぎ見ては、こうお祈りをする。ゆくゆくは功労の星形勲章が授けられ、この痩せた胸に輝いてくれますように、と」（「通り過ぎるということ」二九六頁）。

②では、王侯貴族に取り入ってあやかろうとする「お上《かみ》に追従する媚《こ》びへつらい」（同頁）の徒が、俎上に載せられています。卑屈さを売り物にしてのし上がろうとするありがちな出世願望です。これに対して①では、命令する立場のはずの支配者たちまでもが「奉仕する者の徳」（二八三頁）、つまり「従順さ」の徳を身につけて、人民の召使役を買って出る始末だ、というのです。その名に値する「王侯貴族」など、もはやどこにもいません。平等が行き渡る社会は、上も下もなく万人が奉公人としてサービス業に従事するのです。

いや、②でも、「だが、月にしても、およそ地上的なものの周りを回っているだけだ。王侯貴族にしても、万物のうちで最も地上的なものの周りを回っているだけだ。――要するに、商人どものカネの周りを、だ」（二九六頁）と続いている、と言われるかもしれません。しかしこれまた、ありがちな商業主義、金儲け主義という話題です。王侯貴族が偉そうにしても、そのじつ、社会を牛耳っているのは商人どもだ、という論点です。

このように「ツァラトゥストラのサル」は、類型批評をただ並べているだけです。大都会の腐敗ぶり、新聞に代表されるジャーナリズムの軽薄さ、出世狙いの卑屈な奉仕精神、しょせんカネがすべてだ式の経済至上主義、そしてふたたび大都会の腐敗ぶり。口ぶりは激越ですが、どこか他人事のように社会の堕落ぶりを並べ立てています。

何が足りないのでしょうか。そのような腐り切った社会に身をうずめ、社会を悪しざまに言うことで当の社会に寄生している、自分自身のあり方への反省が欠けているのです。自分というものがないまま、ひらひら批評して得意になっているだけです。

ツァラトゥストラは、カエルのようにケロケロ鳴き、ブタのようにブーブーわめき、そのあげく、「そんな大都会には唾を吐きかけて、引き返すがいい！」（二九七頁）と、親切に自分に警告する「虚栄のおどけ者」（二九九頁）に、こう言い返します。では、「なぜおまえは自分自身に警告しないのか」（二九八頁）と。都会がそれほど腐り切っているというのなら、そんな腐敗した巷などさっさと去り、清浄な「森の中」、「大地」、「海」、「島々」（同頁）に赴けばいい。それなのに、なぜ恋々《れんれん》としがみついているのか、と問いかけるのです。

ツァラトゥストラはさらに、自己批判を欠く批評精神の痛いところを突きます。おまえが社会をそこまで告発するのは、「誰もおまえにろくろくお世辞を言ってくれなかったからだ」（同頁）。本当は、社会から評価してもらいたくてたまらないのに、評価してもらえないことの恨み、無念さを晴らしたいという復讐根性のはけ口として、社会に対して文句を言っているだけだ、というのです。社会批判がエスカレートするのは、義憤のように見えて、そのじつ、仕返しの口実を見つけ嬉しくなってつい興奮し激昂しているのだ、と。第二部の「大いなる出来事」の章に出てきた弱者のルサンチマンが思い起こされます。

このように見てくれれば、ツァラトゥストラとその亜流との違いは明らかなようですが、果たしてそう言えるでしょうか。ツァラトゥストラ自身にはそういう復讐根性がないと、誰が言い切れるのでしょうか。「卑小にする徳」の章の終わりのほうで、「それにしても、私は何をしゃべっているのだろう。ここには、私の耳を持っている者など誰もいないのに」と二度も洩らし、口吻がエスカレートしていったのは誰だったか。

この章でも、最後に「大いなる正午」のヴィジョンが語られます。「こんな大都会にわざわいあれ！――この町を焼き尽くす炎の柱を、私は見てみたい」（二九九頁）。これは相当ひどい呪いの言葉です。いくら「祝福できない者は、呪うことを学ぶべきだ」（二七五頁）としても。

ですから、ツァラトゥストラとその亜流との違いを確認して、まちがいさがしの解答を見つけられたと安心するのは早いのです。自己反省を事とする批判精神の内部では、その違いはたえず流動化し、自問がつねに突きつけられざるをえません。

じっさい、世の人びとには、ツァラトゥストラとそのそっくりさんとの違いは分かりません。なんかヘンなことを言って社会に楯突いている連中という点では、一緒なのです。そのことにも、ツァラトゥストラは自覚的です。ですから、「ため息をつき」、もう処置なしと諦めて、そそくさと大都会を去るのです。「愛することがもはやできない場合、われわれのなすべきは――通り過ぎるということだ！」（二九九頁）と捨てゼリフを残して。

では、ツァラトゥストラのサルの登場は、笑ってすませられる場面かと言えば、そこには、笑うに笑えぬ現実味が含まれています。なぜなら、まさにニーチェの告発調を真似たエピゴーネンともおぼしき大衆煽動が、二〇世紀の政治的舞台に現われたからです。ムッソリーニはニーチェの心酔者だったと言われますし、ヒトラー率いるナチ党もニーチェの著作を自分たちの都合のいいように流用し、「権力への意志」を肯定する政治宣伝を行ないました。それはたんに哲学説が悪用されたというだけではすまない問題をはらんでいます。今日で言えば、ヘイトスピーチの攻撃的プロパガンダを思わせるような過剰な煽情性が、ツァラトゥストラのサルの街頭演説、とりわけその最後のほうの絶叫には見られないでしょうか。そこにも何かしら「ツァラトゥストラかぶれ」、もしくは「ニーチェ主義」の生み出したものがうごめいているとすれば、どうでしょうか。

おそらくニーチェはそのことにも自覚的でした。自分の書き残したものがやがてエピゴーネンを生み出すことを予期していたのです。その自覚をこの章は雄弁に物語っています。後代へのそうした影響がニーチェにとって本意ではなかったことは、ツァラトゥストラが自分の亜流に出会って、愕然として立ち去るという本章の結末に示されている通りです。しかし同時に、そのような副産物を自分の著作と思想がいずれ生み出すことは避けがたい、とニーチェが考えていたこともたしかなのです。

神々は笑いこけて死んだ――「離反した者たち」

ツァラトゥストラは、山中の洞窟に帰る道すがら、大都会の街並みと住人たちのスケールの小ささに呆れたり、自分の口ぶりを真似る道化に出会って気持ちを暗くさせたりと、人間観察に余念がありません。もうすぐわが家に着くその前には、以前長逗留《ながとうりゅう》した町「まだら牛」を再訪します。第一部の舞台となったその場所で、かつて自分の教えを説いて聞かせた弟子たちに再会します。ところが彼らは、ツァラトゥストラの教えを忘れ、あるいはそこから逃げ、多かれ少なかれ変節していました。志をともにし理想を熱く語り合った当時の感激は何だったのか。教師としては残念な展開ですが、妙に老成した元教え子にそっぽを向かれるというのはよくある話です。前章で「通り過ぎるということ」をモットーとしたツァラトゥストラとしては、気にするまでもないことのはずです。

しかしどうも、それで済む話でもないようです。ツァラトゥストラは妙に傷ついています。これはどういうことでしょうか。

第一部の最終章「惜しみなく与える徳」では、「まだら牛」での滞在を終え、山に戻るツァラトゥストラが弟子たちと別れる場面が描かれていました。杖を記念品に贈られた先生はお礼をこめて生徒に惜別の辞を贈ります。これからは自分の教えを鵜呑みにせず、容赦なく批判して乗り越えていってほしい、と。若者たちを激励する感動的なシーンです。ところが、数年後にその町に立ち寄ると、自分が大切にしてほしいと願った「勇ましさ」（三〇〇頁）、「勇気」（三〇一頁）を弟子たちは忘れ去り、「臆病者」（同頁）に成り下がっていたというのですから、ガックリです。

少し前の「不本意な幸福」の章でも、「私の子どもたち」の成長に希望を託す真情が吐露されていました。この間まで（つまり第二部で）ツァラトゥストラが「至福の島」で共同生活を送って鍛え上げた弟子たちも、同じように離反していくのでしょうか。だとすれば、ツァラトゥストラの教えが継承されていく可能性自体、怪しくなります。

次世代を育成する世代出産性《ジェネラティヴィティ》をどう発揮していくべきかが、教育者という面をもつ主人公にとって切実な課題であったことは、第四部でいっそう浮き彫りとなります。そこでは、ツァラトゥストラの過激な教えを自己流で体得したせいで世の中からズレまくってしまった奇人変人たち――「高等な人間」と呼ばれます――が、ツァラトゥストラの洞窟に集まって宴会《シンポジウム》を繰り広げます。無礼講の果てには、ロバを礼拝する「ロバ祭り」まで繰り広げる始末です。どこまで本気か測りかねるドタバタ喜劇ぶりですが、本書がそのように弟子育成問題を抱えながら最初から最後まで展開していくことはたしかです。

ツァラトゥストラが、自分の考えを理解してくれる「道連れ」を探し求めて、「友」と呼び合う若者たちと交わり、彼らに自分の後継者として将来を託そうとする、という筋立ては、本書の基調の一つを形づくっています（生涯独身だったニーチェも世代出産性の不調に悩んでいたことが窺えます）。そのような流れの中に、弟子たちが離反しているのを目撃してツァラトゥストラが苦い思いを味わうという筋書きを位置づける必要があります。

ツァラトゥストラは、元「信者」たちが、自由精神をすっかり忘れて「転向」し、世間に寝返ってしまっている姿を目にして、未練がましく嘆き、よせばいいのに毒づいています。旧師のその姿は、以上のように考えれば、なかなか切ない場面なのです。

ところで、ツァラトゥストラの次世代育成志向のように、本書の全体を貫くテーマは、その他にもいくつかあります。その中の一つ、いや本筋中の本筋とも言うべきテーマが、「離反した者たち」の章に出てきます。「神の死」です。

この最重要テーマが本書でどう扱われてきたか、復習しておきましょう。

ツァラトゥストラは第一部の「序説」で、「神は死んだ」（二一頁）とさっそく述べ、それとの連関で「超人」思想を打ち出します。そして、それが第一部全体を貫く思想となります。神は死んだ――からといって、人間が最高位の存在だとうぬぼれてはならない。それでは現状維持もおぼつかない。さらなる高みをめざすことが肝要だ。だから――「私は君たちに、超人を教えよう。人間とは、克服されるべきものなのだ」（二二頁）。「序説」でこう切り出され、第一部最後の章「惜しみなく与える徳」は、こう結ばれます。「すべての神々は死んだ。今やわれわれは、超人が生まれることを欲する」（一三二頁）。

また、第二部の前半には、「同情者たち」という近代道徳批判の章があり、そこではこう言われていました。「悪魔がかつて私にこう言った。「神にだって神なりの地獄がある。それは人間への愛だ」。／ついこのあいだも、私は悪魔がこう言うのを聞いた。「神は死んだ。人間に同情したおかげで、神は死んだのだ」――」（一四八頁）。

「神は死んだ」と言われれば、すぐこう聞き返したくなります。「ではその死因は？」と。これには諸説紛々たるものがありそうですが、「同情者たち」の章では「神は人間に同情したために死んだ」という答えがあてがわれていました。この「神の死因＝同情」説は、第四部でモットーに掲げられ、二通りの仕方で究明されます。第四部の読みどころと言える「失業」と「最も醜い人間」の二章は、この「神の死因」究明にあてられるのです。先回りしておくと、神の最期を看取った「老法王」の証言によれば、神は老衰したあげく、人間に対する同情をのどに詰まらせ、窒息死したそうです。もう一人の証人である「最も醜い人間」は、かわいそうと同情されるのが死ぬほどイヤで、人間たちから逃げ出したのに、どこまでも追いかけて同情してくる超おせっかいな存在がいて、どうしても許せなかったから、その復讐ゆえに自分が神を殺した、と告白します。

両立しがたいこの二通りの証言は、「神の死」の謎をますます深めるのですが、妙に納得してしまいます。真相はまさに「藪の中」です。そして、そのように全編を通じての息の長いテーマ追究の途上に、「離反した者たち」の章も位置づけられるのです。

この章のタイトル "Von den Abtrünnigen" を強く訳せば、「背信者、棄教者」となります。しかし、彼らはツァラトゥストラの教えに背いて、むしろ「信心深い人、信仰の篤い人」に戻ったのですから、「離反した者たち」と訳してみました。

とくに第1節は、先に見た通り、かつての弟子たちに会おうと懐かしい町を訪れてみると、「われわれは信心深さを取り戻した」（三〇〇頁）と開き直る平信徒になり果てているのを見出し、ツァラトゥストラがっかり、という内容です。ここでは、ツァラトゥストラの数ある教えのうち、伝統宗教に対する反逆、という意味での自由精神が問題になっています。そういえば、「卑小にする徳」の章でも、「ツァラトゥストラは、神を失くした不敬の輩だ！」と叫ぶ「従順さの説教者」に対して、「その通り、この私こそツァラトゥストラ、神を失くした者にほかならない」（二八五頁）と真っ向から自任するくだりがありました。

「われわれは信心深さを取り戻した」という転向の言葉は、第2節の最初で繰り返されます（三〇二頁）。一種の信仰告白ですが、回心というほどのものではなく、要は反動です。過激な自由精神から足を洗ったことを取り繕う世知辛い居直りにすぎません。

「夜行性の鳥」、「臆病ネズミ」、「小さな蛾《が》」（三〇三頁）、「十字架グモ」（三〇四頁）といろいろたとえが出てきて、しおらしく神様にお祈りを捧げる「信心家」（同頁）の小心ぶりが揶揄されます。ここではもはや、元弟子だけでなく、「神の死」後になお信仰にすがって安穏に暮らせると信じ込んでいる人間類型が列挙されます。なかでも、「夜警」になった二人の老人が、旧来の宗教の問題点について、夜遅くひそひそ声で交わした密談の聞き取り記録（三〇五―三〇六頁）は、噴飯物のようで、じつに意味深長です。まとめるとこうなります。

1 神は、父親としての製造物責任を果たしていない。（創造主の問題）
2 神は年老いて、やる気がなくなっている。（既成宗教の老朽化）
3 「神による人類創造」説や「神の子イエス」説は、証明不可能。（教条主義）
4 不合理なことを信仰でごまかしている。（反知性主義）
5 信じてもらうことで救われているのは神自身。（既得権益確保）

啓蒙主義が進行すると、宗教の側でも伝統的教義を維持できないことが否応なく明らかとなり、落ち目を自覚して気に病んでいる宗教関係者の心配ぶりが、滑稽で、つい笑ってしまう、というのです。他人事めいた冷笑に見えて、必ずしもそうではありません。近代の懐疑精神が、宗教の内部深くまで侵入し、信仰心を根元から蝕《むしば》んでいるという診断は、その奥底を覗き込もうとする者にしかできません。没落しゆく宗教の体《てい》たらくを、突き放して実地検分する作業は、ただの宗教否定ではなく、あくまで宗教批判なのです。
宗教批判の含意は、この章の最後で明らかとなっていきます。
「古い神々はもうとっくに終わりを迎えた」(三〇六頁)。――これは、「神は死んだ」と同じことを言っているように見えますが、すぐさま、神々は「うるわしくおめでたい最期を立派に遂げた」(同頁)と言い換えられます。さらに踏み込んで、こう説明されます。

神々は「たそがれて」死んだのではない。――それはまことしやかなウソだ。いやむしろ、彼らもいよいよ死ぬことになったのは――大笑いしたからだ。(同頁)

ふつうここは、かつての同志ヴァーグナーの楽劇『神々の黄昏』に対するニーチェの当てこすりであり……云々と解説を施される箇所ですが、そんなゴシップ的なことよりよほど重要なことが言われています。なにしろ、「神々は笑いこけて死んだ」という新説――かなりの珍説――が披露されているのですから。ではいったい、神々が大笑いしすぎて絶命するほどおかしかった笑いの種とは、何だったのか。続きはこうです。

事の起こりは、神を失《な》くするきわめつけの言葉が、一個の神自身から発せられた時だった。――その殺し文句はこうだ。「唯一の神のみが存在する。私以外の何者をも神としてはならない」。――

――ひげを生やした年寄りの神がひとり、怒りに燃え、嫉妬のあまり我を忘れて、そう言い放ったのだ。

そのとき、神という神が、腹をかかえて笑い、椅子ごと身をゆすぶって、こう叫んだ。「神々なら存在するが、唯一の神など存在しない。まさにこれこそ神々《こうごう》しさというものではないか」。

（三〇六―三〇七頁）

神々の宴会に呼ばれたユダヤの神ヤハウェが、やおら「神は私一人だけだ！」と言ってのけたので、神々一同、最初は目が点になったが、次の瞬間どっと大笑いになり、いつまでも哄笑が止まらなかった――そんな笑劇的光景が目に浮かぶようです。この場合、舞台はオリュンポス山の雲上御殿のようですが、そうでなくても、古代日本の八百万《やおよろず》の神の河原の集会場（もしくは七福神の船の中？）でもよさそうです。

多神教の世界観は、古来世界中の民族が抱いてきた、人類に普遍的な観念です。それに比べると、「唯一の神のみが存在する」という一神教の考え方は、よほど変わっています。そういう途轍もない発言が、その発言者の「怒りに燃え、嫉妬のあまり我を忘れて」ポロッと出た自己中心的妄言であることが、あまりに見え見えで、そのアホくささに、神様がみんなして大爆笑したというのです。

そうか、一個の神のトンデモ発言が災いして神々は絶滅したのだな――と納得するのは、早すぎます。だって、こう言われているのですから。「神々なら存在するが、唯一の神など存在しない。まさにこれこそ神々《こうごう》しさというものではないか」。つまり、唯一神などという偏狭な独善的観念は、「神を失くするきわめつけの（gottlosest）」瀆神《とくしん》的言辞というものであり、それに比べれば、唯一の神など存在しないと考えるほうが、よほど「神々しさ・神らしさ（Göttlichkeit）」というものだ、と。だとすれば、こうなるでしょう。「神は死んだ（Gott ist todt）」が「単数形の神は存在しない」という意味なら、その主張は、「複数形の神々は存在する」ことを排除しない、と。笑い死にした程度であれば、神々はまたケロッと生き返るに違いありません。

そう考えられるなら、ニーチェが執拗に異議を申し立てたのは一神教に対してであって、多神教に対してはおおらかだったということになるでしょう。古代ギリシアを心底愛したこの元古典文献学者は、ギリシアの神話的世界の住人になりたくてうずうずしていたことはあっても——その願望の表われが「超人」思想だったのかもしれません——、ギリシアの神々は死んだ、などと言い捨てる無粋な趣味は持ち合わせていませんでした。

そうはいっても、一神教は否定し多神教を肯定したのがニーチェだと割り切って済ますわけにもいきません。先ほど引用したように、「惜しみなく与える徳」の章の最後では、「すべての神々は死んだ」と言われており、単純な話ではないのです。もちろんこれを、ニーチェは支離滅裂にそのつど言い散らかしているだけと見るのも違います。「神は死んだ」という言葉の意味を突きつめて考えると、さまざまな見地がありえ、それに応じて、一見すると同じ事態が、異なった様相でもって、それどころか、互いに打ち消し合うような相矛盾した相貌でもって、立ち現われてくる、ということなのです。これを、ニーチェの「遠近法（Perspektive）」と呼ぶこともできるでしょう。

少なくとも、「神は死んだ」は一見分かりやすそうで、その含意を探り始めると思いもよらないほど広がりのある言葉だということが分かります。その一端が、この「離反した者たち」の章の最後に出てくる「神々は笑いこけて死んだ」説なのです。

5 「帰　郷」

孤独にも二通りある

「帰郷」の章は、第三部の真ん中に位置しています。人間界に立ち寄って、あちこち油を売っていた主人公でしたが、ようやく山中のわが家に戻ります。

この場合、「帰郷」というタイトルの訳はちょっと強すぎると思われるかもしれません。ツァラトゥストラは三〇歳のとき「故郷（Heimat）」と「故郷の湖」を捨てて山に入った、と第一部「序説」の冒頭には記されていました。以来かれこれ十数年にわたってその山を根城としているとはいえ、その洞窟が「故郷」だとは言いがたいからです。だとすれば、タイトルの“Die Heimkehr”を、あっさり「帰宅」もしくは「家に帰る」と訳したくなってきます（「放浪のトラさん、家に帰る」とでもすれば、昭和映画のようです。家族同然の「私の動物」、つまり鷲と蛇がずっと待っていたわが家に戻り、「お帰り、トラさん」と迎えられるあたりも、なんだか似ています）。

しかし、本文を読むとさっそく、この章では「故郷」が問題となっていることが分かります。ですから、この章のタイトルはやはり「帰郷」と訳さなくてはなりません。つまりこの場合、ツァラトゥストラが帰り着いた「故郷」とは、山中の洞窟という特定の場所を指してはいないのです。では、何を指すのか。最初の一文に出てきます。「おお、孤独よ。あなたはわが故郷だ」（三〇七頁）。そう、ツァラトゥストラにとっての「故郷」とは、「孤独」なのです。主人公が、やっと一人きりの静かで落ち着いた状態に戻ることができてホッとしたという心境を自分自身に向かって語っているのが、本章の内容なのです。

そう考えると、この章のテーマは「孤独」だということが分かります。著者はここで「孤独」とは何だろうか、とみずから考え、また読者に考えさせようとしているのです。

孤独が故郷だとは、また大げさな話だ、だいいち、孤独なら、わざわざ山に籠《こも》らなくたって、いつでもどこでも味わえるものじゃないかと、そう思われるかもしれません。そう、ひとがいつもそれと隣り合わせで生きている近しいもの、それが孤独です。だからこそ、あまりに身近すぎて、孤独とは何か、などとは考えないのが普通です。それに、ひとは孤独をできれば避けたいものだと考えますから、それに面と向かうことはまれです。

だからこそニーチェはあえて、孤独とは何か、と問うてみようと提案しているのです。ニーチェの見通しからすると、孤独はたんにマイナスのものではないようです。「故郷」と言われている以上、孤独は、少なくともツァラトゥストラにとって、自分がそこから発し、そこへ立ち戻るべき場所、おのれの原点という意味をもっています。しかも、そこに至り着くには相応の苦労や努力が必要な、そうやすやすと手に入れることのできない高みだと解されています。ツァラトゥストラがそこに到達するには、長旅が必要でした。そして、ようやく辿り着いた今、ああよかったと、しみじみ胸をなで下ろしているのです。

そのような孤独の積極的意味づけは、いかにして可能か。このことをツァラトゥストラ自身が自己吟味しているのです。まさに孤独のただ中で。

孤独の中で孤独について自己反省する——となると、それは当然、独り言になります。これをたんなる呟きにしないために、ニーチェは孤独そのものを一個の対話相手であるかのように描いています。これは、一つには、物語としてそういう対話形式のほうが読みやすいからです。なかなかのサービス精神です。しかしそれだけではありません。孤独とは自己との対話なのだ、という理解が基本に据えられているのです。

ツァラトゥストラは「あなた」と呼びかけていますが、誰か別人がそこにいるわけではありません。ここでパートナーに擬せられている「孤独」とは、ツァラトゥストラという私の中の、もう一人の私です。なるほど孤独においてひとは誰でも——黙ったままで——自分と対話を交わします。じつに『ツァラトゥストラはこう言った』全体が一個の壮大なモノローグとも言えるほど、主人公（そして著者）の自省癖は強烈ですが、本章ではまさにその内面への沈潜が中心テーマなのです。

孤独にあっては、各自の内面に「一者の中の二者」とでも形容できそうな、ふしぎな複数性が成立し、私は私自身と親密な対話を繰り広げている。そうだとすれば、孤独も捨てたものではないし、いやそれどころか、反省を事とする者、自己吟味に生きる者にとっては、むしろ本来のあり方なのだ。そうニーチェは言わんとしています。そして、自己省察という主題がここで前面に出てくるのはなぜかといえば、ツァラトゥストラはこれから、つまりこの物語の第三部後半で、みずからの思索をいっそう鍛え上げ、深化させようとしているからです。永遠回帰思想の全的肯定に行き着くその自己鍛錬のためには、一人きりになって、自分一人で考え抜くことがどうしても必要だ、と考えられているのです。

第三部の真ん中で、孤独に立ち戻ったツァラトゥストラが、その自分の孤独と対話する、という設定になっているのは、以上のように理解できます。「孤独」を意味するドイツ語 Einsamkeit がこれまた女性名詞であることから、ニーチェは「孤独」を、母親のような存在に見立てています。わが子を躾《しつ》けるために時には叱ったりする厳しさを持ち合わせつつ、優しくて包容力のあるおっ母《か》さんのようなものだ、というのです。

おっ母さんは何でもお見通しですから、風来坊の息子の行状をあれこれ並べ挙げていきます。最初に回想される「かつて私のもとから暴風のようにさっさと飛び出していった」（三〇七―三〇八頁）というのは、第二部最初の章「鏡をもった子ども」の章を承けています。第一部が終わり、いったん下界から山に戻ったものの、孤独からまた抜け出て、つまり私のもとを去って、再び下山していったのは、誰あろうあなたでしょ？と、相手を一寸《ちょっと》なじりつつ、よく帰ってきたねと寛大に迎え入れているのです。

お帰りなさい、世の中はさぞ大変だったでしょう、と母親役の孤独はツァラトゥストラの苦労をねぎらいます。そして、その渡世人《とせいにん》のつらさの核心を、ズバリこう言い当てます。「あなたは多数の者たちのもとに一人でいたとき、私のもとにいたときよりも見捨てられていた」と。これを言い換えているのが、本章の主導命題となる次の文章です。「見捨てられていることと、孤独でいることとは別物です」（三〇八頁）。

「見捨てられていること（Verlassenheit）」と「孤独でいること（Einsamkeit）」とは別物である――これが、本章の孤独論の中心テーゼです。

ドイツ語のVerlassenheitは、「見捨てられて一人ぼっちでいること」を表わし、その意味でまさに「孤独」です。つまりここでは、二通りの「孤独」が区別され、対比されているのです。ふつうこの二つのあり方は「孤独」という一語で言い表わされ、一緒くたにされているけれども、そこには正反対ともいえるほどの違いがあり、混同されてはならず、両者を明確に区別する必要がある、というのです。そこで、ツァラトゥストラが「見捨てられている」状態にあったこれまでの場面が、列挙されていきます。その回想が同時に、物語の筋の再確認ともなっています。ただしそれに先立って、まず「孤独でいること（Einsamkeit）」の基本的あり方が説明されます。

「ここでは」――つまり孤独においては――、「あなたはわが家にいて、くつろいでいられるのです」（同頁）。そういうアットホームな状態を「孤独」と訳すと――ふつうそう訳されるので仕方ないのですが――ネガティヴな印象が強すぎるかもしれません。ですから、「独居」という訳語もありうると思います。

見捨てられていることの経験

じつは私は別の訳書で、「見捨てられていること（Verlassenheit）」と対比されたEinsamkeitを、「独居」と訳しました。ニーチェの著作ではありません。ハンナ・アーレントの哲学的主著『活動的生

（*Vita activa oder Vom tätigen Leben*）』（みすず書房、二〇一五年）です。この書の第一〇節では、まさにこの二通りの「一人でいること」が区別され、後者のEinsamkeitは「自分自身と一緒に居ること」と解されており、「独居」という訳が適しています。ちなみに英語版『人間の条件（*The Human Condition*）』では、lonelinessとsolitudeという英語で区別されています。「ロンリネス／ソリチュード」の対比は分かりやすいですね。

アーレントがこの二通りの孤独を区別しているのは、ほかでもなく、ニーチェに学んだからだと推察されます。アーレントは当該箇所で明言してはいませんが、『アーレント＝ブリュッヒャー往復書簡』所収の一九四九年一二月一五日付のブリュッヒャーのアーレント宛書簡に、ニーチェの言葉として「ひとりでいること（Einsamkeit）と見捨てられていること（Verlassenheit）とは別ものだ」という一文が出てきます。この仲良し夫婦の間では、かねてより『ツァラトゥストラはこう言った』のこの箇所が話題になっていて、それがのちの『人間の条件』（『活動的生』）第一〇節の孤独論として現われ、ひいては晩年の『精神の生』第一部『思考』の「一者の中の二者」論として結実した、と考えられるのです。

それだけではありません。Verlassenheitという語は、アーレントの別の代表作『全体主義の起原』でも重要な概念として登場します。「見捨てられていること」という大衆社会の根本経験が全体主義の温床になったというのですから、聞き捨てならない話です。さらには、アーレントのかつての先生マルティン・ハイデガーの重要遺稿『哲学への寄与論稿』にも、Seinsverlassenheitつまり「存在に見捨てられていること」という言い方が、キーワードとして浮上しています。そしてそれは、ニーチェの用語「ニヒリズム」のハイデガーなりの言い換えなのです。ハイデガー、アーレントどちらの用語法でも「見捨てられている」という語義がポイントになっています。Verlassenheit をあっさり「孤独」と訳してしまうのが惜しいゆえんです。ただし、いずれも「孤独」が問題であるのは間違いありません。

さて、どういう訳語を採用するかはともかく、一人でくつろいで自己内対話に励んでいるさまを意味する Einsamkeit との対比において、Verlassenheit とはいかなる状態を表わすのでしょうか。ツァラトゥストラの話相手役の「孤独（Einsamkeit）」は、ツァラトゥストラよ、あなたが経験した次のような場面のときに、あなたは「見捨てられて（verlassen）」いたのですよ、と説き明かしてくれます（三〇九―三一〇頁）。

まず、広場で民衆に説教を試みて失敗し、そこで墜落死した綱渡り師を背負って一晩歩いたあと眠りに落ち、翌日目を覚まして、今後は民衆を相手とせず少数の仲間と語り合うことにしようと決心した時。――これは、第一部「序説」の結末の場面です。

次に、至福の島で弟子たちに教えを説いて日々を送っていたある晩、夜の町を一人さすらい、噴水の前に佇《たたず》んで、惜しみなく贈り与える身の甘美なやるせなさを歌った時。――これは、第二部のインテルメッツォの一つ、「夜の歌」の場面です。

さらに、無気味な思想に自分が襲われようとしていることを予感し、ある夜、静寂の中から語りかけ励ましてくる声なき声を聞き、それでもなお躊躇《ためら》ってしまう自分を情けなく感じた時。――これは、第二部最終章「最も静かな時」の場面です。

こうした実例から分かることは、一人でいることにくつろげず、居心地の悪さを感じて落ち着かない、寄る辺なき寂しさが「見捨てられた」状態だとされている点です。

とはいえ、これらの場面を「見捨てられている」と形容するのは、かなりハイレベルの見地からのものです。というのも、ツァラトゥストラはこれらのいずれにおいても、それなりに自分自身に向き合い、自己内対話を行なっているからです。それでもなお、自己との親密さがまだ十分でなかったり、一人でいることから脱することをどこかで求めていたりするという点において、自分というものに満足し、くつろいでいる状態とは言えない、というのです。主人公の自分自身に対する要求が高いために、そのような見立てが出てくるのだと考えられます。孤高の「孤独」の見地からすれば、そのような「見捨てられていること」の穿《うが》った自己診断もありうるのでしょう。

ここまでは、「孤独」による語りかけでしたが、次に、それに応じてツァラトゥストラが語り返しています。そこでは、もっと単純な仕方で「孤独」と「見捨てられていること」が対比されています。「あなたのところ」つまり山中の独居という意味での孤独においては、自由、開放、明朗、静寂がつかさどっており、「一切の存在が、ここでは言葉になろうとする」(三一〇頁)。これに対して、「あの下の世界」つまり「人間たちのもと」(同頁)では、喧騒、浅薄、無理解が支配しており、暴露趣味が横行し一切の言葉が空転してしまう。そのような人間界に身を置くかぎり、空談があふれ賑《にぎ》やかであればあるほど、「見捨てられている」という意味での孤独に苛まれざるをえない。――相当ステレオタイプの対比ですが、最初に出てきた、「多数の者たちのもとに一人でいる」ときこそ「見捨てられている」という理解が、ここでも基本となっていることが分かります。

人間界の腐敗ぶりを悪しざまに言う点にかけては、「ツァラトゥストラのサル」も相当の毒舌家でした。ステレオタイプで語っている本章後半のツァラトゥストラの口ぶりも、それと似たり寄ったりではないか、と思われもします。しかし、両者のどこが違っているかといえば、ツァラトゥストラにとっては、そのような世間に身を置いている自分自身に対する違和感こそが問題の中心だという点です。それこそが「見捨てられていること」の経験なのであり、その経験を自覚し、引き受けているからこそ、「孤独」を愛さざるをえないのです。これに対して、以前出てきた「ツァラトゥストラのサル」は、自分に向き合うということがなく、それゆえ「見捨てられていること」を直視できないのです――その「見捨てられていること」にまさに突き動かされていながら。

6 「三つの悪」

神のいない弁神論

長旅を終えて、わが家に戻り、くつろいで、わがふるさとのような孤独に存分に浸り、では次に何をするか。――決まっていますね。ぐっすり眠ります。

ツァラトゥストラも、ここぞとばかりに寝入り、眠りに眠ったことでしょう。

そして翌朝。曙の光が射し込んで目を覚ましたツァラトゥストラは、目覚める直前に見た、えもいわれぬ夢を反芻します。――何かとても気持ちいい夢だったな。自分が、大海に突き出した岬の突端に立ち、この世の一大パノラマを眺め渡して、世界の全体を秤にかけては、その善し悪しを量っていた壮大な夢だった——。

夢ですから、もちろん荒唐無稽なのですが、夢で見た光景から、ツァラトゥストラは、夢占い然と一つの教訓を引き出します。——よし、明け方の夢にならって、今日は、世界の全体を秤にかけて、その善し悪しを量ってみよう。手始めに、世の中で最も呪詛されている、とびきりの「悪」を三つ取り上げて、それらは本当に悪なのか、むしろ人間にとって善いものではないのか、吟味してみよう——。

こんな調子で第1節は進み、三つの問いに行き着きます。「いかなる橋が、現在から未来へと懸かっているのか。いかなる強制によって、高きものは低きものへ向かうのか。そして、どんなに高いものにもいっそう——高く成長するよう命ずるものとは何か」（三一七頁）。

この三つの問いに、それぞれ「肉欲」、「支配欲」、「我欲」という答えがあてがわれることが分かります。第2節では、この先取りに従って、三つの悪に対して順番に積極的な意味が与え返され、悪とされるが善きものだということが究明されていきます。

そう読んでいけば本章の筋は分からなくもありません。しかしそれにしても、支離滅裂な夢をわざわざ話の枕にして始まり、悪の意味についての考察が続くこの筋立ては、いったい何を意味しているのでしょうか。

この謎を解くカギは、本章の次の主導命題にひそんでいるように思われます。「さんざん悪《あ》しざまに言われている世界が、今日の私にとっては、一個の人間的に善きものとなった」（三一六頁）。そう、ツァラトゥストラは「神のいない弁神論」を企てているのです。

「弁神論」と急に言われても……と困惑する人もいるでしょうから、少し説明します。

この世には病気や災厄、犯罪や不正が満ちており、そんな世の中に生きるのはいやだという嘆きや絶望は、人類の歴史とともに古くからあります。これまで見てきたように、禍悪に満ちたこの世は最悪だと観ずるのが「ペシミズム（Pessimismus）」です。「最悪」の意の pessimus というラテン語から来ている点からすれば、「世界最悪観」と訳せます。

『ツァラトゥストラはこう言った』の第一部では、ペシミズムが完膚なきまでに批判されましたが、第二部でも主人公はペシミズムを依然として克服できていないことが明らかとなります。この課題は、永遠回帰思想との格闘という仕方で続行中なのです。

ところで、哲学史的に言うと、ペシミズムと正反対の世界観のほうが、むしろ先立っています。世界は考えられるかぎり「最善（optimus）」にできているとする「オプティミズム（Optimismus）」です。その代表と目されるのは、ドイツの哲学者ライプニッツ（一六四六―一七一六年）です。この近代合理主義の元祖の一人が打ち出した大原則が、充足理由律つまり「存在するものにはすべて十分な理由がある」です。これによると、この世に存在する「悪」にも十分な理由があることになります。しかもライプニッツは、世界の合理性の根底に、創造主である神を置いて考えます。だとすると、神は悪の原因になってしまうのでしょうか。ひょっとして神は人間を苦しめるために、災い多き世界を創ったのか。少なくとも、諸悪が現に存在しているように見える世界は最善とは言いがたいように思われます。――いやそうではない、とライプニッツはあくまで世界最善説を主張します。そして、この世に満ちているかに見える悪と、神の創った世界の善性とを両立させて、神の正義を擁護する書を書きました。それが主著『弁神論』（一七一〇年）です。

このフランス語の原書タイトル“Théodicée”（独：Theodizee 英：Theodicy）は、ギリシア語の theos（神）と dikē（正義）に由来し、「神義論」とも訳されます。神が創った世界に、たとえ人間には「悪」と見えるものが存在するとしても、それは世界の不完全性を証するものではなく、世界全体にとってはそれが存在するほうがむしろ善いことなのであり、そのように巧みに配合されて世界は完全に創られているのだ、とする主張です。料理に苦みや辛みを効かせるのは、その刺激によって全体の味が引き締まるからです。ただ甘いだけでは旨みも深みもありません。それと同じく、人間にとってこの世がいかに苦難に満ちているとしても、全体としての世界の善性はそれによっては傷つかないし、それどころか、苦難があるからこそ世界の善性はいっそう輝くのだ、というのです。

世の中で「積極思考」と言われているものの極致が、ここにあります。オプティミズムは「楽天主義」、「楽観論」とも訳されます。神慮によって世界は最善に出来ており、多少の災厄や不幸など物の数ではなく、人間の短慮にとってマイナスと見えるものでも、究極的にはプラス、いやベストなのだ――と聞かされれば、なんとお気楽で能天気なことよ、と言いたくなるところですが、案外そうともかぎりません。どんなに辛く苦しい目に遭っても、それでも一切は天の配剤なのだとアッケラカンと割り切ることは、悲惨な時代をしぶとく生き抜く者にとって、ギリギリの知恵なのです。オプティミズムには、この世の地獄を見た者のしたたかで快活な知が見出せるように思います。

世界大戦をくぐり抜けようが、テロに見舞われようが、大震災が起ころうが、世界中が悪疫に苦しもうが、だからこそこの世は美しいと観ずるのは、よほど強靭な精神でなければできないことです。ちょっとしたことで泣き言を言い、不平たらたらの脆弱さに比べたら、オプティミズムは力強い思想なのです。

ニーチェが「ペシミズム」を強弱の点で二つに区別したことは有名です。自分の弱さを認めたくないばかりにこの世はろくでもないと難癖をつけるのが、「弱さのペシミズム」だとすれば、およそ考えられる空しさのきわみまで徹底的に考える永遠回帰思想は、「強さのペシミズム」です。だとすれば、それと類比的に「強さのオプティミズム」ということも言えるはずです。ついでに言えば、世の流れにおとなしく従っていれば大丈夫とつぶやく従順な悟りの境地は、「弱さのオプティミズム」ということになるでしょう。

さて、ペシミズムとオプティミズムという両極を置いてみると、「三つの悪」の議論は、まさに悪の積極的意味を見出し、世界を大局的に肯定しようとしている点で、「弁神論」と同じ構造をもっています。「この世《ヴェルト》の彼方《かなた》で、秤《はか》りをたずさえて、この世の善し悪しを量る」という夢のお告げからして、俯瞰的、超越的な見地に立って、世界のあり方を正義という観点で判定しようとしていることが分かります（古来、正義の女神ディケーは、天秤をもって審判を下すというイメージで語られてきました）。

とはいえ、ツァラトゥストラの議論には、ライプニッツの弁神論と決定的に異なる点があります。そう、神がいないことです。神を失くしたツァラトゥストラが、神が世界をお創りになった、と主張するはずはありません。何ものも理由なくして存在せずとした理性主義の哲学者にとって、究極の理由・第一根拠であったのが神でした。その神を失くして合理性が保てるかは定かではありません。だからこそ現代では偶然性を肯定する哲学が名乗りを上げるのでしょう。それはともかく、ツァラトゥストラがこの章で試みているのは、「神のいない弁神論」という哲学的チャレンジなのです。

肉欲、支配欲、我欲の肯定

以上、この章の大枠を説明しました。以下、もう少し細かく見ていきましょう。第2節で、三つの悪はどのように意味を与え返され、「合理化」されるのでしょうか。ツァラトゥストラ流「積極思考」はどこへ向かうのでしょうか。

第2節でまず考量される「悪」は、「肉欲（Wollust）」（英：sex）です。

さっそく槍玉にあげられるのは「肉体の軽蔑者」や「背後世界論者」つまり弱さのペシミストたちです。「汚《けが》らわしく滅びやすい肉体／清らかで不滅の精神」とか「見かけだけの感性界／真に実在する知性界」といった二分法を捏造し、肉欲に囚われた俗世を悪しざまに言う者たちは、じつはいちばん肉欲に囚われており、肉欲に嘲笑され愚弄されているだけだ。また、じっさいに肉欲まみれになっている「汚い奴ら」もいて、煩悩《ぼんのう》（仏教用語ですが）に苦しめられて身を滅ぼしているが、それもまた自業自得というものだ。これに対して、「とらわれのない心からすれば」、肉欲とは、「無邪気」な「地上の楽園の幸福」であり、「現在がすべての未来にささげるあふれんばかりの感謝」（三一七頁）である。いったいそのどこが悪なのか――というわけです。

この最後の意義づけは、第1節のおしまいに出てきた「現在から未来へと懸かっている」「橋」に対応しています。つまり、性愛と生殖によって子どもが生まれ、次の世代が育っていくという、生物として当たり前のことを言っています。肉欲の否定は、まさにその次世代育成を否定し、未来を否定しているのです。

肉欲を不潔だとして否認するほうがよほどいやらしい、アッケラカンと肯定するにかぎるという発想は、第一部の「純潔」の章にもありました。ちなみに、第一部の「子どもと結婚」や「老いた女と若い女」の章にも、似たテーマが出てきました。じつに「性愛（erōs）」讃美は、プラトン以来の哲学の由緒正しき伝統に属します。

次に、「支配欲（Herrschsucht）」の善し悪しが考量されます。

「肉欲」と同じく、「支配欲」で身を滅ぼす者たちは大勢います。他人の上に立って思い通りに支配しようと貪婪《どんらん》に熱望するのは、個々の僭主的人間だけではありません。支配欲に取り憑かれた民族は、この世にのさばり、増長したあげく、内部から腐敗して、滅亡していきます。それが、盛者必衰の理《ことわり》というものです。これに対して、「孤独に生きる清らかな者たち」、「自己満足している高み」にも、支配欲は「誘惑しつつ立ち昇ってくる」のですが、これはべつに疚《やま》しいことでも罪深いことでもありません。「高きものが下に降りて権力を欲しがるとき、その支配欲を、誰が病的欲望と呼ぶだろうか。そう、そのような欲求と下降には、虚弱で病的なものなど一切ない」（三一九頁）。優れた者が、自分の力の漲《みなぎ》りを感じて、人びとの間でそのパワーを発揮するとき、そこにおのずと優劣の差が生じ、力強い者に喜んで従う者たちも現われるが、それは健全なあり方というものだ。それは善きことでこそあれ、邪悪と糾弾されるいわれはない。――この強者の論理からして、「高きものを低きものへ向かわせる」のは支配欲だ、という第1節の終わり近くの予告が、肉付けされるのです。

優れた者が人びとの間でおのずと強さを発揮することを、「支配‐被支配」という言葉で言い表わすのがふさわしいかは、なお吟味を要するように私には思われます。とはいえ、本書の基調をなしてきた「力への意志」説からして、支配欲が肯定されるのは道理です。ツァラトゥストラ自身、「支配欲」に代わる別の言葉を、ここで持ち出しています。「惜しみなく与える徳」（同頁）です。言葉によってずいぶん印象は異なるものですね。ただし、逆に言えば、気前のよい自由人の心意気のことを、ツァラトゥストラの命名法の通り「惜しみなく与える徳」と呼ぶとして、それは支配欲の裏返しではないか、と聞き返したくなるのは当然なのです。支配欲と言われようがべつに構わない、と開き直るくらいのあけっぴろげな心の宏さが、自由精神にはなくてはなりません。

ツァラトゥストラからすれば、他人のために尽くす奉仕活動も、「惜しみなく与える徳」の発露だということになります。この徳はその核心に——自分勝手と言われかねない——自分本位の動機づけを有しており、しかもその「自発性」は、なんら悪しきことではなく善きことだ。この考量から最終的に問題となるのが、「我欲（Selbstsucht）」です。

自己中心主義はよくない、エゴイズムこそ悪の源泉だ、とする考え方には根強いものがあります。利己主義こそ人間の原罪であり根源悪にほかならない、と説く教えは、キリスト教倫理の根幹をなすものです。いや、キリスト教にかぎらず、無私と利他の勧めは現代人のモラルの中心を形づくっています。それに真っ向から挑戦してツァラトゥストラは、「力強い魂から湧き出る健全で健康な我欲」（同頁）を讃えるのです。ニーチェの標榜する「一切の価値の価値転換」の根本には、この「我欲の肯定」があります。

つまりそれは、我欲とは悪ではなく「徳」なのだ、とする価値転倒なのです。

この徳の第一要件は、心身とも健やかで、自分で自分を肯定できることです。ここでの第一の価値区別は、「優秀（gut）と劣悪（schlecht）」（三二〇頁）です。「優れていて力あるもの／劣っていて無力なもの」というこの優劣の対比は、ありがちな意味での善悪の区別、つまり「善良（gut）と邪悪（böse）」に取って代わるものですが、後者からすれば、前者の自己本位の価値づけそのものが、「邪悪」の烙印を押されます。それだけ「よい／わるい」の考え方をひっくり返す根本的な価値転倒が問題になっているのです。

ここでツァラトゥストラは、「劣っていて無力」という意味での「劣悪さ」を、列挙していきます（三二〇―三二一頁）。その軽蔑すべきものの筆頭に挙げられるのは、「臆病」です。これは「勇気」という徳の反対の悪徳のはずですが、美徳を装います。次に、「およそ苦悩に溺れた一切の知恵」。これはまさに「弱さのペシミズム」です。さらに、「不信」、「へりくだり」、「信心深さ」とりわけ「奴隷根性」と列挙されていきます。いずれも自分自身を肯定できない弱さ、力のなさを表わします。それらが寄ってたかって、我欲を邪悪と決めつけて否定し、その反対の「無私」を、善良な者たちの美徳として崇める、というのです。

ここでツァラトゥストラは「大いなる正午」という言葉をふたたび口にします。善良さを誇る臆病や奴隷根性であふれ返っている世の中など滅びるがいい、という乱暴な終わり方です。その黙示録的ヴィジョンには、なかなか付き合えそうにありません。それをどこまで「積極思考」と言えるかも、もはや定かでありません。徹底はしていますが。

ともあれ、このようにして、力への意志の基本形である「我欲」が、第1節のおしまいのほうで予告された「どんなに高いものにもいっそう――高く成長するよう命じる」新しい「徳」として、肯定されるのです。向上心は善きものなのです。

7 「重さの地霊」

わが戯作趣味

「帰郷」に続く「三つの悪」の章では、ツァラトゥストラが自説のまとめに入ってきた感がありました。とりわけ、善悪という道徳的価値の批判が、価値転倒という仕方で総括されました。続く「重さの地霊」も、総論的印象の強い章ですが、今度は「趣味批判」のまとめという趣です。「趣味（Geschmack, taste）」もしくは「美的判断力」の批判と言えば、カントの『判断力批判』が哲学史上の古典として有名です。対するにニーチェは、彼なりの独特な仕方で趣味批判を敢行しています。「戯作」という流儀がそれです。

第1節にさっそく見出されるのは、「民衆の口」で語り、「阿呆の手」（三一二頁）で書き、「馬の足」（三一三頁）で疾走しようとする戯作者の自覚の表明です。取り澄ました文体とも、受け狙いの売文稼業ともオサラバだ、自由奔放に書きたいことを書きに書くのみ、と開き直っています。そして、それをさっさと実践してみせるのです。つれづれなるままに、遠慮会釈なく、みずからの自由精神を羽ばたかせて、思いのたけを綴っています。他の章にも増して比喩が多いことが分かります。動物のたとえのオンパレードには目をみはるものがあります。生き物だけではありません。人間類型の列挙も、おもしろおかしく繰り広げられています。俗受けなど気にするものかと言いつつ、相当のエンターテイナーぶりです。ハチャメチャな戯作三昧は、著者天性のサービス精神なのでしょう。

それにしても、ツァラトゥストラは、いつから作家になったのでしょうか。山中の洞窟に、インクやペンや紙類が——もちろん本棚も——備え付けられた書斎があるのかは不明です。独居の中で沈思黙考するツァラトゥストラのイメージと、本を読んだり書いたりするという行為とは、あまり相性がよくない気がします。

とはいえ、『ツァラトゥストラはこう言った』第一部には、ずばり「読むことと書くこと」と題された章がありました。そこでも読書と著述がテーマとされています。やはりツァラトゥストラは——本を一冊も書かなかったソクラテスやイエスと違って——物書きでもあるのです。いや、おそらくそこで語っているのはニーチェの作家魂なのです。注意すべきことに、第一部半ばのこの章は「重さの地霊」という言葉の初出箇所でした。


私が私の悪魔を見たとき、そいつがまじめで、徹底していて、深くて、おごそかだということが分かった。それは重さの地霊であった。——それに引っ張られて、万物は落ちる。

怒りによってではなく、笑いによってこそ殺せるというもの。さあ、重さの地霊を笑殺しようではないか。(六九頁)

「離反した者たち」の章には「神々は笑いこけて死んだ」という話がありましたが、ここでは「重さの地霊を笑殺しようではないか」と意気込んでいます。よほどお笑いが好きなのか、笑いのもつ殺傷力に大いに期待しているようです。そのくせツァラトゥストラは、第三部二番目の「幻影と謎」の章では、対話者の「重さの地霊」が永遠回帰問答でそっけなく答えると、「そう安易に考えるな」（二六三頁）と立腹していました。そんな生真面目ぶりでは、まだまだ修行が足りないぞ、トラさんよ、と言いたくなります。

ともあれ、第一部の「読むことと書くこと」と第三部の「重さの地霊」が一対をなしていることは、どちらでも「重さの地霊」が呼び出されることから明らかです。ただし、ツァラトゥストラの肩に乗ったり肩から降りたりして対話相手となる小びとというキャラクター設定が鮮やかな「幻影と謎」とは違って、この一対の二章では「敵」としてたんに言及されるのみです。真面目で重苦しい自分自身の精神のあり方が、自己反省の光に照らし出されてくっきりと浮かび上がるとき、「重さの地霊」という名前を付けられて対象化され、ライバル視されさえするのです。その「不倶戴天の仇《かたき》」（三一三頁）が章名にまで昇格しているのですから、自己への沈潜の度合がここに来て高まっていることが分かります。

「読むことと書くこと」の章は、一個の文体論になっていました。つまり、短い文章に鋭い洞察をこめて表現する「箴言《アフォリズム》」というスタイルについて語られるとともに、その箴言体の見本のような簡勁な文章が並んでいました。「血で箴言を書く者は、読まれることを欲しない。暗唱されることを欲する」（六七頁）という有名な文章も、箴言についての箴言という反省構造を持っています。

そうかと思って「重さの地霊」の章を声に出して読んでみると、やはりここでも、戯作者の自覚がまず第1節で表明され、次いで第2節でまさにその戯作の実例が披露される、という仕組みになっていることが分かります。第1節の最後のほうに、「そして実際、歌ってしんぜよう、」（三二三頁）とありますが、「誰もいない家に一人きりの私」（同頁）が歌っても、独唱もいいところで、聴衆は一人もいません。そんなふうにして始まる第2節は、その全体がツァラトゥストラの一人戯《ざ》れ歌といった設定なのです。

自分自身を愛することを学ぶ

最初に、人間が空を飛べるようになれたら革命的だ、とツァラトゥストラは夢見ています。一九世紀末にニーチェはそう記しました。二〇世紀に入って飛行機が登場するまで、天空を飛翔することは太古以来の人類の願望でした。その夢がついに叶えられたのだと、二一世紀のわれわれは胸を張れるでしょうか。胸に手を当てて考えてみましょう。

なるほど、ニーチェの「超人」のイメージを模したスーパーマンやウルトラマンその他は、自力で空を飛びます。しかし、ツァラトゥストラが望んでいるのは、人間の自由精神が、大地に囚われた重苦しくて狭い料簡から解放され、のびのびと天翔けることです。飛行機を乗り回して地球を駆けめぐる現代人は、戦闘や偵察やビジネスや遊興に明け暮れてはいますが、気宇雄大な思索を天高く羽ばたかせているようには思えません。

ツァラトゥストラが言うには、重さの地霊の呪縛から抜け出るためには、つまり「軽やかなもの」(三二四頁)となるには──テクノロジーのおかげで離陸したり滑空したりすることなど、どうでもよく──、一事を学ぶことが大事なのです。そう、「自分自身を愛すること」を、です。「われわれは、自分自身を愛することを学ばなくてはならない──これが私の教えである」(同頁)。

いやいや、われわれ人間は元来、自分が一番かわいいのだから、わざわざ自己愛を学ぶ必要などない、エゴイズムにますます陥るだけだ、と言われるかもしれません。ところが、ツァラトゥストラの言い分では、自分自身を愛することは至難の業であり、それに比べたら、隣人を愛することのほうが、自分自身に向き合わなくて済むので、よほどラクなのです。心優しく博愛の精神を発揮して、苦しんでいる人びとを助けてあげれば、善い人だと周りから褒めてもらえますし、それによって自分は善人なのだと信じ込むことができます。これに対して、「自分を愛することを学ぶということは、今日明日にやり遂げられるような要請などではない。むしろそれは、一切のわざの中で最も精巧で、最も狡猾で、最終的で、最も根気の要るわざなのだ」(三二五頁)。

この「自分を愛することを学ぶということ」こそ、本章の中心テーマです。試みにもう少し敷衍してみましょう──

自分という存在は、自分にとって一番近しく、最も馴染みで、何でもよく分かっている相手のように見えて、じつは自分にとって、とびきりの謎で、最も隠された、一番よそよそしい存在である。だから、その根源的よそ者を、心の底から愛することを学ぶことは、何にも増して手間のかかる困難なレッスンなのだ。われわれ人間は、誰しも一生かけて、このきわめつきの他者と付き合うすべを身につけていく。うまく学べるか分からないし、しくじったり、惑ったりすることも多い。ここまで学べば上がり、といった終点もない。まさにその不断の学びこそ、人生というものなのだ。「人生という重荷は耐えがたい」(同頁)という嘆息も、自分自身を愛することの難しさを表わしている。そしてそれは、自分を背負い込み過ぎて、自分で自分をことさら重くしてしまっているからなのだ――

こんな調子で「重さの地霊」からの脱出法が記されています。しかもそれは他人事でも何でもなく、ニーチェ自身にとって最難関の独習法だったことでしょう。

ニーチェは、まさに自分自身を愛そうと一生懸命に生きた人でした。このライフワークを窺わせる美しい文章が、『愉しい学問』には収められています。断片334番、その名もずばり「愛することを学ばなくてはならない」。珠玉の名文ですが、一頁ほどの全文は拙訳書で読み味わっていただくとして、ここでは大意のみ記します――

聞き慣れぬ音楽に最初は違和感しかおぼえなかったのに、慣れ親しんでいくにつれだんだん愛《いと》おしくなり、ついにはぞっこんお気に入りとなることがある。それと同じく、われわれが今現に愛しているものも、最初はよそよそしく感じたが、その違和感に耐えて次第に馴染《なじ》んでいくことで、心から愛せるようになったものばかりである。それと同じく、自分自身を愛するというわざも、忍耐をもってわれわれは学ばなくてはならない――

誰にも思い当たるふしのある経験をもとに愛について手ほどきしたこの『愉しい学問』の文章は、何度読み返してもよく出来ています。「神は死んだ」の殺伐たるイメージからすると意外に思われるかもしれませんが、ニーチェはじつに「愛の哲学者」なのです。その片鱗は『ツァラトゥストラはこう言った』のあちこちに窺えます。わけても第三部終幕で大々的に浮上してくるのを、のちに見ることになるでしょう。

　さて、「重さの地霊」に戻ります。第2節の前半で、自分自身を愛することの難しさが強調されました。第2節後半では、「自分自身を発見すること」（三二六頁）の困難さが指摘され、かつ自分自身を発見した人なら、万人に妥当する「善／悪」ではなく、あくまで自分にとっての「善／悪」を判断基準とすることができる、と言われます。そしてそれが「私の趣味」（三二七、三二八、三二九頁）として力強く肯定されていきます。ツァラトゥストラが自分の個人的趣味を自慢しているだけに見えますが、その「私の真理」、「私の道」（三二九頁）が、たんなる私秘的なものに尽きていないことも、確認しておかなければなりません。趣味は主観的なものでありながら、その判断は万人に公開されることで普遍性を獲得しうるのです。ただしそれは、判断する者自身が自己を肯定するかぎりにおいてのみです。

　第2節に関して一つ補足しておくべきことがあります。前章「三つの悪」との関係です。

　そこでは、悪と呼ばれるがじつは善きものとして、「我欲」が挙げられていました。そのエゴイズム肯定論の発展形として、ここでは「自己愛」、「自己発見」、「私の趣味」が論じられているとも解されます。ところが、ツァラトゥストラが自分の趣味に合わない者たちを類型的に列挙しているものの最初のほうに、こうあります。——「私は、どんなものでも善いと言い、この世界を最善の世界だとすら言い募る者たちも、好きではない。そういう連中を私は、よろず満足屋と呼ぶ」（三二七頁）。

　これは、先に見た「オプティミズム」に対する批判であるように見えます。「悪」すら「善」と言い募る世界最善論者とは、「オプティミスト」ということになりそうです。そういった「よろず満足屋（die Allgenügsamen）」は自分の趣味に反する、とツァラトゥストラが述べているのだとしたら、「三つの悪」の章から、ツァラトゥストラの世界最善観を引き出したわれわれの解釈は的外れだった、ということになるのでしょうか。

おそらく、そうはならないと思います。ツァラトゥストラがここで自分の趣味に反するとしている「ブタ」や「ロバ」（同頁）――動物たちには失礼ですが――とは、どんな取るに足らないものにも満足し、嬉しがり、無批判に追認してしまう現状肯定主義者のことを指します。前に使った言葉をもう一度用いれば、ここで批判されているのは「弱さのオプティミズム」なのです。それと異なる「強さのオプティミズム」は、依然としてツァラトゥストラにとって目指すべき高みでありうるのです。

8 「新旧の石板」

ツァラトゥストラの教説ダイジェスト

「新旧の石板」は本書中最も長い章で、これまでの章の分量からすると優に四章分あります。比較的短い節が、断章風に三〇並んでいます。これまた箴言集のスタイルです。風変わりと言えば風変わりですが、『ツァラトゥストラはこう言った』はどの章も風変わりなので、もう慣れっこになっている読者には、驚くに値しないでしょう。ちなみに、第四部でも「高等な人間」の章が似た構成になっていて、断章が二〇続きます。どちらも、ツァラトゥストラの教説ダイジェスト版といった趣です。便利なトラの巻とは言いがたいですが。

次章「快復しつつある人」で永遠回帰思想に深入りするに先立って、主人公がこれまでの自分の考えを振り返るという設定です。読者になぞなぞをかけているような難しさがあり、ここまで読んできた読者の理解度を試しているようでもあります。確認テストを課されている気すらしてきます。いや、そういったお勉強的な読み方はやめて、もっと呑気に読書を愉しみましょう。

まず大枠から。タイトル「新旧の石板」の「石板（Tafel）」（英：tablet）とは、掟を定めて刻んでおく石の板のことです。古くは旧約聖書の「モーセの十戒」で有名です。

シナイ山に登って、神からじきじきに十戒を授かったモーセは、それが記された聖なる石の板も授けられます。それを携えて下山すると、指導者を待ちきれなくなったイスラエルの民が、「金の子牛」を崇めて乱舞している狂態を目撃します。怒ったモーセは、思わず石板を投げつけて砕いてしまいます。この邪教崇拝の実態は唯一神の怒りも買い、イスラエルの民は滅ぼされそうになります。モーセが必死に諫《いさ》めて、やっと怒りを鎮めた神は、モーセに新しい石板を用意させます。モーセは、あらためて「十の戒めからなる契約の言葉を板に書き記した」（『出エジプト記』三四・二八）とあります。

「石板を打ち壊す」場面が出てくる旧約聖書のこのエピソードを、ニーチェがどこまで意識していたかはよく分かりません。ともかく、古い石板に記された古い掟を反故《ほご》にして新しい掟を定めて石板に書き記すことが、従来の価値を転覆して新しい価値を創造しようとするツァラトゥストラの意気込みをたとえるのに使われているのは、たしかです。

今回は趣向を変えて、以下では、節ごとの読みどころを、メリハリをつけてライナーノーツふうに記しましょう（訳書頁付けは省略）。各節に仮の見出しを付してみました。

第1節　待機中のツァラトゥストラ、自身を語る　ツァラトゥストラは、山の洞窟の中に座して「私の時」を待っています。それは「私の下降、没落の時」だとのことです。「下降（Niedergang）」はまだしも、「没落（Untergang）」とは穏やかでありませんが、ツァラトゥストラは「序説」第1節以来、「下山（Untergang）」にこの意味を込めています。人間界へ二度降りていったツァラトゥストラの三度目の正直の、おそらくは最後の下山で、主人公は今度こそ「没落」する定めのようです。「笑うライオンが、ハトの群れを従えてやって来る」という奇天烈な「しるし」は、第四部の最終章で、本当に現われます。そこで物語は途切れるので、その後のツァラトゥストラのゆくえはついに謎のままです。

第2節　従来の価値の破壊と新しい価値の創造　第一部での最初の下山のとき、ツァラトゥストラは自己満足している人間たちを見出し、そこで自明視されている価値に呆れ返ったことが、確認されます。

人間たちは、何が善で何が悪かはもう分かり切ったことだと思い込み、「よく眠りたいと思う人は、眠りに就く前に、「善」や「悪」についておしゃべりするとよい、という始末だった」とあります。これは第一部本論二番目の章「徳の講座」でのお話です。

それに対してツァラトゥストラは、善悪は「創造者」によってこれからはじめて創り出されるべきなのだ、とします。「創造者」による価値創造は、「序説」から語られていました。第一部後半には「創造者の道」と題された章もありました。

創造者が「人間の目標を創造し、大地にその意味と未来を与える」ためには、まずもって、従来通用してきた価値を覆さなければなりません。雌ライオンのような「荒々しい知恵」によって既成の価値の一切を、つまり「強制、規約、困窮、結果、目的、意志、善、悪」を踏み捨て、乗り越えて上方へ高く飛翔し、自由になることがまずもって目標とされます。本章では、創造行為には破壊行為が伴うことが終始強調されますが、それを表わすイメージが「新旧の石板」なのです。

第3節　超人、救済、没落　第一部で華々しく打ち出された超人思想について、ツァラトゥストラはこう言ってのけます。私は「「超人」という言葉を道すがら拾った」と。ついでの見つけものみたいに言う口ぶりに、慌ててしまいます。路傍の石のような思想はどこまで本気なのだろうと怪しくなります。第三部に頻出する「大いなる正午」も同様です。

その一方、第二部の「救い」の章で課題として掲げられたことが、ここでも大真面目に追求されています。「人間における過去を救い、すべての「そうあった」を造り変えて、ついには意志が「いや、かつて私がそう欲したのだ。私はこれからもそう欲するだろう――」と言うようにさせること」。これが容易ならざる課題であるのはたしかです。時間を逆戻りでもさせないかぎり、すべての「そうあった」を「私がそう欲したのだ」に造り変え、「過去を意志すること」などできるはずがないのですから。強さのオプティミズムがどのように「運命愛」を学ぶかが、ここに試されるのです。

なお、この節でツァラトゥストラは、「最も貧しい漁夫までもが、黄金の櫂《かい》で漕ぐ」「光景をかつて私は見た」、「じっと見つめながら、涙があふれてくるのを抑えられなかった」と言っています。どこで見たのかなと思って本書を調べても、そのままの光景は出てきません。これは、『愉しい学問』337番「未来の「人間性」」に出てきたものです。おそらくニーチェは、太陽が美しく輝きながら水平線の彼方に悠然と没していく光景を、南欧のどこかの海辺で眺めて、自分の運命に重ねて涙したことがあったのでしょう。

第4節　自己克服　この節から「私の兄弟（わが兄弟）」への呼びかけがしきりに出てきます。パウロの書簡のようですが、ここでは特定の仲間を指しているのではなさそうです。新しい価値の記された「新しい石板」をともに運んでくれるはずの未来の道連れが、呼びかけの相手として想定されています。読者への呼びかけと言ってもよいでしょう。

「人間とは、克服されなければならないものなのだ」とは、超人思想の主旋律であり、超人への愛という「遠人愛」は、隣人愛の正反対です。自己克服とは、「自分自身に命令する」とともに「自分自身に服従する」ことでもあるというのは、それが——奴隷道徳と反対の——主人道徳もしくは貴族道徳であることを物語っています。

第5節　高貴さとは気前のよさである　「高貴な種類の魂」と「賤民の素性の者」とを分け、われらは前者だと言ってのけるのは、現代人の道徳観に逆行していますが、そもそも価値転倒を成し遂げようとしているのですから、その選民思想は公序良俗に反すると文句を言っても始まりません。それよりも、この場合、高貴と下賤はどう区別されるかを考えることのほうが大事です。

ツァラトゥストラによれば、何かを享受するさい多大な自己犠牲を買って出るのが、高貴な魂の持ち主です。充実した生を生きようと欲するからには、それに見合うだけの苦痛や苦難を気前よく引き受ける「惜しみなく与える徳」こそ、高貴さの条件なのです。その逆に、もらえるものは一方的にもらってばかりの欲張りな、出し惜しみするケチ臭い精神が、下賤だということになります。

第6節　初子犠牲

初穂がお供えに捧げられるように、新しい価値を創造する者たちは、新時代の「初子《ういご》」として、犠牲に捧げられる覚悟がなくてはなりません。創造者がみずからのうちに古い価値を持しているかぎり、その自分の中の古い部分が、新しい価値を創造する自分自身を犠牲にすべく強いてきます。内的葛藤を引き受けざるをえません。

自分で自分を犠牲の祭壇に捧げてしまう「自分を大事に取っておこうとはしない者たち」。彼らは、自分を粗末に扱っているかに見えますが、じつはその自己犠牲こそ最高度に自分を愛する仕方なのです。かくも自分自身を愛する道は険しいのです。

第7節　真実と善良は相容れない

真実であること、正直であること、ウソをつかないことは、難しい。とりわけ、「真実であることが一番できないのは、善人たちである」。平気でウソをつき、自分自身にもウソをつく「譲歩」、「屈従」ぶり、その節操なき従順さが、「善い人」の取り柄です。

これに対して、真実であろうとする者、タブーを破りモラルに触れても真理を追求し続ける者は、世の中で「悪」と見なされているもの――「向こう見ずの冒険、長きにわたる不信、残酷な否定、うんざりだという嫌気、命あるものに切り込むこと」――を買って出るので、「悪人」呼ばわりされます。「善良／邪悪」という意味での善悪の基準からすれば、真理の探究は「邪悪」と見なされる覚悟を持たなければなりません。

第8節　万物は流転するのか、静止しているのか――価値の転換可能性（その1）　この節は、川の上に橋が架けられている景色が、季節に応じて大きく変化するさまを描いて、価値の転換可能性のたとえとしています。

川は滔々と流れており、その川の流れだけ見れば「万物は流転する」――古代の哲学者ヘラクレイトスの言葉とされてきたもの――と言いたくなります。しかし、川に架けられた橋桁《はしげた》や欄干《らんかん》は、堅牢に建造されており、流転どころか静止しています。生成流転する事物とは別に、不変不動のものがあり続けると考えたくなります。それと同じく、事物とは別の「事物の価値」、概念、善悪は、どっしりと存在しているように見えます。

それどころか、冬になり、川の流れも凍てついて、見渡すかぎりのすべての動きが止まると、今度は「万物は静止している」と言いたくなります。古代エレア派の哲学者（パルメニデス、ゼノン）が、一切の運動を否定する存在論を説いたように。

ところが、春になり、暖かい春風が吹いて山野の雪や氷を解かすと、激流が押し寄せてきて、川に架けられた橋を押し流してしまいます。すると今度こそ、「万物は流転する」という教えが唱えられるのです。どっしり建っていたはずの橋がもろくも崩れ去るように、善悪という価値も打ち砕かれるのです。

第9節　一切は運命なのか、自由なのか――価値の転換可能性（その2）　この節でも、善と悪の価値尺度が転換する可能性が語られます。今度は「星占い」がたとえとして持ち出されます。

古来、星占いと天文学、世界観は結びついており、「すべては運命なのだ」という必然論が支配的でした。ところが、やがて伝統的学問に疑問が突きつけられ、それまでの世界観が覆されて、「一切は自由なのだ」という自由論が支配的となります。星占いなど妄想でしかなくなります。それと同じく、旧来の善悪の観念を「古い妄想」として斥ける革命的変革がありうるし、あってよいのだ、というのです。

第10節　「盗むなかれ、殺すなかれ」の価値転倒　「汝盗むなかれ」、「汝殺すなかれ」――モーセの十戒中の六番目と八番目です。古来、人類が神聖な戒律と見なし、善悪の絶対的基準に据えてきたものをも打ち壊そうとするのですから、過激と言えば過激です。そのさい論拠に持ち出されるのは、「およそ生きること自体に――盗みや殺しがそなわっているのではないか」という問いかけです。この問いと密接に結びついているのが、『愉しい学問』の26番「生きるとは何の謂《い》いか」です。

第11節　過去への同情と、新しい貴族　第1節はイントロで、それに続く第2～4節、第5～7節、第8～10節は、それぞれゆるやかなまとまりをなしていました。これに対して第11節は、第12節とセットで、「新しい貴族」について語ります。

ここでは、ツァラトゥストラは珍しく「同情」を催し、しかもそれを恥じていません。それは、同時代人の苦悩に対する同情ではなく、過去に対する同情であり、言い換えれば、偉大な過去に対する畏敬です。新しい価値の創造をめざすからといって、過ぎ去った古いものを否定するものではないのです。むしろ、過去をなぶりものにするのは、「賤民や暴君」だとされます。下賤で粗暴な輩がそのつどの瞬間、刹那にしか関心をもたないのに対して、歴史や伝統を見捨てないのが、新しい貴族階級だというのです。

しかし、だとすると、そのような過去への畏敬は、第10節に典型的に示された伝統・宗教・権威に逆らう過激な反逆精神と、矛盾しないでしょうか。この問いを解くヒントは、この節の最後で再確認される「神々の複数性」――「離反した者たち」の章に既出――にひそんでいるようです。つまり諸原理の複数性を許容する思想に、です。

第12節　新しい貴族は、未来をめざす　前節に続いて、「未来を産み育てる者、未来の種を播く者」たる「新しい貴族」について語られます。今度は、過去への畏敬ではなく、未来への希望に重きが置かれます。新しい価値の創造が問題である以上、当然と言えば当然ですが、未来は不在なのですから、未来志向は、拠り所というものを持たない危うさをはらんでいます。「貴族」と言えば、廷臣として王侯に仕えたり、既成宗教と結託したりといった保守的なイメージがありますが、それとかけ離れているのが、ここでの「新しい貴族」です。「あらゆる父なる祖国、先祖の国々から追放された」彼ら無国籍者《コスモポリタン》は、「いまだ発見されざる」国、遠い未来の「子どもの国」を探す途上にあるさすらい人なのです。安定志向と反対の、気前のよい自由人は、持たざる者、素寒貧とならざるをえません。

第13節　生を悪しざまに言う者たち――ペシミズム批判（その1）　ここから、ペシミズム批判のまとめが始まります。とりわけこの第13節は、第二部「占い師」の章のリプライズの感があります。生きるのは空しいと嘆くのは、やけどした子どものようだ、とペシミストを一蹴しているかに見えますが、そう簡単には卒業できないからこそ、ペシミズム批判は続くのです。次章で永遠回帰思想と渡り合う前に、その下準備として、ペシミズムについてもう一度検討しようとしていることが分かります。

第14節　世界を悪しざまに言う者たち――ペシミズム批判（その2）　世界最悪観であるペシミズムを批判することは、世界は悪に満ちているかに見えてじつは最善なのだとするオプティミズムに近づく、という「三つの悪」の章で確認されたことが、この節からもはっきり見てとれます。汚《きたな》いものにも意味がある、というのは、まさにオプティミズムの言い分です。多くのクソがあるからといって世界全体がクソだということにはならない、と言い放つのは暴論のように見えて、なかなか香り高き積極思考です。

第15節　諦念批判――さらにペシミズム批判は続く　ここでは、ペシミズムの一形態としての諦めの境地、「諦念」が批判されています。現代にあふれる大勢順応派の「さとり」も、理性冷笑派の「反知性主義」も、その亜種と言うべきでしょう。「理性など」「絞め殺すべきだ」という――理性批判ならぬ――理性否定は、次節の主題へ連なるものです。

第16節　知のペシミズム批判　第13～15節には、ペシミズム批判がまとめられていましたが、この節でも、ペシミズムの一形態、もしくは、ペシミズムの根本形式としての「知のペシミズム」が、批判の俎上に載せられています。

学ぶこと、知ること、認識は、つまらないもの、空しいものであり、ホトホトうんざりだ、という嫌気、虚無感が世に蔓延しています。生を誹謗中傷する厭世主義者――「死の説教者」とツァラトゥストラが呼ぶところの――も知ることの甲斐のなさを説いてやまず、学校の先生――「監獄の看守」

——もまた知の無意味さの普及活動に熱心です。生徒が学校で教え込まれることは、学ぶとは徒労でしかないということなのです。しかし、とツァラトゥストラは、知恵を愛好する者として、高らかに自己肯定します。生とは快楽の泉であり、認識に生きるとは、じつに快楽のきわみなのだ、と。

学ぶのはつまらない、何の意味もないと嘆き、知に対して後ろ向きになってしまった、知のペシミストに、こう診断が下されます。「彼らは学ぶのが下手だった。最善のものを学ばず、何でもあまりに早く、あまりに素早く学びすぎた。つまり、彼らは食べるのが下手だった。だから、彼らの胃は、あのとおりダメになってしまった」。

学校では今日、できるだけ早く、できるだけ多くのことを詰め込んでマスターすることが訓練させられます。どんなごちそうでも、ゆっくり味わうことなく早食いすれば、腹をこわし胃をダメにします。それは食べ方がヘタなのであって、ごちそうが悪いのではありません。それと同じく、知もゆっくり味わえば、その学びは滋味豊かとなりうるのです。

第17節　死の説教者たちに死を説教する　この節までペシミスト批判が続きます。「死の説教者」のはずのペシミストたちに向かって、ツァラトゥストラは死を説教します。「そんなに生に嫌気がさして生を悪しざまに言うのなら、あなた方の教えを実践して、さっさと死んだら？」と勧めています。「えっ？　そう簡単には死ねない？　それって、生に恋々と執着している証拠ではないの？」と、皮肉を飛ばすのです。

最初に「小舟」のメタファーが出てきます。これが「死ぬこと」を表わしているのは、すぐ「死の小舟」と言い換えられていることからも明らかです（「大いなる無」も「死」のことです）。少し先で扱う「大いなるあこがれ」の章にも出てくるメタファーです。「カロンの艀《はしけ》」に乗り、忘却の河を渡って冥界に向かう、という古代神話のイメージそのままです。日本でも、三途《さんず》の川を渡ってあの世に赴く、と言い伝えられてきました。

この世は空しい、生きることには飽き飽きした、と溜め息をつくくらいなら、さっさと死ねばいいのに、そこまで思い切れないのは、現世に未練たらたらの証拠だ、という論理は、第一部半ばの「死の説教者」に出ていました。第一部の総括的な章「自由な死」では、「ふさわしい時に死ね」という教えをメインとしつつ、誰でも「死ぬということになればもったいぶる」と強調されていました。人間そう簡単に死ねない、というのは幾重もの意味で真実です。ツァラトゥストラはその「自由な死」の教えでも、この「新旧の石板」第17節でも、「死の説教者」のお株を奪うかのように、生に愛想を尽かした、いや尽かされた連中は、さっさと死んだほうがいい、と言い放つ一方、そう言われても簡単には死ねないのが人間というものだ、死の説教は効かない、と認めてもいます。「結末をつけるためには、新しい詩句を書き起こす以上に、勇気が要るものだ。このことなら、どんな医者も詩人も知っている」とは、そういう意味です。高齢化社会にコロナ騒動の今日、味わうべき言葉です。

第18節　疲労の効用　生きることに疲れ果てたペシミストに嫌味を言うツァラトゥストラですが、この節では逆に「疲労にも良さがある」としています。激しい疲労に襲われてダウンした者が、時間をかけて回復し、やがて元気を取り戻すことは、英雄となるための重要なステップだ、と。

ニーチェにも、病気を患って意気消沈し、屍《しかばね》も同然の時期がありました。そのどん底からようやく立ち直って一転、永遠回帰思想に襲われ、『愉しい学問』や『ツァラトゥストラはこう言った』を旺盛に書きまくる時期を迎えました。ペシミズムという「大いなる疲労」からの回復は、自力救済としてしか意味をなさず、他人から気休めの言葉をかけられても仕方ない、と経験者は語ります。ペシミズムを賢《さか》しらに弄ぶ「知識人」が「虫けら」呼ばわりされるのは、次節への布石です。

第19節　最高の魂と最悪の寄生虫　前節でペシミズム批判がツァラトゥストラ自身の課題でもあったことが暗示され、この節では、自身へのエールの調子がいっそう高まります。余人は付いてこられないだろうとクギを刺されては、読者としては困りますが、「高みに登ろうとする魂」に振り切られないよう、できるだけ付いていきましょう。凡人にも推察できることはありそうです。というのも、最高を自称する強気な魂にも案外、弱みというものがあり、それは「寄生虫」を宿していることだとされているからです。

どんな種類の「寄生虫」なのか具体的には不明ですが、生態がこう描かれます――「それは、這い回り、へばり付き、君たちの病気や傷の隅っこにもぐり込んでは、肥え太ろうとする、虫けらだ」。「高みに登ろうとする魂のどのあたりが疲れているかを見抜くこと、これこそが、そいつの得意技なのだ。君たちの憤懣や不機嫌、君たちのか弱い羞恥心の内に、そいつは気味の悪い巣を作る」。「強者のどこに弱点があるか、高貴な人のどこが優しすぎるか――、そういう場所に這い込んで、そいつは気味の悪い巣を作る。偉大な人間の小さな傷の隅っここそ、寄生虫の絶好の棲み家なのだ」。

妙に生々しい描写なのは、ニーチェ自身の中に内的危険がひそんでいたことを物語っています。自己自身の中に矛盾と葛藤を宿していることは、この節の後半に列挙されている反対の一致に明らかです。「偶然」と「必然」、「存在」と「生成」、「自分自身から逃れ去りながら」「自分自身に追いつく魂」、「愚かさ」に励まされる「最も賢い魂」、「奔流と逆流」、「干潮と満潮」。——「最高の魂」に「最悪の寄生虫ども」が巣食っているとは、ニーチェ自身の精神の闇のことも暗示しているのでしょうか。

第20節　崖から突き落とす悦び　残酷さを増してゆく展開ですが、この節では、「倒れるものがあったら、さらに突き飛ばしてやれ」とまで言われています。「石を断崖へ転がり落とす悦《よろこ》びを、君たちは知っているか」と言われると、なんだか分かる気がするだけに、いっそう困ってしまいます。著者は読者を困らせて愉しんでいる様子です。

第21節　民族主義と帝国主義　本節と次節には、ニーチェの時代批評が差し挟まれています。高貴な古代戦士階級よろしく勇敢さの徳を重んじるツァラトゥストラとしては——ニーチェが生きた一九世紀後半の——民族主義《ナショナリズム》の鼓吹や帝国主義的世界進出に、自分と正反対のニセモノ、まやかしを見出し、傍らを通り過ぎよ、戦いを挑んではならない、と自重を促します。そのくせ、どうしても気になって、植民地支配を「友好親善」と言い繕う列強のいやらしさに因縁をつけたりするところが、微笑ましいですね。

第22節　労働する動物　この節では、一九世紀後半という近代の完成期に出現した大衆が、「あの連中」呼ばわりされて酷評されています。労働は「彼らにピッタリの慰みごと」なのだから、むしろ「生活が苦しいほうがよいのだ」とツァラトゥストラは突き放します。労働者階級という近代の多数派に対する同情を拒否するニーチェの非情さは、「労働する動物の勝利」が近代の帰結だとするアーレントの冷徹さに通じています。

第23節　男と女　本節と次節は、第一部後半の人生論的な「老いた女と若い女」や「子どもと結婚」の章を髣髴とさせる、ツァラトゥストラのジェンダー論です。「男性は戦いに秀《ひい》で、女性は出産に秀でなさい」などと性の役割分担を説くと、今日では独断と偏見にすぎぬと一蹴されます。しかし見方を変えれば、現代人のそういった偏屈な独善のほうこそ、ツァラトゥストラの「高笑い」を買うにちがいありません。

第24節　結婚は慎重に　古臭い性差別を振り回しているかに見えるツァラトゥストラですが、ここでは現代人の耳に心地よく響くことを言っています。結婚を早まるな、と勧めているからです。ただし、自分たちの時代の尺度を絶対視して古典を評価するのは、思い上がりというものでしょう。晩婚のほうが賢明とか、結婚しなくてもいいとか、子どもは作らないにかぎるとか、そんなちっぽけな理性の損得計算を、ツァラトゥストラは語っていません。この生と性の肯定者は、「生み殖やしていくだけでなく、生み高めていくこと」にこそ「結婚の花園」の大目標はある、と若い夫婦を激励しているほどです。

結婚は慎重にという教えだけ切り取って、そうだそうだと歓迎するのは虫が良すぎますが、結婚の誓いをする「正直者の男女」がけなげに語るセリフには、たしかに真実がこもっています――「いつも二人でいることは、大事《おおごと》なのですから」。結婚式の披露宴スピーチにもってこいのセリフです。ここだけ取り出して引用すれば、ですが。

第25節　新しい民族　第11節と第12節では「新しい貴族」という言い方がされていました。その場合の「高貴さ」とは、惜しみなく与える気前のよさ、という意味でした（第5節と第6節）。既得権益にしがみつく特権階級といった貴族の古いイメージを一新するこの意味転換と似て、本節で語られる「新しい民族」も、既存の「古い民族」概念を覆そうとするものです。地震が起こって古い泉が埋まり、のどの渇きに苦しむ人びとの前に、新しい泉を指し示すリーダーが現われます。その人物の周りに、「実験を行なう多くの者」たちが集まってきて新規に形成される共同体が、「新しい民族」だというのです。

命令する階級と服従する階級が、長い年月をかけての実験を通じて分化し、試行錯誤的に形づくられてきたのが、「人間社会」というものであり、そこには「長期にわたる探求と推測と錯誤と学習と再実験」が伴うのだ、とツァラトゥストラは一種の社会哲学の構想を打ち出しています。合理的な社会「契約」によってではなく、長期の実験と錬成と訓育によって鍛えられて創り上げられる国家共同体というヴィジョンが、一個の政治哲学としてどこまで有望であるかは、しかし未決定とせざるをえません。

第26節　善人批判　思うに、ニーチェの哲学の面目は、政治哲学の体系的構築というよりは、世に通用している善悪の観念を打破する価値批判にあります。この節では、「善の人、正義の人」を以て任ずるエスタブリッシュメントを、激しく攻撃しています。そこにちりばめられている名言は、味わうに値します。

「悪人がいくら害悪を及ぼすからといって、善人が垂れ流す害悪ほどひどい害悪を及ぼすことはない！」——善悪のこの逆説は、『歎異抄』の「善人なおもて往生を遂ぐ、況《いわん》や悪人をや」と比較すると、いっそう味わい深いでしょう。

「善人の愚かさというのは、測り知れないほど利口なものである」。「善人は、自分自身の徳をあみ出す者を、十字架にかけざるをえないのだ」。――イエスを十字架につけた「善の人、正義の人」、つまりパリサイ人《びと》が、こう評されます。ここではキリスト教批判は鳴りをひそめ、ツァラトゥストラはあたかもイエスを継ぐ者であるかのようです。

「彼らは、新しい価値を新しい石板に記す者を、十字架にかける。彼らは自分のために未来を犠牲にする」。――ツァラトゥストラは意外にも、イエスに倣ってパリサイ人と対決し、それゆえに没落を宿命づけられる「二番目の者」たろうとしています。

第27節　打倒善人　前節に続いて、パリサイ人批判が繰り広げられます。「どんな人たちのところに、人類の未来という未来を脅かす最大の危険がひそんでいるのだろうか。それは、善の人、正義の人ではないのか」。その毒々しさはもはや、「批判」といった穏当な語に収まるような生易しいものではなくなっています。「打ち砕きなさい、打ち砕いてみせなさい、善の人、正義の人を。――おお、兄弟たちよ、この言葉の意味も、君たちに分かっただろうか」。――これはもう、パリサイ人を殺せ、と言っているに等しいのです。

第28節　人間の未来　テロリストのような過激な言辞に、誰も付いていけなくなることを察して、ツァラトゥストラは、こう言い継いでいます。「君たちは私から逃げるのか。怖じ気づいたのか。この言葉におののいているのか」。そりゃそうだよと、読者としては呟きたくなります。ともあれ、この節では「「人間の未来」という国」、「われわれの子どもたちの国」と呼ばれる遠大な未来を志向するツァラトゥストラの気分が高ぶりを見せており、章が終わりに近づいたことを告げています。

第29節　ダイヤモンドのように苛酷になれ　締めくくりの一つ手前に、メルヘンチックな「石炭」と「ダイヤモンド」の会話が差し挟まれます。前節の不吉さを打ち消すあどけない挿話に見えて、やはり危険思想の香りがします。どんな物質よりも硬いダイヤモンドの苛酷さで、旧来の価値とその体現者を情け容赦なく切り裂き、打ち砕き、葬り去ることが創造者の使命だ、と宣言されているからです。なお、この節は、ニーチェが最後に公刊した著作『偶像の黄昏』の末尾に、そっくり自己引用されて掲げられています。よほどお気に入りだったのでしょう。

第30節　困窮の転回としての必然　最終節は、次章「快復しつつある人」への導入です。「必然性(Nothwendigkeit)」とは、「困窮(Noth)の転回(Wende)」のことであり、困窮がギリギリ高まったところに、思いがけない転回が起こり、一切を必然として肯定する運命愛の境地がひらけてくる――すでにこれは、永遠回帰思想の先取りとなっています。

なんとか第30節までたどり着きました。ツァラトゥストラの教説を速習させられると、わけの分からなさに呻吟して、哲学を学んだところで何の意味もないと、それこそ「知のペシミスト」になりかねません。どれだけマスターできたかの理解度などどうでもよいのです。快楽の泉となるよう、哲学書は読むべきなのです。ニーチェが自著に『愉しい学問』というタイトルを付けたのは、そういう意味です。分からないところだらけでも、気に病む必要は毛頭ありません。

9 「快復しつつある人」

深淵の思想との格闘

第三部後半は、ツァラトゥストラが自分の洞窟に戻り、自己内対話を繰り広げるという設定の章が続きました。自分の考えを再確認し、次に備えて充電するといった趣でした。「新旧の石板」は、とりわけその感の強い章でした。ペシミズム再考を基調とする長大な自己点検が終結して、新しい主題がおもむろに浮上します。かねてよりツァラトゥストラが「帰郷」の目的と見定めていたもの、つまり永遠回帰思想との対決です。

この「快復しつつある人」の章でツァラトゥストラは、「彼の動物である鷲と蛇」（三六六頁）としきりに対話を交わします。ただしそれもまた――本書に登場するキャラクターとの会話が多かれ少なかれそうであるように――主人公自身の自己内対話だと解されます。しかしだからといって、たんなる私的つぶやきと見るのは早計です。ツァラトゥストラが鷲と蛇と交わす対話の質が、この章の一番の読みどころと言えるほどです。何らかの他者と語り合うことで、思索は深められていくのです。

その他なる対話者は、自分の友人であることもあれば、昔書かれた哲学書やその著者である場合もあるでしょう。それが、自己の内なる自己ならざる何ものか、であるケースもありうるのです。しかも、鷲と蛇という具体的形象をとったもう一人の自分のみならず、ツァラトゥストラのうちには、何か特別な他者がいるようなのです。そしてそれこそは、永遠回帰思想にほかなりません。それが今やツァラトゥストラを襲い、おもむろに何かを告げてくる――という場面が、第1節でいきなり描かれます。

　ある朝、ツァラトゥストラは目覚めるや、その手ごわい相手に挑みかかります。自分で自分の危難を招くように、「起きろ、起きろ」と叫んで、自分の内なる「深淵の思想」（三六七頁）を呼び覚まそうとします。バカに威勢のいい始まり方ですが、すぐ失速します。果敢に対戦を挑んだヒーローは、相手の襲撃を受けてあえなくノックダウン。重度の「吐き気」に襲われて、死人のように横たわり、一週間臥《ふ》せったまま過ごします。

動物は永遠回帰をスラスラ歌う

　ツァラトゥストラが、超人とは程遠い、弱いところや未熟なところのある存在だということは、これまでも確認してきたところです。弟子たちのことを思ってふと涙したり、くだらない世の中は通り過ぎるにかぎると言いながら未練がましく悪態をついたりと、人間味を見せてくれました。この最重要の章では、準備怠りなかったはずの永遠回帰思想の襲来にショックを受けて、死にそうになるという体《てい》たらくです。鷲と蛇の献身的な看病によって、少しずつ立ち直り、快方に向かうのですが、病状はまだ思わしくありません。話をし始めても、動物たちのほうが会話をリードしていきます。

　永遠回帰思想には何かすさまじい威力があり、さすがのツァラトゥストラにもそうやすやすと太刀打ちできないことが、この筋立てから分かります。ですから、読者のわれわれも、そう簡単に理解できるなどと思わないほうがいいのです。われわれにさしあたりできることは、その筋立てを丁寧に辿《たど》っていくことだけです。

看護を続けてきた動物たちに励まされて、やっと話すだけの元気の出てきたツァラトゥストラは、「おしゃべりを続けて、私に聞かせておくれ」（三六九頁）と、相手に主導権を預けますが、まずそれについて軽く趣旨説明しています。「おしゃべり」、つまり語ることとはどういうことか、と言語論をぶつのです。

ここでのツァラトゥストラの言語論は、「言葉と響き」とは「永遠にかけ離れたものをつなぐ虹、まぼろしの橋」（同頁）だ、とするものです。言葉――音声言語にしろ文字言語にしろ――と、その意味内容あるいは指示対象とは、別々の種類の存在ですから、一致することはありえません。その両者をつなぐ言語使用とは、「まぼろしの橋」を架けるようなもの、要するにウソ偽りだ――とすれば、認識とはすべて言葉を介しての認識でしかありませんから、およそ認識なるものはみなウソ偽りだ、ということになってしまいます。ニーチェはこのような「言語＝仮象」説を弄することがあります。しかしそうなると今度は、この説自体、言語を用いている以上、自分にはね返ってきます。つまり、まぼろしであるほかなくなります。もともと一致するはずのない二項が、意味作用によっていかにして結びつけられるかを、真と偽の可能性に関して説明しなければ、言語論あるいは真理論、虚偽論としては、杜撰《ずさん》のそしりを免れません。

ですから、ここでツァラトゥストラが「言語＝仮象」説を強く主張していると解するのは、あまりはかばかしい解釈とは言えません。ツァラトゥストラが対話相手である鷲と蛇に向かって、言葉とはまぼろしの橋にすぎないと言っているのは、自身の言語論を展開しているというよりは、むしろ、言語的伝達の本質的限界を弁えつつ、どうか見事に語ってみせてくれ、と相手に懇願しているのです。

こんなふうに――

私は永遠回帰思想に襲われ、それをいまだに言語化できずに苦しんでいる。いやそれは、絶望的に言語化不可能なのだ。しかし、お前たちは、お前たちなりの理解のかぎりを尽くして、精一杯語ってみせてくれ。それは、私の解する永遠回帰思想とはズレているに違いない。しかし、そんなことを気にしていたら何も語れない。もとよりお前たちの説明で分かったことには決してならないだろう。それもよし、さあ、語っておくれ――

そうツァラトゥストラは動物たちを励ましているのです。「語ることは、すばらしき愚行だ」、「およそ語ること、言葉の響きでウソをつき放題とは、なんとすてきなことだろう」（三七〇頁）といった皮肉な発言も、そのままの意味に解してよいのです。永遠回帰思想を言語化するなどということがいかに見込み薄の無謀な企てであろうとも、それは挑むに値することだ、とツァラトゥストラは動物たちを促しているのです。

そこで、動物たちは、彼らなりの仕方で語り始めます。

一切は過ぎ、一切はまた戻ってくる。存在という名の車輪は、永遠に回る。一切は死に、一切はまた花開く。存在という名の年は、永遠にめぐる。

一切は破れ、一切はあらたに継ぎ合わされる。存在という名の同じ家が、永遠に建てられる。一切は別れ、一切はふたたび挨拶を交わす。存在という名の輪は、永遠に自分に忠実なのです。

どんな瞬間でも、存在は始まる。どんな〈こちら〉の周りにも、〈あちら〉の球は回転する。

中心は至るところにある。永遠という名の小道は、曲線なのです。（三七〇―三七一頁）

ツァラトゥストラ自身はまだ本調子には遠く、その代わりに、彼の動物たちはこのように、万物が永遠回帰の輪舞を踊るさまを華麗に歌ってみせます。

この永遠回帰の歌を聴いたツァラトゥストラは、「おまえたち、おどけ歌を奏でる手回しオルガンよ」（三七一頁）と囃《はや》し立てます。「手回しオルガン」は、ハンドルを手で回して同じメロディを何度も奏でる楽器です。まさに「千篇一律」に、同一の曲が機械的に繰り返し再現されるしくみはオルゴールと一緒です。「手回しオルガン」は、同じことの永遠回帰という歌の内容にピッタリのたとえです。ツァラトゥストラが動物たちをそう呼ぶのは、彼らをバカにしているのではありません。「おどけ歌」と形容しているのも、自分のお株を奪って動物たちが歌った永遠回帰ソングに非の打ちどころがないことを、茶化して言っているのです。「幻影と謎」の章で、重さの地霊が、時間は円環をなすとズバリ言ってのけたのに対して、ツァラトゥストラが、そう安易に考えるなと返答せざるをえなかったのと、似たおかしみがあります。どちらも、ボケとツッコミの会話みたいなものです。

それにしても、ツァラトゥストラが決死の覚悟で最終的に摑みとろうとしている「深淵の思想」を、鷲と蛇がいとも容易に歌にしてみせるとは、どういうことでしょうか。動物たちの歌を聴いたツァラトゥストラも、「この七日間に成就されねばならなかったことが、おまえたちにはなんとよく分かっていることか」（同頁）と評しており、永遠回帰思想の言語化として完璧だと認めているかのようです。ツァラトゥストラとしてはその思想を受け止めるのに七転八倒して苦しんでいるのに、動物たちがそれを完全に会得しているのでは、主人公の立つ瀬が無くなるというものではないでしょうか。

この疑問を解くカギは、動物たちが最初に断わって述べている言葉、「私たちのように考える者にとっては、万物それ自身が踊るのです」（三七〇頁。強調は引用者）にあります。

鷲と蛇は生き物であり、自然的存在です。彼らの属する自然界は、まさに同じことの繰り返しから成り立っています。天界では、星々が永遠不変の円環運動を壮大に繰り広げており、地上では、その星界をなぞるかのように年々歳々日々刻々、生成消滅の周期的運動が絶えず行なわれています。生きとし生けるものは死と誕生を繰り返し、世代交替を通して種が存続していきます。大自然においては、同じことの永遠の繰り返しは、理論的仮説であるどころか、現実そのものなのです。その自然界の一員である動物たちが永遠回帰を会得しているのは、奇異なこととは言えません。自然的に生きるとは、同じことの永遠回帰を生きることにほかならないのです。

ですから、鷲と蛇の言葉、「私たちのように考える者にとっては」は、「私たち自然界に属する生き物からすれば」と言い換えることができます。自然界では同じことの永遠の繰り返しが成り立っており、その「法則」を素直に表現すれば、そのまま鷲と蛇の歌となります。彼らがその掟を知り尽くしているのは、むしろ当然なのです。

おまえたちは一部始終を見物しているだけなのか

ところが、ツァラトゥストラには、鷲と蛇のように考えることができません。動物たちと立場が異なるのは、要するに、ツァラトゥストラが人間だからです。人間とは自然界に属しながら、それをはみ出す存在であり、動物たちのように永遠回帰を繰り返す自然界と完全に一体になることはできないのです。

もちろん、人間だってれっきとした自然界の一員ですから、そのかぎりでは、同じことの永遠回帰という自然界の鉄則に従っています。ヒトはヒトを生むという意味での種の同一性を世代交替によって維持し続けていますし、働いて得たものを食べては消化して排泄し、また腹が減って働いて食べて……といった生命維持サイクルを絶えず繰り返している点では、動物とべつに変わりありません。そのような悠久の自然のサイクルと一体になって生きている状態では、永遠回帰を空しいと感ずることもないでしょう。

しかし、そのような動物レベルにとどまらないものを、人間は抱えています。ツァラトゥストラを襲ったのも、自然界の掟としての永遠回帰それ自体というよりは、自然的存在をはみ出る部分をもつ人間存在と、自然界の永遠回帰の掟とのギャップ、と言うべきです。超人思想を唱えてきたツァラトゥストラが、今や、自分が人間であることの限界を改めて自覚させられている、と言ってもよいでしょう。

いまだダメージから快復できていないツァラトゥストラが、鷲と蛇に、次に語ることは、「幻影と謎」の章の話にそっくりです。「あの怪物が、私の喉に這入り込んで私を絞め殺そうとした」。「私はそいつの頭を嚙み切って、吐き捨ててやった」（三七一頁）。ここではツァラトゥストラは、喉に這入り込んだヘビの頭を嚙み切り、吐き捨て、高らかに笑ったあの若い「牧人」と、みずからを同一視しているかのようです。

しかし「幻影と謎」の章では、ツァラトゥストラは自分がその高笑いの境地にまだ達していないことを嘆いていました。ですから、今ここで述べられていることは、かつて予兆として見たヴィジョンが、この七日間の苦闘においてツァラトゥストラの身に現に起こった、ということを告げていると見るべきです。

ツァラトゥストラはその格闘からいまだ立ち直っておらず、浮かない様子です。ですから、動物たちがいとも容易に永遠回帰ソングを歌ってみせたのに比して、自分が「噛んだり吐き捨てたりして疲れ果て、自分の救済に悩んで病気となり、今なお臥《ふ》せっている」(同頁)ことをボヤくかのように、動物たちにこう因縁をつけています――「それなのに、おまえたちは一部始終を見物しているだけなのかい」(同頁)。

この一文が強調されているのは意味深長です。この章の主導命題とも見られるからです。少なくとも、永遠回帰思想を告知する本書最大のヤマ場に出てくるのはたしかです。

そもそも鷲と蛇は、ぶっ倒れたツァラトゥストラにずっと付き添い、時おり鷲が病人のための食物を獲りに出かけた以外は、かいがいしく見守ってきたわけですから、「なんだ、おまえたちは、苦しんでいる私の様子をそばで眺めていただけか?」と言われる筋合いはありません。「そんな、ひどい。私たちがどれだけあなたを心配したか知りもしないで!」と愛想を尽かされてもおかしくないほどです。だいいち、ツァラトゥストラはかねてより「同情」されるのは真っ平だと公言してきたのですから、今さら「他人《ひと》の苦しみを傍観するなんて冷たい奴らだ」などと言える立場にはないのです。

だからといって、二匹の動物に対するツァラトゥストラの態度はあまりに自分勝手だ、と読者が憤慨するのも的外れです。彼らの間には家族同然の親密な関係が成り立っていて、わがままを言ったり、甘やかしたりできる仲だという設定なのですから。

むしろ大事なのは、「おまえたちは一部始終を見物しているだけなのか」というセリフから一転して始まる、ツァラトゥストラの「人間論」とその向かう先のほうです。

鷲や蛇が、重病に悶《もだ》え苦しむ自分をずっと見守っていたことに改めて気づいたツァラトゥストラは、「おまえたちも残酷なのか。おまえたちも、私の大いなる苦痛を見物したかっただけなのか、人間がやるように。なにしろ、人間ほど残酷な動物はいないからだ」（同頁）と述べ、「人間＝最も残酷な動物」論を展開します。そういう自分も人間だということ、いや、自分こそ残酷人間の極みだということを百も承知で、そう主張するのです。

「悲劇や闘牛、磔《はりつけ》」を眺めてはウットリし、「地獄」を発明しては至福に浸り、他人の苦しみに「同情」を寄せては嬉々とするのが、人間というもの。生きることの苦しみを嘆いてみせる「詩人」も、「生をさんざん告発してみせることで快楽に浸っている」。「罪びと」、「十字架を背負う者」、「罪を贖《あがな》う者」を名乗る連中も、自分に残酷な仕打ちをすることで快楽に耽っている。そう、「人間は、自分自身に対して最も残酷な動物だ」（以上、三七一―三七二頁）。――ここまで穿った人間観察ができるほど残酷な人間もザラにいないでしょう。そしてそれは、ツァラトゥストラ自身「一部始終を見物している」からなのです。

人間にうんざりするという大いなる嫌気

このように人間論を突き詰めてきたツァラトゥストラは、はたと自問します。「そして、私自身も――、そう言い募ることによって、人間の告発者になろうとするのか」（三七二頁）。「人間＝最も残酷な動物」論を極めようとする人間ツァラトゥストラは、その残酷さの刃《やいば》をとことん人間自身に向けたかと思うと、あげくは人間存在の卑小さにうんざりします。「ああ、人間の最悪のことでも、こんなにちっぽけなものなのか！　ああ、人間の最良のことでも、こんなにちっぽけなものなのか！」（同頁）くどいようですが、身の程知らずにそう嘆いているのは、一個の人間ツァラトゥストラです。

これに続くツァラトゥストラの発言も、聞き逃せません。「人間にうんざりするという大いなる嫌《いや》気《け》――これが、私の首を絞め、喉に這入り込んできたのだ。つまり、あの占い師が占って判じてみせたこと、「一切は同じことだ。何の甲斐もない。知は自分の首を絞めるだけだ」ということが、だ」（三七三頁）。第二部に登場した「占い師」は、ペシミズムの古来の定型表現を繰り返していたわけですが、それがツァラトゥストラによって、畳みかけるようにこう表現し直されます。「おまえが飽き飽きしたその人間とやらが、永遠に繰り返しやって来るのだ。ちっぽけな人間が」。「ああ、人間が永遠に繰り返しやって来るとは！　ちっぽけな人間が永遠に繰り返しやって来るとは！」（同頁）「最も偉大な人間といえども、あまりに卑小だった。――これが、人間にうんざりした私の嫌気であった。どんなに卑小な人間といえども、永遠に回帰するのだということ――これが、総じてこの世に生きるということにうんざりした私の嫌気であった」（三七三―三七四頁）。

「人間にうんざりするという大いなる嫌気」。これこそが、永遠回帰思想の名の下にツァラトゥストラを襲った重篤の「吐き気」の正体だったのです。「最も偉大な人間」もあまりに卑小であり、「どんなに卑小な人間」も繰り返しやって来るということに、ホトホトうんざりするという嫌気。このどす黒いペシミズムをどう解したらよいでしょうか。

これを、卑小な人間に対する鼻持ちならない差別発言と捉え、ツァラトゥストラは万人の有する基本的人権を無視している、などと告発するのは、やめたほうがいいでしょう。偉大な人間と卑小な人間の差など取るに足らぬほど小さく、似たり寄ったりで、どんぐりの背比べだということ、まさにその平等の事実が、人間ツァラトゥストラをして吐き気を催させているのですから。その点をはっきりさせるには、「偉大な人間」を「人間の偉大さ」に、「卑小な人間」を「人間の卑小さ」に、それぞれ置き換えてみるといいでしょう。人間の偉大さも卑小さも総じてたかが知れており、どっちみち大したことはない、という変わり映えのなさ、その大同小異に、人間ツァラトゥストラは嫌気がさしているのです。

われわれ人間はどんなに頑張っても、地上に這いつくばって生きる卑小な生き物であるほかなく、いつまでも同じことの繰り返しがえんえんと続くだけで、何の新しさも起こりっこない。それがこの世の掟というものであり、人類の歴史というものだ――この種のペシミズムは、しかし、べつにツァラトゥストラがはじめて発見したことではなく、古来、賢者の知恵として重んじられてきたことでした。それをわざわざ「永遠回帰思想」と呼ぶべきかどうかは、ひょっとして、言葉の綾のようなものかもしれません。

近代人ツァラトゥストラの悩み

とはいえ、永遠回帰を達観できるのは、人間の世界に新しいことなど起こりえず、人間の歴史に発展も進歩もありえない、と断言して憚らない者たちのみです。われわれにそれができるでしょうか――「人類の進歩」を信じてやまないわれわれ近代人に。

ツァラトゥストラは、古代ペルシアのゾロアスター教の開祖という設定のはずですが、「神は死んだ」という時代認識を出発点としており、そのかぎりで、神の死後の「新時代」を自覚的に生きている人間です。つまり、彼はれっきとした「近代人」なのです。ツァラトゥストラがさんざん――たとえば近代道徳としての同情のモラルや、近代社会としての大衆社会や、近代国家としての国民国家を相手に――「近代批判」を行なっているのは、自分が近代人だという自覚があればこそです。

ツァラトゥストラの近代人ぶりを露骨に示すのが、「超人」思想です。ポスト「神の死」時代の先端思想として「人間主義を克服して超人をめざそう！」と言い出すのは、よほど筋金入りの近代人でなければできません。旧来の段階を乗り越えて「新しい時代」に突き進んでいくことに価値を置くのが、近代人の近代人たるゆえんなのです。

しかもツァラトゥストラは、超人思想というアドバルーンを上げているだけではありません。その思想を基礎づけるために、一般理論として「力への意志」説を提唱しています。およそ生きとし生けるものは、たんに現状を維持しようとするのではなく、現状を乗り越えてヨリ以上へ高まろうとするのだ、という主張は、世界の普遍的説明原理として打ち出されています。「序説」早々、神の死の時代認識と超人思想がセットで持ち出される本書の基調は、第一部を通じて維持され、第二部半ばの「自己克服」の章で「力への意志」の存在論によってまとめ上げられる、というしくみでした。

しかし第二部後半に入ると、物語は転調を示し始めます。「占い師」の章で「一切は同じことだ。一切はすでにあったことだ！」というペシミズムを聞くや、ツァラトゥストラは調子を崩し、自分の思想にはまだ決定的に足りないものがあることに気づきます。その段階で主人公の心中に萌《きざ》していたものが、この「快復しつつある人」の章で「大いなる嫌気《いやけ》」と名指されるのです。そしてそれは「同じことの永遠回帰」思想にほかなりません。

近代人としてのツァラトゥストラは、超人と力への意志を説き、新しい時代の到来を待ち望んでやみません。それにしても、そもそも人間の歴史に新しいものが生じうるのだろうか、とつくづく考えたとき、人間の望みうる偉大さといえどもどこまでもちっぽけなものにすぎず、人間の卑小さが性懲りもなくぶり返しているだけの話で、地上に起こることはどのみち同じことの繰り返しにすぎぬと、ツァラトゥストラは最終的に思い至らざるをえないのです。そのことを直視すればするほど、超人の出現を人類の目標に掲げて、現状を打破する力への意志を説いた自分の思索の歩みとは、いったい何だったのか、ただの道化芝居ではなかったか、と主人公は深刻な反省を迫られるのです。

地上に新しいものは何一つ起こらない。一切は同じことの繰り返しだ。すべては徒労だ。そう告げてくる自分の内なる無気味な声に圧倒され、ほとんど人格崩壊しかねない危機に陥ったツァラトゥストラの窮地は、われわれとしても他人事ではありません。つまり――繰り返しますが――人類の進歩を信じてやまない近代人たるわれわれには。

もちろん、その声に耳を塞ぐことも、一つの選択肢でしょう。われわれは現に発展進歩を着々と続けており、そのことは二一世紀という日進月歩の時代が事実として証明している通りだ、と。われわれ現代人は、古ぼけた永遠回帰思想の決定的「反証」を、人類規模で行なってみせているのだ――証明終わり、と。

もとより、誰もがツァラトゥストラの苦悩を共有しなければならないいわれなどありません。鷲や蛇が代弁する怪しげな思想は、しょせん「おどけ歌」にすぎぬと一蹴することだってありうるでしょう。しかし、せっかくここまで物語を読んできたのですから、第三部がどのように締めくくられるか、最後まで見届けることにしましょう。みずからが摑みとったはずの思想が水の泡に帰すかもしれない瀬戸際まで追い詰められた主人公は、どのようにして立ち直るのでしょうか。その立ち直りのきっかけは、ひょっとすると、この「快復しつつある人」の章のどこかに見出されていたのかもしれません。

ツァラトゥストラは、この章では最後まで快復には至らず、沈黙するのみで、もっぱら鷲と蛇が、彼の代弁者として永遠回帰思想を饒舌なほど淀みなく語ります。それは、すでに見たとおり、動物たちが自然的存在であり、同じことの永遠の繰り返しを屈託なく肯定できるからです。これに対して、自分が人間であることを骨の髄まで自覚させられたツァラトゥストラは、いかにして永遠回帰思想を肯定できるのか――これが問題です。

10 「大いなるあこがれ」、「もう一つの舞踏の歌」、「七つの封印」

ツァラトゥストラの白鳥の歌――「大いなるあこがれ」

「快復しつつある人」という難所をひとまず越えました。難所なだけに、とくに章の後半は論じ残した感がなきにしもあらずです。ツァラトゥストラに彼の動物たちが、語るのではなく、「歌う」のです、としきりに勧めていた(三七四―三七五頁)ことには、触れられませんでした。ただし、対話の最初のほうで「語ること」、つまり言語の限界について確認されていたのは、すでに見た通りです。永遠回帰思想を正確に言語化して伝達するのは見込みなき企てだが、それを「歌うこと」ならギリギリできそうだ、というのです。

さしあたり「快復しつつある人」の章での歌い手は、鷲と蛇でした。ツァラトゥストラは「おどけ歌を奏でる手回しオルガンよ」と囃しながらも、生き物の見地から華麗な永遠回帰ソングを披露してみせる動物たちの歌声に、聴き入っていました。しかもツァラトゥストラ自身、この呻吟の七日間、自分は歌うという「慰め」、「快復法」(三七五頁)を発明した、と述べていました。ただしその後も語るのはもっぱら動物たちで、ツァラトゥストラは黙っているのみでした。章の最後にも、「彼は、目を閉じて静かに横たわっていた」、「ひたすら自分自身の魂と語り合っていた」(三七七頁)とあります。

この自分自身の魂との語らいが、続く「大いなるあこがれ」の章の内容になります。この章自体、抒情的な詩的文体が続くのですが、章の最後でも、「歌うがいい、おお、わが魂よ」(三八二頁)と、ツァラトゥストラは自分の魂に呼びかけます。そして、その次に来るのが、「もう一つの舞踏の歌」と「七つの封印」という二つの詩章です。いずれも、ツァラトゥストラなりの永遠回帰思想の歌謡化ということになります。主人公の魂の絶唱で、第三部はメドレー仕立てのフィナーレを迎えるのです。

その前奏とも言える「大いなるあこがれ」は、いわば「ツァラトゥストラの白鳥の歌」です。刑死直前に魂の不死について語るソクラテスを描いたプラトンの名作『パイドン』に、こうあります。「白鳥は、死なねばならないと気づくと、それ以前にも歌ってはいたのだが、そのときにはとくに力いっぱい、また極めて美しく歌うのである」（『パイドン』岩田靖夫訳、岩波文庫、一九九八年、九〇頁）。ニーチェは明らかにこの「白鳥の歌」論を踏まえています。ツァラトゥストラは自分が死のうとしていることを感じて、その喜びのあまり、美しい歌を歌い始めるのです。

死にゆく喜びを歌う、というふるまいの尋常ならなさは、「大いなるあこがれ」という章のタイトルに示されています。この章は、主人公が自分自身の魂に向かって語りかける、という設定であり、ツァラトゥストラの自己内対話という点は、これまでと同様です。ただし、相手は「魂」（ドイツ語のSeeleも女性名詞）であり、「魂」とは古来、生命原理とされてきたものです（希：psychē　羅：animus）。対話内容は、ツァラトゥストラの魂が、長らくの修練と遍歴（その列挙はこれまたツァラトゥストラの教えのまとめになっています）を経て、ついに完成の時を迎え、「小舟」に乗っていよいよ船出していくのを、ツァラトゥストラ自身が見送る、というものです。魂もこれに応答していますので、話し手が二人いるように見えますが、じつはツァラトゥストラの独り言です。魂が出立《しゅったつ》するにあたって示す微笑に接して、ツァラトゥストラは涙します。自分の内なる、自分を超えて高まりゆくものが、自分から離れて、かなたへ旅立っていくのです。

そう、魂の「過剰な充実ゆえのあこがれ」(三八〇頁)とは、死へのあこがれなのです。

魂は、成長した「一本のブドウの木」(三七九頁)にたとえられています。熟し切ったブドウの房をたわわに実らせている木は、摘みとられることを欲し、「ダイヤモンドのナイフを携えて待っている摘み手」(三八二頁)を待ち焦がれています。完熟し、おのれの充実にこらえ切れなくなったブドウにとって、「大いなる解放者」には「まだ名前がない」(同頁)とされますが、単刀直入な名前がないわけではありません。「死」です。ドイツ語の男性名詞 Tod には、「死神《しにがみ》」という意味もあります。死の訪れが「解放」であるのは、重篤の長期療養者だけではありません。あふれこぼれるほどの充溢に耐え切れないわが身を救ってくれる訪問者を歓迎する、という来迎《らいごう》の境地がありうることを、「大いなる解放者」という言葉は、そして「大いなるあこがれ」というタイトルは、物語っています。

ひとはさまざまなものにあこがれますが、「死」はふつう、忌避の対象でこそあれ、あこがれの的とは考えられていません。もっとも、「死の欲動」を「生の欲動」と対をなすものとして据えたフロイトの学説は、「タナトス」理論として有名です(ギリシア語の thanatos も「死」と「死神」の意味を併せ持ちます)。ふつう「X」とは呼ばれないが、よくよく考えればその極みであるような超特大の「X」のことを、ツァラトゥストラが「大いなるX」と呼ぶことは、これまで見てきました。「大いなるあこがれ」も、この命名法に従っています。つまりそれは、あこがれはあこがれでも、生命原理である魂がおのれの反対を求めるような「死へのあこがれ」なのです。

しかも、この極めつきのあこがれは、はるか未来の出来事に対するものではありません。今まさにツァラトゥストラの魂は、死のうとしているのです。物語のこの筋立ては、いったい何を意味しているのでしょうか。――これが問題です。

愛する生との別れの歌――「もう一つの舞踏の歌」（その1）

「快復しつつある人」の章の後半に、まだ解釈し残していた箇所がありました。鷲と蛇は、最後のほうで、ツァラトゥストラの臨終の時を描写しています。「あなたがいよいよ死のうとするとき、ほら、あなたがそのとき自分に向かってどんなふうに言うのかも、私たちには分かっています」（三七六頁）と前置きして、ツァラトゥストラの最期の言葉を先取りしてみせるのです。主人公がいよいよ死ぬ間際に口にする言葉は、永遠回帰の教師たる自覚の最終表明ということになりそうですが、それはあくまで予告です。もし『ツァラトゥストラはこう言った』の続編が書かれていたら、そういう結末になったのかもしれません。しかし、動物たちは「あなたにまだ死なれたくはありません」（同頁）と言っていますし、この第三部の最後ではツァラトゥストラが死ぬ筋書きにはなっていません。だいいち、第三部で主人公を死なせたら、第四部は書き継げなかったでしょう。

それなのに、第三部の終幕近くには、死のモティーフがプンプン漂っています。これはどういうことでしょうか。この点を読み解くうえで最も重要なのが、「もう一つの舞踏の歌」の章です。そこでツァラトゥストラの魂は「生との別れ」を歌っています。「生との別れ」が「死」だとすれば、ツァラトゥストラは死のうとしているのです。「大いなるあこがれ」が前奏だとすれば、「もう一つの舞踏の歌」が本曲で、エンディングが「七つの封印」だということになります。それにしても、「死」をモティーフとするこのフィナーレと、肝腎の永遠回帰思想とはどうつながっているのでしょうか。ニーチェは歌で誤魔化しているだけなのでしょうか。私はそうは思いません。考えようによってはじつに分かりやすく、明晰ですらある筋立てが貫かれている、と解釈できるのです。

「もう一つの舞踏の歌」の全三節のなかでも、歌の味わいが濃いのは、第1節と第3節です。第3節が、続く最終章「七つの封印」へ飛翔するための跳躍板のような「数え歌」であるのに対して、第1節は、全体としてワルツのようにテンポのよい詩文が連ねられています。他愛ないと言えばあまりに他愛ない「恋の駆け引き」の歌です。

ここで詩人ツァラトゥストラ、もしくは詩人哲学者ニーチェは、その力量のかぎりを尽くして「戯《ざ》れ歌」を歌ってみせます。「生」と呼ばれる、あどけない顔をして妖艶なおてんば娘に、大の男が魅せられ、その尻を追っかけて、捕まえたと思ったらスルリと逃げられ、面目は丸潰れ。もう知るかとそっぽを向けば、今度は向こうからちょっかいをかけられ、ムラムラとまたその気になり……と恋愛ゲームに夢中です。哲学者ともあろう者が、そんなお色気ソングを全力で歌うなんて、みっともない、と幻滅するのは早計です。ここには、あの「生を愛する」という哲学の根本問題がひそんでいるからです――

「生きること」をひとは愛さないわけにはいかない。しかし、一途に惚れ込んでいると、思わぬしっぺ返しを受け、それがもとで憎んだり恨んだりする。かといって、つれないそぶりを見せたかと思うと優しい言葉をささやいてホロリとさせられるあたり、妖しい魅力のゆえんで、その魔力の虜でいることからいつまでも逃れられない――

そんな「生きることを愛する」恋愛道の切なさが、情熱的に歌い上げられるのです。「生への愛」を主題化する場合、相手が「生」ですから、「愛」といっても抽象的な哲学用語を用いた難解な話になりがちです。そこを、魅力的ゆえに危なっかしさもある異性との色恋沙汰というふうに描いて、生きることに苦しみながらも自分の人生を肯定せずにはいられない悶々とした思いを活写する――そういう離れ技をやってのけている「もう一つの舞踏の歌」第1節は、これはもう完璧な生のラブソング、生の讃歌です。

しかしそれが同時に、生との別れの悲歌であるという、いわくつきなのです。

生と知恵との三角関係ふたたび――「もう一つの舞踏の歌」(その2)

第1節の最後で、ツァラトゥストラは、小悪魔のような小娘におちょくられてさすがにうんざりし、さあ、自分の言うことを聞かせてやるぞと、懐《ふところ》に携えていた鞭を取り出そうとします。「私の鳴らす鞭の音の拍子に合わせて、私は君を踊らせ、叫ばせてやろう。私は鞭を忘れていなかったかな。――いや、あった!」(三八六頁)

ツァラトゥストラは、第一部の「老いた女と若い女」の章で、ある老婆から、「女性のところへ行くのなら、鞭《むち》を忘れないように」という「小さな真理を一つ」授けられました。その真意《こころ》は、「あなたより女性のほうが強いのだから、脅し道具の鞭でも携えていかなきゃ負けるに決まっているよ。油断しないことだ」。実際この場面でも、ツァラトゥストラが「生」の魔性に敗北を喫し、すがるように持ち出そうとするのが、「鞭」なのです。しかも、第2節冒頭でさっそく「生」に、こうやり込められてしまいます。「鞭をそんなにうるさく鳴らさないでちょうだい。あなたもご存じのとおり、騒音は思考を殺すものよ」(同頁)。ショーペンハウアーの有名な反騒音論を仄めかす、この優雅で皮肉な一言で反撃されてしまいます。お守りのように持ち歩いていた鞭は、結局、役に立たなかったのです。

そういう意味では、この「もう一つの舞踏の歌」は、第一部の「老いた女と若い女」の章と関連しますが、それ以上に関連の深い章があります。「もう一つの」とあることから明らかなように、第三部終幕間際のこの章は、第二部の三つのインテルメッツォ中の二番目の「舞踏の歌」と、一対をなすのです。「もう一つの舞踏の歌」は、しかし原曲のたんなる繰り返しではなく、発展形の別ヴァージョンです。

元の「舞踏の歌」も、「生への愛」を、可憐な娘への恋に仮託して歌っていました。やはり切ないラブソングという仕上がりですが、そこにもう一人、ツァラトゥストラのお相手が、登場しないまま話題にのぼっていました。「知恵」という名のこの謎の女性は、熟女のようです。「生」は、ツァラトゥストラが本当は「知恵」を愛しているのではと疑い、年増女にメラメラ対抗意識を燃やして、「知恵ってどんな人?」と尋ねます。内心を見透かされたツァラトゥストラは、うろたえながらも観念して、「そうだね、知恵は私から見ると、美しいが謎めいて手に負えなくて……」と説明し始めます。するると、生は言葉をさえぎって、「それって私のことじゃない。とぼけないで。さあ本当のことを言いなさいよ。知恵ってどんな人?」としつこく訊いてきます。これではさすがのツァラトゥストラもお手上げです。――こんな痴話喧嘩みたいな掛け合いが、「舞踏の歌」の内容でした。

読者は、この「舞踏の歌」を読んで、妙な歌が差し挟まれているなぁ程度にしか思わず、読み流しがちなのですが、第三部終盤の「もう一つの舞踏の歌」の段になると、こりゃ他愛もないだけではなさそうだということに、さすがに気づきます。というのも、ツァラトゥストラは「生」と別れて、「知恵」のもとへ赴こうとしているからです。

「舞踏の歌」にも出てきたように、「生」は、「知恵」に対抗意識を燃やしており、「もう一つの舞踏の歌」第2節でツァラトゥストラと会話する場面でも、「知恵に焼きもちを焼いている」ことを自分で認めて「ああ、あの支離滅裂のバカ老女の知恵に！」（三八七頁）と悪態をついています（ここは何度読んでも笑えます）。生と知恵とツァラトゥストラは、恋の三角関係を形づくっており、生と知恵の間には、抜き差しならぬ緊張関係があるようです。それというのも、ツァラトゥストラが両者を愛しており、どっちつかずの煮え切らない優男《やさおとこ》としてふるまっているからなのです。

いよいよ、本曲の第2節の一番の読みどころへ進みましょう。

前後の歌に挟まれた第2節は、セリフを伴った芝居仕立てとなっており、恋人の男女が今生《こんじょう》の別れを嘆きつつ愛の言葉をささやき合う場面、いわゆる濡れ場です。ヒロインの生はツァラトゥストラに、あなたは私をぞっこん愛していると口では言うが、じつは本命の知恵のもとへ今まさに去っていこうとしている、私にはそれがお見通しだ、となじります。――「あなたは、おっしゃるほどには、私をずっと愛してはくれない。私には分かっているわ、あなたが私をもうすぐ見捨てようと考えていることを」（同頁）。

これに対して、ツァラトゥストラは「そうだ」と認めながらも、「でも、君はこのことも知っているはずだ――」と言い、生に「あること」をささやくのです。すると生は驚いて、「おお、ツァラトゥストラ、あなたはそのことを知っているの？　知る人は誰もいないのに」と返します。そして恋人二人は見つめ合い、夕闇の近づく中、さめざめと泣きます。「そのとき、生は、どんなわが知恵にもまさって愛しく思われた」（三八八頁）。

――などと言いながら、しかし色男ツァラトゥストラは、生を捨てて、知恵のもとへ向かうのです。この愁嘆場《しゅうたんば》は、いったい何を表わしているのでしょうか。

真理への意志による永遠回帰の肯定――「もう一つの舞踏の歌」（その3）

「生への愛」によって表現されているのは、自分の人生を愛し、生を肯定することです。自分自身を愛するということ、と言い換えてもいいでしょう。要するに、ツァラトゥストラ＝ニーチェにとっての最大のテーマです。いや、彼らだけではありません。人間誰しも、人生に疲れたりペシミズムに取り憑かれたりと、人生行路をあっちへ行ったりこっちへ来たりしては、生きることの意味を何とか見出そうとします。

これに対して、「知恵への愛」とは、言わずと知れた「哲学（philosophia）」のことです。「知恵(sophia)」と並んで、哲学者のあこがれの的であり続けてきたのが、「真理（alētheia）」です。「知恵への愛」は、「真理の探究」とも言い換えられるのです。

「生への愛」と「知恵への愛」。この二つの愛に、ツァラトゥストラは引き裂かれようとしており、そして、ついに「知恵への愛」を選ぼうとします。年貢の納め時のようです。それにしても、なぜそれが「生」との別離となるのか。知恵のほうへ赴くからといって、べつに死ぬことはないのではないか。生きているからこそ、哲学に入れ込むこともできるのではないか。生への愛と知恵への愛が両立するのは、当然ではないのか。

どうやら、そんなうまい話の二股愛はむずかしいようです。「生への愛」と乖離せざるをえない、極めつきの「知恵への愛」が問題となっているのです。

そもそもツァラトゥストラは、なぜ生を力強く肯定できたのでしょうか。それは、彼の思想の根底に「超人」思想と「力への意志」説が置かれてきたからです。神が死んだあと、人間が慢心せず、自己克服し、その果てになお大地の意味として掲げうるものとされたのが、「超人」でした。そして、没落を辞さず超人を待望する超上昇志向、現状より以上をどこまでも求める向上発展進歩の価値を根拠づけるべきものが、「力への意志」でした。この、およそ生きとし生けるものの存在論的原理は、ツァラトゥストラ＝ニーチェの「生の肯定」の核心をなすものでした。

ところが、永遠回帰思想はその一切を無意味にしてしまいます。この世に起こることがすべて同じことの繰り返しにすぎないとすれば、いくら向上発展進歩をめざしたところで何の甲斐もありません。今あることはすべて、かつてあったことがそっくり再来しているだけであり、またそれが、いつか必ずぶり返すことになっているのだとしたら、新しさの価値など望むべくもありません。たとえば、「快復しつつある人」の章の終わり近く、動物たちはツァラトゥストラに、「永遠回帰の教師」となることがあなたの運命であり、「あなたは、この教えを説く最初の人にならなければなりません」

（三七五頁）と言い渡しています。しかし、この「最初の人」であるという意義づけからして、すでに永遠回帰思想を裏切るものです。「生成が繰り返される」「途方もなく巨大な」「大いなる一年」（同頁）が繰り返されるたびに、ツァラトゥストラは何度でも同じ永遠回帰の教師となるのであり、そこに新しさなどありはしないことを、永遠回帰思想は意味しているのです。

短期的、短絡的、近視眼的に、現在の視点だけから考えるなら、新しい変化とか未曽有の発展とか無限の進歩とかが、いくらでもありえ、不断に進行しているように見えます。二〇世紀の大破局によって近代進歩史観が崩れ去ったことをさっさと忘れて、二一世紀は発展進歩の大合唱をまたぞろがなり立てています。しかし、それも一炊の夢かもしれません。それこそビッグバン説の宇宙周期といったほどの超絶的スケールで考えるなら、同じことがえんえんと繰り返されているという見方をいくらでも採ることができます。その見方からすれば、人間が想定しているような歴史の意味など無きに等しいのです。

そして実際、古来の哲学者や宗教家が、ツァラトゥストラを襲ったような永遠回帰思想に逢着したとき、彼らの心眼は、宇宙規模の果てしなく宏大なスケールで真相を見つめていました。その遠大さたるや、現代人の視野狭窄《きょうさく》の及ぶところではありません。

ツァラトゥストラが「人間の偉大さと卑小さ」のちっぽけぶりに吐き気を催したのも、彼の眼が、地上の価値尺度を優に踏み越え、はるかに超え出た広壮な視点でものを考えたからでした。人間たちが自慢してみせている「人知の進歩」や「技術革新」など、吹けば飛ぶようなちっぽけなものにすぎず、一惑星の生き物どもが、おらが地球村自慢をして満悦しているだけに見えてしまうのです。

しかし、そこまで見切ることができたとき、その直視は、たんなる生成消滅を繰り返す、儚《はかな》い夢まぼろしを見たということではありません。同じことの永遠の繰り返しという名の永遠に変わらない真理に近づいた、ということを意味します。そしてそこでは、すべては変わらず、新しさなどないということ、つまり、今発見したと思ったことが、かつて何度でも発見を繰り返されてきたし、いつか何度でも発見を繰り返されるであろうことは、それ自体、当の真理を永遠の真理たらしめるのです。そして、それでよいのです。

同じことが何度も繰り返されることが、最高最善であるようなもの。それこそが永遠不変の真理というものであり、真の知恵と呼べるのです。その完全知にあやかろうとする「真理への意志」が、発展進歩がないからといって無意味化することはありません。その逆です。まさに発展進歩などありえず、同一にとどまり続けるからこそ、その状態は最善であり、完全状態なのです。

変化を求めるのは、不完全だからです。発展進歩とは未熟さの証です。完全なものは、同一にとどまることを欲するのです。不変不動こそ、完璧性の証なのです。

そこでは、時間は止まったかのようです。およそ時間的なものを超えた、超時間的な真理、不変不動の真理に与《あずか》ることが、そこでは問題なのです。それは、生成消滅を繰り返したり歴史的発展を続けたりする地上的なものの側から見れば、もはや「生」とは言えず、むしろ「死」を意味します。生きていることから離脱するかのような、生身の生を突き抜けた知の境地を支配するのは、死の静寂であり、生き生きした地上的生からすれば、死んだも同然です。しかしそれは、完全に死んだというより、「仮死」の状態であり、その状態からふたたび、この世の活気ある生に舞い戻ってくることはありうるのです。

哲学者は古来、そのように地上的生を超えて永遠不変の真理へ飛翔する一種の仮死状態のことを「観照（theōria）」と呼び、哲学者のめざすべき最高の境地としました。そしてその真理の純粋直観にほんの一瞬でもあやかるとき、えもいわれぬ至福が訪れると考えました。「もう死んでもいい」と思わず叫ぶその恍惚《エクスタシー》の刹那、魂は永遠へと飛翔するのだと、いにしえより哲学者たちは言い伝えてきたのです。極上の法悦のわずかな瞬間、時間は止まったかのようであり、その一瞬、永遠との遭遇があるとされたのです。しかしそれは、この世的には、無時間的な「空無」そのものであり、死んだも同然なのです。

ツァラトゥストラは、永遠回帰思想を受け入れることにおいて、この死んだも同然の永遠の真理との合一を、かすかに経験したのです。ですからそれは、その代償として、この世的には「生との別離」つまり「死」を意味するほかないのです。

とはいえ、哲学者は古来、テオーリア的に永遠との合体に励むこと、つまり真理を純然と観ることに徹することは、何ら生の否定ではなく、最高の完璧な生だとし、それを理想としました。彼らはこの理想的生き方のことを、「観照的生（bios theōrētikos）」と呼びました。哲学者が理想として仰ぐテオーリア的生とは、机上の理論《セオリー》と異なるのはもとより、たんに死ぬことではなく、無上の快楽を味わう至福の生を生きることだったのです。

もしそれと同じように考えられるとすれば、ツァラトゥストラが、生と別れて、知恵のもとへ赴くことは、生に対する裏切りでも絶縁でもなく、最高の意味でふたたび生にめぐり合うことの約束を意味するのです。それは今生の別れではなかったのであり、最高の形で再会して愛し合うための一時的別離にすぎなかったのです。

もし以上の解釈が的外れでないとすれば、ツァラトゥストラが「生」との別れ際にささやいた言葉は、こうなります――「私はおまえのもとに必ず戻ってくる。その時こそ私は真におまえを愛することだろう」。さらに敷衍すれば、こうなるでしょう――「知恵とおまえとは、別人ではない。だから、知恵のもとへ赴く私は、ふたたびおまえにめぐり合うことになるだろう。生を去って知恵を愛することは、生を最高の形で愛することなのだ。知恵への愛を貫徹して、永遠の真理と合一するとき、そのとき私は、たとえそれが一瞬であろうと、その至福の瞬間、永遠の生を生きるのだから」。

あまり散文的に説明しすぎると、歌の味わいがなくなってしまいますが、恋人どうしの別れの言葉としては、次のセリフは完璧です――「私はおまえのもとに必ず戻ってくる。その時こそ私は真におまえを愛することだろう」。この究極の愛の言葉を聞いて、生は「あなたは私の秘密を知っているのね、知る人は誰もいないはずなのに」ととぼけていました。しかし、観照的生の至福とは、古来、哲学者の間では知らぬ者なき周知の事柄です。同じ思想がぶり返しているだけの話です。そして、それでよいのです。テオーリアは、何度でも繰り返し同じことが起こるのが望ましいのですから。

かくして同じことの永遠回帰は、真理への意志からして、全的に肯定されるのです。

観ることの天にも昇る心地――「七つの封印」

ツァラトゥストラは、近代の歴史的発展の思想から「力への意志」説を浄化させ、古来の「知恵への愛」のパトスへと先祖返りして「真理への意志」を貫こうとします。その境地は、プラトンやアリストテレスが語った「観ることとの幸福」と別物ではありません。

思えば、「快復しつつある人」の章で、ツァラトゥストラは、動物たちが「一部始終を見物しているだけ」なのを、あたかも問題視していたかのようでした。しかし、観ることに徹する「テオーリアの幸福」からすれば、何の問題もありません。それでよいのです。残酷であろうと、どうでもよいのです。ひたすら観ることが肝要なのですから。そう言えば、「幻影と謎」の章で、永遠へ通じる「瞬間」において何を為すか、という問いが浮上していました。これには今や、こう答えられます――観ることに徹し、何もしないことを、と。純粋観照という無為の行為こそ、永遠回帰思想の極意なのです。

観照的生への回帰というこの幕切れは、プラトン主義を背後世界論と呼んで容赦なく批判してきた第一部以来の流れからすれば、自己撞着もはなはだしく見えます。形而上学の軍門に下るなど、それを克服してきた近代思想からすれば、噴飯物もいいところです。

そう、だからこそニーチェは、「もう一つの舞踏の歌」第2節のツァラトゥストラの生との別れの言葉を、伏せたままにしたのです。そうでもしなければ、プラトン主義者の馬脚が現われて、シャレになりません。開き直りのほどを聞かされた生にも、しらを切らせて秘密にしておくという、憎いほどの念の入れようです。穴埋め問題を解いた者にしかツァラトゥストラの恋路は分からない寸法です。それにしても凝った仕掛けですね。

とはいえ、ニーチェが、『饗宴』の恋愛論や『パイドン』の死にゆくソクラテスを手本にしているのは明らかです。第三部フィナーレに至って、隠れプラトニストぶりがこれ見よがしに表われます。ちょっとやそっとのカモフラージュでは、焼け石に水です。物語をここまで読んできた者としては、このどんでん返し、つまり主人公の伝統形而上学者へのあまりに堂に入った変身に、開いた口が塞がらず、吹き出してしまいます。ここは、筋金入りの喜劇性をその通りに受け止め、腹を抱えて笑うに越したことはありません。

物語を愉しむには、笑うべきところは大笑いするのが一番です。とはいえ、ニーチェ流永遠の形而上学を理解するには、もう少し含意を解きほぐすことが必要でしょう。

そして、永遠回帰思想の理解を肉付けするヒントとなるのが、第三部の最終章「七つの封印」なのです。これまた歌ですから、しかも、これ見よがしのエロース讃歌ですから、散文的に読み解くのはおのずと限界があります。われわれとしても、読むというよりは、歌って愉しみながら理解することを心掛けましょう。

「もう一つの舞踏の歌」の第3節は、数え歌でした。この歌は第四部でそっくり復唱されますので、第四部を読むときまでとっておき、ここでは、続く「七つの封印」への導入として味わうにとどめます。一から数えて一句ずつ歌われ、一二まで進んで数だけで終わっています。除夜の鐘のように荘厳に響く鐘が山中の洞窟まで聞こえてきて、最後の一刻を打ち終えたそのとき始まるのが、この第三部最終章の絶唱だという設定です。

大晦日の夜に典型的なように（二〇〇〇年末はとくにそうでした）、真夜中の一二時という時刻は、特異点です。一日の終わりと始まり、一年の終わりと始まりが、その瞬間に出会います。その一瞬、どこか別の世界への門が開かれるかのようです。

ツァラトゥストラは、まさにこの「瞬間」、狭い狭い門を通り、夢の通《かよ》い路《じ》をはるかに突き抜けて、どこでもない場所、あちらの世界、つまり「永遠」へと飛翔するのです。

地上では一瞬の「刹那《せつな》」なのに、あちらの世界では、時間が止まったかのように、長く深い静寂が支配します。そもそも時間という尺度が用をなさないのが「永遠」ですから、長いも短いもないはずですが、その「瞬間」に入り込む者は、あたかも何百何千年もの長い歳月を遍歴するかのようです。

第1節のはじめの、「二つの海のあいだにそびえる山の背をさすらう」の句が、「重たい雲のように過去と未来のあいだをさすらい」と言い換えられているのは、そのような超絶的時間経験を表わしていると解されます。

第2節には、「教会という名の神の墓場」というキツイ表現が出てきます。「神は死んだ」の宣告で名高い『愉しい学問』125番を思い起こさせますが、ツァラトゥストラはここではむしろ、その廃墟を愛《いと》おしんでいます。

第3節では、「大地という神々のテーブル」という表現に注目しましょう。神の死後に、壮大な賭博場で「神々とサイコロ遊びに興じた」というのですから奮っています。

本章の中央に位置する第4節でとくに重要なのは、「善を悪と結びつける塩」という表現です。「万物が混合瓶の中でみごとに混ぜ合わされる」のに用いられる塩こそ、ツァラトゥストラ自身だ、という大いなるオプティミストの自覚の表明です。「三つの悪」の章で宣言された「神のいない弁神論」が、あらためて確認されるのです。

第5節では、未知の海へ乗り出す冒険者の「心意気」が、第6節では、「鳥のように自由」になって軽やかに舞い踊ることが称揚され、そしてついに第7節では、「自分の翼を羽ばたかせて自分の天まで飛んで行ったとしたら」という夢見心地が歌われます。地上に生を残して羽ばたいた主人公の魂は、ここに至って、大洋や大空をさらに超え出て、「ここには上も下もありません」と実況報告する宇宙遊泳を愉しむかのようです。

超絶点から眺めるこの世の絶景は、えもいわれぬ美しさをたたえていることでしょう。永遠との合体はかりそめの逢瀬かもしれませんが、そこでは時間は止まり、世界はひたすら美しく輝きます。「そのとおり《ヤー》、これでよいのだ《アーメン》」という全的肯定の境地。これを「運命愛」と言い換えても、たぶんバチは当たらないでしょう。

人間にはさまざまな欲望があり、その中には「真相を見たい」という欲望もあります。純然と観ることの欲望を極限まで追い求めるのが、「知への愛」です。そのエロースが一瞬でも成就し、永遠の真理にかりそめにもふれるとしたら、その恍惚感、法悦たるや、極上のものであることでしょう。その知的絶頂《アクメー》のエクスタシーが、永遠との交合の悦びを歌い上げる「七つの封印」の主題です。そこに響き渡るエロティックな調べは、高度に哲学的でありながら詩的に歌われるほかない真実というものがあることを示しています。

Ⅳ 第四部を読む——同情問題と子どもたち

1　「蜜の捧げ物」と「助けを求めて叫ぶ声」

第四部について

ニーチェは、一八八三年に『ツァラトゥストラはこう言った』第一部を出版し、第二部も同年に出しました。第三部は翌八四年に、やはり別個に公刊しています。では第四部はというと、八五年に限定自費出版して知人に配布したのみです。第一、二、三部は八七年に合本で出版しています。売れ残りを一緒にして再刊したということですが、ニーチェが、第四部は第三部までとは別物だと考えていたのはたしかです。

最初別々に出版された各部とも一定の独立性をそなえていますが、第四部はとくにその性格が強いのです。その一方で第四部は、第三部までの内容の続行や展開という意味での連続性をもちろん備えています。作品としての価値が劣るということはありません。

ちなみに、東北大学附属図書館には、ニーチェ『愉しい学問』第二版（一八八七年）の原書が所蔵されているほか、『ツァラトゥストラはこう言った』第四部の原書が所蔵されています。ただし、四〇部ほど限定印刷した私家版ではなく、ニーチェが一八八九年に活動を停止したあとの一八九一年、ナウマン社から出版されたものです（Friedrich Nietzsche, *Also sprach Zarathustra*, Vierter und letzter Theil, Leipzig: C. G. Naumann, 1891）。ニーチェ年譜には、一八九一年に第四部の出版をニーチェの妹エリーザベトが阻止したと書かれていますが、その年に刊行された第四部が東北大学に眠っていました――閉架の貴重書としてではなく、図書館地下開架コーナーの隅にひっそりと。

この第四部の版には、付録として「ディオニュソス讃歌」六篇が収められています。つまり、第四部本文に出てくる三つの詩以外が、付録の詩篇として載っています。ニーチェの友人ペーター・ガストが、正気の頃のニーチェが洩らしていた意向を汲んで、このような一書を出版したようです。これが第四部の最初の公刊形態なのです。

その後、一八九二年に第一部から第四部までが一緒にされて出版されて以来、この一巻本で読まれるようになりました。しかし元々の出版形態は、第一部から第三部までと、第四部プラス「ディオニュソス讃歌」の分冊だったのです。

ニーチェは、第三部までで『ツァラトゥストラはこう言った』は一応完成したと見なし、それを自分で一緒にして出版しました。これに対して、第四部は公刊すべきかどうか考え、「ディオニュソス讃歌」だけ代わりに出すことも検討したりしました。ですから、そのような追補的作品という扱いで第四部を独立させ、それと深い関連のある詩篇も加えて一書とする、という編集の仕方もありうると私は思っています。

それはともかく、第四部は、独立性が高く単体として読めるばかりでなく、なかなか派手なテクストです。たとえば、第四部の「失業」と「最も醜い人間」の章は、私が思うに、ニーチェの有名な言葉「神は死んだ」を理解するうえでの最重要テクストです。その読解ぬきに、この言葉を云々すること自体できない相談だと言えるほどです。この一対の章のドラマチックな構成は、ニーチェの劇作家ぶりを遺憾なく表わしています。また、本書の中心思想とおぼしき永遠回帰説は、第三部で謎めいた仕方で導入されましたが、第四部はこれを本質的に敷衍しており、ニーチェ哲学の奥の院という趣があります。

「幸福」と「仕事」――「蜜の捧げ物」

第四部の巻頭言は、第二部の章「同情者たち」一四八頁からの自己引用です。最後にこうあります。「神は死んだ。人間に同情したおかげで、神は死んだのだ」（四〇〇頁）。これだけ読んでも何のことか分かりません。種明かしは第四部を読み進めていってからのお楽しみ、ということです。少なくとも第四部のテーマが「同情」だということは分かります。

では、第四部最初の章「蜜の捧げ物」に入りましょう。

第三部の出来事から再び歳月が経ち、相変わらず山中で暮らすツァラトゥストラの頭には白髪が目立つようになっています。五〇歳近くでしょうか。ある日、洞窟の入口の前にある石に腰を下ろして、遠くの海を眺めています。そこに鷲と蛇がやって来て、ツァラトゥストラと珍問答を交わします。

鷲と蛇は、何かを待っている様子のツァラトゥストラに、「あなたはきっと、あなたの幸福を待ち受けているのでしょうね」（四〇一頁）と尋ねます。ツァラトゥストラは、幸福などどうでもいい、「私が求めているのは、私の仕事だ」（同頁）と答えます。「ツァラトゥストラの仕事」とは何か、気になるところです。動物たちが、あなたはもう、あり余るほどの幸福に浸っているのですね、と納得すると、ツァラトゥストラは、私の幸福は「瀝青《ピッチ》のようにベットリへばり付いて」（同頁）私から離れてくれない、と妙な反応をします。

「空の青さを湛《たた》えた幸福の湖」（同頁）という言い方をした動物たちに、「おまえたちは、ばかに比喩の選び方がうまいな」と評したツァラトゥストラ自身が、幸福を、「瀝青」（＝炭化水素から成る化合物。アスファルト、コールタールのたぐい。どす黒く粘着性があり、舗装や接着に用いられる）にたとえるのです。お世辞にもうまい比喩とは言えないようですが、動物たちは、どうりであなたは接着剤で貼りつけられているように、山中で歳月を重ねつつ泰然自若としていますね、と感心します。

お互い褒めているのか貶《けな》しているのか分からないヘンテコな会話ですが、続いてツァラトゥストラは、いや、「瀝青」とは言い過ぎだったとして、私の心身は今や充実して血管の中を「蜜」（四〇二頁）が流れているかのようだ、と言い直します。同じドロドロネバネバしている物質でも、「瀝青」と「蜜」とでは大違いです。

ここで動物たちは急に話を変え、今日は天気がいいので、高い山にでも登ったらいかが、と水を向けます。するとツァラトゥストラは、いい提案をしてくれた、そうしよう、ついては、山上に持って行って供えたいから、蜜を用意してくれ、と頼みます。これまたわけの分からない話の進み方ですが、ともかくツァラトゥストラは、動物たちと山の頂上まで登ったあと、動物たちを帰らせて、一人考えに耽り始めます。

ツァラトゥストラはその独り言でも比喩を連発します。その滔々たるさまは、一読して摑みどころがありません。そんなふうに比喩が出てくると、こう反応する人がいます――「何で比喩を使うのか。率直に語ってくれたら話が早いのに」。

現代人はせかせかして暮らしているので、文学作品を味わって読むゆとりがありません。なるべく単刀直入に情報を入手したいと考えます。文学に触れるのはせいぜい、受験勉強で国語の試験問題を解くときぐらい。問題文に傍線が引いてあり、「「何々」とあるが、このたとえは何を表わしているか。次の中から選べ」という設問に、できるだけ短時間で解答することを求められます。そんな訓練ばかりやらされていると、文章を読んでいて文中に比喩が出てくると、来たなと身構え、正解を探そうとします。ピッタリする意味がなかなか探り当てられないと、あせって、だんだん不快になってきます。

これはもう、受験勉強の弊害そのものです。そんなせかせかした態度では、文学作品をのどかに味わうなどムリな相談です。もっと呑気に、おおらかに構えましょう。

比喩とは文学作品に味わいをもたらす工夫であり、文意をふくらみ豊かに読者に伝えようとする著者なりの苦心にしてサービスです。読者はそれを享受すればよいのです。試験問題として解く必要などありません。武骨な概念の鎧《よろい》で固めた哲学論文などより、文学の香り豊かな物語を読むことのできる幸せをかみしめましょう。

動物たちとの対話でツァラトゥストラは、幸福を「瀝青」にたとえていました。ドロドロネバネバしたものの連想で次に「蜜」が出てきましたが、これも幸福の比喩です。ツァラトゥストラは、「蜜」を山上にお供えするので調達してきてくれ、と動物たちに頼んでおきながら、動物たちがいなくなるや、あれは「口から出まかせの方便」（同頁）だったと漏らし、自分は蜜を、お供えに使うのではなく――神前に供物を捧げるのは「神をお払い箱にした者」には似つかわしくありません――「餌《えさ》」に使うのだ、と言うのです。

甘いハチミツに目がないのは熊だというのが相場です。じっさいツァラトゥストラは、次章で「熊」(四一二頁)に出会うのですが、ここでは、野山に餌を仕掛けて熊や鳥をおびき寄せて捕獲する猟師というよりは、海に釣竿を垂らして魚釣りをする漁師のイメージで行こう、と言っています。山のてっぺんでそういうことを言い出すのですから妙ですが、人間の世界を海にたとえるのだとすれば、山から見下ろす下界は、なるほど恰好の漁場になります。ツァラトゥストラは自分を、「人間釣り師」(四〇四頁)だと自称しています。そして、人間を釣り上げる餌とされるのが、「私の幸福」(同頁)なのです。

ツァラトゥストラは山中で一人満ち足りた幸せな日々を送っています。どれどれ、その幸福にあやかりたいものだと思って人間たちが山に登ってくるのを待とう、というのです。しかも、たんなる物見遊山の観光客ではなく、ツァラトゥストラの幸福の源泉たる彼の思想にあこがれ、その厳しい教えを受け止め、鍛えられて頼もしく成長するような、そんな自分の後継者たちにやって来てほしいものだ、と望んでいます。

ただし、これはツァラトゥストラの願望にすぎません。実際はそんなうまい話にはならないことがすぐ判明しますが、主人公が山の上で一人そのような夢想に耽っているのはたしかです。ツァラトゥストラに教育者または「指導者」(同頁)としての自覚が高まっているのです。すでに第一部以来、ツァラトゥストラは弟子を集めて盛んに教えています。今は山中での再充電期間ですが、ついに永遠回帰思想を会得した主人公は、人間たちにふたたび教えをさずけに下山すべき時が来たと告げる兆しを待っています。その決定的時機のことも、ツァラトゥストラは本章で予告していますが、これがまた相当ふるっています。その時こそ「ツァラトゥストラの千年王国」（四〇五―四〇六頁）が始まる、というのです。

「千年王国」とは、キリスト再来の暁《あかつき》に、死んだ義人たちが復活し、地上に平和の王国が建設され、一〇〇〇年間、キリストがこの王国に君臨し、その後、一般人の復活があって、最後の審判がある、とするキリスト教の信仰のことです。「千年紀（ミレニアム）」をペルシア語で「ハツァール」と言うようですから、キリスト教の専売特許ではありませんが、少なくとも、一〇〇〇年単位の悠長な話なのはたしかです。「ツァラトゥストラの千年王国」というこの破格のたとえをどう解すべきかは、私にも分かりません。ニーチェが死んで一二〇年以上過ぎました。「ニーチェの世紀」と総括できるほどの二〇世紀を過ぎても、その影響力は依然として衰えませんが、まだまだ序の口ということなのでしょうか。

本書には謎が多く、これ以上この特大のたとえを穿鑿するのは諦めます。ツァラトゥストラは、やがて自分の千年王国がやって来るのは「私の運命」（四〇五頁）だと語っています。運命の訪れを待ちくたびれるというのも、よくある話です。キリスト教徒はかれこれ二〇〇〇年も待ちぼうけを食っており、救世主再来の兆しはいっこうにやって来ません。

本章の最後のほうで、このようにツァラトゥストラは「運命」について語ります。全体として、彼の「幸福」が主題の章ですが、もう一つ、出だしから話題になっていたのは、「私の仕事」です。これについても、ある程度見通しはついたことになります。当面は「人間釣り」にいそしみ、彼の幸福におびき寄せられて山に登ってくる人間たちを迎えること、ひいては、兆《きざ》しが訪れたら山を下り、人間たちにふたたび教えを宣《の》べ伝えること、そして最終的には、ツァラトゥストラの千年王国を築くこと――これがツァラトゥストラの「仕事」なのです。世捨て人にしては、壮大な世代間事業に取り組んでいるものですね。

「同情」という誘惑――「助けを求めて叫ぶ声」

第四部二番目の章に移りましょう。ダブルイントロの趣で、前章の翌日という設定です。前日と同じく、洞窟の前にある石に腰を下ろしていたツァラトゥストラが、自分の影をぼんやり眺めて、地面を杖でなぞっていたら、その影が急に二重になったので驚き、後ろを振り返ると、そこに「あの占い師」(四〇七頁)が立っていた、というのです。

この占い師は、第二部の同名の章に一度出てきた人物です。前に述べた通り、『ツァラトゥストラはこう言った』に登場する数々のキャラクターは、動物や魔物のたぐいも含めて、いずれもツァラトゥストラに似たところがあります。この占い師も主人公の「分　身《ドッペルゲンガー》」なのです。主人公の自己内対話が、さまざまな登場人物たちとの会話にそのつど投影され、対話者のやりとりによって物語が進んでいく、という仕立てになっています。

それなら、ツァラトゥストラ自身が最初から最後まで独白し続ければいいじゃないか、と思う人もいるかもしれませんが、それは不粋というものです。自閉的モノローグ小説は、自意識過剰な近代人の趣味には合うかもしれませんが、読むにはしんどいものです。ツァラトゥストラがひたすら自己自身の内に引きこもって思索する時でさえ、「最も静かな時」や「孤独」や「わが魂」や「生」と対話する恰好なのです。抽象名詞までそんなふうに擬人化して会話の相手役に仕立てると、抽象的な内容が俄然生き生きとしてきます。

物語作家としてのニーチェの人物造形の手腕が、本書中で最も発揮されているのが、第四部です。ヘンテコな登場人物がひしめく一番にぎやかな部となります。そして、そのトップを飾って登場する客人が「占い師」なのです。自分の分身が急に目の前に現われて、本人がいたたまれずオロオロするというのは、ドラマ等でよく見かける場面です。

ツァラトゥストラは、もともとこの占い師が苦手のようです。似た者同士だからでしょう。ではどこが似ているのか。「ペシミズム」を根本思想としている点です。

「一切は同じことだ。何の甲斐もない。この世は無意味だ」（同頁）とする占い師の思想は、Pessimismus つまり「世界最悪観」の典型です。この古来の知恵が、発展進歩の思想を抱く近代人ツァラトゥストラを直撃するとき、同じことの永遠回帰の悪夢という形をとるに至りました。ツァラトゥストラは第二部で占い師に出会って、自分の内なるペシミズムがまたぞろ甦って自説を蝕《むしば》むのを感じ、その克服をめざして思索を深化させ、第三部の終わりでようやく、永遠回帰を全的に肯定する境地に到りついたのでした。

そういう意味で、占い師は主人公にとって因縁のライバルです。その相手が自分の前にふたたび姿を現わしたので、もとから相性の良くないツァラトゥストラは、一瞬浮かぬ顔をします。気を取り直して、旧交を温め合おうと握手し、ようこそ、わが家でせいぜい飲み食いしていってほしいと、招かれざる客に歓迎の意を表わします。第二部でもそうでしたが、この占い師は、年寄りの割には健啖《けんたん》家《か》、要するに食いしん坊なのです。この歓迎会が発展して、他にもゲストが大勢やって来て、この晩は大宴会となります。

前章でツァラトゥストラは、魚釣りならぬ人間釣り師を自称しましたが、最初に釣れた獲物が占い師だったわけで、あまり芳しい成果ではありません（本章の最後で、占い師は、甘い「蜜」が好物の「熊」呼ばわりされます）。それどころか、続いてやってくる客人たちは、ツァラトゥストラの思想にかぶれておかしくなった連中ばかりです。豊漁とは言いがたく、わが千年王国を夢見ているはずの主人公は、出鼻を挫かれる恰好となります。

そういうドタバタ喜劇の様相を呈するのが第四部です。どこまで本気でどこから冗談か分かりません。肩の力を抜いて哲学書にひそむコミカルな味わいを楽しみましょう。

とはいうものの、「大いなる疲労の告知者」（同頁）の再登場というふうに、本章は神妙な始まり方をしています。一見してお笑いには見えません。この章のタイトル「助けを求めて叫ぶ声」からして、悲壮感が漂っています。占い師に、あなたにはあれが聞こえないのか、と言われて、ツァラトゥストラが耳を澄ませると、たしかに「困窮した人間の悲鳴」（四〇九頁）のような叫び声が、谷間をこだまして聞こえてきます。しかるにツァラトゥストラは、聴力検査然と、聞こえるがそれがどうかしたかとつれなく言い返します。彼と占い師との会話から、「同情」（同頁）という言葉が浮上してくるに及んで、巻頭言に出てきたように第四部の本題が「同情」であることが明らかとなります。

同情はろくでもないものだ、とツァラトゥストラは一貫して主張します。同情批判は第二部の「同情者たち」の章にまとめられていましたが、そこだけではなく、本書——あるいはニーチェ哲学——の基調をなすものです。他人の苦しみに同情をおぼえ、助けようとすることは、道徳の基礎だと喧伝され人の道だと推奨されているが、じつは自分にとっても相手にとってもためにならない、というのです。この突き放した考え方からすれば、「助けを求めて叫ぶ声」に対してツァラトゥストラが同情を催すのは、おかしな話です。最初は平然と聞き流そうとするのですが、話はそう単純ではないことが分かってきます。

占い師に、あの声はあなたの助けを求めて叫んでいるのだ、あなたと無縁ではない、と諭されて、さすがのツァラトゥストラもドキッとします。そこで、叫んでいるのは誰なのだと尋ねると、知っているくせに、「高等な人間」に決まっている、と占い師は答えます。するとツァラトゥストラは、「高等な人間、だって？」（四一〇頁）、彼（ここでは単数）はいったい「何をしようというのだ？」と、恐怖に襲われて叫びます。あぶら汗をかき、不安に駆られ、「立ったまま震えていた」（同頁）という狼狽ぶりです。

危うしツァラトゥストラ、と言いたくなるこの場面は、同情がツァラトゥストラにとって弱点であることを示しています。強気の同情批判を繰り広げてきたツァラトゥストラでも、誰かが苦しんでいるのを知らされると、弱みを突かれたかのように、つい同情を催してしまうのです。じっさい、人間であるかぎり同情の「誘惑」から完全に脱することはできない相談です——「超人」でもないかぎりは。それどころか、人間ツァラトゥストラはじつは、他人の苦しみに人一倍敏感なのです。だからこそ同情を何としても遠ざけ、破滅しないようにして自己防御している、と考えられるのです。

しかし、占い師がさらに畳みかけるように幸福否定のペシミズムを説き、「至福の島」などもう存在しないのだ、と言い切るや、ツァラトゥストラの調子が俄然変わります。いや、そのことなら私が一番よく知っていると言い返し、急に自信を取り戻すのです。

このあたりのやりとりにも、ちぐはぐなところがあり（著者はあえてそういう味わいに仕立てています）、対話者たちが何を考えているのか、よく分からないところがあります。とりわけ、第二部の舞台であった至福の島で弟子たちがその後どうなっているかは、ついに分からないままです。おそらくこれは、ニーチェが第四部の続編としてツァラトゥストラが弟子たちと再会する場面を構想していた、ということだろうと思います。

ともあれ、余裕を取り戻したツァラトゥストラは態勢を立て直し、では、私はこれから、その「高等な人間」とやらを探しに森のほうへ行ってこよう、と言い残して出かけるのです。占い師が、私から逃げるつもりなのだな、とこぼしても気にしません。

この章だけでは「高等な人間」とはどんな人か皆目分かりませんが、次章からぞろぞろ出てきます。第四部後半には、ズバリ「高等な人間」と題された長い章もあります。

2　「王たちとの対話」、「ヒル」、「魔術師」

王様は何にいかれているのか――「王たちとの対話」

洞窟の前で、旧知の占い師と話し込んでいるうちに、遠くからの悲鳴を聞いたツァラトゥストラは、「あれは高等な人間があなたの助けを求めて叫んでいるのだ」と指摘されて、不安に陥り、動揺しますが、やがて気を取り直し、「わが領土に入ってきた人間が猛獣に追い詰められているのかもしれない。ちょっと捜しに行ってくる」と言い残して森のほうへ向かう――というのが、前章の幕切れでした。

はて、「高等な人間」とはどんな人間か、と思って次の章に入ると、まず「二人の王」が登場します。これが高等な人間なのかな、と思って読み進めると、彼らも「高等な人間」を探している様子なので、どうやら違うようで、よく分かりません。

「奇妙な一行」とある通り、この客人たちは変わっています。「王冠をつけ真紅の帯をしめて着飾り、フラミンゴのように華やかな装いであった。荷物を背負ったロバを駆って、前を歩かせていた」(四一三頁)。派手なご老公たちが連れているこのロバ、じつはなかなかのくせ者だとあとで分かるのですが、それにしてもなぜロバなのか。

一つには、福音書によると、イエスはエルサレムにロバに乗って入城したとあります(『マタイによる福音書』二一・六―七ほか)。ついにユダヤの王となる日も近いかと期待されているわりには、ロバという乗り物はパッとしない、という有名な場面です。ちなみに、「蜜の捧げ物」の章に出てきた

「人間釣り師」は、同じく福音書の「わたしについて来なさい。人間をとる漁師にしよう」（同書、四・一九）と言って弟子たちをリクルートしたイエスの言葉に掛けています。こんな調子で、キリスト教にまつわる暗示や寓意が、とくに第四部にはふんだんに出てきます。あまりにパロディーがきつくて、護教的見地からは障りがありすぎると、ニーチェの妹のエリーザベトが第四部の出版を阻もうとしたほどでした。

ニーチェのキリスト教批判は有名ですが、第二部の「司祭たち」の章でふれたように、ニーチェにとってキリスト教について論評し、批判し、果ては攻撃することは、わが身を切り刻むような自己批判です。それを他人事として聞き流して、「ニーチェの言う通り、キリスト教はルサンチマンの宗教だ」と決めつけて鬼の首でも取ったようなつもりになるのは、やめましょう。ヨーロッパ精神の支柱の一つの重みがよく分かっていたからこそ、ニーチェはキリスト教にこだわり続けたのです。

思うに、ニーチェのような過激な批判者を内側から生み出す広さを擁しているからこそ、キリスト教世界を侮《あなど》ることはできない相談なのです。私自身は一仏教徒であり、キリスト教の信仰をもちませんが、その思想の深みを軽視することはすまいと心に決めています。ニーチェのテクストの隅々にキリスト教呪詛を見つけて嬉しがるよりも、そこここに鏤《ちりば》められたヨーロッパ文化の宝物を見出すほうが、愉しい読書になること請け合いです。

さて、王様とロバの取り合わせにはもう一つ、いわくがあります。ご存じ、「王様の耳はロバの耳」の古代ギリシア神話です。ミダスというズッコケ王が、アポロンの竪琴とパンの笛の演奏競《くら》べに立ち合い、鄙《ひな》びた牧神の奏でる音色に軍配を上げて、誇り高いアポロン神の怒りを買い、お前の耳はこのほうがお似合いだと、ロバのようにふさふさ毛の生えた長い耳にされてしまいます。ミダス王は以来、恥ずかしくていつも頭巾《ずきん》をかぶって耳を隠していましたが、床屋だけはその秘密を知ってしまい、誰にも言いふらしてはならんと戒められて、それでも黙っていられず、穴を掘って「王様の耳はロバの耳」と囁《ささや》くと、その土から葦《あし》が生えて、その葦にそよ風が吹くたびに、王様の秘密を囁いて、結局、真実は漏れて広まった、というあのお話です。それにしてもよく出来ていますね。

王様とロバという取り合わせが、神妙でありかつ滑稽なイメージを喚起するのは、このような二通りの背景が控えているからです。元古典文献学教授の古代ギリシア・ローマに関する造詣は、折り紙付きです。キリスト教というバックボーンに劣らず、古典古代の文学・芸術・政治・宗教・歴史なんずく哲学が、ニーチェの思考の養分となったのです。ヨーロッパ人文主義の伝統の最良の継承者が、ソクラテス、プラトン以来の「ヨーロッパのニヒリズム」の徹底した批判者となったことを、肝に銘じておきましょう。

物語の筋に戻ります。ロバを連れた王様二人の様子に驚いて、ツァラトゥストラが道の脇の茂みに身を隠すと、王様二人が会話するのが聞こえてきます。どうやら、ツァラトゥストラが、王は二人いるのにどうしてロバは一頭なのか、「ヘンだぞ」（四一三頁）と呟いたのが聞こえたようで、「右側の王」（四一四頁）が、失礼なことを言う奴らが山にはいるものだな、と言います。「左側の王」が、こんな山中では礼儀作法もあったものではない、と返すと、右側の王が、その「礼儀作法」とやらが息苦しく、たまらなくなって、われわれは「上流社会」（同頁）から逃げ出してきたのだ、と嘆き始めるのです。

右側の王は「われわれの国の賤民ども」（同頁）などクソ食らえだ、とまくし立てますが、ここで賤民と言われているのは、「上流階級」の「貴族」たちのことです。かえって田舎の農民たちのほうが「善良」で「高貴」だと評します。ありがちな思い込みですが、その口吻は次第に激越になっていきます。「われわれのところでは、一切は虚偽であり腐敗している」。「われわれ王たち自身が虚偽になり下がったという、この吐き気が、私を窒息させる」。「ああいやだ、汚い奴らのあいだで第一人者だと思わせなければならないなんて。ああ、吐き気、吐き気、吐き気！　われわれ王様が今さら何だというのだ」（四一五頁）。

このあたりの毒舌と詠嘆の調子は、誰かに似ています。そう、ツァラトゥストラにそっくりなのです。その激しい口ぶりは、ツァラトゥストラの口真似をしているかのようです。なぜそういうことになるのかと言うと、王たちはツァラトゥストラの過激な思想にかぶれ、ツァラトゥストラの辛辣な言葉を暗記するほど心に刻んでいるからです。

山中で一人静かに思索しているツァラトゥストラの言葉が、下界の人びとの間に知れ渡り、王が熱烈なファンになってツァラトゥストラに会おうと山にやって来る、というのは不思議な話です。この物語は年代設定不詳ですが、ツァラトゥストラが書物を書いている形跡はなく、どうやら口伝えでツァラトゥストラの思想が普及したようです。

伝達媒体は不明ながら、王たちがツァラトゥストラのどこにしびれたのかというと、ツァラトゥストラの強烈な時代批判に、です。では、その時代批判の矛先はどこに向けられているでしょうか。近代平等主義に、です。

「王（König, king）」とはどんな存在か。それは「同等の者たちの間の第一人者（primus inter pares）」という意味です。日本語でも、ある分野で最も秀でた者、最優秀者のことを「何々王」と言います。世襲かどうかは決定的ではなく、同等の者たちが競争し、最も優れた者が選ばれて王位に就く、というのが王制の原則です。王と呼ばれるにふさわしい実力者が選ばれるのなら、その王制に文句のつけようはありません。真の最優秀者が王に選出されて君臨するのは、一番優れた支配体制だと言えるかもしれません。

われわれ現代人は、人間の中にそんな圧倒的に優れた者など現われるはずはなく、それゆえ専門分野に一代限りの名人はいても、国家を単独で主宰するほどの最高実力者はいるはずがない、と考えます。これは、われわれが近代の万人平等思想の信奉者であるということでもあります。この近代思想が浸透する以前は、王となることが正統だと認められた「一者による支配」つまり「君主制（monarchia）」は、この世においてごくありふれたことだったのですが、われわれはそのこと自体つい忘れているほどです。

似たことは、「貴族制（aristokratia）」についても言えます。貴族による支配とは、特権階級が既得権益を貪る身分制の悪しき遺風だ、とわれわれ現代人はイメージします。しかし、もともと「アリストクラシー」とは「最も優れた者たちによる支配」という意味です。ハイレベルの指導者集団によって世の中が立派に治められる、ということのどこが悪いのでしょうか。しかしわれわれは、人間はみな平等だ、いや平等であるべきだ、だから、そういう人間の間に優劣の差を設けて、優れた者が支配し、それ以外は支配を受けるなどといったことがあってはならないと考え、貴族制を否定するのです。専門分野ごとにエリートは養成され、その分野の指導者となることはあるのに、こと政治に関しては優秀者選抜があってはならないとするのです（代表者を決めるだけの選挙制は別システムです）。

そういう時代に、つまり平等主義が堅く信じられている近代に、「王」の出る幕はあるのかと言えば、もちろんありません。「貴族」も似たり寄ったりです。王族、皇族、然りです。みな大変そうで、辛そうです。傍目《はため》にも不幸に見えるほどですので、本人たちの苦しみや、いかばかりでしょうか。つい、同情したくなります。

ツァラトゥストラの近代批判に王侯貴族がかぶれるとすれば、それは彼らが近代平等主義の受難者だからです。かつて戦争は彼らの武勲の機会でしたが、近代皆兵制はその特権をも水平化してしまいました。近代という時代のあおりを受けて生きづらくなり、その近代を鋭く批判するツァラトゥストラにいかれた、そんな彼らには、さすがのツァラトゥストラも同情したくなるほどなのです。

学者魂とは？――「ヒル」

「王たちとの対話」の章では、第1節最後でロバが言葉をしゃべるとか、興に乗ったツァラトゥストラが一曲ざれ歌を披露するとか、不思議な展開が見られました。ロバはのちに主役を務めることになりますので、その時にまた考察することにしましょう。続いて、「ヒル」というコミカルな章を読みます。

「高等な人間」はどこにいるか依然として分からず、探し出せないまま、ツァラトゥストラが山を下り、森を抜けて、沼のほとりを歩いていると、そこに横たわっている人間を踏みつけてしまいます。「イタッという呻《うめ》き声」と「二十もの悪罵」（四二〇頁）が降りかかってきて、慌てたツァラトゥストラは、手にしていた杖で、声の主を叩きのめします。自分がひどい仕打ちをしたことにすぐ気づいたツァラトゥストラは、悪気はなかった、野良犬に出会って不可抗力的に反応したようなものだ、許してくれ、と相手に乞いますが、そんな言い草では相手の神経を逆撫でするだけです。

このあたりの会話のちぐはぐさも、ボケとツッコミの掛け合いのようで笑えます。

どうやら相手は攻撃的な性格ではないようで、沼に浸していた腕を引き抜いて、やおら起き上がります。すると、剝き出しの腕から血がポトポト滴《したた》り落ちているので、ツァラトゥストラはびっくりして、悪い獣にでも嚙まれたのかと尋ね、この道の先に私の洞窟があるから、そこで傷の手当てをしたらどうだ、と心配します。

その際、自分はツァラトゥストラだと名乗ったところ、相手の男は、おお、あなたがツァラトゥストラか、会えてうれしい、私はあなたに会いたくて仕方なかったのだ、と急に喜びます。二人の王たちと同じく、沼で血を流しているこの男も、ツァラトゥストラの熱烈なファンなのです。そればかりではありません。やはり、ツァラトゥストラにかぶれ、いかれて、どこかおかしくなっています。

では、この男はツァラトゥストラのどこにかぶれているのでしょうか。学者魂に、です。「知的良心の保持者」を名乗る彼が、沼で何をしていたかと言うと、「ヒルの脳髄」（四二四頁）を研究するために、自分の生き血を吸わせ、身を挺して生物の生態を観察していたのです。「猫の額」と言えば狭いものの代表ですが、「ヒルの脳髄」ともなれば、これはもう、あるかなきかの微小対象です。そんな極小のものを徹底的に究め尽くし、ごくごく狭い専門領域に関しては誰にも負けないと自負する見上げた専門研究者なのです。

学者バカ、専門バカと言いますが、まさにその権化が「知的良心の保持者」を自称して出てくるわけです。高度の学問的専門性こそ、彼のアイデンティティなのです。

「学者」と言えば、第二部に「学者」という章がありました。そこでは、ツァラトゥストラは若い時を回顧して、自分はかつて学者の家に住んでいたが愛想を尽かしてその家を出て行ったのだ、と言っていました。では、ツァラトゥストラは学問に愛想を尽かしたのか、と言うと、そうではありません。その反対です。学者の館（アカデミズムの砦つまり大学）では、見栄やら嫉妬やら出世競争やら知的怠慢やらで、ちっとも学問に専念できないので、真の学問追究をするにはさっさと逃げ出すに限る、と言って出て行ったのです。学問が根源的意味での哲学《フィロ・ソフィア》つまり「知への愛」であるのなら、まさにその愛をまっすぐ貫くために、いわゆる学者は廃業したのだ、というのです。「精神とは、みずからの生命《いのち》に斬り込む生命のことだ」という烈しい言葉を吐いては（四二五頁。第二部の「有名な識者たち」の章（一七二頁）に出てくるフレーズ）、一切の妥協なく知への愛を成就しようとするツァラトゥストラは、学者の中の学者、学者の鑑《かがみ》だということになります。だからこそ、人生をかけて学問に打ち込もうとする者たちの崇敬を集めることができるのです。

ここには、大学教授を一〇年務めたあと学者を廃業したニーチェ自身の実人生が、いったい何を求めていたかが語られています。

「知的良心の保持者」もまた、ツァラトゥストラの潔癖で苛烈な知的探究心に深く共鳴し、自分もそれを実践しようとしています。ツァラトゥストラの妥協なき「知への愛」にあやかろうと、ひたむきさに学問探究に邁進すると、しかし世の中からはドロップアウトします。つまり奇人変人と笑われるだけです。現に、山奥の沼地に身を横たえ、沼に腕を浸してヒルに血を吸わせて何時間もじっとしているのは、異様としか言いようがありません。ふつうに考えれば病的な、いや、ほとんど狂気に近い探究心を発揮しているこの男も、先の王たちのように、どこか壊れているのです。それがすべてツァラトゥストラのせいだとまでは言えないでしょう。おそらく現代という時代そのものが学問求道精神をかくも追い詰めているのです。しかし、自分の分身のような存在が、自分にかぶれて病んでいるのを目撃するのですから、ツァラトゥストラとしては他人事とは思えません。

そう、ツァラトゥストラはここでも、つい同情したくなるのです。

詩人、芸人、役者――「魔術師」

第四部の登場人物はみな強烈な個性の持ち主ですが、彼ら一人一人が体現している分野・領域も多岐にわたります。まず、第二部以来の脇役である占い師は、古来の知恵であるペシミズム思想を語るという点で、「哲学」分野に属すると言ってよいでしょう。次に、二人の王は、身分秩序をそなえていた旧体制の象徴であり、「政治」の代表格ということになります（彼らの先祖に戦争賛美が特徴的なのは、戦士階級イコール支配階級という時代に属するからです）。さらに、ヒルの脳髄の研究者である「知的良心の保持者」は、「学問」の世界の住人であり、専門化された個別科学の権化です。

ペシミズムは、第一部の章「背後世界論者」や「死の説教者」以来、おなじみです。国家や戦争という主題は、第一部の「新しい偶像」――近代国民国家――や「戦争と戦士」の章に出てきました。

王たちが諳《そら》んじているツァラトゥストラの好戦的フレーズは、「戦争と戦士」の章のものです。学問は、第二部の「学者」の章のテーマですし、知や認識が問題となる点では、「有名な識者たち」や「純粋無垢の認識」の章とも関係します。

では、この「魔術師」の章はどうか。本章に登場する「老魔術師」は、自作自演の詩人《シンガーソングライター》です。いきなり道端で艶めかしい歌を歌い出すあたり、大道芸人のようですが、本人は「私ほどの偉人はいない」と自負しており、それなりの大家のようです。この魔術師は芸術の分野の体現者、つまり芸術家なのです。芸術にもさまざまなジャンルがありますが、彼の専門は詩歌の方面です。つまり、この老人は詩人なのです。

哲学はもちろん政治も学問も、ツァラトゥストラの本質の一部をなすほど重要ですが、とりわけツァラトゥストラには詩人という側面が濃厚です。第二部の「詩人」の章の主導命題は「詩人はウソをつきすぎる」でした。そう言っているツァラトゥストラ自身が一個の詩人なので、この命題自体、真か偽か、わけが分からないというしくみでした。

ツァラトゥストラが詩人であるのは、本書には主人公が歌を歌う場面がいくつも出てくることから明らかです。「王たちとの対話」の章でも、ツァラトゥストラは、興が乗ったからと短いざれ歌をごきげんに披露していました（何気なくキリスト教を揶揄《やゆ》する歌でした）。第四部後半にも長大な詩が歌われる章が複数あります。詩趣に富む第四部の中でも殊に目立つのが、この魔術師の吟詠なのです。

芸術家とは、真実にはほど遠い演技派・役者であり、人をだまし、惑《まど》わせて、自分のことを偉人だと信じ込ませる。――こういう「芸術家＝俳優」説を、ニーチェはおりにふれて述べており、本章はその集大成のようなところがあります。「魔術師としての芸術家」のモデルとしてヴァーグナーが思い浮かべられていた、としばしば指摘されます。『ニーベルングの指輪』などの大作群で知られる楽劇王リヒャルト・ヴァーグナーは、若き古典文献学者ニーチェが意気投合し、ドイツ文化革命の夢を語り合った年上の同志でした。しかし次第にニーチェはヴァーグナーの事大主義的な芸術に付いていけなくなり、キリスト教的敬虔さへのヴァーグナーの寝返りも許せず、訣別するに至ります。ヴァーグナーはニーチェが『ツァラトゥストラはこう言った』執筆中の一八八三年に没しましたが、活動期最後の年一八八八年にヴァーグナー論『ヴァーグナーの場合』、『ニーチェ対ヴァーグナー』を出すなど、ニーチェは終生ヴァーグナーを強く意識していました。

しかしだからといって、第四部のこの「魔術師」の章を、ヴァーグナーに対する皮肉・あてつけとのみ解するのは、まったく不十分です。すでにふれたように、第二部の「詩人」の章は、ツァラトゥストラの自己批判が中心をなしており、そこでの詩人批判を、他人事めいた批評と解するのは的外れです。それと同じく、「魔術師」の芸術家論も、ツァラトゥストラが自分と無関係な老詩人と出会って、渡り合い、相手のウソを見破る、といった程度の安っぽいお話ではありません。ニーチェがヴァーグナーを思わせるキャラクターを造形して積年の恨みを晴らしている、などと解釈をしても面白くも何ともありません。

これまで強調してきたように、『ツァラトゥストラはこう言った』に出てくるさまざまなキャラクターは、多かれ少なかれ主人公の分身です。とりわけ第四部の登場人物たちは、ツァラトゥストラがつい同情したくなってしまうほど彼に近しい存在です。ツァラトゥストラにとっては、彼らの悩みや病気が我が事のように切実に感じられるのであり、魔術師の「吐き気」にしても、何ら他人事ではありません。

魔術師は、ツァラトゥストラを前にして長大な歌を熱唱します。それを聴いてさすがのツァラトゥストラも一瞬、同情を覚えてしまうほどの迫真の演技です。途中でそのお涙頂戴式の演技に我慢できなくなったツァラトゥストラは、「やめろ、俳優め。贋金作りめ。根っからのウソつきめ」（四三三頁）と叫んで、相手を杖で打ちすえ、歌をやめさせます。聴くに耐えないというわけですが、では、詩作として出来が良くないのかと言えば、そうは言えません。だってこれは、ニーチェが一生懸命作った自信作なのですから。

前述の通り、ニーチェは『ツァラトゥストラはこう言った』第四部を、私家版で刷って知人に贈ったのみでした。それを引き継いだ友人のガストは、「ディオニュソス讃歌」の詩篇と合わせて一書として公刊しました。ニーチェ自身は、「ディオニュソス讃歌」を独立の詩集として出そうとも考えていましたが、いずれにしろ第四部と詩篇は深い関係にあります。「ディオニュソス讃歌」九篇のうち三つは、ほぼそのまま『ツァラトゥストラはこう言った』第四部に出てきます。つまり、この「魔術師」と後半の「憂鬱の歌」と「砂漠の娘たちのもとで」の章の歌の三つは、ニーチェによって「ディオニュソス讃歌」に数え入れられたものなのです。いずれも相当の長さを持ち、詩集の中心を形づくっています。

つまり、「魔術師」の章で歌われている曲は、当時のニーチェが丹精込めて作った作品であり、本人は駄作とは決して思っていないのです。「ディオニュソス讃歌」中の詩としては、「アリアドネーの嘆き」というタイトルが付けられています。そこで次に、このタイトルの意味を説明する必要が出てきます。それに関連して、「ディオニュソス讃歌」という名称についても、説明を要します。ニーチェにとって、ディオニュソスは最重要の神様ですが、このあたりの説明をし出すとキリがないので、ごくかいつまんで紹介します。

ギリシア神話に出てくる英雄の一人に、テーセウスがいます。アテナイ王アイゲウスの王子です。アテナイは当時、クレタ王ミノスの命により、少年少女たちを生贄に捧げさせられていました。クレタの王宮にある迷宮ラビュリントスに棲む怪物ミノタウロスの餌食になる一行に、テーセウスもひそかに加わりました。怪物を退治するためです。その勇姿を見初《みそ》めたのが、クレタの王女アリアドネーでした。迷宮に入っても迷わないようにと、アリアドネーはテーセウスに糸毬《いとまり》を与えました。首尾よく半人半牛の化け物を退治し、入口に括りつけた糸を頼りに脱出できたテーセウスは、アリアドネーを連れてクレタ島を逃れ、アテナイに向けて出帆します。途中ナクソス島に寄ったとき、アテネ女神がテーセウスの夢に現われ、アリアドネーを置き去りにしなさいと告げ、テーセウスはそれに従います。残されたアリアドネーは嘆きましたが、その島はディオニュソス神のお気に入りでした。悲嘆に暮れるアリアドネーをディオニュソスは愛し、妻にしたというのです。

「ディオニュソス讃歌」で、「アリアドネーの嘆き」というタイトルが付けられているのは、まさにこの、恋人に去られて嘆くヒロインにディオニュソスが言い寄ろうとする場面を連想させます。実際、「讃歌」詩集では、この歌の最後に、ディオニュソスが雷光とともに現われ「返歌」を歌う、という数行が付されています。

ディオニュソス神は、主神ゼウスの末子とされ、ギリシア神話の中では新しい神です。ブドウとワインの神とされ、ディオニュソス（別名バッコス）を信仰する女たちは集団で狂喜乱舞することで有名でした。その神様を讃える歌の形式が、「ディテュランボス（酒神讃歌）」です。ギリシア悲劇の起源ともされるこの「讃歌」になぞらえて、ニーチェは自作の詩を「ディオニュソス讃歌」と名付けたのです。若き日の著作『悲劇の誕生』の中で、ギリシア悲劇の根底にひそむペシミズム思想のモティーフを、「ディオニュソス的なもの」と呼んで称揚したニーチェにとって、ディオニュソスは最も重要な神格であり続けました。狂気の闇に沈む間際には、みずからをディオニュソス神に見立てているほどです。

そう考えると、「神は死んだ」と告げたニーチェにおいて、ギリシアの神々はべつに死んでいなかった、と言ってよいのです。啞然とする話に聞こえるでしょうが。

ともあれ、自分にとって別格のディオニュソス神にちなんだ詩集中の、しかもこの神を登場させたほどの詩を、その作者自身が蔑ろにするはずはありません。では、そのとっておきの自作を『ツァラトゥストラはこう言った』の劇中に用いたとき、作者はどのような意味合いをそこに込めようとしたのでしょうか。

まず分かることは、「アリアドネーの嘆き」と題されている場合、男性に言い寄られようとしている女性が、その求愛を半ば拒みながらも半ば受け入れようとしている身心の悶えが表現されている、という点です。そのようにこの恋愛詩を読み味わう場合、相当エロティックで露骨な表現に満ちていることが分かります。神と人との交わりという神話的形象に包まれているから、まだしも許容されるものの、その典雅さを取っ払ってしまえば、ただのエロ文学に堕しかねません。

これに対して、『ツァラトゥストラはこう言った』の中で、この歌を歌っているのは誰かと言えば、年老いた魔術師・魔法使いです。いくら魔法で人を騙すのが巧みだといっても、しょぼくれて口元に嘔吐感漂う老人男性が、若いヒロインの役柄で恋のクライマックスシーンを歌って演じるのは、無理があります。そんな一人芝居を思い浮かべるだけで気色悪くなります。「アリアドネーの嘆き」というタイトルだったら、この詩をもっと妖艶に訳すこともできそうですが、歌っている当人が爺さんの場合、なかなかそう色っぽくは訳せません（四三一頁の「与えてくれ、最も孤独なこの私に。」の原文は、“Gieb mir, dem Einsamsten,” ですが、「ディオニュソス讃歌」の「アリアドネーの嘆き」では、“Gieb mir, der Einsamsten,” です。つまりそちらでは「私」は、言葉遣いとして女性であるのに対して、『ツァラトゥストラはこう言った』では、歌っているのは魔術師ですから、「私」は男性です）。

では、この魔術師の歌はたんなるエログロナンセンスかと言えば、そうではありません。ニーチェは自分の会心作を、老魔術師に歌わせてぶち壊しにしているわけではないのです。やはりこの文脈では、この歌は男性に歌ってもらったほうがいいのです。なぜか。この歌は、ツァラトゥストラにあてつけて歌われるとき、ツァラトゥストラ自身が永遠回帰思想を受け入れようとした際の苦悶を表現した詩、と解されるからです。

ディオニュソスの襲来を半信半疑で受け入れるアリアドネーの逡巡と懊悩にたとえられているのは、第三部の章「快復しつつある人」で描かれた、七転八倒のすえにようやく深淵の思想を震撼しつつ受け止めて最終的に受け入れようとする主人公の悩みと苦しみです。それと同じ苦悶を味わうかのように呻吟し絶叫する迫真の演技をしてみせる魔術師に、ツァラトゥストラはつい感情移入してしまい、他人事ならぬものを感じて、かわいそうにと思ってしまうのです。隙を見せてすぐツァラトゥストラは我に帰り、自分を虚仮《こけ》にしようとした魔術師に怒りを覚え、すごい剣幕で反撃に出るのです。魔術師は、賤民の支配する時代、偉人ぶった俳優であらざるをえない芸術家の行き詰まりを告白しており、その姿には、現代における芸術の閉塞状況が映し出されています。「偉大な人間を演じようとし」(四三六頁)て破滅に追い込まれる芸術家の運命をテーマとする本章後半の二人のやりとりも印象的です。しかしそれとは別に、魔術師がツァラトゥストラ自身の内面を見透かすという仕方でツァラトゥストラの自己省察を代弁していることを、見逃すべきではありません。

3 「失　業」

ツァラトゥストラにフレンドリーな法王

「魔術師」の章のテーマは芸術でした。哲学、政治、学問と並んで、このジャンルも時代の波を受けて変質の危機に晒され、その中で芸術家がもがき苦しむことを、魔術師は大げさなジェスチャーで表現しています。王が、第一人者であることの虚妄にいたたまれず自棄になっているのと同様、芸術家は、偉大な人間であるかのようにふるまう自分の虚栄に蝕《むしば》まれ懊悩しているのです(「役者・俳優」を意味するギリシア語 hypokritēs に由来する Hypokrit, hypocrite は、「偽善者」を意味します)。その怪優の大一番の演技を、ツァラトゥストラは他人事と思えず、つい同情を催しそうになるほどでした。続く「失業」の章では、キリスト教が取り上げられます。ジャンルで言えば、宗教です。

第二部に出てきた人物類型と関連づけた場合、「司祭たち」の章では、宗教関係者は総じてツァラトゥストラの「敵」とされていました。その大元締めのはずの「法王」がやって来たのですから、ツァラトゥストラとしては身構えるのも当然です。せいぜい、そういう場合の彼の流儀は「傍らを通り過ぎ」（二四九頁）るのみのはずです。相手側としても、神は死んだと吹聴しているツァラトゥストラを敵視し、排撃するほかないように見えます。

ところが、この法王は、意外にもツァラトゥストラにフレンドリーなのです。その理由は明らかです。神の近くにいて神に仕えてきて、神が死んだことを自分の目で確かめた者として、そして、神に仕える職を失った一人の失業者として、もはやその神の死の事実を覆い隠す必要がなくなり、ツァラトゥストラに対抗する必要もなくなったのです。主人であった神を喪った今となっては、「神を失くした者」を自称するツァラトゥストラと、腹を割って話をすることができるようになった、というわけです。

この「最後の法王」（四四〇頁）は、その前に、「森の聖者」に会いたいと思って訪ねてきたのだ、と述べています。「森の聖者」は、第一部の「序説」第2節で、山を下りようとするツァラトゥストラと対話を交わした人物です。俗世を離れ神を讃えて生きる老人に、ツァラトゥストラは敬意を示しつつも、会話を交わして別れたあと、あの老人はまだ知らないのか、「神は死んだということを」（二一頁）と呟いていました。神に敬虔な祈りを捧げても、当の相手が亡くなったのでは意味をなさないのでは、と怪訝に思ったのです。とはいえ、聖者の純粋さにはツァラトゥストラも一目置いているようでした。

この最後の法王も、森の聖者のことを尊敬し、その人とともに死者を弔う儀式をしめやかに行なおうとやって来たというのです。ところが、聖者が住んでいるはずの森の庵《いおり》を訪ねると、「二匹の狼が、彼の死を悼んで吠えていた」（四四一頁）というのです。そこで法王は、「およそ神を信じないすべての人の中で最も敬虔な人――ツァラトゥストラを捜そう」（同頁）と決心し、ここにやって来たというわけです。

ツァラトゥストラはここで、私こそ、そのツァラトゥストラだと名乗ります。そして、神の死の真相について、その場に居合わせて事情を誰よりも詳しく知っているはずの人に、直接聞こうとするのです。

そのような場面設定で、法王が語り出すのは、宗教とくに一神教としてのユダヤ‐キリスト教の歴史です。その伝統宗教が近代において困難な状況に直面している内情が洩らされます。古代ギリシアと並ぶヨーロッパ文化の源泉であるキリスト教も、近代化の波に洗われて変質し、存亡の危機にあるというわけです。しかしそれを言うのなら、日本人におなじみの仏教をはじめとして、伝統宗教は多かれ少なかれ似た状況にあります。

その意味からしても、「神の死」をキリスト教だけの問題にするのは、問題の矮小化です。わが国にはキリスト教コンプレックスの人が少なくなく、その邪教を祓ってくれたとニーチェに喝采を送る人もいます。しかし、「神の死」をキリスト教の問題に特化するのは、かえってキリスト教を過大評価し過ぎているということに気づいたほうがいいでしょう。

では、宗教をも変質させた、問題の中心とは何か——近代という時代そのものです。

先に、王たちは近代平等主義によって苦しんでいるという話が出てきました。総体としての近代という時代は、伝統的なものをことごとく変質させているのです。第四部に出てくる登場人物たちはみな、その近代という時代と各々の立場から格闘したあおりで、精神に失調をきたしています。ツァラトゥストラが彼らに同情を寄せてしまうのは、自分自身も近代という時代を乗り越えようと格闘しているからです。

その近代という時代の根本特徴を一言で表わす言葉が、「神は死んだ」なのです。

近代最大の出来事

ニーチェは『愉しい学問』の343番で、神の死を「近代最大の出来事」と呼んでいます。とりわけ同書の125番では、近代という時代が総がかりで「神を殺した」のだという歴史認識を、「狂人」に語らせています。この最重要のテクストの精読なくしては「神の死」について論ずることはおぼつかないのですが、ここではエッセンスを確認するにとどめましょう。

人びとの集まる市場に、一人の狂人が現われ、「俺は神を探している。神はどこだ」と喚《わめ》き散らしたかと思うと、「俺たちが神を殺したのだ」と叫びます。突然そう言われても……と民衆はいぶかしく思うばかりです。狂人がさらに滔々としゃべり続けて、「神を殺すほどの偉業は、これまで存在しなかった。人類はまったく新たな歴史の段階を迎えるのだ！」と意義づけても、民衆は無視を決め込みます。狂人は、「俺は早く来すぎた」、「まだ俺の来る時ではなかった」と呟いて、その場を立ち去るのです。

何か予言者めいた狂人の口ぶりですが、「神の死」はここでは確定した歴史的事実とされており、その意味では彼はむしろ歴史の語り部《べ》と言うべきです。それにしても、どうやって殺《や》ったのか——と尋ねたくなるところです。じつはこの問いを狂人自身が発しています。


それにしても、俺たちはどうやって殺《や》ったのか。どうやって大海を飲み干すことができたのか。水平線を全部きれいに拭きとるスポンジを、誰が俺たちにくれたのか。この大地を太陽から切り離したとき、俺たちは何をしでかしたのか。大地は今どっちに動いている？　俺たちはどっちに動いている？　ありとあらゆる太陽から遠ざかってゆくのか。俺たちはたえず転げ落ちていないか。それも、後方へ、左右へ、前方へ、つまり四方八方へ、か。まだ上とか下とかがあるのか。俺たちは無限の虚無を突き進むかのようにさ迷っているのではないか。空虚な空間が俺たちに息を吹きかけてくるのではないか。（『愉しい学問』二一〇—二一一頁）

ここには、「大海を飲み干す」とか「水平線を全部きれいに拭きとるスポンジ」とか、たとえがいっぱい出てきますが、それらはたんなる比喩にとどまるものではありません。狂人という一個の時代観察者の歴史認識が、そこに示されているからです。

「大地」と「太陽」の関係が、ここでは問題になっています。狂人の語っている世界では、「大地は動く」のです。だとすれば――そう、天動説から地動説への転換という歴史的出来事が、ここには語られているのです。コペルニクス革命とも称される革命的事件によって成立した近代という時代に、もはや神の出番はなくなったということが、ニーチェの言葉「神は死んだ」の内実なのです。

なんだそんなことか、と見くびることなかれ。どっしりとして動かない、と誰がどう見ても思う「大地」が、じつは一個の星、「地球」であり、その星の住民であるわれわれは、その惑星に乗って宇宙空間を猛スピードで回転移動している！――これほどの知的激震は、かつてなかったことでした。

天動説はキリスト教特有の世界観だと速断する人がいますが、的外れです。これは太古から人類が空を見上げて誰も信じて疑わなかった世界観です（例外はいましたが）。それを壮大な自然哲学にまとめ上げたのが、古代ギリシアの哲学者アリストテレスであり、さらにその天文学を精緻化して天動説を確立したのが、古代後期のプトレマイオスの世界体系です。古代以来のこの知的伝統を受容して造られたのが、中世キリスト教の教義ですから、そのかぎりでキリスト教会が地動説に抵抗したのは確かです。しかし、ガリレオの『天文対話』を繙《ひもと》けば分かる通り、天動説の立場を代表していたのはアリストテレスの学問体系であり、ガリレオはその伝統と権威に楯突いたとして糾弾されたのです。

どういうことかといえば、「神は死んだ」の一言には、古代以来の知的伝統が近代科学の登場によって崩壊したという歴史認識が語られている、ということです。この知的事件は、優に、近代という時代そのものの成立に匹敵します。「神の死」をキリスト教の問題として片付けるのは矮小化のし過ぎだと言わざるをえないのは、そういう意味です。

となると、この知的大転換を、「天動説から地動説へ」と説明して終えるのでは到底足りません。

天と地という上下貴賤の差異をもつ伝統的な「秩序＝世界（kosmos）」観から、万有が同じ構成要素と運動法則から成る無差別な「普遍＝宇宙（universe）」像へ、という壮大な思考様式の変革がそこにはあったからです。学問上のこの地殻大変動は、その後何百年も続いており、ニーチェの生きた一九世紀後半まで連綿と続いたと言ってよいでしょう。あるいは、二一世紀の今日もなお続いていると言ってもいいくらいです。

この変遷によって生み出されたものの一つが、万人平等説なのです。

思えば、狂人は、「まだ上とか下とかがあるのか」と自問していました。近代の「普遍＝宇宙」像においては均質な無差別空間が無限に広がるのみであり、そこでは上下の区別など意味をなしません。狂人はこうも言っていました。「俺たちは無限の虚無を突き進むかのようにさ迷っているのではないか。空虚な空間が俺たちに息を吹きかけてくるのではないか」。「無限の虚無」や「空虚な空間」とは、意味の真空という意味での「ニヒリズム」を表わします。その宇宙空間がどこまで広大無辺であろうと、神の居場所はどこにもなくなっています。それはそうでしょう。「上《かみ》」の観念が消えてしまっているのですから。

「王たちとの対話」の章にあったように、人間の間での上下貴賤の身分秩序を前提している王位や貴族階級を、王たちがナンセンスだと思うのは、彼らもまた、万有に差別なしを大原則とする近代的宇宙像の影響を免れていないからなのです。

神は同情のおかげで死んだ――証言その1

「神は死んだ」という出来事の影響を免れないジャンルはないと言っていいほどですが、宗教がその筆頭であるのは言うまでもありません。勢い、伝統宗教の大番頭である「法王」の地位も危うくなります。ですから「失業」――章名“Ausser Dienst”をこう訳すと、神に仕える仕事を失ったしょんぼり感が出ます――という憂き目を見ることになるわけです。

ツァラトゥストラは、仕える主人を失って気落ちしている老法王から、職業上の秘密を聞き出そうとします。あなたは神の近くで仕えていたのだから、その神の死に際にも立ち会ったはずだ、いったいどんなふうに神は死んだのか、と。

その際ツァラトゥストラは、「同情が神の息の根を止めたという話は、本当なのか」（四四二頁）と尋ねています。この同情死因説をどこから彼は聞きつけたかというと、第二部の「同情者たち」の章では、「悪魔」がそう囁《ささや》いたと言われていました。第四部冒頭でもその箇所がモットーに引かれていました。「人間に同情したおかげで、神は死んだのだ」と悪魔から伝え聞いたことが、まさに敷衍され肉付けされるのが、この「失業」の章なのです。

神を身近で世話してきた召使には、主人の秘密はお見通しです。姦通により一人息子を孕ませたとか（聖母マリア伝説の一解釈）、愛からではなく復讐心から地獄を拵《こしら》えたとか（宗教勧誘に効果あり）、興味深い暴露話が並んでいます。なかでも、目撃者自身による神のご臨終の叙述は精彩に富んでいますので、引用しておきましょう。

だが、彼もついに年を取り、心弱くなり、意気地をなくし、同情深くなった。父親らしくというより、祖父らしくなった。むしろ、よぼよぼの祖母に一番似てきた。
やつれて、暖炉の隅に腰かけ、脚がだめになったとこぼした。この世に倦《う》み、意欲も衰えた。
そして、ある日、同情の大きなかたまりが喉《のど》につかえて死んだ。（四四三頁）

年老いてヨレヨレになった神が、ほとんど老衰に近い形で死んだ、という話になっています。お正月に老人が餅を食べて、それが喉につかえて呼吸困難に陥り、往生を遂げたというニュースは毎年恒例ですが、それと似たような光景です。妙にリアリティのある描写ですが、それにしても、なぜ「同情」なのかは、依然として謎のままです。

年老いた神が人間への同情のせいで死んだ――という神の死因説は、おおよそ次のように解することができるでしょう。

太古の神は、荒ぶる神であり、神威を怒りで示す神でした。旧約聖書の唯一神は、正義の名において人間を懲らしめ、堕落したユダヤの民に非情なまでの神罰を下します。イエスが現われて、愛の教えを説くキリスト教が成立すると、神のこわもては目立たなくなりますが、神が世界審判者であることには何ら変わりありませんでした。

しかし、近代になり、天上で神が君臨する世界《ムンドゥス》ではなく、神抜きの宇宙《ユニヴァース》で万有が説明されるようになると、人びとの信仰は徐々にやせ細り、宗教の権威は失墜していきます。近代における伝統宗教の衰退というこの不可逆の動向をしのぐカンフル剤として服用されるのが、近代平等主義に適合した博愛主義であり、平和の祈りであり、なかんずく「苦しみを共に分かち合うことこそ人の道」だとする同情道徳です。それらは、伝統宗教の教義の中心をなすというより、付属品のようなものでしたが、近代という時代の需要に見合って、宗教家たちはこぞって、そうしたおまけを主力商品にするようになります。彼らの説教は、現世に通用している水平主義を売り物にし始めます。それに応じて、神も急に聞き分けがよくなり、怒りを示すどころか、ひたすら心優しく人間たちに寄り添い、弱い人びとの苦しみを共に苦しむ、それ自身弱々しい存在となるのです。

しかし、現世的なものに価値を置かず、それを超えたもの——死後の平安とか魂の救済とか——を希求することにこそ、宗教の本領があるとすれば、世俗との一体化によってその霊的次元は見失われ、信仰の弱体化と空洞化が進むことになります。同情道徳の喧伝という体のいい糊塗手段に頼って近代的理念に迎合したことがアダとなり、命取りになって、既成宗教は終焉を迎えた——近代において宗教が運命的にはまり込んできたこの隘路が、同情のせいで神は死んだという死因説に言い表わされているのだとすれば、この珍説にはやはりそれなりのリアリティがあるのです。

とはいえ、以上の解釈が一つの解釈にすぎないことも、また確かです。

ツァラトゥストラは、老法王が神の最期について語るのを聞いて、こう応じます。「あなたはそれを目で見たのか。そういう成り行きだったかもしれない。その通りだったが、それでいてまた別の仕方だったかもしれない。神々が死ぬときは、いつもさまざまな死に方をするものだからだ」(同頁)。目撃者の証言だからといって絶対確かとは言い切れない、神の死の場合はまさにそれだ、と言うのです。英雄の最期は伝説化してさまざまな異聞《いぶん》を生み出してきました。出来事は大きければ大きいほど別様の語り方がありえますし、またそれが求められます。決定版の正史が一つだけというのはかえって貧相なのであり、さまざまな立場からの物語があってはじめて豊かな全体像が成り立ちます。

神の死に方に関しては、第三部の「離反した者たち」の章でも語られ、神々は笑い死にした、とされていました。この「神の死」異聞はともかく、少なくとも、神の死に方にはさまざまな言い伝えがあってよく、だからこそ神々しいのだといってよいでしょう。

次章で語られるのも、神の死因同情説の別ヴァージョンです。「神は同情で死んだ」という主張に関してもまた違った説明がなされるのを、不思議に思われるかもしれません。これは、カントが「神の存在証明」には三パターンあると指摘したように、神の同情死因説も複数ある、ということだと思います。あるいは、「藪の中」の真相を明らかにする証言者は複数いるものだ、ということでしょう。

4　「最も醜い人間」

ツァラトゥストラ、同情に襲われる

ツァラトゥストラは老法王に、あなたほど「敬虔な人間」（四四五頁）はいない、と言われてまんざらでもなかったのか、またあとでお目にかかりましょう、とお決まりの挨拶をして別れ、今日は珍妙な連中に会えて楽しい、と呟くほど快活になります。そして、助けを求めて叫んだ声の主を探して山道をさらに歩いていくと、突如、風景が一変します。「ヘビの死」（四四七頁）と呼ばれる荒涼たる

谷に入り込んだのです。

ツァラトゥストラは、その無気味な光景に既視感をおぼえます。これは、永遠回帰思想の最初の告知がなされた、第三部の「幻影と謎」の章のクライマックスに出てくる幻影の風景そっくりなのです。黒いヘビが若い牧人の喉《のど》の奥まで這入り込んで、噛みついて離れず、牧人は窒息しそうになって、のたうち回るが、結局、ヘビの頭を噛み切って吐き出し、高笑いして光り輝く者となる――というのが、その幻影の結末でした。

当時その「幻影」は「謎」とされていました。この謎は、第三部後半の「快復しつつある人」の章で、永遠回帰思想がツァラトゥストラに襲来する中で再話されて、解かれたという形になっているようです。ようです、としか言えないのは、ツァラトゥストラの内面でどんな思想的葛藤のドラマが繰り広げられたかは、読者には分からないしくみだからです。「快復しつつある人」以後の三章はすべて歌の形をとり、物語のゆくえは摑みとりにくいのが実情です。第三部は永遠回帰肯定の境地を恍惚と歌い上げる性愛讃歌「七つの封印」で締めくくられましたが、当初の謎がどう解き明かされたかは不明のままです。

第四部は全体として、この第三部フィナーレの歌い直し《リプライズ》という面があり、永遠回帰思想の謎に、新たな角度から光が当てられます。その際、重要な役回りを演じるのが、この章に登場する「最も醜い人間」なのです。

その意味でこの「最も醜い人間」の章は、第四部の中でも重要なのですが、それ以上に、本章はそのドラマ性において本書全体の中で際立っています。ニーチェが「神の死」について記した文章の中でも、「狂人」に次いで重要だと言えるでしょう。本章では、かの狂人と同じく、しかし別な意味合いにおいて、人間自身が神を殺したことを自白するのです。そしてその神の殺害者こそ、「最も醜い人間」にほかなりません。

ツァラトゥストラにとって、第四部の登場人物の中でも、この「最も醜い人間」が別格の重要性をもっていることは、その出会い方からして明らかです。ツァラトゥストラが、谷を歩いていくうち、「多くの重いものが彼の心にのしかかってき」（同頁）て、足どりが重くなり、ついに立ち止まると、

> そこに、何かが道にうずくまっているのが見えた。人間のような姿をしているが、人間とは思えない、何か名状しがたいものであった。ツァラトゥストラは突然、その何物かを目撃してしまったことで、大いなる羞恥に襲われた。（四四七―四四八頁）

何か見てはならぬものを見てしまったとき、ひとは羞恥に襲われます。それはある意味、ふつうのことです。しかし、ここでツァラトゥストラを襲ったのは「大いなる羞恥」だとされています。繰り返し述べてきたように、『ツァラトゥストラはこう言った』の中で「大いなるＸ」という形容詞は、「ふつうＸとは呼ばれないが、よくよく考えると確かにＸと呼びたくなるような、尋常ならざるＸ」という意味で使われます。この場合、大いなる羞恥とは、あれこれの見てはならないものを見てしまったときにおぼえる恥ずかしさをはるかに超えて見てはならぬものをツァラトゥストラが見て恥ずかしさをおぼえ、いたたまれなくなった、ということなのです。そのへんの見にくい＝醜いもののレベ

ルを超えた、このうえなく醜悪で醜怪な人間の姿を、ツァラトゥストラは見てしまったのです。その「最も醜い人間」が、全身を引きしぼるかのように発した、人間の声ともつかぬ声を聞いて、ツァラトゥストラはどうしたでしょうか。ここでの叙述は本書全体の中でも調子が変わっていることに注意しましょう。

だが、ツァラトゥストラがこの言葉を聞いたとき、──彼の魂に何が起こったか、君たちは信じられるだろうか。同情が彼に襲いかかったのだ。彼は突如として崩れ落ちた。多くの木こりたちの長らくの攻勢に抵抗してきたカシの巨木が倒れるように──伐り倒そうとしていた者たちすら驚くほど、重々しく、突然に。（四四八頁）

主人公は、不覚にも同情に襲われて、その場に倒れ込むのです。ツァラトゥストラが人間相手にこんな失態を演じるのは、本書ではここだけです。洞窟内で孤独に沈思黙考し、鷲と蛇だけが見守る中、永遠回帰思想に襲われて重度の吐き気に襲われ、バッタリ倒れ込むというシーンが、第三部の「快復しつつある人」の章に出てきましたが、人間を前にしてそんな弱々しい態度を見せるのは、ここ以外にありません。なるほど、同情を催しそうになるのは、第四部の登場人物との出会いの常ですが、実際にツァラトゥストラが相手に同情を催したと言えそうなのは、このほかにはせいぜい、魔術師に見破られた一瞬だけです（魔術師は、こう誇っていました。「私は、あなたがこう嘆くのを聞いた。「この男は愛情にあまりに恵まれなかったのだ、かわいそうに」と。あなたをそこまでだますことができたと、私の悪意は心の中で小躍りして喜んだ」(四三四頁)。ところが、「最も醜い人間」に遭遇したツァラトゥストラは、「大いなる羞恥」に襲われてすぐ、正真正銘の同情に直撃されて、その場に倒れ込むのです。相当のリアクションです。ほかでは使われてこなかった「彼の魂に何が起こったか、君たちは信じられるだろうか」と、読者にじかに訴えるナレーションがここに出てくることからしても、この場面の特異性は際立っています。

なぜそのようなことになるのか。ツァラトゥストラは「最も醜い人間」になぜそこまで弱いのか。それは、相手の突きつけてくる醜悪さが、ツァラトゥストラ自身にとってそれだけ他人事ならぬものをもっていたからです。

「最も醜い人間」は、この私が何者か当ててみろ、とツァラトゥストラに謎かけをします。怪物スフィンクスのなぞなぞ「朝には四本足、昼には二本足、夜には三本足の動物って、なあに?」に、「人間だ!」と勇者オイディプスが答えたのと同様、ツァラトゥストラはいとも簡単に謎を解いています。ツァラトゥストラは相手が神殺しの主犯であることを見破るのですが、それだけでは、なぞなぞは半分しか解かれていません。さらに踏み込んでこう問わなければならないのです。そういう神の殺害者たる「最も醜い人間」とは何者なのか、と。この問いは劇中では問題にならず、読者にひそかに尋ねられています――君に答えられるだろうか。胸に手を当てて考えてごらん、君自身の問題ではないのか、と。

この問いを携えて、本章――のみならず第四部――のヤマ場へ進んでいきましょう。

神は同情のおかげで死んだ――証言その2

まずは場面設定を再確認し、同情問題がどう扱われているか考えてみましょう。

ツァラトゥストラは、最も醜い人間に出会って、猛烈な同情に襲われてその場にどっと崩れ落ちたあと、すぐ身を起こし立ち上がって相手を見切り、あなたは目撃者たる神に復讐した「神の殺害者」（四四九頁）だ、と言い残して、その場をそそくさと立ち去ろうとします。さっきまでの過剰なほどの反応と比べて、やけにそっけない態度ですが、それがツァラトゥストラの流儀なのです。かわいそうにと駈け寄り、あわれみをかけてやるといったことだけはすまい、という彼の流儀はつれなくて無情なようですが、それは相手を無視しているのではなく、大いなる敬意《リスペクト》の表明なのです。心の底を覗き込んで、私にも分かると理解したつもりになるほうが、よほど相手に失礼というものです。心の内奥の苦悩というのは、そう簡単に分かり合えるものではないのですから。

最も醜い人間は、立ち去ろうとするツァラトゥストラを引き止めて、「行かないでくれ」（同頁）と懇願します。私のことをそこまで尊重してくれるのは、あなたしかいない。世の人びとは私にベタベタ近づき、逃げようとする私を追ってきて、同情をかけようとするが、それが私には耐えがたくて、ここまで逃げてきたのだ、と。

最も醜い人間は、ツァラトゥストラが自分で名乗る前に、目の前にいる男がツァラトゥストラだと分かった、と言っています。醜怪このうえない自分の姿を見たら、ふつう誰でもあわれんで優しい言葉の一つもかけてくるのに、この男は激しい羞恥に襲われて顔を赤らめつつも、それを押し隠し、黙って通り過ぎようとしたからだ、というのです。「それで私は、あなたがツァラトゥストラだと分かった」（四五〇頁）。そういう敬意の表し方をする人は、ほかにはいないから、というのです。

苦しんでいる人たちと苦しみを共にしようと説く同情道徳に激しい批判を浴びせながら、しかしツァラトゥストラは、他人の苦悩に対してひどく敏感だということが分かります。同情に襲われやすいことは、ツァラトゥストラの弱みでさえあるのです。同情は、ツァラトゥストラのような過敏な人間にとって、「最大の危険」（三一二頁）であり「最後の罪」（四〇九頁）なのです。なぜか。最も醜い人間に出会ったときのように、相手の苦しみに直撃され、それがみずからの苦しみとなって、ノックダウンされてしまうからです。そのように「他人の苦しみは我が苦しみ」とそのたびに身悶えしていたのでは、これはもう、いくつ身があっても足りません。同情にほだされて何もできなくなり、ついには身を滅ぼしてしまいかねないのです（『愉しい学問』338番「苦悩への意志と、同情者たち」にはこうあります――「私にはこれまたよく分かっている。ひとが現実に苦しんでいる光景をちょっとでも目撃すれば、私だってわれを忘れて同情してしまうということを。だから、悩んでいる友人から、「ほら、ぼくはもうじき死ぬ。このさいぼくと一緒に死ぬと約束してくれ」と言われたら――、私は約束してしまうだろう」（三四四頁））。

もちろん、他人の苦しみに逐一そのように過敏に反応するほど、ツァラトゥストラは同情深いわけではありません。通り一遍の不幸や災難に同情するなんてばかげている、と言い放つ非情な面があるのはたしかです。お互いぬくぬくと傷を舐め合い、かばい合っても、たんなる気休めにすぎず、不毛だからというだけではありません。ニーチェは、不幸や災難は、それに耐えることによって喜びと幸せを摑むきっかけとなりうるのであり、かえって不幸や災難のない人生のほうこそ、無味乾燥で生きがいを見出せなくなる、とおりにふれて述べています（同じく『愉しい学問』338番にはこうあります。「ああ、君たちが人間の幸福について知ることのなんと乏しいことか、安楽でお人好しの君たちよ。——というのも、幸福と不幸とは兄弟であり、双子なのだから。両者は、そろって大きく成長してゆくか、あるいは君たちの場合のように、そろって——小さいままなのだ」（三四三頁））。

　そういうわけで、同情のモラルを批判してやまないツァラトゥストラですが、自分に近しい人間たちが苦悩しているのを目撃しては、さすがに反応しないでやり過ごすわけにはいきません。詩人哲学者の苦悩を演技してみせた魔術師に、不覚にも同情を一瞬示したツァラトゥストラでしたが、では、最も醜い人間に対してはどうでしょうか。なぜツァラトゥストラは激しい同情を催したのでしょうか。最も醜い人間のいったいどこに、ツァラトゥストラと近しい面があるのでしょうか。

　まず、最も醜い人間が同情に値するいわれは、何より、彼の容姿の醜さにあります。「人間のような姿をしているが、人間とは思えない、何か名状しがたいもの」（四四七頁）に生まれてしまった者は、どこへ行っても、特別視され、同情の目つきで見られます。周りの人びとは、自分はそこまで醜くなくてよかったと内心安堵しつつ、心ない人から化け物呼ばわりされるその人の辛く酷い人生をあわれみ、ぎこちなくも心優しい言葉をかけようとします。気持ち悪いという生理的反応を抑えて、慰めてあげようと近寄ってくるのは、けなげで立派な人たちです。しかし、どこへ行ってもあわれみのまなざしですり寄ってこられては、情けをかけられるほうとしては、たまったものではありません。なかには、同情のいやらしさを気にせず、どうぞお助けくださいと受け流す気丈な人もいるでしょうが、少なくとも、自分は独力でやっていきたいと願う誇り高い人間なら、自尊心を踏みにじられる思いがするでしょう。同情道徳が垂れ流されている世の中は真っ平だと思い、そこからとにかく逃げ出したいと思い煩う人だって、いるはずです。

最も醜い人間の悩みを、このように説明することはできます。じっさい、自分の容姿にコンプレックスを少しも抱かない人間はまれですし、その悩みは人間に普遍的だと言えるでしょう。しかしそれだけでは、ツァラトゥストラが――彼自身の容姿はほとんど記述されません――かくも同情を催したことの理由説明にはなりません。

では、ツァラトゥストラが最も醜い人間の苦悩を他人事とは思えず、同情に駆られてしまったのは、なぜなのか。この疑問には、一つの答え方がありえます。第四部に登場する人物がみなそうであるように、最も醜い人間もツァラトゥストラの過激な教えにかぶれており、そのおかげで破滅しそうになっているので、ツァラトゥストラとしても他人事ではいられない、という説明です。

じっさい最も醜い人間も、同情は恥知らずだ、ずうずうしいと説くツァラトゥストラに大いに感化されています。第二部の「同情者たち」の章から引用してみせるほどです（四五二頁。一四八頁参照）。彼が同情をうさん臭く思い、その臭気を疎んじて人間界から逃げ出したのも、一つにはツァラトゥストラの同情批判からの影響があるようです。

さらに、最も醜い人間がその同情批判の中で、同情道徳の起源としてイエス・キリスト――「自分自身小さな人間たちの出身である説教者、あの奇妙な聖者、小さな人間たちの代弁者」（四五一―四五二頁）――を告発しているあたりにも、ツァラトゥストラからの影響が窺えます。キリスト教の厚かましさへの反発が募って、ついには本尊の神殺しに及んだ、ということであれば、これまたツァラトゥストラとしては他人事とは言えないでしょう。
ツァラトゥストラ組の親分が、かわいい子分の狼藉《ろうぜき》に頭を悩ます、とやくざ映画のイメージでこの葛藤劇を解するのは、しかし、やはり十分ではありません。ここで、もう一つの疑問が湧いてきます。最も醜い人間のことをツァラトゥストラはすぐ「神の殺害者」と見破り、それが図星だということを本人も認めるのですが、それはいったいどういう意味でしょうか。どうやったら人間に神が殺せるのか。

この疑問は、『愉しい学問』125番の「狂人」の神殺しの自白に関しても浮上しました。「俺たちが神を殺したのだ」と叫ぶ狂人自身が、「俺たちはどうやって殺《や》ったのか」と自問していました。そこでこの疑問に答えるべく、科学史的想像力を羽ばたかせて、「われわれ近代人が総がかりで、神なしで済ます宇宙像と人間社会を作り上げてきた」という意味に解釈してみました。すると、その近代の動向のあおりですっかり落ち目になった伝統宗教が、延命を図って現世迎合的な同情道徳を説くことで、かえって宗教的なものが総じて無意味化したと、老法王の「神同情死因説」を解することができました。

では、最も醜い人間の自白、「同情してくる神を私が殺してやったのだ！」は、どのように解されるでしょうか。これはなかなかの難問です。この謎を解くためには、やはり、殺害者の自白の言葉が一番の手がかりとなるでしょう。この章のクライマックス――であるのみならず『ツァラトゥストラはこう言った』全体のなかでも最も華々しい場面の一つ――では、こう語られています。

> だが、彼は――死ななければならなかった。彼は一切を見る目で見た。――彼は、人間の深い奥底、人間のすべての隠された汚辱と醜悪を見た。
> 彼の同情は、恥知らずだった。彼は、私の最も汚らしい隅々までもぐり込んだ。この最も好奇心がつよく、あまりにずうずうしく、あまりに同情深い者は、死ななければならなかった。
> 彼はたえず私のことを見た。そのような目撃者に、私は復讐したいと思った。――さもなければ、こちらが生きた心地がしなかった。
> 一切を見た神、人間そのものをも見た神。このような神は、死ななければならなかったのだ。人間は、そのような目撃者が生きていることには耐えられない。(四五三頁)

神の殺害者のこの鬼気迫る告白を聞いて、ツァラトゥストラは背筋が寒くなり、直接は応じず、退散します。例によって、向こうに私の洞窟があるからと勧め、人間ではなく鷲と蛇と語り合ったらいいと言い残して。かくして一人になったツァラトゥストラは、こう慨嘆します――「それにしても、人間とは何とあわれなものなのか」。「何と醜く、何とゼイゼイ喘ぎ、ひそかな羞恥に何と満ちていることか」(四五四頁)。

ツァラトゥストラは、人間をあわれんでいます。最も醜い人間を、ではありません。自分を含む人間とは何と醜いものなのか、と嘆いているのです。ツァラトゥストラにとって問題は、あれこれの個人にではなく、人間存在にひそむ「ひそかな羞恥」にあるのです。人間の内面性に思いをひそめ、もののあわれを催しているのです。

そう思って、最も醜い人間のセリフを読み返してみると、まさにそこでは、個々の人間というより、「人間の深い奥底、人間のすべての隠された汚辱と醜悪」が問題になっていることに思い至ります。そう、人間の内面性が形象化されて人格化された姿こそ、最も醜い人間というキャラクターなのです。

人間の中に棲む醜悪このうえない何か

しかし、なぜ人間の内面性が神の死と関係づけられるのでしょうか。ここには、近代における自我と意識の発見、自己意識の肥大化といった問題がひそんでいるように思われます。あせらずじっくり考えてみましょう。

　最も醜い人間は、自分の醜さにただ劣等感を抱いているのではなく、自分のことをむしろ誇りにしています。じつはプライドが非常に高いのです。他人に同情されて施しを受けるには、「私はあまりにも豊かだ。大いなるもの、恐るべきもの、最も醜いもの、最も名状しがたいものを、豊かに持ち合わせている」（四五〇―四五一頁）と自負しているくらいです。そのように語る怪物が、その存在自体なぞなぞと化して、われわれにこう迫ってくるとすれば、どうでしょうか――「内奥に限りなく醜いものをひそませながら、同時に豊かなものを秘めているものって何？」と。スフィンクスのなぞなぞと同様、「汝自身を知れ」という神託を導きの糸とすれば、答えはさほど難しくありません。「――人間自身」がその答えです。しかも、この答えが暫定的なものにすぎず、その問いを引き受けるうちに自分自身を追い詰めることになる点まで、オイディプスの運命に似ているから不思議です。

汝自身を知れ、は古来の難題ですが、それがとくに内面性の探究と化し、自己意識の果てしない探査に突き進んでゆくのは、じつは近代になってからです。その発端に位置しているのは、ご存じルネ・デカルトです。天動説から地動説への大転換をはじめとする知的劇変は、それまで真理だと信じられていたもの一切が疑わしくなるという、深刻な懐疑精神を呼び起こします。その知的危機をくぐり抜けてデカルトが見出したのが、有名な「われ思う、ゆえにわれあり」です。私は一切を疑うことができるが、疑っているかぎり、その疑っていること自体は疑いえないとし、その「われ思う」――「私が考えている私自身を考える」――の確実性に、一切の知の根本原理を置くことを宣言したのです。こうして第一原理に据えられた意識、主観に、近代哲学や諸科学はありとあらゆるアプローチを試みてきました。自己意識の無限性や深層心理の暗闇が次から次へとあばかれていきます。

　その過程で登場してきた主役が、近代的自我です。人間一人一人が計り知れない内面を秘めていることを、先んじて発見した近代人は、ジャン＝ジャック・ルソーです。近代小説の先駆『告白』の作者によって、内面性の豊かさは発見されました。自我は分裂と葛藤を繰り広げ、自己偽装と自己欺瞞を演じます。ドロドロした欲望と情念が渦巻く内面世界は、お世辞にも高貴とは言いがたく、自分でも目をそむけたくなるほど醜いため、それを他人に覗き見られたりすれば、死ぬほど恥ずかしくて身がもちません。ですから、その秘密は何としても隠しておかなければならないのです――近代的自我の誇りにかけて。

　その個人の最奥の内面にまでズカズカ押し入り、そこにひそむ苦悩や恥部を見つけ出しては、あなたとともに苦しんであげるとささやいてくる者がいるとすればどうでしょうか。プライドの高い近代的自我は自尊心を傷つけられて、いたたまれなくなり、そんな余計なお世話は断固拒否することでしょう。そして、その超お節介焼きの存在を、是が非でも厄介払いすることでしょう。よくも私の秘密を覗き見して恥をかかせてくれたな、と復讐心を剝き出しにして、相手の存在を丸ごと粉砕しようとしてもおかしくありません。

そう、内面性が怪物のように肥大化し、しかもその豊かさを誇りにしている近代的自我にとって、一切はお見通しだと覗き見してくる神など、きれいさっぱりいなくなってもらったほうがいいのです。――かくして神は葬り去られたと考えられるのです。

もちろんこれは、デカルトやルソーが、いわんやニーチェが神を殺した、というお話ではありません。個人的に殺人犯を特定できないという点では、近代科学が総がかりで神を殺した、というのと同様です。かの狂人がいわば近代人代表として「俺たちが神を殺したのだ」と叫んだように、最も醜い人間は、近代的自我の権化として、まさに一人称形で「この私が神を殺してやった」と告白するのです。しかしその彼が、「一切を見た神、人間そのものをも見た神。このような神は、死ななければならなかったのだ。人間は、そのような目撃者が生きていることには耐えられない」と自白するとき、そのとき語っているのは、「最も醜い人間」というよりも、人間の中に棲む醜悪このうえない何かなのです。

そして、もしそうだとすれば、肥大化した近代的自我の傷つきやすい自尊心が、ツァラトゥストラにとって他人事とは思えないのも当然です。その痛ましい告白は、ツァラトゥストラ自身の内面の吐露でもあると言えるほどなのですから。最も醜い人間の神殺しの自白を聞いた主人公が、うすら寒い思いに取り憑かれるのは、最も醜い人間の姿が、自分の自画像でもあると感じないわけにはいかなかったからなのです。

逆に、ツァラトゥストラが「神は死んだ」と語るとき、その背後で語っているのは、何を隠そう、彼の分身である最も醜い人間なのだと思わずにはいられません。老法王の証言以上に、最も醜い人間の自白にはリアリティがこもっています。あたかも、わが身を切り刻むように自己の内奥を覗き見した近代人ニーチェの肉声が聞こえてくるかのようです。

5 「進んで乞食になった人」、「影」、「正午」

上を向いても賤民、下を向いても賤民！——「進んで乞食になった人」


最も醜い人間と遭遇し、あたかも自分の内面を赤裸々に見せつけられるかの思いだったツァラトゥストラは、心も体も寒々としします。その寂寥感を追い払おうとするかのように、山道をずんずん上り下りして歩いていくと、今度は暖かくて優しいものが近くにいることに気づきます。何のことはない、丘の上に雌牛が群れをなして、生暖かい息と体熱を発散させているのです。よく見ると、牛の群れの真ん中に誰かいる様子です。

ツァラトゥストラは、もしやその人間が痛手を負って助けを必要としているのでは、と怪しんで、急いで牛の群れに駈け寄ります。しかし実際には、「善意そのもの」が目から教えを説いているような「一人の柔和な人、山上の説教者」（四五六頁）がそこに座って、牛たちにしきりに話しかけていました。ツァラトゥストラが訝《いぶか》しんで、「あなたはここで何を探しているのか」と訊くと、その男は、自分が探しているのは「地上の幸福」（同頁）であり、その極意である「反芻すること」（四五七頁）を雌牛たちから学びたいと思って、こうやって教えを乞うているのだ、と答えます。

例によって唐突な話の展開ですが、この男はいったい何者でしょうか。

「山上の説教者」と言えば、「心の貧しい人々は、幸いである、天の国はその人たちのものである」と説き始める、『マタイによる福音書』第五～七章の「山上の垂訓」が有名です。まなざしからして「善意」そのものであるような「柔和な人」というイメージは、イエスを思わせます。だとすると、ニーチェはここでついに、イエス・キリストの甦りを登場させたのでしょうか。

どうやら、そこまでのことではないようです。

対話の途中でツァラトゥストラは相手に、「あなたは、かつて巨万の富を投げ捨てて、進んで乞食になった人ではないか」（同頁）と言っています。どうやらこの男、つまり「進んで乞食になった人」が、「みずからの富を恥じ、富める者たちを恥じ、最も貧しい者たちのところに逃れ、みずからの充実した心を彼らに贈ろうとした」（四五八頁）のは有名なことのようです。裕福な家庭に生まれながら、その富を一切擲《なげう》って、貧しい人たちの慈善にはげんだ聖人として古来有名なのは、アッシジの聖フランチェスコ（一一八二―一二二六年）です。そもそも歴代のキリスト教の修道士たちは「キリストに倣って」生きたのですから、その風貌が宗祖と似てくるのは不思議ではありません。

仏教でもそうですが、ラディカルな宗教者は、富を憎み、財産をもたず清貧に生きようとします。

托鉢して喜捨に頼る「修道的生」とは、乞食も同然です。好き好んでそうなったわけではなく、やむをえず施しに頼って生活する人を、正規の乞食と呼ぶとすれば、みずから進んでなった志願者《ボランティア》は、「進んで乞食になった人（der freiwillige Bettler）」（英：the voluntary beggar）と呼ぶことができます。そう考えれば、出家遁世した宗教者は、多かれ少なかれみな、「進んで乞食になった人」です。実際はその反対に、この世の栄華を求める似非《えせ》宗教家タイプが目立つので、その原点はすっかり忘れられていますが。

このようにニーチェは「進んで乞食になった人」を、修道的キリスト者のパロディー然と描いていますが、ここにはもう一つ、キリスト教への揶揄《やゆ》が見出されます。迷える子羊ならぬ、群れをなす雌牛たちに話しかけるこの説教者は、「牧師」のイメージそのものです。畜群を率いる牧人というスタイルは、布教家の古来のスタンダードであるにしても、会衆の前で身分の分け隔てなく説教する平民主義的ふるまいは、まさしくプロテスタントの流儀です。「失業」の章では、カトリックの大親分たる法王が登場しましたが、牧師の息子であったニーチェは、プロテスタント側を皮肉ることも忘れていません。

では、この章では、プロテスタント系を主とする既成宗教への辛辣な批判が繰り広げられているのかと言えば、必ずしもそうではありません。「失業」の章では、神を失くした老法王の悲哀を描くという仕方で、神を亡きものにした近代という時代にあって宗教が深刻な危機に見舞われていることがテーマとされていました。つまりそれは何よりも近代批判でした。それと同じく、この「進んで乞食になった人」の章では、一見、修道的宗教家の愚直なまでの清貧ぶりがコミカルに描かれているかに見えて、じつのところ、近代という時代は「慈善」の精神をいかに困難な状況に追い込むか、がテーマとなります。ここでも問題の中心をなすのは、宗教というより、近代という時代なのです。

どうしてそう言えるか、この章の筋を辿って考えてみましょう。

かの男は、雌牛たちに説教しているかに見えて、じつは牛たちを師と仰いで教えを乞うています。なぜかと言えば、彼が言うには、今の世の中、反芻することが大事だからだ、というのです。食べたものを胃の中に溜めて、それを戻して口の中でよく嚙んで消化し、栄養を摂取することが「反芻」です。彼の診断では、現代人を悩ませている「大いなる悲哀」は、「吐き気」（四五七頁）です。吐き気を催し、嘔吐してしまえば、胃袋の中のものはムダになります。もったいないと言えばもったいない話ですが、吐き気に襲われた者が、それを克服して牛のようにゆっくり反芻することができるようになるのは、きわめて困難です。生理的な気持ち悪さ、嘔吐感はそう簡単に克服できません。

しかもその困難は、人間は草食動物のように反芻することができない、という生物学的条件にもとづくばかりではありません。進んで乞食になった人の見立てでは、「今日、吐き気が心にも口にも目にもあふれていない者がいるだろうか」（同頁）と言えるほど、世の中に吐き気が蔓延しているというのです。あなただってそうだ、と彼が言いかけて、相手の口元を見ると、そこに「吐き気をもたない人間」、「大いなる吐き気の克服者」（同頁）ツァラトゥストラがいることに乞食ははじめて気づき、驚くとともに喜び勇んで、ツァラトゥストラに急にベタベタし始めます。

ここから分かるのは、ツァラトゥストラもかつて吐き気に取り憑かれ、それを克服したということです。主人公が深刻な吐き気に見舞われ、呻吟したすえにそこから癒えるという第三部の筋書きが思い起こされます。その思想的ドラマを、進んで乞食になった人もよく知っているのです。ともあれ、ツァラトゥストラのもとにやって来る者たちは、多かれ少なかれ「吐き気」に悩まされています。「王たちとの対話」の章では、右側の王が吐き気の発作に襲われて、左側の王が「いつもの病気に襲われたのだな」（四一六頁）と言っていました。「魔術師」の章では、ツァラトゥストラは魔術師の俳優的演技に対して、「あなたの口にへばりついている吐き気だけは、本物だ」（四三五頁）と図星を指していました。

進んで乞食になった人の吐き気は、とりわけ、右側の王の吐き気とよく似ていることが分かります。それでいて微妙に、しかし決定的に異なる点もあります。

「王たちとの対話」の章では、王の属している往年の王侯貴族、つまり「上流社会」が、現代では高貴でも何でもなくなり、レベルが低下して虚偽に満ち、腐敗していることが俎上に載せられ、「賤民」、「汚い奴ら」呼ばわりされていました。そしてそれに比べれば、農民は健康で善良で高貴だと持ち上げられていました。ところが、この「進んで乞食になった人」の章では、上流階級ではなく、むしろ「ありとあらゆる低劣なものが、おずおずと反乱を起こしては居直り、自分たちの流儀、すなわち賤民の流儀で傲慢になった」（四五八頁）ことが告発されています。そして、貧しい者たちの告発者とは、ほかでもなく、貧しい者たちに慈善を施して彼らを救うために「進んで乞食になった人」自身なのです。

もとはといえば彼は、福音書流の過激な富者批判に忠実に、自分の富を擲《なげう》って貧しい人びとに施そうとした、超のつくほど善良な慈善家でした。ところが、「彼らは私を受け入れなかった」（同頁）。

そこで、人間どもを見限って牛のところに来たのだというのです。

なにしろ、あなたも知っての通り、賤民と奴隷の大いなる反乱の時がやって来たのだ。ろくでもない、長期の、ゆっくりしたこの反乱は、いよいよ増大する一方だ。

今では、およそ慈善とか小さな施しとかはすべて、低劣な者たちを憤激させるばかりだ。あまりにも富める者たちは、用心したほうがいい！

〔…〕

みだらな欲望、苦々しい嫉妬、疼《うず》くような復讐心、賤民の誇り。それらすべてが、私の目に飛び込んでくる。貧しい人は幸いだというのは、もはや真理ではない。天国は雌牛たちのもとにあるのだ。（四五八―四五九頁）

貧しい人びとを救いたいという一心で、みずからを犠牲にして人助けに邁進してきた、心優しい慈善家の神経を逆撫でし、貧乏人は本当に賤民だ！と叫ばずにいられなくさせるほど、それほどすさんだものが、「賤民と奴隷の大いなる反乱」によって起こった、というのです。王にとっては、近代平等主義の弊害が上流階級を蝕んでいることが、吐き気の原因でしたが、超善意の人にとっては、その同じ万人平等主義が、大衆庶民の欲望、嫉妬、復讐心、誇りを世に満ちさせていることが、吐き気の原因なのです。

ツァラトゥストラは、貧しい者たちのいやらしさには愛想が尽きたと告発する乞食に、「では、なぜ天国は富める者たちのもとにないのか」（四五九頁）と尋ねます。人の悪いこの質問に、進んで乞食になった人は鼻白《はなじろ》んで、そんなことはあなたも先刻ご承知のはずだ、富める者たちに反吐《へど》が出たから私はそこをオサラバしてきたのだ、と今度は富者告発に転じます。これは実質的に、王たちの上流階級告発と似た話になっています。

以上を総括して、進んで乞食になった人が吐くセリフはこうです。「上を向いても賤民、下を向いても賤民！」――万人平等主義を絶対的真理として振りかざす近代では、人間が揃いも揃って賤民とならざるをえない、というのです。

そんな現代社会と現代人にホトホト愛想が尽きて、私は雌牛から反芻することを学びに逃げてきたのだと、この柔和な人はツァラトゥストラに息巻きます。しかしツァラトゥストラから見ると、あなたは自分の柔和で善良な気性とは相容れない激しい言葉を使っている、と諫めます。逆に言えば、草食系のおだやか人間の純粋で一途な心情をも狂わせてしまうほど、それほど人間精神にダメージを与えるのが、近代という時代の病理なのです。

真理といえるものはない。何をしても許される――「影」

近代という時代に人間が置かれている閉塞状況に悩み苦しみ、精神に失調を来たした者たちを、他人事とは思えないのがツァラトゥストラです。進んで乞食になった人は、根っから心の優しい草食系のはずが、「上を向いても賤民、下を向いても賤民！」と口汚く現代人を罵る苦しそうな姿を見て、ツァラトゥストラは情け深く、こう勧めます――人間たちに嫌気が差したのなら、雌牛の群れに語りかけるよりも、私の洞窟に行って鷲や蛇と語り合うといい、と。この招待に対して、進んで乞食になった人は、「あなたは善い人だ。雌牛よりもっと善い人だ、おお、ツァラトゥストラ！」と言うと、不思議なことにツァラトゥストラは急に怒り出して、「とっとと失せろ、ひどいおべっか使いめ！」（四六一頁）と叫びます。それどころか、杖を振り上げて、なぐりかかってくる勢いなので、驚いた「乞食は一目散に逃げ出した」（同頁）とあり、これで章が終わっています。

なぜツァラトゥストラはここで怒り出したのでしょうか。相手が甘ったるいおべっかを使って自分をたぶらかそうとしたからだ、と本人は言っていますが、理解に苦しみます。雌牛よりも善い人だと言われることが、どうしておべっかになるのでしょうか。それとも、牛と比較されてバカにされた、と怒っているのか。それもまた大人げない話です。

いろいろな解釈がありうるとは思いますが、少なくともこの場面は、次の章の出だしの伏線になっていることが――次章を読んではじめてですが――分かります。というのも、「影」の章のドタバタ喜劇がこれに続くからです。その話の展開のはじめに、ツァラトゥストラをたまたま襲ったむら気《き》が置かれているのです。支離滅裂と言えばたしかにそうですが、ドタバタ喜劇と考えれば、深刻に考える必要はありません。

ツァラトゥストラは最初、乞食が逃げ出して一人になったかと思いきや、背後に、ツァラトゥストラよ、私は「あなたの影」です（四六二頁）とささやいてくる別の声を聞きます。またヘンテコな奴が現われるのか、こりゃかなわんと思って、ツァラトゥストラもスタコラ逃げ出します。そこで、三人が山道を競走することになります。先頭は、進んで乞食になった人。次に、ツァラトゥストラ。最後に、ツァラトゥストラの影。走っているうちに、ツァラトゥストラは、自分の影を恐れて追い払おうとするとは、なんてバカげた真似をしていることかと、自分のしていることの愚かさに気づき、大笑いして、そこで立ち止まります。すると、後ろから追いかけてきた影がツァラトゥストラと正面衝突します。

ドタバタ喜劇にはえてして乱暴なところがあり、ことによると役者が大怪我をすることさえあります。笑いが凍りつく瞬間です。ここでも影は危うくツァラトゥストラのむら気の犠牲になるところでした。

興味深いのは、ツァラトゥストラが影を「突き飛ばしそうになった」（四六三頁）とされている点です。止まったツァラトゥストラと走ってきた影が正面衝突して、影のほうが突き飛ばされたというのですから、いかに影が「弱々しかった」（同頁）かが分かります。存在していると言えるか定かでないのが「影」でしょうから、軽いのは当たり前かもしれませんが、この章に登場する「ツァラトゥストラの影」は、光射《さ》すところ物の背後に浮かび上がる影法師という以上に、人格的存在として現われています。そう、この影こそは、ツァラトゥストラの分身中の分身であり、「ドッペルゲンガー」にほかなりません。

第四部の登場人物は、第三部まで以上にツァラトゥストラの分身だという解釈を、これまでしてきました。主人公の多重人格が妖怪変化《へんげ》のように現《うつ》し身で次々と出てくるのが、第四部のキャラクターたちでしたが、その総仕上げが「ツァラトゥストラの影」なのです。影は自分から先に、ツァラトゥストラよと声を掛けていることからして、最初からツァラトゥストラのことが分かっているのですが、それも当然です。なにしろ彼はツァラトゥストラの「追っかけ」なのですから。この章の出だしで、逃げるツァラトゥストラを追いかけただけではありません。「おお、ツァラトゥストラ、私はあなたのあとを一番長く追っかけてきた」（四六四頁）と影は白状します。長らくストーカーまがいの追跡者であったのは、それだけツァラトゥストラの生き方に惹かれ、あこがれてきたからです。では、どういう点にあこがれたのか。「自由精神にして放浪者」（四六六頁）だという点に、です。

ツァラトゥストラは故郷を去って山に入り、山中の洞窟をわが家と見定めますが、同居者は鷲と蛇だけの仮暮らしです。人間界に下りて、まだら牛と呼ばれる町に一時逗留したかと思うと、至福の島と呼ばれる南国で暮らします。その島から離れる場面が描かれるのが、第三部最初の章「放浪者」でした。影は風来坊を自認していますが、それは放浪癖の塊みたいなツァラトゥストラのあとを追っかけているからです。安住の地を安易に求めない、というだけではありません。どっしりした基盤に身を寄せてその保護を受けることを総じて拒否するのみならず、一切の掟や慣習や伝統や権威を打破しようとします。「あなたとともに、私は、いかなる禁断のもの、最悪のもの、最果てのものにも向かって行こうとした」（四六四頁）。どんなタブーも恐れず、あらゆる束縛から脱して自由な精神たろうとすることを、影はツァラトゥストラから学び、みずから果敢に実践してきたというのです。

ここでの「自由精神」とは、別な言葉で言えば、「懐疑精神」のことです。

前に、最も醜い人間は近代的自我の肥大化した内面性を表わすという解釈をしたとき、デカルトの懐疑にふれました。「一切を疑うべし」という普遍的懐疑が近代哲学の始まりにはあったのであり、その未完のプロジェクトは、近代が続くかぎり果てしなく続きます。一切が疑わしくなったからこそ、決して疑うことのできないものを何としても求めようとする「確実性への意志」が生まれたのですが、それは泥沼のような懐疑に突き進んでゆくことを意味しました。確固としてゆるぎなく安定して見えるものに、総じて疑いのまなざしを向けた近代精神は、ついにこう宣言します。「真理といえるものはない。何をしても許される」（四六五頁）。影が自分に言い聞かせたというこの完全自由宣言は、近代の懐疑精神の行き着くところであり、自由精神の極北なのです。

　真理への意志の近代版であった確実性への意志は、真理など存在しないという自己否定に行き着いたのです。ここに至っては、神が殺されたことも当然と思えてきます。古来、真理そのものと同一視されてきたのが、神でした。近代懐疑精神の祖デカルト自身は、「われ疑う、ゆえにわれ在り」を疑いえない原理として、そこから神の存在証明を引き出そうとしました。信仰が篤かったからではありません。神という大原理をもう一つ確保しなければ、世界を理性的に説明し尽くすことはできないと考えたからです。デカルトは神の存在証明に成功したと自負しましたが、その後の近代哲学は挙げてデカルトの論証を不徹底だとして却下していきます。それでどうなったか。――哲学において神について語ること自体、沙汰止みとなりました。そこでも実質的に神は殺されたのです。

　影が「私の愛するものは、もう生きていない」（同頁）と告白するとき、彼にとっての最愛の存在であった神も死んだ、と言っているように聞こえます。

　そのようにして、神の死後、真理の大空位時代となった近代とは、影の言い草では「一切がどうでもよくなった」（同頁）ニヒリズムの時代であり、そこでは「一切は許される」が通則となりました。別の言葉を使えば、伝統、宗教、権威という重し、もしくはタガが外れ、糸の切れた凧《たこ》のような

「風来坊の意志」、「ひらひら舞う翼」（四六六頁）と化した時代にあっては、「真理といえるものはない。何をしても許される」と開き直るニヒリスティックなつぶやきが地上にこだましているのです。

二〇世紀末、日本の新興宗教団体が無差別テロを企てて、世を騒がせました。前後して未成年の凶悪殺人事件も起こる殺伐たる世相の中で、「人を殺してはいけないのは、なぜ？」という問いが立てられたことがありました。驚くべきことに、この問いに十分説得力のある答えを誰も見出せませんでした。世のモラルの根源を問い直していくとき、そこには無根拠の深淵がパックリ口を開いていることに気づかされるのです。

二一世紀の最初の年、世界を驚かせたテロ事件と、その後に続いた「無限の正義」の御旗を掲げた報復戦争の泥沼は、まさに「何をしても許される」を地で行くニヒリスティックな出来事でした。その一〇年後、東京電力福島第一原子力発電所で起こった過酷事故と、その後の急速な風化は、またしても「何をしても許される」のレッスンの復習であったかのようです。そのほかにも「なんでもあり」は現代に満ちています。

しかしそれらは、二〇世紀という怪物のような世紀に起こった出来事からすれば、後日談と言うべきかもしれません。一民族の絶滅を目論んだ全体主義国家の絶滅収容所と、地上を虚無化する最終殲滅兵器の開発と実用という、途方もない二つの出来事がそれです。それは「何をしても許される」を検証する人類の自滅的レッスンであるかのようでした。そのようなカタストロフィへ突き進んだのが、近代という時代であり、この虚無的時代は、世紀が変わっても続いています。現代世界には相変わらず、「真理といえるものはない。何をしても許される」というつぶやきが、声低くこだましているのです。

一九世紀末にニーチェが「神は死んだ」という言葉によって言い表わそうとした総体的危機は、一〇〇年以上経ってもいっこうに変わっていません。近代の懐疑精神の化身ともいうべきツァラトゥストラの影の、もしくはツァラトゥストラ自身の、ひいてはニーチェ主義者の末路とは、われわれ自身なのかもしれないのです。だとすれば、哀れなツァラトゥストラの影につい同情を催してしまうのは、本家本元のツァラトゥストラだけでないでしょう。影が体現している虚無主義は、現代人にとって何ら他人事ではありません。

いや、私たちには自由精神なんて関係ないよ、と反応する人も少なくないでしょう。これに対しては、ニーチェは、ツァラトゥストラが影にかけた言葉という形でわれわれに答え、かつ忠告しているように思われます。最後にそれを引用しておきましょう。


君のような風来坊は、しまいには、監獄に入れられても幸せだと思えてくるものだ。収監された犯罪者が眠るさまを、君は見たことがあるか。彼らは安らかに眠る。新たに手に入れた安心を味わっているのだ。

君も、とどのつまり、狭苦しい信心やら、頑固で強烈な妄想やらに陥らないよう、用心するがいい。これからは、狭苦しくて重苦しいあらゆるものが、君を誘惑してやまないだろうから。

(四六七頁)

近代の懐疑精神が、かえって「狭苦しい信心やら、頑固で強烈な妄想やら」に陥りやすいということを、ニーチェは知り抜いていました。そのニーチェの言葉「神は死んだ」を、「そんなの常識だろ」と訳知り顔で冷笑しがちな現代人こそ、信心やら妄想やらにいちばん取り憑かれやすいということが、予告されているかのようです。

世界は今まさに完全になったのではないか――「正午」

文字通りツァラトゥストラの分身にして近代懐疑精神の化身である「影」が最後に現われて、登場人物はそれでようやく打ち止めとなります。それにしても、この日は朝から何と呆れるほど次々に奇人変人が山中に押し寄せてきたことでしょう。彼ら人物群像の再確認は、次の「歓迎のあいさつ」の章で行なうことにし、その前に、さすがに疲れたツァラトゥストラが呑気に昼寝をする「正午」の章を見ておきましょう。

第四部は、ツァラトゥストラの住む山奥の景色と同じく、山あり谷ありの起伏に富んだ展開が続きます。そのちょうど真ん中で、前半を終えてひとまず小休憩という趣です。

ツァラトゥストラはこの日よほど朝早くから活動を開始したようで、あんなに多くの人びとと出会い、会話を交わしたはずなのに、影と別れてもまだ午前中でした。世捨て人はもちろん時計など携えていませんから、時を知る手段はもっぱら太陽です。その太陽が天の真上に懸かる時刻、正午に、何がツァラトゥストラに降って来たかと言えば、二つの生理的欲求です。大きな老木に巻きついて、ブドウの木が黄色い実をたわわに実らせているのを見て、まず喉の渇きを覚え、一房もぎとろうとすると——今度は睡魔が襲ってきます。睡眠欲に負けて木陰に身を横たえ、寝入ろうとするまさにその一瞬、ツァラトゥストラを襲った想念の数々が、内面のつぶやきとして記述されています。

フッと寝入りばなのその刹那、夢うつつの意識の中、いろいろな思いがよぎるという経験は、誰にでもあるでしょう。章の最後に、目を覚ましたツァラトゥストラが仰ぎ見たら太陽はまだ真上に懸かっていたとありますから、せいぜい数分間のまどろみだったようですが、それにしては長々と想念が浮かんでは消えていくさまが描かれています。

ごくわずかの昼寝でもストンと眠りこけて気持ちよくて、ああよく寝たと感じることがあります。その場合、時間の長さはどうでもよくなります。時計で計られる量的な時間と異なるいわゆる質的な時間において、時は止まったかのようです。ほんの一瞬が永遠のように感じられます。時間的なものを超えて、瞬間が永遠と一つになるかのようです。

この章の主題もそれです。つまり「瞬間と永遠」がテーマなのです。

およそ時間的なものを超えた「永遠」へ至る通路としての「瞬間」。これは古来、形而上学が語ってきた根本主題です。あまりに敷居の高すぎるテーマに見えるかもしれませんが、ニーチェはこの形而上学的主題を——第三部の「幻影と謎」とは別に——昼寝の一瞬のえもいわれぬ恍惚体験に即して記述しているのです。睡眠欲が満たされたときに味わう「快楽」は、誰もが身に覚えのある卑近な「幸福」でありながら、その完全形の「至福」においては「瞬間と永遠」という形而上学のテーマと別物ではない、というのです。つまり、快楽の「絶頂」においては、時間が止まっているかのごとくなのです。

「絶頂」のことを「エクスタシー」（英：ecstasy　独：Ekstase）と言いますが、これはekstasisというギリシア語に由来する由緒正しい言葉で、「脱け出ること・離脱」という意味です。「忘我・脱自・法悦・有頂天」等といろいろ訳されますが、ともかく、今ここで現に生きている生身の状態を脱け出て、何かしら別の世界に魂が遊離した「我ここにあらず」、「私はどこ？」の身心遊離状態を表わします。イデア界を垣間見たり、究極の真理を直観したり、神の啓示にじかに接したり、仏の来迎を目の当たりにしたりといった超越的体験は、哲学的、宗教的に古来さまざま語られてきました。

神が死んだ時代に形而上学もないだろうと思われるかもしれませんが、神の死を宣告したニーチェ自身が「超‐自然的（meta-physical）」な何かについて語っているのです。ただしそれが、昼寝の一瞬のささやかな永遠体験として語られるところがミソです。

ニーチェは、真昼のうたた寝のイメージを好んでいたようで、他のテクストでも生き生きと描き出しています。一八八〇年刊の箴言集『放浪者とその影』に308番として収められた珠玉の文章は、まさに「正午に」と題されています。それほど長くないので、全文訳出しておきましょう。

正午に。――活動的で嵐に満ちた生の朝をさずけられた者の魂は、生の正午になると、休憩したくなる風変わりな欲望に襲われ、それが何ヵ月も何年も続くことがある。その人の周りは急に静かになり、声が聞こえてきても遠くからであり、次第に遠ざかっていく。太陽が真上から彼をまっすぐ照らす。彼は、森の隠れた草地に大いなる牧神パンが眠っているのを見る。自然の一切の事物は、牧神とともに眠り込んでいる、永遠の表情を顔に浮かべて。――そう彼には思われる。

彼は、何一つ欲せず、何一つ気に病まず、心臓は止まり、眼だけが生きている。――それは、目を覚ましたままの死である。その人は、見たこともなかった多くのものを見る。彼が見ているかぎり、一切は、光からなる一つの網の中へ紡ぎ入れられ、いわばその内に葬られている。彼はそのとき、幸福だと感じる。だがそれは、重たい、重たい幸福である。――すると、ついに風が木々の間に捲《ま》き起こる。正午は終わった。生が、彼をふたたび引き寄せる、盲目の眼をした生が。その背後で生の従者たちがこちらに殺到してくる。願望、欺瞞、忘却、享受、破壊、無常が。かくして夕方がやって来る。朝がそうであった以上に、嵐に満ち、活動にあふれた夕方が。――真に活動的な人間にとって、認識の状態が長々と続くのは、ほとんど無気味で病的に思われるが、しかし不快というわけではない。（*Der Wanderer und sein Schatten*, Nr. 308, in: *Friedrich Nietzsche Sämtliche Werke. Kritische Studienausgabe*, Bd. 2, S. 690. 邦訳は、中島義生訳『漂泊者とその影』、『ニーチェ全集』第六巻、ちくま学芸文庫、一九九四年、四八八頁以下。氷上英廣『ニーチェの顔 他十三篇』岩波文庫、二〇一九年、一五八―一五九頁の訳文も参照）

ギリシア神話の牧神パン（ミダス王お気に入りの笛を吹く田舎の神様）の伝説に沿った形で、真昼間に山野全体が眠りに落ちる様子がイメージされています。木陰でまどろむツァラトゥストラも、なにやら牧神と化したかの如くです。

他方、この『放浪者とその影』308番の特徴は、「生の朝」、「生の正午」、生の「夕方」というふうに――スフィンクスの謎と似て――人生が一日の推移にたとえられ、生涯の前半が終わったときに「昼休み」が訪れる、とされている点です。前年の一八七九年に、三五歳で病気を理由に大学教授を辞めて、年金生活に入ったニーチェ自身の人生半ばの「休憩」を指しているようにも思えてきます。「生」が語られるからには、「死」も語られます。この場合それは、「夕方」のあとに訪れるものというより、多忙な活動的生の裏側を指しています。ですから、活動をいったん停止して認識のみに集中する状態が、「目を覚ましたままの死」と呼ばれます。

世の中で生き生きと活動する「生」から脱け出した状態は、一種の「仮死」状態です。ここでの「死」は、生の反対というメタファー以上のものではないようですが、そう考えれば、「眠り」も「仮死」の一種ですし、それどころか、時間的なものを突き抜けた「恍惚」も「仮死」の一種だ、と言うことができます。

「死ぬほど退屈」という言い方にも言葉の綾以上の、時が止まったかのように一向に進まなくて耐えがたい、という意味があるとすれば、気持ち良すぎて「死ぬ」というエクスタシー体験というのは、まさにその瞬間、「永遠」にふれることなのでしょう。

「正午」の章に戻りますと、こちらには、「死」という言葉は出てきません。しかし実質的には、ここでも「死」が語られているように思います——おそらくメタファーとして。ツァラトゥストラの次の言葉にそれがよく現われています。——「私の身に何が起こったのか。耳を澄ますがいい。時間は飛び去ったのだろうか。私は落ちてゆくのではないか。私は落ちてしまったのではないか——耳を澄ますがいい。永遠の井戸の中へ落ちたのか」（四七一頁）。ひょっとして私は死んでしまったのだろうか、というのです。

「エクスタシー」と言う場合、伝統的には、天のほうへ召されていくというイメージが濃厚ですが、ここではむしろ――「時間は飛び去った」のに対して――自分の身は地の底にまで堕ちていく、というイメージです。ストンと眠りに落ちる熟睡体験は、たしかに、「永遠の井戸の中へ落ちた」というほうがピンときますね。

その一方で、「正午」の章の最後では、天に召されるというイメージも語られます。眠りから醒めたツァラトゥストラは、「頭上の天空」に向かってこう言っています。

あなたは、この一滴の露をいつ飲み込むのか、大地の一切の事物に降り注いだこの露を？――この奇妙な魂を、いつ飲み込むのか。――

――いつになったら、永遠の泉よ、朗らかなゾッとする正午の深淵よ、あなたは、いつになったら、わが魂をふたたびあなたの中に飲み込むのか？（四七二―四七三頁）

あたかもツァラトゥストラは、天に飲み込まれることをとっくに覚悟しているのに、なかなかその日がやってこないのをじれったく思っているかのごとくです。なぜまだ私をこの地上に置いてきぼりにしているのか、早く引き上げてくれ、と言わんばかりです。

死にあこがれるこういう場面は、『ツァラトゥストラはこう言った』のあちこちに出てきます。主人公は、自分がまだ死んでいないことを不本意とし、恥ずかしく思っているようなのです。これが何を意味するか、じっくり考えてみる必要があります。なにしろツァラトゥストラの「死へのあこがれ」——第三部の「大いなるあこがれ」の章の意味するところ——は、永遠回帰思想と一体だと思われるからです。エクスタシーの瞬間から永遠へという道行きは、永遠を全面肯定する思想と無関係ではありません。

そして、永遠回帰思想との連関を示す本章の主導命題こそ、三度復唱される次の一文なのです——「世界は今まさに完全になったのではないか」(四六九、四七一、四七二頁)。

死と瞬間と永遠の関係については、しかし、現段階ではこれ以上解釈することはできません。本章で三唱されたこの文が再び復唱される、第四部最後から二番目の章「夜の放浪者の歌」を読む際に、もう一度考えてみることにしましょう。

6　「歓迎のあいさつ」と「晩餐」

私が待っていたのは、あなたがたではなかった——「歓迎のあいさつ」

「正午」の章は、ツァラトゥストラが木陰で昼寝をするという他愛もないお話のようで、じつは第四部での永遠回帰思想の展開にとって重要なステップをなすものだったことが分かりました。『ツァラトゥストラはこう言った』の中心主題は永遠回帰思想だと考えるなら、第四部でそれがどう語られているかを押さえることは、この物語全体の中で第四部をどのように意義づけたらよいかに大きく関わってきます。

そういう解釈上の大問題は措いても、第四部を読んできたわれわれとしては、もっと別の疑問が解決されないままでした。ツァラトゥストラが懸命に探してきた「高等な人間」はどこにいるのか、という疑問です。朝早く洞窟にやって来た占い師との会話で、その「高等な人間」に話が及び、しかもツァラトゥストラに聞こえてきた「助けを求めて叫ぶ声」の主がそれだということになり、ツァラトゥストラは居ても立ってもいられず、危難に遭っているらしい客人を助けなくては、と探しに出掛けたのでした。

高人捜索に出たツァラトゥストラは、山道で、二人の王を皮切りに、さまざまな人物に出会いますが、肝腎の「高等な人間」は見つかりません。くたびれて一瞬まどろんだあとも午後過ぎまで捜索を続けたツァラトゥストラでしたが、結局、甲斐なく、自分の洞窟に戻ろうとします。ところが、洞窟のすぐ近くまで来ると、突然、朝方に聞いたあの「助けを求めて叫ぶ声」を、彼はふたたび耳にします。なんと、その声は、午前中に彼が次々に出会い、ひとくさり話をしてから、そのたびに「ではまたあとで。私は、助けを求めて叫ぶ声の主を探さなければならない。あなたは、私の洞窟に先に行って、待っていてくれ」と言い残していったん別れた人物たちが、一斉に発した喚き声の集合だったのです。朝には遠くから響いてきたので、一人の人間が発した悲鳴に聞こえましたが、じつは、多くの人間たちの雑音、いや多重唱《ポリフォニー》だったというわけです。

ということは、「高等な人間」とは、単数ではなく複数であり、何のことはない、ツァラトゥストラがすでに出会ってきた奇人変人たちのことだった、ということになります。

やれやれ、とツァラトゥストラが洞窟の中に入ると、洞窟内はまさに奇人変人大集合の壮観を呈していました。本章で挙げられる順番とは異なりますが、分かりやすいように、第四部前半で出てきた順に並べると、こうなります。人間だけでなく、動物たちも平等に一キャラクターとして数えましょう。太字で示します。括弧内は登場した章です。

1 **鷲**（「蜜の捧げ物」）、2 **蛇**（同上）、3 **占い師**（「助けを求めて叫ぶ声」）、4 **右側の王**（「王たちとの対話」）、5 **左側の王**（同上）、6 **ロバ**（同上）、7 **知的良心の保持者**（「ヒル」）、8 **魔術師**（「魔術師」）、9 **最後の法王**（「失業」）、10 **最も醜い人間**（「最も醜い人間」）、11 **進んで乞食になった人**（「進んで乞食になった人」）、12 **影**（「影」）、13 **ツァラトゥストラ**（「正午」）。

物語の主人公ツァラトゥストラは最初から出てくるので、「蜜の捧げ物」の章の登場人物としてもいいのですが、トリを務める形で前半最後に自己内対話の相手として登場、としてみました。こう並べてみて分かることは、12＋1＝13という数です。福音書のイエス組が、一二の弟子（使徒）プラス主イエス、の合わせて一三人衆というのと同じです。

ニーチェのうちにキリスト教批判のモティーフばかり見出して強調するのが一面的なのは、聖書の世界をたんにパロディー化してあしらうだけではなく、あえて本歌取りして積極的に活かしていく、という面が『ツァラトゥストラはこう言った』には強く見られることからも言えることなのです（一三というのは、大学のゼミ等で議論するのにちょうどいい人数です。個性あふれる者たちが内容の濃い会話を交わすのに、聞き役も含めて、適正規模です）。

登場人物はいずれも、ツァラトゥストラの分身だと解釈してきましたので、それぞれの分野とテーマの割り振りを、大雑把にまとめておきますと、こんな感じでしょうか。

Ⅰ　占い師：「哲学」――ペシミズムという古来の知恵、同情
Ⅱ　王たち：「政治」――近代平等主義の隘路①、戦争
Ⅲ　知的良心の保持者：「学問」――個別科学の細分化、知的良心
Ⅳ　魔術師：「芸術」――近代における芸術家の末路、偉大さ
Ⅴ　最後の法王：「宗教」――近代における信仰の末路、敬虔
Ⅵ　最も醜い人間：「近代的自我」――内面性の肥大化、羞恥
Ⅶ　進んで乞食になった人：「慈善」――近代平等主義の隘路②、貧しさ
Ⅷ　影：「懐疑」――近代における批判精神の末路、真理

やはり、こう並べてみると分かるように、どのキャラクターが体現している問題も、ツァラトゥストラにとって他人事とは思えない面があります。近代というおかしな時代に、おかしくならないほうが不思議なくらいで、むしろ、いかれてしまうほうがまともだ、とすら言えます。そういう意味で、彼らはやはり「高等な人間」なのです。ですから、ツァラトゥストラは客人たちに一定の敬意を抱いています。

ただし、ツァラトゥストラは「歓迎のあいさつ」で、ひどい言い方をし始めます。最初のあいさつ

では、私がはしゃいでいるのは、絶望した人間を嬉しがらせるのはお手のものだからだ、と言い放ちます。とくに二番目のホストスピーチで、「私がこの山中で待っていたのは、あなたがたではなかった」（四七九、四八一頁）と言い切っているところは、その「正直」ぶりにびっくりです。あんたらはお呼びではない、と言っているに等しいのですから。

無礼講の始まり――「晩餐」

歓迎のあいさつのはずが、私が待っているのは「別の者たち」（四八一頁）だと、ツァラトゥストラは自分で招き入れた客人たち相手に、言い放っていました。では、彼が待っている「もっと高等な」者たち（四八二頁）とは、いったい何者なのでしょうか。

ツァラトゥストラの口ぶりからすると、彼は、自分の後継者となる「私の子どもたち」（同頁）を待っているようです。至福の島で教えた弟子たちが大きく成長して「私の遺産と名前を受け継ぐ者たち」（四八一頁）になってくれることを、ツァラトゥストラは夢見ています。彼らは「笑うライオンたち」（四八二頁）だとも予告されています。

すでに第三部でツァラトゥストラは、自分は山を下りる時を待っているとし、「笑うライオンが、ハトの群れを従えてやって来るのが、そのしるしとなる」（三三〇頁）と言っていました。驚くべきことに、第四部最後の章「しるし」ではまさにその通りの展開となります。といっても、それで物語は幕を閉じ、謎は解けないまま終わるのですが。

ともあれ、「子どもたち」へのツァラトゥストラの思い入れは相当なものです。「助けを求めて叫ぶ声」の章で、占い師と話をしていて気が沈みそうになったときも、「至福の島」が話題にのぼるや（四一一頁）、そこに残した弟子たちのことを思い出し、急に元気を取り戻したほどです。「歓迎のあいさつ」の章でも、スピーチの途中で弟子たちに思いを馳せて、客のことなどすっかり忘れ、感動のあまり陶然と立ち尽くすほどでした。これまたホストとしては無礼な態度だと言われても仕方ありません。

その機をとらえて発言するのが、「老いた占い師」（四八二頁）です。

この老人、第四部早々の登場場面では「大いなる疲労の告知者」と呼ばれ、また一同が洞窟に集まっているのを指折り数えられるときには「悲しげな占い師」（四七四頁）と形容されていました。ここではむしろ、笑いをとって座をなごます役回りを演じます。

第二部の「占い師」の章でツァラトゥストラは、不調から快復したあと、弟子たちに、ではここは景気づけに、占い師を宴会に招いて「飲み食いをさせて」（二三〇頁）喜ばせてやろう、と言っていました。「助けを求めて叫ぶ声」の章でもツァラトゥストラは、今日も飲み食いしてくれと切り出すのみならず、占い師を「熊」呼ばわりし、蜜をなめ尽くしても結構だと言っていました。そう、この老人は、食いしん坊なのです。

「歓迎のあいさつ」が長引くうえに、ツァラトゥストラは愛弟子たちのことを思って、心ここにあらずといった調子で、宴会が一向に始まらないことにしびれを切らした占い師は、「ご主人さんよ、いつになったら飲み食いさせてくれるのか。私は朝からずっと待っているのに」とぼやくのです。占い師が折り紙付きの大食漢かつ呑兵衛であることは、鷲と蛇も先刻ご承知で、ツァラトゥストラ一人の食料調達ならともかく、占い師のでかい胃袋まではとても賄《まかな》いきれないと、すごすご逃げ出すほどです。

乾杯前のスピーチが長引き、なかなか宴会が始まらず参加者一同イライラというのは、よくある光景です。ましてやここは山中の洞窟、夕食の準備もまだできていません。喉は渇くし、空きっ腹の客が「他はさしおいても一事が必要」（四八三頁）と主張するのはもっともです。「正午」の章では、睡眠欲が喉の渇きに優っていましたが（四六八頁）、ここは、さしずめ「花より団子」つまり「賢者の説教よりご馳走と美酒」といったところです。

それにしても、どうやって宴会の準備をするのだろうか、と読者としては気を揉みますが、左側の王の発言から、ロバに運ばせていた荷物には、ワインがたっぷり積まれていたことが判明します。また、ツァラトゥストラは子羊を二匹提供し、そのほか山の幸もあるとのことで、さあ、全員で食事の支度をしよう、ということになります。

こりゃなかなかのご馳走だと、一同料理に取りかかりますが、菜食主義者の進んで乞食になった人が一人憤慨して、清貧を讃えたはずのツァラトゥストラがグルメだとは知らなかった、幻滅したと言い出します。食事の好みをめぐる、いかにもありそうないざこざです。ツァラトゥストラは、各自が好きなように飲み食いすればよい、強制はしない、と話の分かるところを見せます。ついでに、美女もどこからか奪って連れてこようか、と言い出すあたりは、謹厳実直な現代人の好みには合わないかもしれません。

この章は、そんな他愛のない無礼講の始まりを描いているだけに見えますが、ニーチェのことですから、それなりに仕掛けをめぐらせています。「晩餐」という設定からして、福音書でのイエスと弟子たちとの「最後の晩餐」のパロディーという面があります。ユダの裏切りが予告される緊迫した場面で有名です。イエスはパンとワインを自分の肉と血だと弟子たちに説明し、これがキリスト教の聖餐の起源ともなります。子羊を犠牲に捧げるというアイテム一つとってもそうですが、ニーチェは厳粛な「最後の晩餐」を匂わせては、一笑に付そうとします。人はパンのみにて生きるにあらず、とくれば、「神の口から出る一つ一つの言葉によって生きる」と続くはずですが、そこを、「上等な子羊の肉によっても生きる」(四八四頁)と続けるツァラトゥストラのセリフは、なかなか笑えます。

しかしここで、ニーチェのキリスト教への皮肉を見出して安心するのは、早すぎます。一三人衆が夕食をとる設定がそっくりだからと言って、「最後の晩餐」だけが種本というわけではありません。もう一つ、古来有名な晩餐があります。プラトンの『饗宴』です。

『饗宴』の原題はギリシア語で symposion つまり symposium です。「シンポジウム」の起源は、仲間が夕方に集まり、酒を飲みご馳走を食べながら、自分の考えを自由闊達に語り合う「宴会」にあったのです。今日でも学会等でシンポジウムが開かれたあと、「懇親会」と称する飲み会がありますが、これはオマケでも何でもなく、その催しの中でいちばん肝腎な部分なのです(宴会抜きのオンライン会議を「シンポジウム」と呼んでよいかは疑問です)。

プラトンの傑作『饗宴』のテーマは、erōs つまり「恋」、もっと言えば「性愛」です。六人の宴会参加者が思い思いにエロースを讃えるスピーチを披露します。トリを務めるソクラテスは、自説というより、ディオティマという名の謎の女性から教わったというエロース道を語り始め、最終的には、究極のエロースの的である永遠の「美そのもの」との合一の法悦を説きます。饗宴が最高潮に達したその夜更け、美青年アルキビアデスが酔っ払って乱入し、場面は急変、恋のお相手ソクラテスについて滔々と語り始めます。

『ツァラトゥストラはこう言った』第三部のフィナーレで、主人公が永遠との合一を果たしたあと、第四部で場面が変わって、別の角度から永遠との合一について語り直されるのは、『饗宴』終盤のこの場面転換になぞらえられてよいのです。『ツァラトゥストラはこう言った』の全体が、『饗宴』の本歌取りと言えるほどです。ニーチェが第四部を宴会中心に設定しているのは、プラトンの名作へのオマージュだと思われてなりません。

ニーチェは西洋哲学の総体を批判したことで有名です。その批判の苛烈さたるや、キリスト教批判の激しさに劣らないほどです。ニーチェを「反キリスト者」であるとともに「反哲学者」と見る向きもありますが、ニーチェにとって、キリスト教が葬り去るべき遺物にとどまらず、絶えざる霊感の源泉であったのと同じく、プラトン以来の哲学史は、たんに克服すべき遺風ではなく、摂取と対決の相手であり続けました。とりわけ元祖プラトンへの思い入れには並々ならぬものがあり、その片鱗は『ツァラトゥストラはこう言った』の随所に窺えます。宴もたけなわとなり、登場人物たちが思い思いに語り、歌を披露するという第四部後半の筋立ても、プラトンの徒が尻尾を出しているのです。

「最後の晩餐」との符合に気を奪われて、そこに「シンポジウム」の本来形が描かれていることに気づかないのは、あまりにもったいない読み方だと思います。

7 「高等な人間」

ツァラトゥストラのおもてなし

学会シンポジウムに「基調講演」があるのと同じく、第四部後半の中心の一つは、本章の「高等な人間」についてのツァラトゥストラの講話です。同時にそれは、ツァラトゥストラの教説のまとめでもあります。第三部半ば過ぎにも、それまでを振り返る梗概的性格の強い長大な章「新旧の石板」があり、やはり短めの節が数多く並んでいました。

「新旧の石板」と同じく、この「高等な人間」の章は、ツァラトゥストラ箴言集と言うべきアフォリズム集成の感があります。統一した主題が一貫して論じられるというより、本書でこれまでに語られてきたことが走馬灯のように浮かび上がり、ツァラトゥストラの教説が箴言体で反復されます。音楽でよく使われる「リプライズ」の手法です。第四部は全体として、「反芻」方式をとっています。とりわけ顕著なのは、「夜の放浪者の歌」の章です。永遠回帰思想が繰り返し語られるのは、事柄からしても当然かもしれません。

まず、「高等な人間」の章の出だしのほうから見ていきましょう。

第1節では、第一部の「序説」での出来事が回想されます。主人公は山を下りて、市場に出ていき、民衆に語りかけますが、民衆は誰も聞く耳をもちません。ツァラトゥストラの最初の説教は失敗に終わるのです。その市場で曲芸を披露した綱渡り師が墜落死し、ツァラトゥストラはその死体を背負って夜道を歩いていきます。森の奥まで行って葬ったあと、寝入って翌朝目を覚ましたツァラトゥストラが、考えを改め、今後は民衆にではなく聞く耳のある少数者に語ることにしようと決意する、という話でした。

その話がここでは、あれは平等主義の問題提起だったと反芻されています。市場に集まった「賤民」が「われわれはみな平等だ」(四八七頁)と訳知り顔にまばたきして言うのだと。

ただしこれは、「序説」とは少しズレています。たしかに「序説」でも平等は問題とされていました——「牧人はいない。いるのは畜群だけだ。誰もが平等であろうとし、誰もがじっさい平等だ。そう感じない人は、進んで精神病院に入る」(三〇頁)。しかしこれは、ツァラトゥストラが「最後の人間(der letzte Mensch)」を描写するなかで出てきたセリフです。「最後の人間」とは、神が死んで、自己満足して堕ちて行く「人類の末路」をイメージさせる類型です。

その「最後の人間」の代わりに、本章では「賤民」という言葉が使われ、今日では賤民が「われわれはみな平等だ」と言い合っているとされます。この「賤民」のあり方を批判するためにここで活用されるイメージが、「高等な人間(der höhere Mensch)」なのです。つまりそれは、万人平等説に対するアンチテーゼとして打ち出されているのです。

第1節最後から第2節にかけて出てくるさらなる重要主題が、「神は死んだ」です。こちらも、「ツァラトゥストラの序説」以来のものです。これとセットをなすのが「超人」だという点も同じです。しかし、やはりここにも違いが見られます。「序説」では、神の死のあとで「最後の人間」がわが世を謳歌するという話でしたが、ここ第四部では、神が死んで、それとともに「神の前での平等」も意味をなさなくなり、だからこそ「高等な人間」が台頭してしかるべきなのだ、という話になっています。あくまで万人平等主義とのコントラストにおいて語られるのが、「高等な人間」というタイプなのです。

神が死んだ時代だからこそ、「高等な人間」がクローズアップされてくる、というヴィジョンを明確に語っているのが、第2節の第二段落です。

> 神が墓に横たわって以来、あなたがたはようやく復活したのだ。今やはじめて、大いなる正午がやって来る。今やはじめて、高等な人間が――主人になるのだ。（四八八頁）

ここだけ読むと、「高等な人間」の時代がやって来たのだ、と宣言しているかに見えます。しかし、じつは「高等な人間」は、次にやって来るべきものの前触れ、もしくは露払いにすぎないことが分かります。つまり「神の死」の次に本来やって来るべきは、「超人」なのです。ですからツァラトゥストラはこう語るのです。「神は死んだ。今やわれわれは欲する――超人が生まれることを」（同頁）。

「人間の未来」を担うのは、あくまで「超人」であって、「高等な人間」とはそのための捨て駒のようなものなのです。人間とはいずれにしろ「克服されるべきもの」なのであり、それは「賤民」であろうと「最後の人間」であろうと、あるいは第3節に出てくる「ちっぽけな人間」であろうと、変わりありません。ただし、「高等な人間」には、それらのタイプとは異なる、美点というべきものがあり、それが彼らをして「高等」たらしめるのです。それは、高等な人間がみな「絶望している」という点です。

上で引用した通り、神が死んで、今や主人となるべきは、「高等な人間」のはずでした。ところが実際は、第3節で確認されている通り、「今日では、ちっぽけな人間どもが主人になってしまった」（四八九頁）。その「ちっぽけな人間」の取り柄、小人の徳は、「屈従（Ergebung）」です。「従順さ」とも訳したこの「卑小にする徳」は、「謙遜」、「利口」、「勤勉」、「気配り」といった一連の「奴隷根性」（同頁）の代表です。今日、学校や大学でしきりに教え込まれているのも、この「従順さ」です。言うことを聞く、反抗しない、批判もしない、波風は立てない、空気を読んで、世の趨勢に従う、という悟りすました境地のことです。

そのような従順さを取り柄とするちっぽけな人間にとって、もっぱら気がかりの種は、「どうしたら人間を維持できるだろうか」（同頁）ということです。人間はみな平等という大原則のもとでは、人間にランクの違いを置くことは問題となりえず、せいぜい現状維持が目標となるだけです。そういう横並びの趨勢と異なるのが、「高等な人間」なのです。

万人平等主義の時代に上流階級を装うという欺瞞に耐えられなくなって逃げ出してきた王たちにしろ、貧しい下層階級を救おうと進んで乞食になったのに「上を向いても賤民、下を向いても賤民！」と叫ばずにはいられなくなった慈善家にしろ、みな平等主義の支配する世の中からはじき出された落伍者であり、その社会不適合性ゆえに、彼らは「高等な人間」と呼ばれるのです。賤民の支配する社会に従順に従うことを拒否し、自分で自分を追い込んで生きづらくなって、絶望しているからこそ、彼らは少なくともその分「まとも」なのです。ツァラトゥストラは第3節の最後ではっきりそう言っています。

> 屈従するよりはむしろ、絶望するがいい。そう、私があなたがたを愛するのは、あなたがた、高等な人間が、今の世の中に生きることを心得ていないからだ。つまり、あなたがたの生き方こそ——最善だからだ！（四九〇頁）

ここで「最善（am Besten）」（最優秀《ベスト》）と言われているのは、「貴族的」という意です。先にふれた通り、「貴族制（aristocracy）」は、ギリシア語aristokratiaに由来し、「最も優れた者たち（aristoi）」による「支配（kratia）」という意味です。実態は零落しうらぶれていても、精神的には高貴さをなお宿している、さしずめドン・キホーテ的没落貴族のタイプが、「高等な人間」なのです。その点は、ツアラトゥストラとしても評価するところです。

往年の貴族階級のような精神性は、賤民が支配する時代には破滅を余儀なくされます。第4節では「勇気」という古風な徳が、典型として挙げられます。第8節では「正直」の徳が、賤民の「ニセモノ」や「ウソ」と対比されます。このように、「高等な人間」をその破滅傾向ゆえに評価するのが、ツァラトゥストラのおもてなしの流儀です。

ところで、箴言断片集の趣のある「高等な人間」の章にも、それなりに話の流れはあります。このいわばシンポジウム基調講話は、「ツァラトゥストラの序説」のおさらいから始まり、続いてツァラトゥストラの教えのあらましを確認していきます。そのリプライズのうえでの参照項とされるのが、「高等な人間」という破滅派のタイプなのです。

神が死んだ時代に依然としてのさばっている「賤民」が、「屈従」もしくは「従順」の徳を後生大事にしているのに対して、彼らの万人平等主義から浮いてしまって「絶望」しているのが、「高等な人間」です。そういう「選り抜き《エリート》」たちを相手に、ツァラトゥストラは、いかに生きるべきかを語ります。その教えは相当危険で、そうでなくても生きづらい高等な人間たちを、いっそう破滅に追い込むかのようです。しかしツァラトゥストラは容赦しません。同情をかけるのは相手に失礼だ、という自説そのままに、目の前にいる絶望した者たちに向かって、喜んで滅びよ、とあっけらかんと説いています。そして、それがツァラトゥストラのおもてなしの流儀なのです。

破滅のすすめ、高笑いの学び

では、その破滅のすすめを、最初からもう一度順に見ていきましょう。

第1節では、賤民のいる市場から立ち去りなさい、とすすめています。ただし、高等な人間には、そんなことはもう分かり切っていて、だからこそツァラトゥストラのところにやってきているのです。つまり、このすすめは序の口です。

第2節では、神が死んだ今、あなたがた高等な人間が主人になるのだ、と言っています。これは逆に、彼らには身に覚えがないので、「驚愕」し「めまい」(四八八頁)を覚えています。それもそのはずで、神の死後、真に目指されるべきは「超人」です。ですからじつは、あなたがたは未来の超人のために滅びる運命にある、と言っていることになります。

第3節では、「屈従するよりはむしろ、絶望するがいい」（四九〇頁）とすすめています。絶望してツァラトゥストラのところにやって来た高等な人間たちですが、彼らが絶望から救われることはありません。絶望しているからこそ、ツァラトゥストラに評価されるのです。賤民が主人となり、屈従を強いてくる世の中になじめず、突っ張って生きることに耐えられなくなり、それがもとで壊れかかっていることが、高等な人間の取り柄なのです。そして、その症状が「吐き気」（四八九頁）です。彼らに同情をかけて、絶望を取り去ってあげることは、彼らの取り柄を奪うことであり、本人のためになりません。それに問題そのものは、誤魔化され隠蔽されるだけで、そっくり残ります。だから、このさい馬鹿正直に絶望すればよいのだ——という理屈で、ツァラトゥストラは高等な人間の絶望をそっくり肯定するのです。これが、ツァラトゥストラなりの客人歓待精神です。

第4節は、「勇気」のすすめです。ここには、これからツァラトゥストラが語ろうとしていることは、語るほうのみならず、聞くほうも勇気が要る、というまえおき、もしくは注意喚起という意味もありそうです。その一方で、「勇ましいといえるのは、恐怖を知りつつも恐怖を抑える者だ」（四九〇頁）とあるのは、古典的勇気論と別物ではありません。

第5節は、すすめというよりは、「悪」についてのツァラトゥストラの見解が示されています。善と悪とは反対のものではなく、「悪こそは人間の最善の力」、「最悪のものは、超人の最善のもののために必要」、「大いなる罪は大いなる慰め」（四九一頁）と、とにかく現代人の道徳感情を逆撫でするようなことが言われています。「最高の賢者たち」つまり古今の哲学者たちの学説や、「ちっぽけな人たちに説教したあの男」（同頁）つまりイエスの教えとは、相容れないかのようですが、「悪」の存在に積極的意味を見出そうとする考え方は、じつは哲学にもキリスト教にもあります。以前ふれた「オプティミズム」つまり世界最善観です。ツァラトゥストラの教えがこれに接近していることは、第三部ですでに明らかとなっていました。オプティミズムは「ペシミズム」つまり世界最悪観と正反対の考えですが、ツァラトゥストラは、占い師が体現しているような厭世主義を原点としつつ、最終的には楽天主義に行き着き、それが永遠回帰や運命愛という全的肯定の思想によって表現されるのです。積極思考の極致であるツァラトゥストラのオプティミズムからすれば、高等な人間が破滅することも、何ら悪しきことではなく、善きことなのです。

第6節は、前節を受けたうえでの「破滅」のすすめ再説です。高等な人間や、優秀な人間が、ますます「破滅しなければならない」のであり、「ますます生きにくく、生きづらくならなければならない」。「そうであってこそ、人間は、稲妻に打たれて砕け散る、あの高みにまで生長してゆくのだ。稲妻に打たれるほど十分に高く！」（四九二頁）超人がいつか地上に出現するために、その先駆けとなる者たちは滅びよ、そしてそれがあなたがたの本望というものだ、というのです。

第7節では、前節での「稲妻」のたとえが持ち越されて、いっそう過激なことが言われています。「私は、今の世の人たちを照らす光でありたくはない。光と呼ばれたくはない。彼らの目を――私はくらませてやりたいのだ。私の知恵の稲妻よ、彼らの目を突き刺して、失明させてやれ」（四九三頁）。ほとんど偽悪趣味になりかかっているこの「知的テロリズム」に付いていける「勇気」ある人は、少数でしょう。ただし、激越な物言いには、目つぶしや目くらましといったショック療法的効用がある、ということなら理解できます。

第8節では、勇気とともに、ツァラトゥストラにとって大事な徳目が、その反対の悪徳に対して際立たせられます。つまり「正直」のすすめです。賤民が「ウソばかりつく」のに対して、高等な人間は「まっすぐで正直」（四九四頁）であるがゆえに賤民の時代には破滅するけれども、それでよいのだというのです。

第9節は、この正直のすすめの続きです。もっと踏み込んで、ウソいつわりならぬ「真理」の探究のすすめ、と言ってもいいかもしれません。しかし、一筋縄では行きません。というのも、「あなたがたが根本に据えている理由は隠しておいたほうがいい」（同頁）とか、「ウソをつけない無力さは、真理への愛には程遠い」とか、「ウソもつけない者には、真理の何たるかは分からない」（四九五頁）とか、一見、正直のすすめとは反対のことが言われているからです。しかし、よくよく考えると、それら一つ一つがすでに箴言であり、考え抜かれた洞察だということが分かります。ウソとマコトにもいろいろなレベルがあり、その機微を弁《わきま》えずに「ウソをつかないと自慢」している「学者」的単細胞は、真理の友とは到底言えないというのです。なかでも味わい深いのは、次のアフォリズムです――「市場で真理が勝利を収めるようなことがあったら、よくよく疑って、自問してみることだ。「どんな強力な誤謬が真理の助太刀をしてくれたのかな」と」（四九四頁）。――たとえば、ニーチェ翻案集がベストセラーになったり、「神は死んだ」が現代人の一般常識と化したりすることなども、よくよく疑ってみたほうがいいでしょう。

第10節は、真理を探究するうえでのいましめの続きです。つまり、他人の知恵にあやかって真理を摑んだと思うな、自分で考えよ、という自立的思考のすすめです。「他人の背中や頭」や「馬」（四九五頁）と言われているものには、当然、哲学者や哲学書も含まれます。しかしだとすれば、ここには自己矛盾もしくは罠があります。ニーチェが考え書いたものをわれわれは今まさに読んで、それで分かったつもりになっているのですから。

第11節からは、高等な人間が「あなたがた、創造者」（同頁）と呼びかけられます。すすめやいましめのトピックがあれこれ出てきて、第一部の諸章を髣髴《ほうふつ》させます。第11節では、隣人愛批判と自愛（利己心）の肯定、そして自分の――「子ども」と言われている――「仕事」への愛。**第12節**では、創造者の産みの苦しみと汚れ。**第13節**では、禁欲主義（聖者、純潔、孤独）と、その世代的規定性。「修道院」が「監獄兼避難所」（四九八頁）とは言い得て妙です。

第14節からは、「笑い」という重要なテーマが出てきて、これは最後の第20節まで続きます。とくに第14節と第15節では、高等な人間が出来損ないの「失敗作」だという救いのなさからこみ上げてくる「笑い」の質が問題になります。たとえば、第14節の最後は、こうなっています。

それに、あなたがたが大きなことに失敗したとしても、だからといって、あなたがた自身が――失敗だったのだろうか。それに、あなたがた自身は失敗だったとして、だからといって――人間が失敗だったのだろうか。では、人間が失敗だったとして――それもよし、それで結構だ。（四九九頁）

ニーチェは最後まで言わないでわざと言葉を濁し、読者に考えさせるという手法をとることがありますが、ここもそのケースです。おしまいの「では、人間が失敗だったとして――それもよし、それで結構だ」の「――」には、こう補えるでしょう。「だからといってこの世そのものが失敗だったのだろうか」。ペシミズム（世界最悪観）からオプティミズム（世界最善観）への転換をもたらすのは、とことん考えた末の「笑い」なのです。

そして、この笑いの質は、とくに**第15節**では、「自分自身を笑うことを学ぶことだ」（同頁）という、自嘲のすすめの形をとります。自嘲が自虐でこそあれ必ずしも自卑ではなくむしろ自尊と一体でありうるのは、第3節に出てきていた「大いなる軽蔑者は、大いなる尊敬者だ」（四八九頁）という「自己軽蔑＝自己尊敬」論とも重なってきます。もう一つ、第15節で注目すべきは、「小さくて上等で完全な物事」（五〇〇頁）という、いわばプチ・オプティミズムの可能性が示唆されている点です。この「小さな完全性」の考え方は、卑小さを難ずるツァラトゥストラには似合わないようにも見えますが、他方では、「正午」の章に出てきた「世界は今まさに完全になったのではないか」という気になるリフレインに通ずるものがあります。「瞬間」とは「小さな完全性」にほかなりません。

第16節では、笑いの観点からキリスト教が批判されます。「この世で笑っている人びとはわざわいだ」（同頁）と説いたイエスは、笑いに乏しく、総じてキリスト教の愛の教えは、クソまじめで偏狭だ、と言われています。本当でしょうか。エルサレムに入城したさいロバに乗ってひょうきんに現われたように、福音書の描くイエスには笑いのエピソードが満載であり、謹厳居士ドイツ人に笑いがないと言われる筋合いはありません。むしろ問題は、自由児イエスの遊び心を封じ込めてきた厳粛主義的伝統にあるように思います。

ともあれ、第16節の最後に出てくる、本章で重要なもう一つの教えが、「踊ること」です。第17節からは、笑いのすすめと一体のダンスのすすめが全開となり、それに応じて、ツァラトゥストラは語るというより、歌っています。

第17節では、踊る、走る、飛ぶ、舞う、逆立ちする、といった自由精神の境地が、立像や石柱の硬直ぶりや、沼地の泥の鈍重さと対比的に描かれます。

第18節では、笑いと踊りの神聖さと王者性が強調されます。

第19節では、第17節に出てきた「逆立ち」のすすめが繰り返されます。ゾウの逆立ちのように、重苦しいものが踊り、舞うことは、不恰好さゆえに笑いを誘うという効用があります。ここでツァラトゥストラが「私の知恵」と言っているのは、まさしくオプティミズムです——「最悪のものにも、二つくらいは良い裏側がある」（五〇三頁）。

第20節では、踊り、舞い、笑う、自由精神が、「風」や「嵐」（五〇四頁）にたとえられます。その最高の境地は、「自分自身を超えて笑うこと」（五〇五頁）だとされて、章全体が締めくくられます。ではその「自分自身を超えて笑うこと」とは、どのような高笑いなのか。その「いきで奔放な精神」（五〇四頁）の秘密は、訊くだけ野暮かもしれません。しかしそこをあえて憶測すれば、それは、破滅しゆく者が、まさに破滅しようとするときの哄笑ではないでしょうか。ここにはツァラトゥストラの最期が暗示されているのかもしれないのです。ニーチェ自身の壮絶な破滅すら予告されていたかに思えてくるから、不思議です。

8 「憂鬱の歌」、「学問」、「砂漠の娘たちのもとで」

詩人哲学者の自省ふたたび――「憂鬱の歌」

シンポジウム基調講話を終え、ホストとしての役目を一応果たしたツァラトゥストラは、客人たちの密集する会場をいったん去り、外気に当たろうとして洞窟の外に逃れます。そして、一足先に脱出していた鷲と蛇を呼び寄せ、三者は仲睦まじく、しばし寄り添います。仲のよい家族、いや恋人どうしがじっと黙って身を寄せ合っているといった風情です。

主人がいなくなった晩餐会は、無礼講の様子を本格的に呈してきます。さあ、老魔術師の出番です。しめしめ出て行ったな、ツァラトゥストラがいないとなれば好き勝手にさせてもらうぞと、他の客人相手に、愛用のハープで歌を一曲披露します。

その魔術師の前口上で、「私の悪霊」とか「私の憂鬱な悪魔」とか「魔法の悪魔」とか言われているのは、どんな魔物でしょうか。「ツァラトゥストラの根っからの敵対者」（五〇七頁）とも言われているので、第一部以来、主人公に疫病神のように付きまとってきた「重さの地霊」のことだと思われます。変幻自在で、「この世の主」（一七九頁）と言われたり、「半ば小びと、半ばモグラ」（二六〇頁）になったりと忙しいですが、ここでは、「夕暮れの悪魔」（五〇七頁）、「夕暮れの憂鬱の霊」（五〇八頁）とも言われていることから、夕方になると疲れてふと襲われるような「憂鬱な気分」のことを指しているようです。

夕暮れになって、けだるくやるせなくなり、塞《ふさ》ぎの虫に取り憑かれ、不思議と歌心が頭をもたげてきて、お気に入りの悲歌《エレジー》を歌いたくなる——要するにそれだけのことなのですが、老魔術師は筋金入りの役者、「俳優」ですから、大げさにも、こんなまえおきから始めています。「おや、そいつがさっそく私に襲いかかり、私を無理強いし始めた」（五〇七頁）。「そいつは発情して、裸で近づいてくる。男だか女だか私にはまだ分からない。しかし近づいてきて、私を無理強いする」（五〇八頁）。この性暴力的な場面描写は、「魔術師」の章で歌われた真夜中の秘事と似て、なかなかエロティックです。とはいえ、ここでも老人のセリフなので、色っぽいというよりは、気色悪いのですが。

本章の第3節はそっくり、その魔術師の「憂鬱の歌」から成ります。「魔術師」の章で歌われた恋歌ほどではありませんが、それなりの長さです。「魔術師」の章の無題歌が、「ディオニュソス讃歌」詩集では「アリアドネーの嘆き」という題名を持っていたのに対して、この「憂鬱の歌」は、「ディオニュソス讃歌」では「道化にすぎない！　詩人にすぎない！」と題され、詩集の最初を飾っています。つまり、これまた代表歌です。

この歌は、第一連でまず場面設定を行なっています。ある日の夕方、「熱き心」（同頁）——内に秘めた燃えさかる情熱が、「おまえ」と二人称で呼ばれます——と自己内対話をしながら小道を歩いていると、「意地悪な夕日のきらめき」、「まばゆい夕焼けのきらめき」（五〇九頁）が、私を嘲ってずけずけ言ってきた、というのです。その「夕日のきらめき」の嘲りの言葉が、詩の本体をなしています。最後から二番目の詩連でふたたび場面描写となり、夕刻はとうに過ぎて、三日月が夜闇の空をゆっくり動いていく月夜の情景が描写されます。

不粋かもしれませんが、この詩の言わんとするところを手っ取り早く理解するためには、最終連に注目するのが近道でしょう。「熱き心」に「おまえ」と呼びかけている「私自身」が、自分に取り憑いた「憂鬱」の何たるかを解き明かしています。

そのように、かつて私自身も
真理を求める狂気に駆られて、
昼を求めるあこがれに駆られて、
昼に疲れ、光を浴びて病気になり、
――下方に、夕暮れのほうに、影のほうに沈んでいった。
一個の真理によって
身を焼かれ、渇きをおぼえて。
――まだ憶えているか、熱き心よ、憶えているか、
そのときおまえが、どんなに渇望していたかを――
私がありとあらゆる真理から
追放されてしまえばいいのに、と。
道化にすぎない！

詩人にすぎない！（五一四頁）

「夕日のきらめき」の言葉にも出てくる「道化にすぎない！　詩人にすぎない！」というセリフが、ここでは「熱き心」が私に突きつける言葉（もしくは私が私自身に突きつける自省自嘲）として再登場し、それによってこの歌全体が閉じられます。しかも、「ディオニュソス讃歌」では、それがタイトルに採用されています。

夕日のきらめきは、「真理の求婚者だって？　おまえが？」と、最初から何度もしつこく尋ねてきます。最終連では、その「真理の求婚者」つまり哲学者が、「真理を求める狂気に駆られて」ついに病気になり、自暴自棄に陥って、いっそのこと一切の真理から追放されたい、という倒錯した願望を抱くようになった、というのです。

哲学者が真理を必死に求めてもいつも空振りで、せいぜい言葉の綾――「七色の虹の架け橋」（五一〇頁）つまりメタファー――でウソいつわりを並べ立てるのが関の山だと、焦燥感にたえず苛《さいな》まれ、次第に狂人じみてくる鬼気迫る様子が、ここではそれ自体、詩的に、幻想的に、叙述されています。魔術師の十八番は、詩人哲学者の自省のエレジーなのです。

学問の始まりは、恐怖か勇気か――「学問」

魔術師は、鬼の居ぬ間の洗濯というわけで、ツァラトゥストラが洞窟の外に出て行った合間に、俳優の本性を現わし、切々たるメランコリーソングを披露しました。ツァラトゥストラが聴いたらどう反応したかは、想像に難くありません。しかし、高等な人間たちは揃ってウットリ聴き惚れます。

　これを、どいつもこいつもロバの耳だと片付けるわけにはいきません。第四部前半の「魔術師」の章では、ツァラトゥストラでさえ老獪《ろうかい》な演技派のワナにはまって、つい同情したほどの、迫真の演技と熱唱でした。プロの歌唱力を見せつけたという以外に、歌詞の内容が「詩人哲学者の自省」ですから、ツァラトゥストラとしても、彼の心服者たる高等な人間たちとしても、心奪われるものがあるのです。「道化にすぎない！　詩人にすぎない！」と自嘲しながらも、真理探究の貪欲さを、獲物を狙って仕留める「豹《ひょう》」（五一二頁）や「鷲」（五一三頁）のたとえでイメージ豊かに描いてみせるあたり、堂に入っています。

　高等な人間はそれぞれ、ツァラトゥストラの内面が具象化されたキャラクターであり、一人一人があなどれないレベルの高さをもっています。ツァラトゥストラ自身だって一杯食わされるほどです。エリートの集まるこの無礼講は油断がならず、緊張感があります。客人たち同士の間にも、対抗意識が張りつめています。

　魔術師の魔法に一同まんまと引っかかったなかで、一人だけその術中から逃れた者がいました。「知的良心の保持者」です。野暮な学者バカには、いきな歌は分からなくても仕方ない、と魔術師は軽くいなそうとしますが、専門研究者魂の権化には、「真理」を軽々しく口にする魔術師が許せない様子で、猛烈に食ってかかります。

　その中に、注目に値する次の言葉が出てきます。「あんたは、純潔を讃えることでひそかに情欲をかき立てる者たちに似ている！」（五一五頁）「純潔」道徳批判は、第一部の同名の章にありました。そこでも言われていたことですが、禁欲主義は欲望を否定しているかに見えて、じつは、ひそかに欲望を煽り、みだらにかき立てるのだというのです。

性欲を罪悪視するキリスト教道徳が深いところで情欲を煽ってきたように、その世俗版の近代市民道徳にも、欲望の抑圧どころか煽情の回路が働いており、性に関する言説は近代において全体として増殖を遂げてきました。先述の通り、禁欲主義にひそむこの煽情性をフーコーは鋭く抉《えぐ》り出しましたが、その発想の大元は、知的良心の保持者が魔術師のいかがわしさを告発した言葉にまぎれもなく見てとれるのです。

そういう興味深い一文なのですが、これを『ツァラトゥストラはこう言った』の文脈で読み味わおうとする場合、話はまた別です。知的良心の保持者の鋭い指摘が、魔術師の歌う詩人哲学者の自己陶酔に対する辛辣な批評になっているとすれば、それはツァラトゥストラ自身のあり方にも突き刺さってくるはずです。いや、さらにそれを超えて、詩人哲学者ニーチェ自身の内省癖に関わってこざるをえないでしょう。「道化にすぎない！　詩人にすぎない！」と言い募っておきながら、次から次に絢爛たる比喩を繰り出す詩人魂は、これはもう「みだら」と言うほかない耽溺ぶりを示しています。

以上から、読解上の教訓が一つ得られます。登場人物のふるまいや意見が、一見やり込められ、否定されているかに見えても、それもまた一理あるのであり、必ずしも否定されているわけではないという点です。知的良心の保持者が魔術師を斥けているとしても、それを○×式に判定してはなりません。魔術師に悪辣なイメージが付いて回っているとしても、ツァラトゥストラの一面を体現した高等な人間であることは間違いなく、あなどれない魅力をそなえています。まただからこそ「憂鬱の歌」

では成功を収めるのです。無気味な悪役は物語に深みを与えてくれますし、逆に善玉ばかりではつまらないものです。このことは当然、『ツァラトゥストラはこう言った』の物語全体にも言えます。

この教訓をもとに、本章の中心談義に入っていきましょう。「学問の起源」論です。

知的良心の保持者は、魔術師にまんまとだまされてしまう他の客人とは、自分は違う、と息巻いています。その一番の違いは、自分が求めているのは「いっそうの確実性」（五一六頁）であり、だからこそツァラトゥストラのところにやって来たのに対して、あなたがたが求めているのは「いっそうの不確実性」（同頁）だ、としています。あやふやなもの、「いっそうの危険」（五一七頁）をあなたがたは欲しがっているようだが、私はその正反対に、ツァラトゥストラのようにどっしりとした、確固たる存在を求めているのだ、と。つまり、知的良心の保持者によれば、学問とは確実性の探求だというのです。

「確実性」の原語はSicherheitであり、「安全」とも訳せます（英訳はsecurity）。この筋金入りの学者は、学問の目標とは、リスクをできるだけ避ける「安全確保」にあり、学問の起源は、不安から解放されたいと願う「安全志向」にある、と言っているわけです。それを言い換えて、学問は「恐怖から生じてきた」（同頁）と定式化しています。

知的良心の保持者のこの学問観をさらに言い換えると、こうなります。――原始時代から自然の中で恐ろしい目に遭ってきた人類は、その危険な状態から逃れるべく、未知の原因を知り、その恐怖を克服する手段を発明し、安全を確保して暮らせるようになってきた。つまり、安全で快適な文明生活をもたらすものこそ、学問なのだ、と。

この考え方は、今日の科学観にも当てはまります。科学技術は人びとの安全な生活を確保するためにある、と現代人は信じてやみません。地震予知にしろ、ウイルス予防ワクチン開発にしろ、地球温暖化予測にしろ、とにかく人類を脅かすリスクを可能なかぎり除去し、人類に安全で快適な生活をもたらすことが、科学の使命なのだ、と。

ところが、ツァラトゥストラは、洞窟の中にふらっと戻ってきて、知的良心の保持者の学問恐怖起源説を聞きつけると、それは私の考えとは正反対だ、と言い出します。つまり、恐怖からではなく、「勇気」（五一八頁）から学問は生じたのだ、と主張するのです。

この二つの学問観の対比は、ここではこれ以上深められていません。しかしもちろん、ツァラトゥストラは口から出まかせに学問勇気起源説を言い出したのではありません。「勇気」は、「高等な人間」の章の第4節にも出てきました。この総まとめ的な章の最初のほうで確認されているくらいですから、それ以前から「勇気」という主題は何度も浮上していました（第三部の「幻影と謎」の第1節の勇気論は、その最たるものです）。

「学問の起源にあるのは恐怖か、それとも勇気か」――これは、見かけ以上に射程の広大な問いです。しかもこの問いは、二者択一で答えられるたぐいの問いではなさそうです。そのことは、ツァラトゥストラ自身の「勇気」論からして言えることです。「高等な人間」の章の勇気論を思い起こしてみましょう。そこではこう言われていました。「勇ましいといえるのは、恐怖を知りつつも恐怖を抑える者だ」（四九〇頁）。ツァラトゥストラの説く「勇気」がたんなる無鉄砲ではなく、恐怖を冷静に認識し抑制することと一つであるとすれば、学問の起源に見出される「勇気」も、恐怖と無縁のものではないはずです。

ですから、ツァラトゥストラが知的良心の保持者の主張を無下に斥けていると考える必要はありません。学問の起源は、○×式で答えられるような問題ではないのです。

逆に言えば、学問の起源に「恐怖」を見出し、それを避けて「安全」を手に入れたいと願うことが学問発展の原動力だ、とするだけでは十分な説明ではないのです。「知らぬが仏」ということだって少なくないのに、それが分かっていながら「怖いもの見たさ」の欲望に駆られて身を滅ぼすこともあるのが、人間の知的好奇心というものです。「どんな犠牲を払ってでも真理を！」と破れかぶれに言い放つ認識至上主義には付いていけないにしても、学問一般が安全志向だとはどう見ても言えないようなケースは、至るところにあります。安全確保やリスク回避を第一義としないのは、知的探究にとってべつに例外でも異常でもありません。とりわけ近代において、大いなる危険の海にことさら乗り出すことで科学研究が進展してきたことは、否定できないように思われます。

たとえば、二〇世紀の原子物理学や、二一世紀の人工知能研究は、安全志向と言えるか、胸に手を当てて考えてみればよいでしょう。どちらも人類の自己否定に行き着きかねない大いなるリスクをはらんだ知的冒険の試みではないでしょうか。あたかも人類は、おのれを抹消するためにおのれを凌駕するものを産み出そうと突き進んでいるかのようです。

いきなヨーロッパ人のざれ歌――「砂漠の娘たちのもとで」

知的良心の保持者は学問の起源という大問題にふれましたが、それを引き取ったツァラトゥストラは「恐怖／勇気」という単純化された図式で、その場はあっさり片付けます。それを受けた一同がツァラトゥストラの「勇気」（五一八頁）を持ち上げて大爆笑し、憂鬱な気分もどこかに退散します。魔術師も上機嫌にツァラトゥストラ賛をぶって皆を喜ばせ、ツァラトゥストラもまんざらではなさそう――と、お笑い劇的な場面が続きます。

その一方で、ツァラトゥストラは洞窟の中の宴会騒ぎには違和感が拭えず、動物たちのいる洞窟の外にまた抜け出そうとします。その様子を見てとり、「出て行かないでください」（五二〇頁）と呼び止めたのは、「ツァラトゥストラの影」を自称する放浪者です。

影が言うには、ツァラトゥストラの洞窟は、自分がこれまで吸ったことのある空気の中で最もかぐわしい。しかしそれに匹敵するような澄んだ空気をかつて味わったことがあり、そのことを思い出した、と言います。ついては、今晩の饗宴のデザート代わりの余興として、「かつて私が、砂漠の娘たちのもとで作った歌」（五二一頁）を歌わせてくださいと言い、老魔術師のハープを横取りして、ツァラトゥストラの影は歌い始めます。

オリエンタルムードたっぷりのその歌は、エキゾチズムのみならずエロティシズム満載です。歌われているのは、広大な砂漠のど真ん中の小さなオアシスで、日焼けした肌も露わに腰を振って踊る若い娘たちの姿を、ウットリ眺めている男が、しばし妄想に耽る――という官能的情景です。こんなエロ歌が、哲学書の中に堂々と埋め込まれていること自体、にわかに信じられないくらいです。純潔道徳からすれば冒瀆もいいところです。

そう、ニーチェはこの「砂漠の娘たちのもとで」の章を挿入することで、大いなる挑戦を行なっているのです。あっけらかんとしたエロースの表出が、少しもいやらしくなく、かえって、すがすがしく美しい詩篇でどこまでありうるか、試みているのです。その試みがどこまで成功しているかは、趣味の問題でもあり、一概に決めつけることはできません。しかし、私はかなり成功を収めていると思います。

これまでに出てきた魔術師の歌う歌にもエロティックな描写はあり、それを二曲とも老人が歌うところが気色悪いという話でした。それに比べて、本章の歌には不思議といやらしさがありません。肉感的な描写なのに典雅さと優美さがそなわっています。

理由の一つには、ニーチェがあれこれ技巧を織り込んでいることもありそうです。

まず、大枠として、ゲーテの『西東詩集』(文豪が晩年、ペルシアの詩人ハーフェズに憧れて綴ったエキゾチズムあふれる詩集)に倣っています。また、旧約聖書の『詩編』の香りも漂わせています(「セラ」とは、『詩編』で用いられる調子合わせの音)。同じく旧約聖書の『ヨナ書』の——大クジラに呑み込まれ、その腹の中で三日三晩過ごしたあと、陸に吐き出された男の——奇想天外な伝説も踏まえられています。

直接的な性的描写に見えて、オアシスのヤシの木に実っているヤシの実に、男が自分自身を見立てたり、最もエロティックと思われる箇所——片足を失くして一本足で踊っている女の子の描写(五二七—五二九頁)——を、娘が踊っている様子だか、ヤシの実が揺れている様子だか分からなくさせたり、と幻想的な手法が駆使されています。

娘たちの妖しい色香に誘惑され、翻弄されている男の様子を、「スヽフヽィヽンヽクヽスヽ攻ヽめヽにヽ遭ヽっヽてヽいヽるヽ」

（五二六頁）と表現しているところなど、なんとも巧みです。

しかし、そのような技巧は措くとして、この歌を歌っているのは近代懐疑精神の化身であるツァラトゥストラの影だ、という点が重要です。近代ヨーロッパの徹底した懐疑精神に倣って、みずからの支えとしてきたものを批判し続けてきたが、そのことに精根尽き果て、あたかも廃人のようになって、まさに影のように悄然と生きている者にとって、殺伐として鬱陶しい懐疑精神に覆われたヨーロッパとは異なる、晴朗な風土と素朴な人間性は、それだけですでに心のオアシスです。それでいて自分が、懐疑を事とするヨーロッパ人であることから逃れられないことも自覚しています。そのヨーロッパの懐疑精神の自己肯定が、ルターの有名な宗教改革宣言の言葉、「ここに私は立つ。私はこのほか何事もできません。神よ、私をお助けください」（一五二一年四月一八日、ウォルムスの議会喚問にてルターが最後に述べた言葉）になぞらえられていることも、味わい深いです。ツァラトゥストラの影もしくは本体がそう決意表明をするとき、それは、みずからが殺した神の死を受け止め、持ちこたえる自由精神の独立宣言を意味するからです。

この歌の最初と最後に出てくる、「砂漠は成長する。砂漠を内に秘めた者は、わざわいだ」（五三一、五二二頁）の「砂漠」とは、「ニヒリズム」のことだと解釈されてきました。その当否は別として、ヨーロッパ由来の近代知の運命を引き受けようとするニーチェの自覚がそこに表明されていることはたしかです。そのきまじめさを自嘲するいきなヨーロッパ人のざれ歌であるがゆえに、この歌のエロティシズムには晴朗な香りが漂っているのです。

9 「目覚め」と「ロバ祭り」

神の耳はロバの耳?――「目覚め」

ツァラトゥストラの影を名乗る放浪者が、エロティックな異国情緒にヨーロッパのニヒリズムをまぶした歌を歌い、シンポジウムもたけなわを迎えています。祝宴後半部の余興で隠し芸を披露、といった趣です。愉快そうな一同の様子に、天邪鬼《あまのじゃく》のツァラトゥストラは、「来客にちょっと反感をおぼえ、からかいたくなった」(五三一頁)ものの、朝会った時には悄然《しょうぜん》としていた客人たちが、すっかり憂さを忘れて浮かれ騒いでいる様子に満足し、ふたたび外に抜け出し、鷲と蛇に語りかけます。

ツァラトゥストラは動物たちに、「あいつはもう退散した、重さの地霊、私の宿敵は!」(五三二頁)と打ち明けます。夜も更け、昼の疲労を背負った夕暮れの物憂い気分も遠のき、客人たちが飲めや歌えやと打ち興じているのは、ホストとしてもまんざらでもないようです。「高等な人間」の章で滔々と述べられたスピーチにも、どうやら一種の覚醒剤的効果があったようだ、と自己評価していま す。呑気そうに見えるこの第1節には、しかしじつは、第2節で異様な光景が繰り広げられるうえでの伏線が張りめぐらされています。

とくに目立つ伏線を、ピックアップしてみましょう。①「ロバまで元気はつらつとなり、もはや黙っていなかった」(五三二頁)。②「ロバの「あっそう《イーアー》」という声が、高等な人間たちの歓喜の騒ぎ声と奇妙に混じって聞こえてきた」(五三二頁)。――こうした描写は、ロバが主役に躍り出る第2節のまさに前触れです。③「彼らは自分自身を笑うことをもう学んだ。私は聞き間違いをしていないだろうね」（五三三頁）。――ツァラトゥストラは洞窟の中から聞こえてくる笑い声に高評価を与えていますが、これは「聞き間違い」だったことが、あとですぐ分かります。④「新しい欲望を、私は目覚めさせてやった」（同頁）。――この観察自体は間違いではないものの、どんな欲望が目覚めさせられたか、この段階ではツァラトゥストラには分かっていません。⑤「彼らは心中を打ち明ける」（同頁）。――酒を飲んでの無礼講では、心中に隠された本音がポロッと現われます。⑥「彼らは祭りに興じ、反芻する」（同頁）。――そのものズバリの先取りです。⑦「彼らは感謝するだろう。そう遠くないうちに、彼らは祝祭を考えついて、自分たちの往年の喜びのために記念碑を建てるだろう」（五三四頁）。――この予想はすぐ、半ば的中し半ば裏切られます。

次に展開されるおどろおどろしい情景の前口上を、ツァラトゥストラがそれと知らずに狂言回し的セリフで滔々と述べるという設定は、ニーチェが（ギリシア悲劇から仕込んで）得意とした手法です。第一部の「序説」にも見られました。ツァラトゥストラが市場で民衆に「没落を恐れず、超人への橋を渡れ！」と説いているところに、綱渡り師が現われ、危険な綱渡り芸を披露し始めますが、失敗して墜落死します。ツァラトゥストラの演説は、あたかもその事前通告をしていたかのようです。

偶然の符合というより、イヤな予感が的中するという場面暗転の手法は、この「目覚め」の章でも見られます。とくにこのロバ祭りの先取りは、コミカルな味わいが効いています。主人の居ぬ間に客人一同せっせと準備していたメインイベントは、あれれ、神を失くしたツァラトゥストラを名乗る者としては一番やって欲しくなかった「死んだ神の復活劇」でした。知らぬは主人ばかりなり、です。

第一部の「序説」でもそうでしたが、予想外の展開にさすがのツァラトゥストラも形無しで、完全無欠のイメージを崩すおかしみが——「序説」では綱渡り師が死ぬので、むしろ悲哀というべきですが——漂っています。

この「目覚め」の章とその続きの「ロバ祭り」の章に色濃く感じとれるのは、ツァラトゥストラとその仲間たちとの間柄のちぐはぐさです。このどこかずれた感じは、第四部全体に漂っています。第一、二部でツァラトゥストラと弟子との間で交わされる対話にも、ちぐはぐな掛け合いが見られましたが、第四部の高等な人間たちは奇人変人揃いですから、彼らが集まっていること自体、狂っているところがあります。とくに「ロバ祭り」の章では、後で見るように、ツァラトゥストラと彼ら一人一人とのやりとりがどれもちぐはぐで、その間抜けな感じに独特のユーモアが感じられます。

さて、「目覚め」の章の中心である第2節に入りましょう。ロバを新種の神と崇めるカルト集団が、洞窟内に忽然と出現します。これはもう狂気の世界です。「彼らは揃って、ふたたび信心深くなった。彼らは祈っている。気がおかしくなっている!」(同頁)

第四部の登場人物たちは、いずれも「神は死んだ」時代にやられておかしくなっている連中です。そういう点ではツァラトゥストラと時代感覚を共有しており、だからこそ、世の多くの鈍感な連中より「レベルが高い」という意味で「高等な人間」と呼ばれているのです。そういう見どころのある彼らが、こともあろうにロバを神に見立てて、その前に跪《ひざまず》き、お祈りを捧げているのです。しかも、カルト集団のリーダー然と「連禱《れんとう》」を唱えているのは、誰あろう、神を殺したと自白した「最も醜い人間」なのです。

カルトメンバーがどう自己弁明するかは、「ロバ祭り」の章で扱うとして、その前に、「目覚め」の儀式のおどろおどろしい場面から窺えることを考えてみましょう。

まず、ロバの断《いなな》きですが、原文では"I-A"です（「王たちとの対話」の章でもロバはそう口をきいていました（四一七頁））。肯定の返事「はい・然り（Yes）」はドイツ語で"Ja"で、それと同じ音です。日本語でどう訳すべきか迷うところです。私は最初、ロバにも発音できそうな「ウンウン」を考えましたが、いっそのこと、ドイツ語の相槌「そうかい《アッハゾー》（Ach, so）」に似た「あっそう」――戦後に現人神《あらひとがみ》から人間になった昭和天皇が行幸《ぎょうこう》の折に連発した通り一遍の返事として有名――がいいと思い、そう訳しました。

このロバはとにかく「あっそう《イーアー》」としか言いません。神様は人間に対していつも「そのとおり《ヤー》、これでよいのだ《アーメン》」（「七つの封印」の章の副題もこれでした）と肯定するのみだ、というわけです。下手《へた》なことを言い出したら、神であることを疑われかねないので、何も言わないでただ頷いているのが一番、と。連禱でもまさにそう言われています――「神は何もおっしゃいません。みずから創造された世界に、いつも然り《ヤー》とおっしゃられる以外には。そのようにして神は、ご自身の世界を讃えられるのです。何もおっしゃらないのは、神の抜け目なさであり、だからめったに不正のとがめを受けないのです」（五三五頁）。

世界創造神信仰に対する皮肉が利いていますが、ロバを讃える連禱には、キリスト崇拝に対する揶《や》揄《ゆ》も目立ちます。そもそも、イエスはロバに乗ってエルサレムに入城したという逸話からして、イエスとロバとの因縁は深いのです。「神は、われらの重荷を背負い、僕《しもべ》の姿に身をやつして、心から忍耐強く〔…〕」（同頁）。「あなたは幼な子が近づくこともよしとされる〔…〕」（五三六頁）。いずれもイエスを強く連想させる言い方です。

そうか、ニーチェの十八番《おはこ》のキリスト教批判か、と分かったつもりになってはいけません。神の死が既定事実となったかに見える時代に、ゾンビのようにまたぞろ現われるのが偶像崇拝だというのは、既成宗教とは一応別の話です。神とは到底言えないものを神として祀り、崇め、跪き、ひれ伏すのは、ほかでもなく、われわれ現代人のお得意芸です。

一九世紀にはニーチェに先立ってマルクスが、貨幣を実体視して崇め奉る「物神崇拝《フェティシズム》」を根底から批判しました。物質的繁栄こそ救いと信じる経済至上主義は、二一世紀にも衰えを知りません。天皇陛下万歳と叫んだ信仰心の篤い国民は、高度成長神話や原発玉手箱の夢がとっくに潰えた今でも、テクノロジー信仰にいよいよ取り憑かれ、I-AならぬA-I崇拝が隆盛を誇っています。「神は死んだ」が常識化しているかに見えて、人間性に深くひそむ信心は、新手の神棚を次々に作り出してやまないのです。

ギリシア神話の「王様の耳はロバの耳」の笑話が転じて「神様の耳はロバの耳」の暴露話に仕立てられたという点一つとっても、この新興ロバ教礼拝は、キリスト教への揶揄であるのみならず、また、古今東西どこにでも見られる偶像崇拝への批判であるだけでなく、神の死後にいかに擬似宗教や物神崇拝がはびこりやすいかの警告になっているのです。

新しい祭りが必要――「ロバ祭り」

連禱の最後には「あなたのお気に入りは、雌ロバと新鮮なイチジクです」（五三六頁）と淫乱な気配すらしてきた黒ミサまがいの茶番に我慢できなくなったツァラトゥストラは、「ロバよりもっと甲《かん》高《だか》い声で自分でもあっそうと叫び、気が変になった客人たちの中に躍り入った」（五三七頁）と「ロバ祭り」の最初にあります。主人公の狼狽ぶりに笑わされます。

ツァラトゥストラはロバ教信徒たちに、他の人があなたがたの礼拝を見たら、「神を一番ひどく冒瀆する輩《やから》」（同頁）だと後ろ指をさすぞ、と警告しています。しかしわれわれ読者からすれば、「あなたに、つまり神の冒瀆者ツァラトゥストラと後ろ指をさされている当人に、そうは言われたくないよ」と言い返したくなります。これはどういうことでしょうか。ロバ祭りが神を冒瀆するのだとすれば、むしろそれはツァラトゥストラの教えに沿っていると考えられなくもない、ということです。

そう、ロバ祭りを一概に「けしからん」と禁ずることは、既成宗教を素朴に信じている敬虔な信徒ならともかく、ツァラトゥストラにはできないことなのです。異端とか邪教とかいって取り締まれるはずもなく、何でもありだよと認めるほかありません。せいぜい、お笑いとしての出来不出来を云々することができるだけなのです。

「ロバ祭り」の章の第1節では、ツァラトゥストラによるカルト教団一人一人への尋問が始まりますが、のらりくらりと答えてとぼける彼らの言い分を、ツァラトゥストラは言いたい放題言わせて、ただ聞くしかないのです。

ところで、宴会に参加した高等な人間のうち五人が順々に詰問を受けますが、ちょっと気になるのは、逆に、誰がここで対話相手になっていないかです。

まず、ここでは、二人の王は発言していません。ロバを連れてきた張本人二人は、「自分でもよく分からないまま、他の人たちにつられ、酔いに任せて、ついやってしまいました。すみません」と反省を口にするくらいだろう、と省略されたのかもしれません。

また、占い師も発言していません。もともと彼は、第二部にすでに登場していたので、第四部に初登場の高等な人間と同じカテゴリーには入らない、という見方もできなくもありません。食いしん坊のこの老人は、さんざん飲み食いして、すっかり満腹になり、いびきでもかいてもう寝ているのでは、と想像したりしますが、「目覚め」の章の第2節の参加者リストには一応載っていました。

最後に、進んで乞食になった人も、発言していません。本来、喜捨と清貧に生きる潔癖な宗教的人間のはずですし、酒も肉も香辛料も摂らない主義で、最初から宴会には消極的でしたから、ロバ教礼拝への参加を拒否してもおかしくないのに、そういう態度を示した様子もありません。謎です。どちらかと言えば傍観的態度で加わっていたので、ツァラトゥストラに突っかかられることもなかった、ということかもしれません。

以上を裏返して言えば、ツァラトゥストラに難詰された五人は、相当の確信犯だということです。あなたに似合わないロバ崇拝などという、まさかそんな愚にもつかぬことをなぜやったのか、と責められても仕方ない人たちです。彼らの弁明やいかに。

まず、最後の法王。キリスト教の総本山の最高責任者であった人物が、よりにもよってロバを崇拝するとは、にわかに信じられません。ですからツァラトゥストラも、最初に詰問しています。「老法王よ、あなたまでそんな恰好でこのロバを神として拝んだりして、それで自分自身とどう折り合いがつくのか」（同頁）。――ツァラトゥストラならずとも聞きたくなるところです。ところが、法王は悪《わる》びれる様子がありません。「影も形もない神を拝むくらいなら、こういった姿の神を拝むほうがましなのだ」（五三八頁）と開き直っています。ユダヤ－キリスト教は伝統的に偶像崇拝を否定し、神に似たものを拝むことは許されません。しかし、信仰する立場、とりわけ信仰を普及させる立場からすれば、拝む相手の具象的な姿が、何でもいいからとにかくあったほうが好都合なのだ、というのです。暴論のように見えて、人間の信仰心の深いところを衝いているように思われます。

それどころか、仕えた神が死んで寂しく思っている老法王は、「地上にまだ拝むべきものがある」（同頁）ことを喜んでいます。これまた切実な思いと言うべきでしょう。

次に、ツァラトゥストラの影。世界中を放浪して回ったこの自由精神の徒は、批判精神を事としていたはずですから、今さら偶像崇拝にうつつを抜かすことなどあるまいと思うのですが、どうもそうとも限らないようです。ツァラトゥストラに、「あなたは、あのいかがわしい褐色の娘たちのところでやったことより、そう、もっといかがわしいことをここでやらかしている、このいかがわしい新興宗徒よ！」と言われて、「いかがわしいのはたしかだ」と認めつつも、「しかし私に、その代わりに何ができるだろう！　古い神は、おお、ツァラトゥストラ、あなたがどうしたいと言おうとも、生き返ってくるものなのだ」（同頁）と開き直っています。われわれ読者としては、「神が生き返ってくるのも、あなたの言う永遠回帰のうちだね！」とツァラトゥストラに言い返したくなるところです。

影は、ロバ祭りの責任者は、最も醜い人間だ、と情報提供しています。「一切の責任は、最も醜い人間にある。あの男が、神をまたしても甦らせたのだ。かつて神を殺したのは私だ、などと言っているようだが、神々の場合、死んだかどうかは、つねに先入見の域を出ないのだ」(五三八―五三九頁)。最後の言い分には、影なりの懐疑精神が発揮されています。

三番目に、魔術師。ツァラトゥストラが、「あなたのような利口な人が、どうしてこんな愚かなことをしでかすことができたのだ！」(五三九頁)と問い詰めると、珍しくこの老人は、「あなたは正しい。愚かなことだった。――私も、ひどくつらい思いがした」(同頁)と、一番しおらしく反省の弁を述べます。しかし、騙されてはいけません。この魔術師はやることなすことほとんど全部「演技」なのですから、本当に反省しているかは定かでありません。いや、その油断のならなさを示しているのが、まさにこのすぐ反省してみせる態度なのですから、魔術師が反省などこれっぽっちもしていないことは明らかです。

四番目に、知的良心の保持者。学者として批判的態度を事とすべき、ヒルの脳髄の専門研究者は、しかし案外、素朴で騙されやすいタイプかもしれません。ツァラトゥストラに「そもそも、ここで行なわれていることは、あなたの良心に何も反しないのか。あなたの知性は、こんな祈禱やら、こんな信心ぶった連中の濛々《もうもう》たる空気やらに甘んずるには、あまりに潔癖ではないのか」(同頁)と訊かれて、こう答えます。「この芝居には、私の良心が心地よく感じる何かがある」。「おそらく、私は神を信じるべきではないのだろう。しかし、神がこんな姿で現われるのなら、最も信ずるに足るように思われてならない」(同頁)――まじめな科学者が、いかにも自分にうっとりして言いそうなセリフではないでしょうか。それればかりではありません。賢者ツァラトゥストラにこう逆襲するのです。

それに、ありあまるほど知性を持ち合わせている者は、愚かで馬鹿げたものにうつつを抜かしたがるものらしい。おお、ツァラトゥストラ、自分の胸に手をあてて考えてごらんなさい。あなたこそ――そうだ、あなただって、どうやら知恵がありすぎて、ロバにでもなりかねない勢いだ。

完璧な賢者は、いちばん曲がりくねった道を行きたがるのではないか。おお、ツァラトゥストラ、百聞は一見に如かず。――あなた自身が紛れもない証拠ですよ。（五四〇頁）

沼のほとりでの対話からして、知的良心の保持者が何よりも信奉していたヒーローは、ツァラトゥストラでした。彼にとってみれば、ツァラトゥストラ自身が紛れもなく「偶像《アイドル》」だったのです。じっさい、ニーチェの言葉に魅了されて、怪しげな超人思想の虜になる知識人もいれば、ニーチェを神様のごとく崇める、おたく研究者だっています。だいいち、学者だからといって、物事をいつも批判的に考察しているとはかぎりません。学問の世界にも、偶像崇拝の徒は掃いて捨てるほどいます。

そう考えると、「ロバ祭り」の章は、高等な人間との対話が、そのままツァラトゥストラの自己反省となっている、という解釈がよく当てはまることが分かります。

そして最後に、最も醜い人間。影の告発によれば、自称神の殺害者の彼こそ、ロバ祭りの主犯格のようです。そこでツァラトゥストラが、「あの人たちが言っていることは、いったい本当なのか。あなたが神をふたたび甦らせたのか。何のためにだ？　神が殺され、片付けられたのは、それなりの理由があってのことではなかったのか」。「あなた自身、目覚めさせられたかのように見える。あなたは何をしたのだ？　あなたともあろう人が、どうして回心したのか。あなたともあろう人が、どうして改宗したのか」（五四〇―五四一頁）と問い詰めると、最も醜い人間は、「あなたは人が悪い！」（五四一頁）とはぐらかします。

　彼はまだ生きているのか、それとも生き返ったのか、それとも徹底的に死んでしまったのか。――それを一番よく知っているのは、われわれ二人のうちのどちらだろう？　私のほうこそあなたに訊きたい。

　だが、一つのことだけは、私も知っている――あなた自身から以前教わったことだ、おお、ツァラトゥストラ。底の底まで徹底的に殺そうとするなら、笑うにかぎると。

「怒りによってではなく、笑いによってこそ殺せるというもの」。――あなたは以前そう言った。おお、ツァラトゥストラ、隠れたる者、怒りなき殺戮者、危険な聖者――あなたは人が悪い！（同頁）

　最も醜い人間は、ツァラトゥストラが「神は死んだのではなかったのか、それとも復活したのか」と問うのに対して、まず、「それはあなたのほうがよく知っているはずだ、私のほうこそ訊きたい」とアイロニカルに反問しています。ソクラテス的空とぼけ《アイロニー》の作法です。そればかりではありません。ツァラトゥストラの「笑い」の教えを逆手にとって、みごとに逆襲しています。「ツァラトゥストラよ、クソまじめな信仰は笑いものにするのが一番、というのは、あなた自身の教えではなかったか。こんなロバ祭りごときで、神が生き返ったりするなどと、あなたはまさか信じていないだろうね」――そう反問されたツァラトゥストラは、ぐうの音も出ません。一本取られたという感じです。

ただし、以上の問答を、ツァラトゥストラは議論に負けた、案外弱いんだなあ、と単純にとるのも考えものです。なにしろ、最も醜い人間を含めて、高等な人間はいずれも多かれ少なかれ、主人公の自己内対話の形象化だからです。分身と対話して自己省察を深めている、ととれば勝ちも負けもないのです。ですから、ツァラトゥストラとしては、五人との問答ののちにも、べつにへこたれることなく、というより、いっそう陽気になって、「あなたがた、変人たち、高等な人間よ、私はあなたがたのことが気に入ってきた」（五四三頁）と言い出すのです。さらに快調になって、「新しい祭りが必要だ」（同頁）として、こんなことまで言い出す始末です――「勇ましいちっぽけな無意味とか、何かしらの礼拝とロバ祭りとか、昔ながらの愉快なおどけ者ツァラトゥストラとか、あなたがたの心に吹いて晴れ晴れさせる突風とかが必要なのだ」（同頁。強調は引用者）。ここでは、ロバ祭りとツァラトゥストラが、お笑い草の点ではいい勝負とされていることが分かります。

そんなふうにして、ロバ祭りもまた肯定されることになります。そもそも、何でもありの無礼講なのですから、バカ騒ぎは大目に見られて当然なのです。それにしても、神の死と復活について、何と考えさせるシンポジウム討議だったことでしょう！

10 「夜の放浪者の歌」と「しるし」

永遠回帰の歌のリプライズ――「夜の放浪者の歌」

余興のど自慢のあとには、黒ミサ風礼拝式まで行なわれ、それもまたエンターテインメントの一環だったというわけで、行き着くところまで行き着いた大宴会も、そろそろお開きの時を迎えています。飲んで騒いだあとは酔い覚ましに戸外をぶらつくにかぎる、と参加者はみな洞窟の外に出ていきます。超現実《シュール》な物語のはずなのに、そのへんの呑兵衛《のんべえ》の定番通りに話が進んでいるあたり、不思議なリアリティがあります。

前章で、神に祀り上げられ「あっそう」としか言わないロバとともに主役を張ったのは、連禱を主導し「ロバに酒《ワイン》を飲ませていた」(五四〇頁) 最も醜い人間でした。難詰してきたツァラトゥストラに、あなたの教え通りに冗談でやったことをクソまじめに咎めるなんて、あなたも人が悪い！と斬り返していました。最も醜い人間は、高等な人間の中でも図抜けたキャラクターだということが分かります。起伏に富んだ第四部にあって、最も醜い人間が登場してくる章は際立っていましたし、神の殺害者を自称するだけのことはあって存在感は別格です。人間とも思えぬ名状しがたい風貌と肢体を具えた怪物。そのあまりの醜さに誰もが思わず同情しつつ眼をそむけたくなるが、おのれの尊厳にかけて他人から同情されることを拒否する、誇り高い男。ツァラトゥストラが彼に敬意を払っていることは、「ロバ祭り」の章でも明らかで、あなたともあろう人がどうして回心したのか、と尋問していました。この「夜の放浪者の歌」の章でも、最も醜い人間は主役扱いです。

ツァラトゥストラが彼に「洞窟の傍らにある銀色の滝を見せてやりたい」（五四四頁）と連れ出し、一同仲良く滝の前で佇んでいるうちに、陶然とした気分になってきます。ここで最も醜い人間が、例によって人間の声とも思えぬ凄まじい唸り声を発して、こう言います。

> 君たちはどう思うか。今日一日のために――私はこれまでの生涯、生きていてよかったと、はじめて満足できた。
>
> しかし私のそれだけの証言では、まだ十分とは言えない。この地上に生きるのは、甲斐のあることなのだ。つまり私は、ツァラトゥストラと一日を過ごし、祝祭を挙げることで、大地を愛することを学んだ。
>
> 「これが――生きるということだったのか」と私は死に向かって言おう。「よし、ならばもう一度！」
>
> わが友人たちよ、君たちはどう思うか。君たちは、私と同じように、死に向かって言いたいとは思わないか。「これが――生きるということだったのか。ツァラトゥストラのために、よし、ならばもう一度！」（五四五頁）

「君たちはどう思うか」と――吉野源三郎『君たちはどう生きるか』風に――、最も醜い人間は他の高等な人間たちに問いかけます。自分はこう思うのだが、と彼が実感して述べているのは、第三部の「幻影と謎」の章の第1節に出てきた、永遠回帰の肯定の形式とされる有名なフレーズの繰り返しです――「「これが――生きるということだったのか」と私は死に向かって言おう。「よし、ならばもう一度！」」

　第三部では、ツァラトゥストラが、永遠回帰という深淵の思想の襲来に怯みつつも、勇気を奮ってそれに立ち向かおうとするさい、この言葉を、自分に言い聞かせるように発していました（二六二頁）。その文脈と違うのは、第四部の終わり近くのこの「夜の放浪者の歌」第1節では、最も醜い人間がこの言葉を発している点です。彼が同じフレーズを繰り返すとき、「ツァラトゥストラのために」という付加がなされています。つまり、「ツァラトゥストラと一日を過ごし、祝祭を挙げることで、大地を愛することを学んだ」からには、「この地上に生きるのは、甲斐のあることなのだ」と、理由づけているのです。

　考えてみましょう。最も醜い人間はおそらく、この世に生まれて物心ついて以来、真に気の休まる時はなかったことでしょう。自分が生まれつきどうにもならないハンディキャップを背負ってなぜ生きていかなければならないのか、わけが分からないのです。こんなむごい人生、まったく別にやり直せるのなら、と幾度ため息をついたことでしょう。

　最も醜い人間だけではありません。自分のあり方にまったく満足して、細大漏らさず同じ人生をそっくり繰り返すことを願う人は、まずいないでしょう。人間誰しも、たとえ他人から羨ましがられる人生を歩んでいる果報者でも、ここがかくかくであったなら、あそこがもう少ししかじかであれば……と注文を付けたがるものです。

　ところが、最も醜い人間は、私は生まれ変わって、まったく同じ人生を歩むことを望む、と言っています。ツァラトゥストラと共に最高の一晩を過ごすことができる、そういう人生ならば、もう一度繰り返したい、というのです。これまではそうではありませんでした。まったく逆に、生きづらくてたまらず、何度絶望して死のうと思ったことか。しかし、ツァラトゥストラと祝祭の一夜を共にできた今となっては、「今日一日のために――私はこれまでの生涯、生きていてよかったと、はじめて満足できた」。最悪と思ってきたわが人生を丸ごと肯定できる、と言っているのです。

それにしても、最も醜い人間が、拷問のような自分の人生をそっくりまた生きることを望むなどということが、果たしてあるものでしょうか。ふつうはありそうにありません。そう、最も醜い人間の全的自己肯定という「奇蹟」が、ここに起こったのです。まれな出来事に接した高等な人間たちは、こぞって大喜びします。乗りの悪そうな老占い師さえ「嬉しさのあまり、踊り出した」（五四五頁）ほどです。ついでに、酔っぱらったロバも踊り出したという説まである、と言われています。スズメ踊りならぬロバ踊りですね。

最悪の人生でも、何か一つ飛び抜けて良いことがあれば、「それでよい」と言い切り、まったく同じ人生をもう一度生きることを肯定できる――と、満腔の思いを込めて最も醜い人間が語ったことを受けて、ツァラトゥストラの様子も変わります。「目から眼光は消え、舌はもつれ、足元はフラフラしていた」（五四六頁）。彼自身は酒を飲んでいませんので、たんなる泥酔状態とは違います。沈思黙考のあまり、精神がどこか遠いところへ飛翔していき――「後方に引き下がったかと思うと、前方に飛び退《の》いては、はるか彼方に脱《ぬ》け出ていた」（同頁）――、わが心ここにあらずの、もぬけの殻なのです。この恍惚《エクスタシー》状態は、第三部のフィナーレでもツァラトゥストラが味わった境地です。第三部の最終章「七つの封印」の出だしの言葉が引用されていますが、そのキーワードは「過去と未来のあいだ」（三九一、五四六頁）です。今現在生きているはずの「瞬間」、この世の時空的限定を突き破るかのような精神の高揚が起こり、地上を突き抜けて魂が彼方へ舞い上がるのです。

意識を失い失神したように見えるツァラトゥストラの容態に気づいて、高等な人間たちが心配して周りに集まり、介抱しようとするうちに、忘我状態から戻ったツァラトゥストラは、最初こそ黙っていましたが、「何かが聞こえてきた」様子で、「ついて来なさい、さい」（五四七頁）と三たび言い、一同を引き連れて、真夜中の山中散歩に出かけます。

ツァラトゥストラに聞こえてきたらしいのは、真夜中の鐘の音です。

日本のお寺では大晦日に除夜の鐘を百八つ――煩悩の数――打ち鳴らす風習がありますが、ここツァラトゥストラの洞窟のある山中では、時を告げる鐘ということで鐘の音が一二回響き渡ります。この設定も、第三部最後から一つ前の章「もう一つの舞踏の歌」に出てきたのと同じです。全巻中最も重要なこの永遠回帰ダンスソングの第3節のリプライズこそ、「夜の放浪者の歌」の章の第3～12節にほかなりません。

「夜の放浪者の歌」最終第12節に全文強調で輪唱される一一行の歌詞は、「もう一つの舞踏の歌」第3節（こちらは「一つ！」「二つ！」「三つ！」……「一二！」と数え歌形式です）と同じものです。第三部に出てきたその一行一行を、第四部で取り返すしくみです。第三部では説明抜きで歌われていた永遠回帰ソングが、第四部で敷衍され、そのこころが解き明かされるのです（ただし、「もう一つの舞踏の歌」中の「私は眠りに眠り――、／深い夢から、いま目覚めた。――」の最初の二行だけ、「夜の放浪者の歌」では説明が飛ばされています。これは、第三部と第四部の状況設定の違いによると見られます。

その「夜の放浪者の歌」の第3節から第11節まで（第12節は再合唱）の肉付けを眺めて気づくのは、ここには「死」のイメージが強烈だということです。

真夜中に死ぬ人は多いものです。ここでも、一日の終わりと人生の終わりを重ね合わせるかのように、夜の深まりと生の終焉がダブってイメージされます。ピックアップしておきましょう――「私はいっそ死にたい、死にたい」、「私はもう死んだのだ。終わったのだ」（第4節）。「今や墓は、つっかえつっかえ、こう話す。「死者をなんとか救ってくれ」」、「墓をなんとか救ってやりなさい。死体を蘇らせなさい」（第5節）。「今や、世界そのものが死のうとする、幸福のあまり死にたいと思う」。「酔っぱらった真夜中の死の幸福から発する匂い」（第6節）。「完全になったもの、熟したものはすべて――死にたいと思うのだ」（第9節）。――全体に「心臓（Herz）」という言葉も多用されますが、これも「いのち」を表わしており、死のイメージと重なってきます。

最も醜い人間は、「私は死に向かって言おう」と語っていました。臨終の言葉、遺言とも取れます。しかし、人間誰しも生きているかぎり、いつ死ぬか分からずいつ死んでもおかしくない「死への存在」（ハイデガー）を生きているのです。その意味では、死を前にしての先取りの言葉は、誰でもそのつど発しうるのです。

じっさい、ツァラトゥストラの言動のはしばしに「死へのあこがれ」が強く感じとれることは、第四部真ん中の章「正午」でも確認されていました。正午の一瞬のまどろみのうちに、「世界は今まさに完全になったのではないか」という円成の思想が来迎し、恍惚となったツァラトゥストラは、一種の「仮死状態」に陥りました。その一刹那、時間は止まり、彼の魂は、地上的なものから脱け出て「永遠」にふれるかのようでした。

「正午」の章で垣間見られた「瞬間と永遠」の取り合わせが、この「夜の放浪者の歌」で再現されていることが分かります（第7節に「今まさに私の世界は完全になったのではないか」とあります）。同じ一二時でも今度は真夜中です。もっと言えば、人生の大晦日のカウントダウンが始まるかのようです。物語の大詰めばかりか、人生のフィナーレを喜んで迎えようとしているツァラトゥストラの胸中たるや、いかばかりでしょうか。

ここでおもむろに語られるのが、「苦痛」と「悦び」の対比です。

「苦痛（Weh, Schmerz）」、「苦悩（Leid）」というテーマは、「同情（Mitleid）」の問題につながっています。苦しみイコール「悪」、受苦イコール「不幸」であり、苦という悪の除去、つまり無痛こそ「幸福」だ、とする考え方は、他人の苦しみについても、その除去を「善」と見なし、無痛社会という功利主義的共通善をめざす同情道徳を生み出します。苦しみを共にするのが「同情」だとはいえ、共有するより根絶するに限ると思われているのが苦しみです。しかし、苦痛はただ除去すればよいというにとどまらない「深さ」の次元をそなえており、それは共有されるべくもない、というのがツァラトゥストラの考えです。それがここ（第7節）では、「この世の苦痛は深い」という一文に表わされています。

それに対して、「悦びは、胸の張り裂ける苦悩よりも深い」と、次に言われます（第8節）。どんな苦痛の深さにも優るものが、「悦び・快楽（Lust）」の深さの次元にはある、というのです。なぜそう言えるのか。その理由づけを行なうのが、第9、10、11節です。ここには、快楽論からの永遠回帰肯定への道がひらかれている、と言ってよいでしょう。

苦痛は、それがいかに深いものであるにせよ、消えてなくなってほしいものであり、欠如を抱え、自己肯定には達しません。これに対して、悦びは、それ自体に意味のある完全性をそなえているからには、同じことを幾度でも欲するまったき自己肯定でありうるのです。この思想を、第9節ではこう述べています。「悦びは、自分自身を欲する。永遠を欲する。回帰を欲する。一切が永遠に自己同一であることを欲する」（五五四頁）。

神の存在証明には少なくとも三通りあり、神の死の証言も多様であるように、永遠回帰思想もまた、幾つかの異なる道から想到しうる多面性を具えています。第三部の終幕では、観照《テオーリア》——永遠の真理との合体——の幸福からの道が示されたと解釈できます。それに対して、ここ第四部の終幕では、快楽の完全性——アリストテレスも『ニコマコス倫理学』で、「快楽《ヘードネー》」は「活動《エネルゲイア》」を完璧たらしめる、としています——からの道が提示されていると解されます。それを表明しているツァラトゥストラの重要な発語が、第10節の「今まさに私の世界は完全になった」（同頁）です。「正午」の章以来の「完全になったのではないか」という問いが、ここではゆるぎなく肯定されていることが分かります。

「快楽の完全性」と言うと、難しい思想のように聞こえますが、これは最も醜い人間の心境を言い換えたものだと言って差し支えありません。第10節の次の文言は、最も醜い人間の全的肯定の境地をツァラトゥストラが自分なりに敷衍しているものです。

> あなたがたはかつて、何らかの悦びに対して然《ヤー》りと言ったことがあるか。おお、わが友人たちよ、そうだとすれば、あなたがたは、一切の苦痛に対しても然《ヤー》りと言ったことになる。万物は、鎖でつなぎ合わされ、糸で結び合わされ、深く愛し合っている。——
>
> ——あなたがたがかつて、一度あったことを二度あってほしいと思ったとすれば、あなたがたがかつて、「私はおまえが気に入った、幸福よ、束の間よ、瞬間よ」と言ったとすれば、あなたがたは、一切が戻ってくることを欲したのだ。
>
> ——一切をふたたび、一切を永遠に欲したとすれば、一切が鎖でつなぎ合わされ、糸で結び合わされ、深く愛し合うことを欲したとすれば、おお、そのようにしてあなたがたは、この世界を愛したのだ。（五五四―五五五頁）

最も醜い人間が、「これが——生きるということだったのか。ツァラトゥストラのために、よし、ならばもう一度！」と言ったとき、彼はまさに「世界への愛」の境地に達したのだ、というのがツァラトゥストラの解釈なのです。そのような快楽の法悦から世界への愛に、そして永遠回帰思想に到達することがありうるのだ、と教えているのです。

第11節でツァラトゥストラは、この「世界への愛」をさらにこう敷衍します——「悦びは、かくも豊かであるから、苦痛を渇望し、地獄を欲し、憎しみを欲し、屈辱を欲し、身体障碍を欲し、世界を欲する。——というのも、この世界は……、おお、あなたがたはこの世界のことをよくご存じだから、言うまでもあるまい」（五五六頁）。この「……」には何が入るでしょうか。「言うまでもあるまい」とありますが、あえて贅言を費やせば、「というのも、この世界は、悪に満ちているかに見えて、完全だからだ」となるでしょう。

第三部を読んだとき確認しましたが、永遠回帰思想とは「神のいないオプティミズム」です。オプティミズムは、「弁神論・神義論」と訳されるTheodizeeつまり「神の正義」と一体のはずですが、神が死んだあとにも、「悪に満ちているかに見えて、この世は完全だ」とゆるぎなく肯定する世界への愛のかたちがありうることを、ニーチェの永遠回帰思想は示しているのです。

とはいえ、第四部でも、第三部と同様、永遠回帰思想は「語られる」のではなく「歌われる」のみです。「悦びは、万物の永遠を欲する。深い、深い永遠を欲するのだ」（同頁）と最後に歌われても、われわれはその教えを頭では理解できそうにありません。

そして、だからこそツァラトゥストラは第11節の終わり近くで「高等な人間よ、とにかく学ぶことだ、悦びは永遠を欲するということを」（同頁）と説いているのです。高等な人間は、この世に適合してうまく生きることのできない「失敗作」（同頁）ばかりですが、そんな出来損ないの者たちであろうと――いや、だからこそ――、最も醜い人間のように、たった一度の至福体験によって、同じ人生をそっくり生き直すことを欲するということがありうるのです。われわれの味わう「悦び・快楽」はそういう奇蹟に満ちており、悦びは深いのだということを、われわれは人生において学ぶことができるのです。

「私の子どもたち」とは？――「しるし」

「夜の放浪者の歌」で最高潮に達した大宴会から一夜明けた翌朝。早起きのツァラトゥストラが洞窟から出て、例によって太陽が昇るのを拝んでいると、上空から鳴き声が聞こえます。鷲も朝日を拝んでいるのです。早起き鳥にひきかえ、高等な人間たちの寝坊ぶりが目立ちますが、宴会明けの二日酔いですから、つい同情したくなりますね。

そこに「しるし」（五六〇頁）がやってきます。まず無数のハトの群れです。雲のように押し寄せる鳥の大群に紛れるようにして、今度は雄ライオンが悠然と現われます。いくら「柔和」とはいえ「一匹の逞《たくま》しい」（同頁）猛獣ですから、ふつうなら恐れをなすはずなのに、ツァラトゥストラは平然として、よく来た、よしよし、とペットの猫を可愛がるかのようです。その一方で、彼はこの「しるし」を、「私の子どもたちが近くにいる」（同頁）と判じて、落涙します。「子どもたち」のこととなると、ツァラトゥストラの涙腺が弛むという場面は、これまでにもありました。唐突な反応ですが、弟子たちへの師の情愛、といったレベルを超えた深い思いを「子どもたち」に抱いていることは分かります。

それに引きかえ、高等な人間に対するツァラトゥストラの態度は、冷ややかです。昨夜は「あなたがたのことが私は気に入ってきた」と連発していたのに、です。ツァラトゥストラに遅ればせの朝の挨拶に来た彼らを、ライオンが見とがめて、咆哮を浴びせるや、彼らは恐れをなし、ギャーと悲鳴を上げて一目散に逃げ出します。あたりに誰もいなくなって、ツァラトゥストラは、この丸一日の間に何が起こったかを思い返します。昨朝、占い師と話しているうちに、さっき耳にしたのと同じ助けを求める叫び声が聞こえてきて……、自分は「高等な人間に対する同情」（五六二頁）という「最後の罪に誘惑」（五六一頁）されそうになったのだ、と。しかし今や、そんなくだらぬことに「費やす時は終わった」とし、「私が求めているのは、私の仕事だ」（五六二頁）と再確認するのです。そして、その「仕事」を果たそうと、意気揚々と洞窟をあとにし、山を下りていくのです。

ツァラトゥストラの言う「私の仕事」が何を意味するのかは、ついに分かりません。分からないまま物語は幕を閉じ、続編は書き継がれないままでした。

「私の子どもたち」が後継者となってツァラトゥストラの教えを継承し、次世代を形成していく、といった「つづき」の筋書きは、あまり想定できません。そのような次世代育成がツァラトゥストラの「仕事」であるのなら、「夜の放浪者の歌」の第9節で、次のように語られるはずもなかったでしょう。

「私は後継ぎを欲する」と、苦悩するものはみな言う。「私が欲するのは、子どもだ。私自身ではない」。――

しかし、悦びは後継ぎを欲しない、子どもを欲しない。（五五三―五五四頁）

これに続くのが、先に引用した「悦びは、自分自身を欲する。永遠を欲する。回帰を欲する。一切が永遠に自己同一であることを欲する」という、この章の中心思想です。「悦びは後継ぎを欲しない、子どもを欲しない」と真夜中のクライマックスで言っておきながら、翌朝には、自分の子どもたちが近くにやってきた「しるし」が訪れた、として感涙にむせぶというのは、いかに多重人格とはいえ、なかなか理解困難です。

少なくとも、「私の子どもたち」は、ツァラトゥストラの教えを継承する忠実な弟子たちとは解釈できないように思われます。では、「私の子どもたち」とは何者なのか。

一つの解釈を示しましょう。「私の子どもたち」とは、『ツァラトゥストラはこう言った』を人類に遺贈してニーチェが死んだ後の時代のことだ、という見立てです。

ニーチェはこの物語を一八八五年に書き終え、一八八九年初めには精神の闇に閉ざされ、一九〇〇年ちょうどに没しました。それと踵《きびす》を接して開幕した二〇世紀という時代。さらに、それに続く二一世紀という現代。それらがみな、ツァラトゥストラ‐ニーチェからすれば、「私の子どもたち」であったのだ、という解釈です。

二〇世紀は哲学の時代と言われるほど、新しい哲学思想が花開きました。ヤスパース、ハイデガーを両輪としてドイツを中心に繰り広げられた「実存と存在の哲学」は、まさに「ニーチェの子どもたち」と言える思想運動でした（ヤスパースは『ツァラトゥストラはこう言った』第一部、第二部が書かれた一八八三年生まれで、ハイデガーはニーチェが病の淵に沈んだ年に誕生しています）。二〇世紀後半のフーコー、ドゥルーズ、デリダといったフランス思想の鬼才たちも、ニーチェの影響を強烈に受けています。形而上学批判、真理批判、道徳批判といった面でも、現代哲学の諸潮流は、ニーチェの批判精神から決定的刺激を受けました。二〇世紀は「ニーチェの世紀」だったと総括できるほどです。

この影響関係は、哲学思想方面に当てはまるばかりではありません。文学や芸術に話を広げてもまだ足りません。政治に関しても言えることです。ムッソリーニやヒトラーが、自分たちの政治運動のイデオローグとしてニーチェ思想を利用したことは、あまりに有名です。のみならず、ニーチェの民主主義批判やルサンチマン論は、政治思想に影響を与え、現在に至っています。『ツァラトゥストラはこう言った』第四部で展開された近代平等主義批判――たとえば、「上を向いても賤民、下を向いても賤民！」――は、ますますアクチュアルな輝きを放っています。とりわけ、「神は死んだ」という殺し文句をどう解するかは、二〇世紀を超えて、二一世紀のわれわれにとって重要課題であり続けています。

そのような時代がやってくることをニーチェが予感し、ツァラトゥストラに「私の子どもたちが近くにいる」と言わせて暗示しているとすれば、どうでしょうか。そのくらいの仕掛けは、本書に張りめぐらされていると考えてもおかしくありません。

この解釈が哲学書の読み方として羽目を外しているのはたしかです。私の誇大妄想かもしれません。とはいえ、『ツァラトゥストラはこう言った』という大いなる妄想の書に比べれば、ずっとささやかな譫言《うわごと》の一つくらい、最後に許してもらえるのではないでしょうか。

あとがき――コロナ禍でのニーチェ講義

本書は、二〇二〇年度と二一年度の東北大学全学教育（＝一般教養）科目「思想と倫理の世界」の講義ノートを元にしたものである。

二〇二〇年春、コロナ禍は始まった。大学の授業は突如オンラインに切り替わり、不慣れな私も、以前から教室に設置されていた収録システムを頼りに授業動画を配信するはめになった。無人教室の教壇でともかくしゃべり続けるために、読み上げ原稿を事前に用意することを余儀なくされた。

前年度までの授業で『ツァラトゥストラはこう言った』を一通り扱い、最後まで訳し終えていた私は、二〇二〇年度前期からの授業で、訳稿検討を兼ねて全巻を最初から解説する予定でいた。そして当初の予定通り、学期ごとに一部ずつ、二年間で全四部を解説し終えた。怠け癖のある身にしては至極勤勉だった。手元には解説原稿一揃いが残った。二〇二二年度の一年間でもう一度通しで解説授業を行ない、本書の元原稿を揃えることができた。

つまり、本書はまぎれもなくコロナ禍の産物なのである。

二〇二〇年度前期のオンライン授業は、教員も学生もはじめての経験だったから戸惑いもあった反面、不思議な緊張感に満ちていた。授業後に学生から送信されてきた授業コメントには、いつになく真剣さが感じられた。私は対面重視派、いや原理派だから、オンライン授業のメリットを数え上げる趣味はないが、少なくとも本書はコロナ禍のあの二年間がなければ書き上げられなかった。これは認めざるをえない。

二〇二一年度をもって、それまでの東北大の全学教育カリキュラムは終了となり、「思想と倫理の世界」という名の科目もなくなった。私は二〇一四年春に赴任して以来、まず『愉しい学問』、続いて『ツァラトゥストラはこう言った』を読む授業を、同科目の枠で行なってきたが、その最後に出来上がったのが本書だということになる（正確に言うと、二〇二二年度に新カリキュラム科目「倫理学」の枠でもう一年間繰り返したすえにだが）。

旧制第二高等学校以来の伝統を有し、戦後は新制大学の教養部に形を変えて続いてきた東北大の一般教養課程は、二〇二二年度から一新され、人文学系科目のコマ数は削減された。その伝統の終焉少し前に、野家啓一さんや座小田豊さんらとともに授業を担当できたことは励みとなった。また、登張竹風、阿部次郎、カール・レーヴィット、木場深定といった先達ゆかりの仙台でニーチェの主著を講じる機会を得たことは光栄だった。

私は東北大では全学教育科目を多く担当してきた。哲学概論や哲学史概説は苦手な私は、ニーチェ人気に頼って、哲学入門代わりに、一般教養の名目でニーチェ哲学研究を続けさせてもらった。ニーチェと言えば、現代思想の一大源泉であり、古代ギリシア精神とキリスト教的霊性に分け入り、近代科学と近代道徳ひいては近代全般を根本から批判した哲学者であり、西洋精神史入門にふさわしいスケールをそなえている。ドイツ文学史上に足跡を残す端麗さと奔放さを備えた文章家でもある。大学生の教養修業の題材として、これほどうってつけの思想家はいない。そういう意味で、ニーチェの主著の案内係を務める本書は、大学の一般教養科目の教科書として格好ではないか、とひそかに思っているのだが、この点は読者諸賢の判断に俟つほかない。

ともあれ、本書は、二〇一七年以来の私の『ツァラトゥストラはこう言った』講義に出てくれた学生諸君の寛容さのお蔭で完成に至ったものである。とりわけ、コロナ禍に見舞われたあの緊張の日々、熱心にオンラインで受講してくれた学生一人一人に感謝している。コロナ世代の彼ら彼女らの前途に幸《さち》あれ、と祈りたい。今さらありがとうと言われても、授業はもうすっかり忘れ、身に覚えのない卒業生や在校生が大多数だろうが、そんなことはどうでもよい。若者たちとの愉しいニーチェ講読の思い出に、本書を捧げたいと思う。

『愉しい学問』、『ツァラトゥストラはこう言った』の新訳に続いて、本書の刊行にあたっては、講談社の互盛央さんに多大なご尽力を賜わった。快読と銘打ったわりには分厚い解説本となったことをお認めくださった互さんのご友誼に、心から感謝したい。カバー写真は、これまでと同様、こだわりのモノクロ写真家、小岩勉さんの作品である。本書を手にとる人がまるで超人の光臨を目にしそうなイメージ膨らむ一枚を、二つ返事で提供いただいた小岩さん、ありがとう。

二〇二三年一二月　仙台川内《かわうち》の仮寓にて

森　一郎

森　一郎（もり・いちろう）

一九六二年、埼玉県生まれ。東京大学大学院人文科学研究科博士課程単位取得退学。東京女子大学教授を経て、現在、東北大学大学院情報科学研究科教授。専門は、哲学。

主な著書に、『死と誕生』、『死を超えるもの』（以上、東京大学出版会）、『世代問題の再燃』（明石書店）、『現代の危機と哲学』（放送大学教育振興会）、『ハイデガーと哲学の可能性』（法政大学出版局）、『核時代のテクノロジー論』（現代書館）、『ポリスへの愛』（風行社）、『アーレントと革命の哲学』（みすず書房）ほか。

主な訳書に、ハンナ・アーレント『活動的生』、『革命論』（以上、みすず書房）、マルティン・ハイデガー『技術とは何だろうか』、フリードリヒ・ニーチェ『愉しい学問』、『ツァラトゥストラはこう言った』（以上、講談社学術文庫）ほか。

快読《かいどく》ニーチェ『ツァラトゥストラはこう言《い》った』

二〇二四年　三月一二日　第一刷発行

著者　森《もり》　一《いち》郎《ろう》

発行者　森田浩章
発行所　株式会社講談社
東京都文京区音羽二丁目一二―二一　〒一一二―八〇〇一
電話（編集）〇三―五三九五―三五一二
（販売）〇三―五三九五―五八一七
（業務）〇三―五三九五―三六一五

装幀者　奥定泰之
本文印刷　株式会社新藤慶昌堂
カバー・表紙印刷　半七写真印刷工業株式会社
製本所　大口製本印刷株式会社

ISBN978-4-06-535233-5　Printed in Japan　N.D.C.134　499p　19cm

講談社選書メチエの再出発に際して

講談社選書メチエの創刊は冷戦終結後まもない一九九四年のことである。長く続いた東西対立の終わりはついに世界に平和をもたらすかに思われたが、その期待はすぐに裏切られた。超大国による新たな戦争、吹き荒れる民族主義の嵐……世界は向かうべき道を見失った。そのような時代の中で、書物のもたらす知識が一人一人の指針となることを願って、本選書は刊行された。

それから二五年、世界はさらに大きく変わった。特に知識をめぐる環境は世界史的な変化をこうむったとすら言える。インターネットによる情報化革命は、知識の徹底的な民主化を推し進めた。誰もがどこでも自由に知識を入手でき、自由に知識を発信できる。それは、冷戦終結後に抱いた期待を裏切られた私たちのもとに差した一条の光明でもあった。

その光明は今も消え去ってはいない。しかし、私たちは同時に、知識の民主化が知識の失墜をも生み出すという逆説を生きている。堅く揺るぎない知識も消費されるだけの不確かな情報に埋もれることを余儀なくされ、不確かな情報が人々の憎悪をかき立てる時代が今、訪れている。

この不確かな時代、不確かさが憎悪を生み出す時代にあって必要なのは、一人一人が堅く揺るぎない知識を得、生きていくための道標を得ることである。

フランス語の「メチエ」という言葉は、人が生きていくために必要とする職、経験によって身につけられる技術を意味する。選書メチエは、読者が磨き上げられた経験のもとに紡ぎ出される思索に触れ、生きるための技術と知識を手に入れる機会を提供することを目指している。万人にそのような機会が提供されたとき初めて、知識は真に民主化され、憎悪を乗り越える平和への道が拓けると私たちは固く信ずる。

この宣言をもって、講談社選書メチエ再出発の辞とするものである。

二〇一九年二月　　野間省伸